완역 태극학보 1

점필재연구소
대한제국기번역총서

완역 태극학보 1

太極學報

신지연
이남면
이태희
임상석
최진호

보고사
BOGOSA

발간사

강명관 / 부산대 한문학과 교수

우리 '대한제국기 잡지 번역팀'은 1년 전에 『조양보(朝陽報)』를 번역하여 발간했다. 이번에는 『태극학보(太極學報)』를 완역하여 발간한다. 대한제국기라고 말하는 20세기 초두의 잡지가 갖는 중요성은 『조양보』의 발간 때 이미 말한 바 있기에 여기서 다시 중언부언할 필요가 없을 것이다. 다만 『태극학보』는 여타의 잡지와는 뚜렷이 구별되는 점이 있다.

알다시피 『태극학보』는 일본 유학생 단체인 태극학회의 기관지이다. 이 잡지는 1906년 8월 창간되어 1908년 12월 26호로 종간되었다. 불과 2년에 남짓한 짧은 기간에 그리 많지 않은 호수이지만, 이 잡지의 의미는 결코 작지 않다. 또한 당시 잡지란 것의 발행기간과 호수가 『태극학보』를 넘어서는 것도 그리 많지 않다.

『태극학보』는 무엇보다 일본 유학생들이 발간한 잡지라는 점에 주목해야 할 것이다. 일본은 호오를 떠나 당시 한국이 경험할 수 있었던 거의 유일한 근대문명의 본거지였던 것이니, 이들 유학생들은 말하자면 근대지식 수용의 첨병이었던 셈이다. 당연한 말이겠지만 『태극학보』를 통해 우리는 20세기 초두에 일본을 직접 경험한 젊은 지식인들이 공급했던 다양한 근대지식의 양과 폭을 짐작할 수 있을 것이다. 앞으로 이 시기 다른 잡지와의 비교 연구를 통해 『태극학보』가 담고 있는 근대지식의 성격이 보다 명료하게 드러날 것을 기대한다.

이와 관련하여 하나 지적하고 싶은 것은 『태극학보』에 이름을 올린 유학생들의 이후 행로다. 『태극학보』가 발간되던 시기의 대한제국은 반식민지의 상태에 있었다. 이런 이유로 이 잡지에 실린 글의 행간에는 우국적 열정이 짙게 배여 있었다. 하지만 잡지가 종간되고 한국은 이내 일제의 식민지로 전락하고 말았다. 일본 경험이 있던 이들 신지식인들의 행로는 복잡할 수밖에 없었다. 이들은 일제강점기를 어떻게 살아냈던가? 나아가 해방 이후 이들과 그 후예들의 행로를 치밀하게 검토하는 것은 지금 한국사회를 이해하는 데도 크게 기여할 것으로 보인다.

『조양보』의 번역과 마찬가지로 『태극학보』의 번역 역시 난감한 부분이 한둘이 아니다. 주로 이 시기 번역 지식들에 대한 우리의 이해가 미치지 못한 데 기인한 것이다. 앞으로 연구로 매워나가야 할 것이다.

『태극학보』의 번역에는 여러 사람이 참여했다. 신지연, 이남면, 이태희, 최진호 등이 번역을 맡았고, 이강석 · 전지원은 편집과 원문 교열을 맡았다. 그 외 임상석, 손성준 등 여러분들이 책의 완성에 수고를 아끼지 않았다. 이 자리를 빌려 고맙다는 말을 전한다.

차례

태극학보 제1호

태극학보 제2호

태극학보 제3호

태극학보 제4호

태극학보 제5호

일러두기

1. 번역은 현대어화를 원칙으로 하였다.
2. 한자는 꼭 필요하다고 판단되는 경우에 한 해 괄호로 병기하였다.
3. 단락 구분은 원본을 기준으로 하되, 문맥과 가독성을 위해 단락을 구분한 경우도 있다.
4. 중국의 인명과 지명은 그 시기가 근 · 현대인 경우는 중국어 발음에 따라 표기하고, 근 · 현대 이전은 한국 한자음을 써서 표기하였다. 일본과 서양의 인명과 지명은 시기에 관계없이 해당 국가의 발음대로 표기하였다.
5. 원본에 한자로 표기된 서양 인물이 확실히 파악되지 않은 경우 한글 독음과 원문 한자를 병기하였다.
6. 본서의 원문은 순한문, 국한문, 순국문이 혼합되어 있다. 이를 구분하기 위해 순한문 기사는 '漢', 순국문은 '한'으로 기사 제목 옆에 표시해두었다. 표기되지 않은 기사는 국한문이다.
7. 원문 괄호는 '– –'이고 다른 괄호는 번역 과정에서 추가했다.

『태극학보』 해제

임상석 / 부산대 점필재연구소

1. 『태극학보(太極學報)』와 잡지운동

『태극학보』는 1905년 9월 일본에 유학한 조선학생들의 단체인 태극학회의 기관지로 1906년 8월부터 1908년 12월까지 간행되었다. 초대 회장 장응진을 비롯해 김지간, 김진초, 김원극, 최석하, 문일평, 김홍량, 김낙영, 이윤주 등이 모두 평안도, 황해도 출신이었다. 그러므로 같은 서북지역 출신 인사들로 구성된 서우학회(西友學會)와 그 후신 서북학회(西北學會)와도 밀접한 연결을 가지고 있었고, 안창호도 이 학회의 행사에 참석하며 관계를 유지했다. 1909년 대한흥학회(大韓興學會)가 설립되기 이전의 태극학회는 대한제국 일본유학생의 단체 가운데 가장 영향력이 커서 회원이 600명에 다다르고 국내의 다양한 지역에서 지회를 운영했다.

『태극학보』는 대한제국기 국한문체 잡지 가운데 가장 장기간 발행된 사례이며 그 발행 부수도 한때 2,000부에 이르기도 했다. 『서우(西友)』와 그 후신인 『서북학회월보(西北學會月報)』의 발행 부수를 합치면 이 잡지의 발행 기간을 뛰어넘지만, 이름과 발행 호수를 바꾸었으며 무엇보다 서우학회라는 발행기관이 한북학회(漢北學會)와 통합해 서북학회로 확대개편 된 배경을 감안한다면 단일잡지로서 가장 오랫동안 간행된 사례는 『태극학보』라 할 수 있다. 이 잡지가 출간된 1906년 8월은 대한

제국기 국한문체 잡지 운동에서 중대한 지점이다. 초보적 정당의 역할을 수행한 대한자강회(大韓自强會)의 기관지 『대한자강회월보』가 같은 해 7월에 그리고 출신 지역을 근거로 해 결성된 학회의 기관지인 『서우』가 12월에 창간되었다. 또한, 자강회의 장지연(張志淵)이 큰 비중으로 참여했으나 특정 단체와 공식적 관계를 설정하지 않은 잡지인 『조양보(朝陽報)』도 같은 해 6월에 시작되었다.[1]

대한제국기의 잡지가 모두 국한문체로 작성된 것은 아니지만, 계몽・자강・식산・교육 등으로 설정된 당대의 현안에 정면으로 대응했던 잡지들은 대체로 국한문체를 선택할 수밖에 없었다. 당대의 대표적 신문인 『대한매일신보(大韓每日申報)』(1904-1910)가 국한문체로 작성된 뒤 이를 번역한 국문체 판본을 다시 발간했던 것처럼 여론을 생산하고 주도하는 계층은 한자와 한문을 버리고 글을 쓸 수 없었다. 이 신문의 이중판본 정책은 독자층이 한자와 한문의 비중이 높은 글쓰기를 국가의 문제 곧 경세(經世)를 다루는 글의 문체로 인지하고 있었던 상황을 보여준다. 『대한매일신보』의 이중판본 정책은 한문 지식의 유무로 갈라진 언어 계층을 통합하려는 시도이다. 한문 지식을 경계로 한 계층화 현상은 한문 현토체가 중심이 된 『황성신문(皇城新聞)』(1898-1910)과 한글이 위주인 『제국신문』(1898-1910)의 이원화 된 간행에서 잘 나타난다. 전자가 경세의 정론을 다루고 후자에 부녀자를 위한 내용이 배치된 것처럼, 언어에 따라 매체의 성격도 달라졌다. 이와 달리 『신보』는 동일한 기사를 수록하였으므로 언어의 계층화에 따른 간극을 좁히는데 성과를 거두었다고 평가할 수 있다. 그러나 이 계층화 현상은 경제적, 사회적으로 복잡한 배경을 가진다. 가령, 『신보』의 주필이던 신채호는 자신의 『을지문덕』 역시 이중판본으로 출간하는데 국한문판은 국문판에 비해

1 졸저, 『20세기 국한문체의 형성 과정』, 지식산업사, 2008, 43-55면 참조.

서 2배 이상의 고가이다. 한문 지식을 갖춘 언어계층의 구매력이 높았기에[2] 당대의 여론은 국한문체를 중심으로 움직일 수밖에 없었던 것이다. 그만큼 국문은 언어 계층을 극복하기 위한 이념이기도 했다.

『태극학보』가 출간된 1906년은 국문이 국가의 공식어로 지정되고 고전어 한문에 근거한 과거제도가 폐지된 지 이미 12년이나 지난 시점이었다. 그러나 명성왕후 암살→을미개혁 좌절→아관파천→독립협회 탄압→보호국 체제 성립 등으로[3] 이어진 격변 속에서 국문은 공유된 함의에 기초한 어문정책으로 실현되지 못하였고 사실, 대한제국이라는 국가체제 전반이 마찬가지였다. '내각이 무능하고 무책임하니 그들을 상대하느니보다는 일단 국문 교육을 농부와 나무꾼에게 보급하자'는[4] 한 일본유학생의 주장은 대한제국이라는 국가기구의 좌절과 그에 대한 일반의 인식을 대변하고 있다.

정치단체, 일본유학생 단체 그리고 출신 지역을 구심점으로 한 학회라는 국한문체 잡지들의 발간 주체들은 2천만이라 불리던 대한제국의 인민 전체에 비해서는 일부였겠지만, 1906년 무렵의 잡지운동[5]이 시작되고 나서 그 확산은 놀라웠다. 여론 생산층이 다양한 지역과 계층으로 확대되었으며 그들이 사용하는 작문의 문체도 점진적으로나마 국문-

2 졸고,「신채호의 영웅서사 역술과 대한제국기 언론매체의 국문 모색」, 『우리어문연구』 60, 우리어문학회, 2018 참조.

3 이 사이에 생략된 청일전쟁, 러일전쟁 및 다양한 쿠데타 시도와 단발령 및 의병 봉기 등, 일일이 파악하기 힘든 희생과 급진적 변화가 이어졌음을 기억해야 하겠다.

4 홍촌나생(弘村羅生, 나홍석), 「몽유고국기(夢遊故國記)」, 『대한학회월보(大韓學會月報)』 3호, 1908.(위의 발언은 저자가 꿈에서 본 '농부와 나무꾼 내회'의 연사가 한 것이다. 신분을 가리지 않는 교육기회의 확장과 한문을 경계로 한 언어계층의 분할에 대한 극복의 의지로 해석할 수 있다.)

5 이 용어는 잠정적인 것이고 신문이나 단행본 등의 다른 언론매체와 명백하게 구분되는 것이 아니다. 그러나 국한문체 잡지가 본격적으로 등장한 1906년경이 대한제국기 계몽과 출판의 흐름에서 하나의 분기점이 된다고 할 수 있기에 이글에서 사용해 보았다.

한글의 비중이 강화되었고, 불가침의 영역이었던 공맹의 도와 주자학에 대해서도 사고의 전환이 일어났다.

여기서 놀라운 점은 조선시대 내내 차별받았던 서북인들을 중심으로 운영되던 두 잡지 『서우』(『서북학회월보』 포함)와 『태극학보』가 지역학회 기관지와 일본유학생 단체 기관지 각각의 분야에서 대표적인 사례였다는 점이다. 대한제국기 잡지운동은 서북인들, 그 가운데에서도 평안도와 황해도 출신의 서우(西友)들을 중심으로 움직였다고 해도 과언이 아닌 셈이다.[6] 누적된 차별의 경험은 왕조의 기본 이념인 사문(斯文)의 질서에 대한 탈피를 쉽게 만들었던 것이고 그러므로 『태극학보』에는 지속적으로 기독교를 소개하는 기사들이 편성되었으며 공맹의 도나 기존의 경사자집(經史子集)에 대한 언급은 다른 잡지들에 비해 그 빈도와 비중이 적은 편이다. 이는 『대한자강회월보』나 『서우』 등 유학생들보다 더 앞선 세대가 주도했던 잡지뿐 아니라, 같은 일본유학생 잡지인 『낙동친목회학보(洛東親睦會學報)』, 『공수학보(共修學報)』, 『대한유학생회학보(大韓留學生會學報)』 등에 비해서도 두드러지게 나타나는 경향이다. 『태극학보』는 같은 시기에 출간된 『대한자강회월보』나 『조양보』 등에 비해 한문 전통과 사문 질서로부터의 탈피를 더 강력하게 보여준 사례이다. 그런 점에서 『태극학보』는 잡지운동 그리고 대한제국 계몽운동을 대표하는 결과물이라 할 수 있다.

특히 국문을 시가나 서사적 글쓰기에 다양하게 적용한 양상은 최남선의 『소년』에 계승되었다고 할 수 있다.[7] 『소년』의 핵심인 최남선과 이광

---

6 호남학회, 기호흥학회, 교남교육회 등의 지역 학회 가운데 서북학회만이 일진회의 통합대상이 되었다는 점도 기억할 만하다.

7 『태극학보』의 기사와 편집체제가 가진 차별성과 혁신성 그리고 그간의 주요 선행연구에 대해서는 손성준(「『태극학보』 '문예'란의 출현 배경과 그 성격」, 『사이』 27, 국제한국문학문화학회, 2019; 「『태극학보』의 "역사담" 번역과 그 정치적 지향: 개신교와 『태극학보』의 연관성 시론」, 『한국문학연구』 61, 한국문학연구소, 2019)을 참조할 수 있다. 이 해제도 위 논문의 서술을 참조하였다.

수가 본격적 문필을 시작한 공간이 『태극학보』인 것이다. 또한, 『태극학보』는 1호부터 8호까지 당시 일본유학생 감독을 담당한 한치유(韓致愈)의 「태극학회설(太極學會說)」(1-3호)과 「고학회설(告學會說)」(4-8호)을 연재하여 명목상으로도 유학생단체의 대표라는 위상을 가졌다.

표현의 자유를 가지지 못한 가운데 계몽운동의 지향인 국문의 이념과 사문 질서로부터의 탈피 및 새로운 분과 학문 지식의 전달 등을 지속적으로 유지한 점에서 『태극학보』는 대표성을 가진다. 그러므로 당대 일본유학생들의 다양한 생활상이나 구체적인 문화의 전환을 보여주는 주요한 사료이기도 하다.

2. 유학이라는 특권과 동포의 기대

『태극학보』는 강단(講壇)과 학원(學園)이라는 논설과 분과 학문 전달 성격의 기사들이 중심을 이루고 있으나 회록(會錄) 등의 이름으로 당대 일본유학생들의 일상을 보여주는 기사도 고정적으로 구성되었다. 낯선 땅에서 보호국 인민이라는 차별받는 위치에 처했던 유학생들의 고초가 드러나기도 하지만[8] 일단 현재의 우리는 그들이 누렸던 특권과 엄청난 부담감을 먼저 파악해야 한다.

보호국 체제, 통감부 치하의 대한제국은 사적인 영역의 산업과 공적인 영역의 행정 등이 대체로 일본어를 중심으로 운영되어야 했던 낯선 상황이고 무능한 관료들에 대비되어 선망과 질시를 한 몸에 받는 사람들이 일본유학생들이었다. 감독 한치유는 유학생들의 선배 격인 정응

8 유학생들의 와병, 일본학생들이나 일제와의 갈등 등이 자주 제시되는 상황이었다. 이 가운데 『태극학보』 24(1908, 42-45면)는 눈여겨 볼만하다. 회원이 3사람이나 요절한 것이다. 그중 2사람은 고학이 요절의 원인이 된 것으로 보이며 학비 때문에 경찰학교를 선택했던 당시 유학생들의 사정도 알 수 있다.

설(鄭應卨)[9]의 연설을 옮기면서 경고와 기대를 동시에 전한다. 교육이나 산업처럼 인민을 돕는 일보다는 관직과 이권으로만 움직이는 일본 유학 경험자들의 추태를 정응설의 연설을 옮기며 경고하는 한편, 의무교육과 지방자치 같은 대한제국의 현안이 결국 유학생 당사자들의 장래에 달려 있다는 기대를 전하는 것이다.[10]

대한제국이 종막을 고한지 이미 10년 가까운 세월이 지난 『무정』에서도 조선의 대안은 해외유학이란 궁극을 가진 근대적 제도교육이다. 일본유학만으로는 부족했던 형식은 미국유학까지 나서야만 했으며 1920년대 초 『조선일보』의 사회란에서 미담으로 소개되는 각 지역의 기사 가운데 가장 큰 비중을 차지하는 것은 지역의 유지(有志)가 사새를 출연해 제도적 교육을 시행하는 야학이나 사립학교를 운영한다는 사례들이었다.

태극학회와 서북학회의 성공에서 나타나듯이 서북은 이러한 교육열과 유학열의 원조에 해당하는 곳이었다. 당대 계몽운동의 영수 윤치호(尹致昊)와 이용익의 손자 이종호(李鍾浩)가 대성(大成)중학교를 평양에 개교한 상황은 서북의 교육열을 보여주는 사례이다.[11] 이 학교의 개교를 즈음하여 평양에서는 대규모의 "도쿄 유학생 환영회"가 열린다. 인근 학교 학생 400여 명이 대오를 지어 환영하는 가운데 구경하는 일반인들이 인산인해를 이루었고 예포 수백 발이 발사된다. 대동강 뱃놀이-부벽루 회식-다과회-명창 김관준(金寬俊)[12]과 허덕손(許德孫)의 공연 등 1박 2일에 걸친 행사는 안창호의 연설로 마무리된다.[13] 학위를 취득한

---

9 정응설(鄭應卨) : ?-1922. 박영효를 도와 일제에 협력하는 사업을 추진한 것으로 알려져 있으며, 1919년 부역 단체인 유민회(維民會)를 고희준(高羲駿)·김응두(金應斗)·이용태(李容泰) 등과 조직했다.

10 한치유, 「고학회설」, 『태극학보』 8, 1907 참조.

11 김원극, 「평양의 중학교 소식」, 『태극학보』 25, 1908 참조.

12 김관준(金寬俊): 일제강점기까지 활동한 조선 말기의 명창으로 서도소리 〈배뱅이굿〉의 창시자로 알려져 있다.

13 김원극, 「본국에서 일본 유학생 환영 및 전별회의 소식」, 『태극학보』 25, 1908 참조.

것도 아닌, 일본에 소재한 학교에서 수학한다는 이유만으로 위와 같은 엄청난 환대를 받게 되는 것이다. 이 환영회의 경제적 비용도 엄청났을 것이다. 김관준과 비슷한 위치의 명인이던 송만갑이 20대 시절, 순천의 대사습놀이에서 판막음 광대가 되어 받은 보수가 대전통보(大全通寶) 50냥과 비단옷 1벌이었다고 한다.[14] 김관준을 위시해 여기 참석한 광대들은 자원봉사를 했을 수도 있겠지만 그렇다고 해도 수많은 인력들의 시간과 경제적 비용이 투자되었음을 짐작할 수 있다. 뒤에 윤치호와 사돈이 되는 평양의 부호 정재명(鄭在命)이 환영회의 주체였는데 그를 중심으로 수많은 의연금과 학생들의 자원봉사로 이루어진 것으로 추정된다.

이 자리는 태극학회의 주요회원 농학사 김진초(金鎭初)[15]의 귀국에서 비롯된 것으로 기록되어 있는데 아직 학사가 아닌 유학생들조차 위와 같은 엄청난 환대와 영예를 경험했던 것이며, 이 행사는 아마도 400여 명에 이르는 유학 지망생들의 자발적 봉사와 다양한 인사들의 경제적 의연으로 이루어졌으리라. 아마도 올림픽 우승자의 축하 퍼레이드에 맞먹을 이 행사는 개발독재 시대에 이루어졌던 관제동원과는 달리 진정한 자발적 성의로 이루어진 것이 아니었을까? 『태극학보』를 위시한 유학생의 글에서 '동포(同胞)!'라는 말이 종종 등장한다. 이날 김진초를 비롯해 환영의 대상이 된 유학생에 있어 이 부르짖음이 피부에 스미는 경험이 되었을 것이라 생각된다. 이러한 동포라는 현장감이 있었기에 그들은 고종의 모욕에 대하여 살인과 방화를 결의하게 되었으며 21명이 단체로 손가락을 자르기도 하였을 것이다.[16]

---

14 송만갑, 「자서전」,『삼천리』 14호, 1931, 참조.(검색은 한국역사정보통합시스템(http://www.koreanhistory.or.kr/)

15 김진초(金鎭初): 1883-? 평안남도 출생으로 도쿄제국대학 농과대학에서 수학했다. 귀국하여 서북학회 회원과 교원으로 활동하면서 농촌계몽운동을 진행하였다.

16 오가키 다케오, 부산대 점필재연구소 편역, 「대한 유학생의 공분」, 『대한자강회월보

아직도 한국사회를 지배하고 있는 교육열의 긍정적 기원을 보여주는 생생한 현장이다. 유학생들은 과연 무엇을 했어야만 했을까? 일단은 대한제국의 내각과 관리가 못해주는 국문교육을 농부와 나무꾼들에게까지 보급하는 일이 가장 우선이었다고 할 수 있다. 김진초, 장응진, 이광수 등 적지 않은 태극학회의 회원들이 교원이 된 사실은 현재의 사료를 통해 확인할 수 있다. 최남선도 신문관과 광문회라는 출판운동을 통해 국문과 자국 고전을 위한 문화 사업을 시작하였다.

태극학회는 많은 회원으로 구성되어 있었으나 『태극학보』에 지속적으로 자취를 남긴 주요 필진은 20여 명 가량이다. 이 가운데 장응진, 최린, 최남선, 이광수, 장계택, 김홍량 등이 현재 친일인명사전에 등재되어 있다. 그러나 이들의 행적을 조사할 때 정응설의 지적처럼 유학을 마침과 동시에 영달을 찾아 일제에 바로 협력한 경우는 찾기 힘들다. 위에 거명한 인사들은 대체로 적어도 10년 이상의 교육과 계몽운동을 진행한 뒤에 일제에 대한 협력과 부역의 길로 전향했다. 『태극학보』의 주요 작가들은 정운복(鄭雲復), 최석하(崔錫夏)[17], 이인직(李人稙) 같은 앞선 세대의 일본 유학생 출신들보다는 일정 정도는 대한제국 인민들의 기대에 부응하고자 노력했다고도 하겠다.

편역집』 1, 소명, 2012(와세다대학의 모의국회에서 고종의 이름을 적어 모욕을 가하면서 천황과 대한제국 황실의 위계가 어떻게 되느냐는 안건을 제출하자 유학생들이 대학 교사에 방화하고 안건 제출자를 암살하자고 결의했던 사건이다.); 윤효정, 「지사의 눈물과 학생의 단지(斷指)」, 같은 책(일진회에 지원 받은 유학생들이 학비가 끊기자 단체로 손가락을 끊어 일진회와 일제 당국에 항의를 표명한 사건이다.)

17 중추원 참의를 지낸 이 최석하는 태극학회 부회장 최석하와 한자까지 같은 동명이인으로 평북 출신이라는 점까지 같다. 우양(友羊)이란 호를 쓴 태극학회의 최석하는 자강회 회장 윤효정의 딸로 『태극학보』의 주요 필진이었던 윤정원과 결혼했다가 1912년에 요절했다고 한다.(김효전, 「경성전수학교의 법학교육」, 『학술원논문집』 55-1, 대한민국학술원, 2016, 27면.)

3. 『태극학보』의 편성과 동포를 위한 지식

『태극학보』는 1호부터 26호까지[18] 발행되면서 대체로 편집을 일관되게 유지하였다. 편집의 일관성을 유지하지 못하는 경우가 많았던 대한제국 국한문체 잡지들 가운데 특이한 사례라고 할 수 있다. 국가나 정치와 사회 혹은 개인적 수양 등을 다룬 논설 성격의 글이 앞쪽에 구성되고 분과학문을 전달하는 기사가 그다음에 위치하며 문예나 잡문에 속하는 기사들이 그다음, 그리고 회원의 신변잡기나 학회의 동정 등을 전하는 회록이 마지막으로 배치되었다.

이 가운데 가장 일관성을 유지한 것은 분과학문의 지식에 대한 전달과 가정교육에 대한 기사이다. 또한 시가나 서사 성격의 다양한 국문 글쓰기를 지속적으로 배치하여 『자강회월보』 등의 다른 잡지들에 비해 국문의 비중이 높았다. 분과학문에 관계된 기사들은 다음과 같은 성격의 것들이 일정한 비중을 가지고 창간부터 종간까지 지속적으로 배치되었다.

> 실용적 기술 성격의 기사: 양계법, 전정(剪定) 기술, 과수 재배법, 접목법, 조림학 등
>
> 초보적인 자연과학: 물리학, 수학, 화학, 천문학, 지문학, 광물과 동물 이야기 등

대체로 개론서 성격을 벗어나지 않는 심도의 기사들이었고 이와 더불어 가정교육 및 위생 그리고 교육학에 관계된 기사들도 일정한 비중을 가지고 지속적으로 편성되었다. 지금의 관점으로 전문성이 떨어지는 것일 수도 있으나 전통적 조선의 관념에서 지식인의 배움이 아닌 것으로 치부되었던 양계, 과수 재배, 육아 등의 영역이 국가와 민족을

---

18 27호까지 발행되었다고 하나, 현재 27호는 확인하지 못한 상태이다.

위한 경세(經世)의 정론과 함께 구성된 것은 의미가 크다. 종이의 가격 및 인쇄 가격 비용 등은 지금의 사정과 비교할 수 없을 정도로 높은 것이었다는 점도 감안해야 한다. 한 장, 한 장의 지면이 현재보다는 매우 귀중한 것이다. 인쇄된 지면이라는 것 자체가 가진 권위가 현재보다 월등했던 대한제국 시대에 실용과 일상의 지식이 경세의 정론과 비슷한 비중을 가지고 배치되었다는 점은 문화의 전환이며 대중매체와 대중교육의 시대를 향한 하나의 큰 진전이었던 것이다. 또한, 현재 우리에게 일상적인 상식 차원의 지식들도 당시로서는 새로운 것으로 그 활용도가 높았을 수 있다.[19]

1호에서 26호에 이르는 『태극학보』의 전체 구성에서 나타나는 변화는 14호 이후부터는 국가, 정치, 법률 등에 대한 기사의 비중이 줄어들며 정론에 해당하는 성격의 글을 찾기 힘들어진다는 점이다. 최석하, 전영작, 장응진 등의 초기 필진들의 퇴장과 밀접한 관계를 지닌 것으로 파악되는데 일제의 검열에 따른 조치로 해석할 여지도 있다. 정치적 성격의 기사를 편성하지 않는다는 원칙이 강화된 것으로 보이는데, 순종의 즉위를 기념한 24호는 예외적으로 한국의 독립을 환기하는 기사가 높은 비중으로 편성되어 있다.[20] 결국 실용학문이나 자연과학 그리고 생활지식에 속하는 기사들을 편제할 수밖에 없는 정치적 상황이었을 것이다.

『태극학보』의 편제에서 실용적인 지식의 비중은 『자강회월보』나 『서북학회월보』, 『호남학보』, 『기호흥학회월보』 등에 비해 훨씬 높았다.

---

19 귀중한 지면을 중복된 지식으로 사용한 혐의가 있는 것은 지적할 수 있다. 각주7에 언급했듯이 당시 자신의 원래 희망과 관계없이 학비가 저렴한 경찰학교에 입학한 경우가 많다. 그러므로 장계택은 『태극학보』의 4호부터 9호까지 장기적으로 경찰학을 연재하였다. 그런데 다시 경찰 개론이 게재된다.(이대형, 「경찰의 정의」, 『태극학보』 24, 1908) 이외에도 이러한 중복의 사례가 더 나올 수도 있다.

20 이외에도 민감한 정치적 문제와 독립을 환기하는 기사들이 14호 이후에도 수록되지 않은 것은 아니나 14호 이전에 비하면 그 비중이 매우 적다. 24호는 고종 퇴위와 순종 즉위라는 정치적 억압에 따른 일종의 유화책으로 나온 예외적 현상으로 추정한다.

더 의미 있는 것은 일관된 편제로 종간 때까지 꾸준히 유지되었다는 점이다. 『태극학보』의 편집과 집필을 담당하던 세대들은 대체로 1880년 이후에 출생한 경우가 대부분이었다. 이들보다 선배인 장지연, 박은식, 이기(李沂), 이해조 등이 담당했던 다른 잡지들은 자연스럽게 이보다 한문전통에 속한 경사자집의 인용 빈도수가 훨씬 높았다. 이 잡지에서는 회원의 글이 아닌 감독 한치유의 글을 제외하면 경사자집의 인용은 축소되는 과정을 보인다. 한자권의 전통적 전고는 서구의 분과학문에서 유래한 지식으로 대체되어 갔다고 할 수 있다.

『태극학보』가 창간되기 10여 년 전에 출간되었던 20세기 국한문체의 효시인 『서유견문』의 문체적 양상이 장지연, 박은식, 이기 등 대한제국 국한문체 작가들의 문장과 다른 결정적 차이 가운데 하나는 경사자집의 전고를 거의 찾을 수 없다는 점이다.[21] 이것은 국한문체에서 한문 차원의 국한문체가 아닌 한자 차원의 국한문체를 구상했던 유길준의 구상과 밀접한 연관을 가진다. 『서유견문』의 국한문체 구상은 유길준의 다음 세대로서 서구적 교육을 제도적으로 이수했던 태극학회의 일본 유학생들이 점진적으로 실천했다고 할 수 있겠다. 지금의 관점에서 초보적인 단계의 실용학문과 생활지식은 사문 질서의 교체라는 문화 전환의 일환이며 국문체의 형성이었다는 점에서 그 의미가 크다.

4. 국문의 문예적 활용과 문화사적 가치

『태극학보』는 1호부터 26호까지 다른 국한문체 잡지와 달리 국문의 비중이 높은 다양한 기사를 편성했다. 국문의 비중이 다른 매체보다

21 졸고, 「유길준의 국한문체 기획과 문화의 전환 : 신채호, 최남선과의 비교연구」, 『우리어문연구』 43, 우리어문학회, 2012 참조.

높았던 점은 상대적으로 젊은 세대가 주요 필진이었고 한글 번역 성경을 일찍 받아들인 서북인들의 특성이 반영되었던 것으로 볼 수 있다. 장응진이 편집인을 담당한 14호 전후까지 윤정원의 한글 논설을 지속적으로 배치하고 장응진이 국문 비중이 높은 문체로 소설 성격의 기사를 편성하였고 국문 시가를 꾸준히 게재하였다. 장응진은 일본유학 시절 이광수의 스승 격에 해당하는 존재였다고 한다.『태극학보』의 다양한 국문 글쓰기는『소년』을 거쳐『무정』이라는 한국 소설의 한 기원에 연결된 것이다.[22] 국문 글쓰기와 기독교가 맺고 있는 관계를 보여주는 다음의 같은 사례가 있다.

5. 내 나라를 내가 사랑하지 / 뉘가 내 나라를 사랑할고 / 내몸이 죽어도 내 나라 보전해
   길이 보전하세 길이 보전
6. 우리나라 문명 발달되고 / 우리나라 독립 공고하면 / 빛는 영화로다 항상 즐겁겠네 / 나라 영광일세 나라 영광(애국생(愛國生),「애국가(愛國歌)」,『태극학보』18, 1908)

이 운문의 제목에는 찬송가의 가락을 차용했다는 설명이 붙어 있다. 감독 한치유도 태극학회에 고하는「고학회설」에서 기독교와 유학의 중화를 강조했고[23] 이광수와 최남선이 남긴 증언처럼 당대 유학생들 사이에서 기독교의 영향은 적지 않았다. 그러나 위의 사례처럼 독립이나 애국이란 주제를 거론하기 위해 기독교의 하느님을 빌려오는 경우도 있었던 것으로

---

22 이에 대해서는 다양한 선행연구가 존재한다. 대표적으로 노춘기(「근대계몽기 유학생집단의 시가 장르와 표기체계에 관한 인식 연구 — '태극학보'를 중심으로」,『한민족문화연구』40, 한민족문화학회, 2012)와 전은경(「근대계몽기 독자와의 상호소통적 글쓰기와 '서사' 양식의 실험 —『태극학보』를 중심으로」,『대동문화연구』91, 대동문화연구원, 2015) 등을 들 수 있다.

23 졸고,「통감부 치하 문명담론의 한 사례: 한치유의「태극학회총설」과「고학회설」」,『어문연구』179, 한국어문교육연구회, 2018 참조.

보인다. '정치 관계 기사의 금지'라는 편집규정의 우회를 위해 기독교가 동원된 양상이기도 하다.[24] 또한 국문으로 작성된 찬송가와 성경의 영향으로 국문 글쓰기가 시도된 양상을 확인할 수 있다.

위의 「애국가」는 국문 글쓰기가 새로운 가창(歌唱) 문화와 연결된 사례이다. 『태극학보』는 평면적인 글쓰기를 넘어서 노래라는 문화까지 구상한 셈이다. 당시 기존의 노래에 계몽과 애국의 새로운 주제를 담아 개조하는 흐름이 있었다는 것은 기록에 남아 있으나 그 구체적인 양상을 확인하기는 어렵다.[25] 앞서 인용한 『태극학보』 25호의 '도쿄 유학생 환영회' 행사에서 서북 전통 연행인 〈배뱅이굿〉의 명인 김준관은 기존의 가락에 새로운 가사를 결합해 공연했다고 기록되어 있다. 『태극학보』 23호와 24호에 게재된 「가조(歌調)」는 이와 같은 계몽의 '노가바'를 보여준다.

> 옛날 가락 : 저 건너 초당 앞에 백년언약 화초를 심었더니 백년초는 아니 나고 금년 이별화초가 만발이라
> 위의 이 일절은 그 의미가 화창한 듯하나 청년과 아동의 뇌리에 무한한 음정(淫情)을 주입하니 이를 개정하여
> 새 가락 : 저 건너 한반도에 단군혈족을 심었더니 단군혈족은 어디로 가잔 말이냐 왜놈의 종자가 들어를 온다(「가조(歌調)」, 『태극학보』 24호)

이 노래가 얼마나 대중에 보급되었는지 확인할 수 없으나, 농부와 나무꾼을 위한 국문교육의 실천이라고 할 수 있는 양상이다. 이 잡지의 이러한 실험은 『소년』과 신문관에서 진행된 창가 운동의 선편이라 할 수 있다.

---

24 비슷한 사례로 장응진인 14호와 15호에 연재한 「노동과 인생」도 평등의 문제를 기독교 이념과 관계하여 서술한 사례로 꼽을 수 있다.

25 졸저, 『식민지 한자권과 한국의 문자 교체: 국한문 독본과 총독부 조선어급한문 독본 비교연구』, 소명, 2018, 56-63면. (이춘유라는 당대의 유명 공연가가 기존의 가창과 공연을 개혁해 계몽과 애국의 메시지를 담았다는 최재학의 증언이 있다.)

『태극학보』는 교육기회의 확장을 위한 국문교육을 다양한 글쓰기로 실천했다는 점에서 중요하고, 또한 한문전통에 근거한 기존의 사문 질서를 대체할 실용적이고 일상적인 과학 지식을 일관된 편집으로 구성했다는 점도 주목해야 한다. 그리고 당대의 문화 전환을 증언하는 생생한 사료이기도 하다.

| 참고문헌 |

김효전, 「경성전수학교의 법학교육」, 『학술원논문집』 55-1, 대한민국학술원, 2016.

노춘기, 「근대계몽기 유학생집단의 시가 장르와 표기체계에 관한 인식 연구 — '태극학보'를 중심으로」, 『한민족문화연구』 40, 한민족문화학회, 2012.

부산대 점필재연구소 편역, 『대한자강회월보편역집』 1, 소명, 2012.

손성준, 「『태극학보』 '문예'란의 출현 배경과 그 성격」, 『사이』 27, 국제한국문학문화학회, 2019.

_____, 「『태극학보』의 "역사담" 번역과 그 정치적 지향: 개신교와 『태극학보』의 연관성 시론」, 『한국문학연구』 61, 한국문학연구소, 2019.

임상석, 『20세기 국한문체의 형성 과정』, 지식산업사, 2008.

_____, 「유길준의 국한문체 기획과 문화의 전환 : 신채호, 최남선과의 비교연구」, 『우리어문연구』 43, 우리어문학회, 2012.

_____, 「신채호의 영웅서사 역술과 대한제국기 언론매체의 국문 모색」, 『우리어문연구』 60, 우리어문학회, 2018.

_____, 「통감부 치하 문명담론의 한 사례: 한치유의 「태극학회총설」과 「고학회설」」, 『어문연구』 179, 한국어문교육연구회, 2018.

_____, 『식민지 한자권과 한국의 문자 교체』, 소명, 2018.

전은경, 「근대계몽기 독자와의 상호소통적 글쓰기와 '서사' 양식의 실험 — 『태극학보』를 중심으로」, 『대동문화연구』 91, 대동문화연구원, 2015.

광무 10년 8월 24일 발행

태극학보

제1호

매월 1회 발행

• 광고

본 태극학보를 구독하고자 하시는 분은 본 발행소로 통지하여 주시되 대금은 삼가 매월 환(換)으로 송금하여 주시기 바랍니다.

• 삼가 알림

이번 태극학보에 기서(寄書)하신 여러 군자들의 후의에 감사드리며, 지면이 부족한 나머지 본 호에 기재되지 못한 것은 다음 호로 연기하여 기재하겠으니 삼가 헤아려 주시기 바랍니다.

• 『태극학보』 발간의 서(序)

오늘날 문명의 시대에 처하여 개인적이든 국민적이든 말할 것 없이 학식을 닦지 않으면 전국(戰國)의 시대에 처하여 무예를 익히지 않음과 다를 바 없으니, 어찌 사회에 용납되어 존립할 수가 있겠는가. 이러한 까닭에 근래에 나라와 시대를 근심하는 선비들은 반드시 '국민교육' 넉 자로 기치를 내걸고 창도(唱導)하지 않음이 없다. 그러나 모든 일이 부르짖기는 쉽지만 실행하기 어려운 것은 인간 세상에 늘 있는 일이다.

생각건대 우리 태극학회가 고고성을 내고 동도(東都)[1] 한 모퉁이에 싹을 틔운 지가 이제 해를 넘겼다. 그 사이에 상당한 좌절과 신고(辛苦)를 겪는 슬픈 경우가 적지 않았으나, 서려서 얽힌 뿌리를 만나지 않으면 칼이 날카로운지 판별하기 어렵다. 아! 우리 회원의 혈기와 정성의 용솟음이여! 일치단결한 마음으로 서로 권면하고 서로 구제하며 서로 인도하고 서로 이끌어 한 걸음을 물러나면 몇 걸음을 다시 나아가고 난관을 만나면 백절불굴의 정신으로 용기를 배로 내어 나아갈 것이다. 이것은 본회가 오늘날 점차 왕성한 경지로 나아감이요, 때때로 연설과 강연과 혹은 토론 등으로 학식을 교류하고 연마하여 뒷날 웅비(雄飛)할 준비를 게을리하지 않고 배우는 여가를 이용하여 각자 학습하는 바를 전문 또는 보편 수준으로 저술하거나 번역하여 우리 동포 국민의 지식을 계발하는 데 조금이라도 조력하고자 하는 작은 정성에서 나온 것이다. 이것이 본보가 창간되는 성대한 기운에 이르게 한 것이다.

한 톨의 흙이라도 쌓이면 태산을 이루고 한 방울의 물이라도 합하면 큰 바다를 이루나니, 우리도 또한 우리 2천만 국민의 각각의 한 분자(分子)이다. 각각 팔 하나씩만큼의 힘을 내어 국민으로서 천직(天職)을 만분의 일이라도 다함이 있다면 이것은 우리가 충심으로 열망하는 바이다.

---

1 동도(東都) : 도쿄 또는 에도(江戶)를 가리킨다.

목차

태극학보 제1호

태극학회 총설(상) 漢 / 유학생감독(留學生監督) 한치유(韓致愈)[2]

국가를 국가라고 하는 것이 어찌 해내(海內)의 강토만 가지고 말한 것이겠는가. 민족이 생취(生聚)하여 자치(自治)의 체제를 세울 수 있고 자수(自守)의 역량을 기를 수 있어서다. 이러한 까닭에 백성이 부유하면 부국(富國)이라 하고, 백성이 강하면 강국(强國)이라 하며, 백성이 어리석어서 스스로 독립할 줄 모르면 약국(弱國)이라 하고, 백성이 혼란하여 스스로 지킬 수 없으면 패국(敗國)이라 하는 것이다. 또한 한 백성 한 족속이 진실로 한 나라 전체가 될 수 없지만 몇 만의 민족과 구별하고 분류해 보면 참으로 각자 한 백성 한 족속이 된다. 이러한 까닭에 한 백성 한 족속이 각자 자신을 수양하고 각자 농업에 전념하고 각자 물건을 교역하고 일을 바꾸며 무예를 강습하고 기예를 공연한다면 전국이 잘 다스려져 편안하고 부유해져 강해지는 기틀이 여기에 있을 것이다. 지금 이 학회의 여러분이 각자 와서 배움은 비록 한 백성 한 족속의 일에 불과하지만, 졸업하고 귀국하는 날에 온갖 물줄기가 다 같이 흘러가 끝내 바다를 이루는 격이 될 것이니, 이 어찌 우리 전국이 잘 다스려져 편안하고 부유해져 강해지는 기초가 아니겠는가. 여러분은 부디 힘쓸지어다.

그런데 여러분이 굳이 태극으로 이 학회를 명명한 것은 과연 무엇 때문인가. 『서경(書經)』·『주역(周易)』·『중용(中庸)』·『대학(大學)』 등은 동양의 진부한 구학으로, 서양의 신학을 힘써 배우는 후생 소년들이 함구하며 논하려고 하지 않는 것이다. 여러분이 배우는 바가 서양의 신학인데도 동양의 구학을 취하였으니, 분분히 떠드는 호사가의 비웃음

2 한치유(韓致愈) : 1857-? 곽산 군수, 성균관 교수, 미국공사관 서기 및 일본공사관 참서관 등을 역임하였고 태극학회 설립 당시 일본 유학생감독이었다. 독립협회에 참여하기도 하였다.

거리가 되지 않겠는가. 아아, 이치는 동양과 서양의 구분이 없고, 인물은 예전과 지금의 차이가 없으니, 극본궁원(極本窮源)에 나아가 그 설을 부연해도 되지 않겠는가.

지금 저 국토가 군주 한 사람의 것임은 과연 무엇 때문인가. 다만 한 백성 한 족속을 가지고 말하건대, 혹 그 자신으로 말미암거나 그 선조로 말미암거나 관직을 지내거나 장사를 일삼거나 농사를 일삼거나 공업을 일삼거나 하면서 공로를 쌓아서 재물을 비축하고 전토를 거두어 집안을 일으켰다면 이는 마땅히 자손이 대대로 지켜야 하는 것이지 다른 사람이 침탈할 수 있는 것이 아니다. 군주가 국토를 소유한 바가 혹 그 자신으로 말미암거나 그 선조로 말미암거나 그 덕망으로 기인하거나 그 지혜로 기인하거나 하면서 그 강토를 독점하고 그 백성을 점유한 것이라면, 진실로 마땅히 그 자손들이 대대로 지켜야 하는 것이 아니다. 그렇다면 오늘날 동양과 서양에서 대한이 대한이 됨과 지나(支那)·야마토(大和)가 지나·야마토가 됨과 영국·독일·프랑스·이탈리아가 영국·독일·프랑스·이탈리아가 됨이 각자 군주가 있고 각자 백성이 있기 때문이니, 이는 결코 피차 간에 강제로 빼앗을 수 없음이 이치상 그러하다. 그 이치가 이른바 태극이다.

지금 국가의 대소를 막론하고 그 민족이 수많은 무리를 이루어도 전부 다 현능하고 전부 다 지혜롭고 전부 다 잘 다스려지고 전부 다 편안한 것은 결코 아니다. 그렇다면 반드시 군주가 있어서 치도와 교화를 확립해서 서로 잘 살게 하고 서로 잘 기르게 함은 형세상 반드시 이르는 바이고 이치상 반드시 있는 바이니, 이것이 군주를 세운 까닭이다. 그 이치가 이른바 태극이다.

또한 드넓은 국토와 수많은 민족은 진실로 한 사람이 통제할 수 있는 것이 아니다. 그런즉 군(郡)을 분할하고 현(縣)을 신설하며 성(省)을 설치하고 유사를 배치하고는 장관(長官)·대신(大臣)·속료(屬僚)·도예

(徒隸)를 보유하여 통치와 교화를 시행하는 것은 진실로 형세상 반드시 이루어야 할 일이며 이치상 반드시 있어야 할 일이다. 그 이치가 이른바 태극이다.

지금 저 법률을 어째서 반드시 배워야 하는가. 대신과 장관은 군령의 시행과 민생의 통치를 직분으로 삼는다. 그런데 그들이 혹 녹봉이나 구차히 받고 안일이나 탐닉하며 자신의 소임을 다하지 않는다면 이는 법률상 마땅히 따져야 하는 일이다. 그들이 혹 재능이 없는 자를 관료로 채용하고 제대로 살피지 않고 속관을 배치하고는 뇌물이나 받으면서 청탁을 일삼는다면 이는 법률상 마땅히 따져야 하는 일이다. 속료·도예가 백성을 침탈하여 수탈을 일삼는다면 이는 법률상 마땅히 따져야 하는 일이다. 부자 간에 자애와 효도를 일삼지 않고 남녀 간에 음란을 자행한다면 이는 법률상 마땅히 따져야 하는 일이다. 사기·절도·다툼·살인을 저지른다면 이는 법률상 마땅히 따져야 하는 일이다. 이처럼 그 법률을 설립하여 제어해야 함이 이치상 그러하다. 그 이치가 이른바 태극이다.

지금 저 경찰을 어째서 반드시 배워야 하는가. 사람은 태어나면서 본래 선하여 모두 이 마음을 가지고 있다. 다만 한때 사사로운 욕망에 구애됨과 사악한 기운에 흔들림으로 인하여 법도를 어기고 악행을 저지르는 짓을 감히 자행하기도 한다. 그러나 본심의 선함이 사라진 적은 없으니 아무리 부모를 시해한 흉악범이나 사람을 살해한 강도라도 한밤중에 스스로 반성하면 스스로 두려워하며 떠는 것이다. 이러한 까닭에 계책을 교묘하게 일삼아서 그 악행을 감추고 그 죄악을 피하여 형법의 고난을 회피함에 곡진하고 생명의 보존을 도모함에 전념한다. 이처럼 그들이 서로 은폐하는대로 두어서 선심을 해치고 사람을 해치는 해충의 부류로 하여금 민족 사이에 용납되도록 하여 악인 하나를 내버려두어 선인 전체를 해치게 해서는 안 된다. 그런즉 순시하고 시찰하고 탐색하고 수색하는 것이니, 이것이 치안을 돕고 법률을 이끄는 방도이다. 그 이치가 이른바 태극이다.

지금 저 의학을 어째서 반드시 배워야만 하는가? 하늘은 만물을 내어 살아가게 하는 것을 마음으로 삼으니, 태생·난생·습생·화생(化生)[3]이 떼 지어 모여서 이리저리 분주하여 하늘이 낸 물건이 아님이 없다. 사람이 그 사이에서 이러한 만물을 내어 살아가게 하는 마음[4]을 얻어서 이것을 마음으로 삼았으니, 자연히 곧 측은히 여기고 자애로운 정이 있다. 이 마음을 미루어 넓히면 태생·난생·습생·화생이 모두 우리가 마땅히 사랑해야 할 대상인데, 사람과 사람은 그 부류가 같으니 그렇다면 우선 사랑하고 시급히 베풀어야 할 것이다. 이 때문에 어리석은 이를 가르쳐서 지혜롭게 하는 것이 진실로 사랑하는 것이고 악한 자를 다스려서 선하게 하는 것이 진실로 사랑하는 것이다. 풍기(風氣)가 번갈아 동탕하는 것과 기혈(氣血)이 전수(傳受)하는 것에 질병이 서로 찾아들어 생물(生物)에 손해가 있으면 침술과 탕약을 펼쳐 행하니 이는 다스림이 미치지 못하는 바를 보완하여 자애롭고 측은히 여기는 마음을 다하는 것이다. 그 이치가 이른바 태극이다.

또한 한 사람의 몸에 백공(百工)의 일이 갖추어져 있다. 주거가 아니면 풍우를 어떻게 막고, 의복과 음식이 아니면 생명을 어떻게 지키며, 배와 수레가 아니면 어떻게 가깝고 먼 곳을 통하게 하고, 기구가 아니면 일용을 어떻게 제공하겠는가. 주거·의복과 음식·배와 수레·기구는 다 산 사람을 봉양하고 죽은 사람을 장사 지내며[5] 기거(起居)하고 동

---

3 태생·난생·습생·화생 : 자궁에서 태어나는 것이 태생, 알에서 태어나는 것이 난생, 습지에서 태어나는 것이 습생, 변태를 거치면 화생으로 이 네 가지를 사생(四生)이라 한다. 전통적인 생물 분류이다.

4 만물을……마음 : 『주역』「복괘(復卦)」에 대한 정자(程子)의 주석에 나오는 말로 천지가 만물을 낳는 마음이라는 의미이다.

5 산……지내며 : 살아계실 때 봉양하고 돌아가시면 예로 보내드리는 것이 인간의 대

식(動息)하는 등에 필수적인 것으로, 공업이 필요한 이유이다. 그 이치가 이른바 태극이다.

하늘이 낳고 땅이 기름에 물산에 편중됨과 왕성함이 있고 민업(民業)에는 통함과 막힘이 있다. 있는 것과 없는 것을 애써 옮겨 서로 교역하는 것은 산 사람을 봉양하고 죽은 사람을 장례하는 데 필수불가결한 것으로, 상업이 필요한 이유이다. 그 이치가 이른바 태극이다.

민족이 나라를 소유함은 곧 개인이 집을 소유함과 같다. 선왕(先王)이 남긴 바와 조상이 전한 바로서 여기서 살고 장례하며 여기서 가족을 이루어 자손을 길러서 구역에 정함이 있고 복사(服事)에 임무가 있으니 다른 계통의 나라와 다른 언어의 인종의 침탈로 인해 공공의 사업을 잃을 수는 없다. 멀리 있는 자를 회유하고 가까이 있는 자를 길들임으로 지킬 수 있음을 밝혀야 마땅하고, 관개(冠蓋)와 옥백(玉帛)으로 신의(信義)를 밝혀야 마땅하다. 하지만 포악하고 막강한 이웃 족속이 그 사욕을 자행하고 그 야심을 자행한다면 무력으로 대치할 수밖에 없다. 이 뿐 아니라 비록 국내라도 때로 재앙의 싹틈이 있어서 인륜을 무너뜨리고 선량을 해칠 수도 있다. 그러니 군사를 배울 수밖에 없는 것이다. 그 이치가 이른바 태극이다.

벼・삼・콩・보리・닭・돼지・소・양 등은 생명을 기르는 근본이 되고 재목(材木)・어염(魚鹽) 등이 그 보조가 된다. 그렇다면 농업을 배울 수밖에 없는 것은 진실로 굳이 설명할 필요가 없다. 그 이치가 이른바 태극이다.

지금 이 학회 여러분이 배우는 정치・법률・군사・경찰・의학・농업・공업・상업 등은 나누면 각 사물이 태극 하나를 갖춘 것이고 합하면 모든 사물이 태극 하나를 통틀어 체득한 것이다.[6] 따라서 그들이 태

사(大事)라는 구절이 『맹자』 「이루(離婁)」 下에 나온다.

6 모든……것이다 : 『근사록(近思錄)』 「도체(道體)」에 나오는 주자(朱子)의 주석을

극을 가지고 이 학회를 명명한 것은, 바로 내가 깊이 인정하고 극히 찬탄하는 까닭이다. 내가 예전에 미국에 있을 때 미국에 유학 중인 우리나라 학생이 동양과 서양 학술의 차이를 논한 바 있었다. 이제 세월이 오래되어 그 성명이 기억나지 않지만 그 의론의 대략을 잊지 않고 있다. 그가 말하기를 "나는 모르겠다, 공자와 맹자가 어떠한 인물인가. 유럽에는 공자가 없고 미국에는 맹자가 없다. 하지만 그 뛰어난 정치가 요(堯)임금・순(舜)임금을 뛰어넘고, 그 훌륭한 법률이 탕(湯)임금・무왕(武王)을 추월하며 의학・농업・공업・상업과 이용후생(利用厚生)이 요순(堯舜)과 삼대(三代) 시절도 도달할 수 있는 경지가 아니다." 하였다.

나는 여기서 혀를 씹고서 항변하지 못하는 지경을 면치 못하니, 이는 대개 구설로 다투기 어려웠기 때문이다. 아아! 이치는 동양과 서양의 구별이 없고, 인물은 예전과 지금의 차이가 없다. 시험 삼아 유럽의 역사를 읽어보고 미국의 전역을 다니면서 구경해보니, 그 사람으로 사람을 사랑하고 정사를 확립하고 다스림을 제정하며 가르침을 베풀고 법률을 설행하는 본의는 온 천하를 통틀어 하나일 뿐이다. 그렇다면 그 공자와 맹자의 글을 읽고 요순(堯舜)을 논하는 동양의 이와 같은 나라들이 어찌 그리도 쇠퇴하고 부진하여 풍속을 저해하고 야만의 마음으로 야만의 행동을 하는가. 이는 과연 무엇 때문인가. 아아! 약석(藥石)이 좋지 못한 것이 아닌데 병자가 스스로 복용하지 않으니, 설령 병자가 약 이름만 외우고 있다면 그 병을 과연 멈출 수 있겠는가? 정밀한 기계와 오묘한 추측으로 말하자면 서구에서 나온 것으로 과연 동아시아에서 일찍이 소유하여 이러한 것이 아니다. 그런즉 어째서 구미의 역사를 읽고 그 제조의 초창기를 고찰하지 않는가. 이는 또한 『주역(周易)』 「계사전(繫辭傳)」과 『주례(周禮)』 「고공기(考工記)」 등에 이른 여러 겹의 문을 두어

약간 바꾸어 쓴 것이다.

딱따기를 치고[7] 배와 수레를 잘라 엮는[8] 등의 수준을 면치 못한 것이다. 반면에 서구의 경우 전문적으로 학과를 세워서 정밀함은 더욱 정밀함을 구하고 새로움은 더욱 새로움을 구하여 근래 무선 전신과 비행기구를 소유함에 이르렀다. 하지만 동양 사람은 그저 도습(蹈襲)만 일삼을 뿐 굳이 연구하지 않으니, 이는 대개 후학의 잘못이다.

공자와 맹자의 소견은 항상 만물이 생성된 근원과 거대한 인륜에 있으니, 이용후생의 도구도 대략 여기서 갖출 뿐이다. 여러분은 근래 서구의 성취가 절정에 달하였다고 여기는가. 만약 이와 같다고 여긴다면 이 또한 흡사 여름에나 사는 벌레가 얼음을 담론하는 격이다. 다시 수십 수백 년이 지난 뒤에 화륜(火輪)의 배와 수레가 장차 폐물이 되지 않을지, 장차 순식간에 행성에 달하고 달로 건너가지 않을지 누가 알겠는가. 만약 저 시절에 살면서 오늘날을 거슬러 본다면 지금 분분하고 혼란한 상황이 마땅히 또 어떠하겠는가. 하늘이 베푼 바는 무궁하고 땅에 국한된 바는 협소하니 단 한 세기의 사람이 궁구하여 다 할 수 있는 것이 아니다. 그 이치가 이른바 태극이다.

철학(哲學)의 차이로 말하자면 노자·묵적·부처·예수의 부류가 고금으로 유전하고 동서로 분산하여 각자 소견으로 교문을 이루니 믿음의 차이 역시 소견의 차이에서 말미암은 것이다. 비유하자면 콩과 조, 베와 비단, 아가위와 배, 귤과 유자 등이 오직 사람의 기호의 여하에 달려 있어 같은 기운으로 서로 구하여 각자 무리 하나를 이루는 것과 같다. 이는 대개 음양이 운행하는바 주야가 변화하는바 첨형과 사형, 곡선과 직선, 방형과 원형, 흑색과 백색처럼 서로 대가 되고 서로 반대

7 문을……치고 : 『주역』 「계사전(繫辭傳) 하」에 나오는 구절로 도둑을 대비하는 방법이다. 「계사전」은 『주역』에 대한 주석이다.

8 배와……엮는 : 「고공기」는 『주례』에서 수레와 배의 제작을 기록했으며, 『주역』 「계사전 하」에 "나무를 파내서 배를 만들고, 나무를 깎아서 노를 만든다."라고 하였다.

됨이 없을 수 없는 것과 같다. 그 이치가 이른바 태극이다.

이제 여러분이 동아시아의 서적을 읽고 서구의 학설을 배워서 고금을 참작한다면 마땅히 절충의 묘리가 있을 것이다. 태극의 설에 나아가 그 정밀함과 심미함을 구한다면 자연히 역학(易學)이 있을 것이다. 이는 별도로 후일을 기다려 여러분께 한 번 강론하겠다.

태극학보 창간을 축하하다 / 공학사(工學士) 상호(尙灝)

기쁘도다! 태극학보의 창간이여. 충심이 발양된 것이며 원기(元氣)가 드러난 것이다. 무엇 때문인가. '태극(太極)'이란 말은 4천여 년 역사와 2천만 국민을 보유한 우리 대한 국가의 권위를 대표하는 기호이니 우리 국민의 정신이다. 따라서 이를 '기(氣)'로 삼는다. '학(學)'이란 말은 인간이 세상에 태어나 존재할 때 온 우주 만물과 인간이 관찰할 수 있고 상상할 수 있는 것을 다 앞에서 취하고 그 성질을 연구하여 인생의 이해관계의 유무를 배운다는 의미이니 생존경쟁의 장에서 가장 필요하고 가장 유력한 지식을 얻는 유일한 대로이다. 따라서 이를 '체(體)'로 삼는다. '보(報)'라는 말은 연구하여 알 수 있는 정보를 서로 통보하여 실제 행위를 이롭게 한다는 의미이니 동류 간에 단합의 기관이다. 따라서 이를 '행(行)'으로 삼는다. '기'가 드넓고 '체'가 굳건하고 '행'이 올바르다. 아! 이는 충심이 발양된 것이며 원기가 드러난 것이다. 이로써 전진한다면 무슨 일이든 이루지 못하겠는가. 하지만 무릇 일이란 시작은 쉽지만 완수가 어려우니, 일을 행하는 자가 걱정하지 않을 수 있으며 신중하지 않을 수 있는가. 그러나 이로써 진작하고 준수한다면 시작만 있고 큰 완수를 이루지 못하여도 어찌 원망하겠는가. 그러므로 우리가 오로지 경축하며 내심 기뻐하노라.

찬설(贊說) / 우고생(右古生) 최린(崔麟)

내가 도쿄에 온 것은 배우기 위함이다. 한창 더운 날을 맞아 나무 그늘 아래에 앉아 파리를 쫓으며 글을 훑어보면서 긴 날을 지냈다. 갑자기 나무 가에서 매미 소리가 난다. 나는 한숨을 쉬며 탄식하며 말하였다. "아! 가을이로다. 양이 극에 이른 계절에 이미 하나의 음이 있어 그 속에서 남몰래 움직임을 사람은 모르지만 계절은 먼저 알고 움직인다. 양이 극에 이르면 음이 생기며 음이 극에 이르면 양이 생겨 순환이 그치지 않는 것이 이른바 태극이 아닌가."

마침 지나던 과객이 물었다. "당신도 도쿄에서 『태극학보』의 발간이 있다는 소식을 들었나?"

나는 답하였다. "나는 아직 듣지 못하였다. 태극은 무극이다. 우리 대한제국의 국기이다. 이것을 취해 잡지의 이름으로 삼은 자는 과연 어떤 자인가."

객이 물었다. "이름에는 반드시 그 뜻이 있는데 당신은 어떻게 그 이름을 돌아보지 않고 그 뜻〔義〕을 생각하는가?"

"그 국기를 취해 학회를 이름하고 이 이름으로 학보를 내는 사람이 한국인이 아니면 누구겠는가."

나는 돌연 일어나 말하였다. "일찍이 나의 동학 중 뜻 있는 이들이 도쿄 혼고구(本鄕區)에 학회를 세우고 그 이름을 태극이라 한다더니 오늘 『태극학보』라고 하는 학보가 어찌 그 제군들이 발간한 것이 아니겠는가. 의롭다! 『태극학보』여. 진실로 유학의 바른 의무요, 진실로 진수(進修)하는 진면목이다. 우리 학생의 큰 진보에 있어 이것에 힘입는 것보다 나은 것이 무엇인가."

객이 이 말을 듣고는 다시 앉아 말하였다. "사람은 선진(先進)과 후진(後進)이 있고 일은 급무(急務)와 완무(緩務)가 있다. 사람이 만약 뒤가 마땅한데 군이 앞서고자 하면 도중에 좌절되고, 일이 간혹 천천히 해야 하는데 군이 성급히 하면 갈피를 잡음을 근심하는 것은 이치상 그러하다. 오늘 우리 한국의 현상을 논하자면 선각자는 마땅히 교육에 종사하여 신문·잡지 등의 서적으로 민지의 개발을 목적으로 삼아야 하고, 후진자는 마땅히 학문에 종사하여 농업·공업·의학·이학 등의 과학으로 일가의 전공을 목적으로 삼아서 대가를 이루도록 겨를이 없어야 한다. 그러니 근래에 이른바 학생계가 학회나 신문으로 분분히 바쁘게 왕래하여 수양을 방해하는 것을 나는 찬동하지 않는다."

나는 말하였다. "아아! 이 무슨 말인가. 군의 말은 사람을 무함하여 그르칠 만하다. 대저 학문이란 견문이다. 그 듣지 않은 바를 듣고 그 보지 않은 바를 보고는 자신에게 얻어서 타인에게 미루어 넓혀야 피아가 일치하여 병진할 수 있다. 그러므로 의학자가 이과를 알지 못하면 그 배운 바를 온전히 할 수 없고, 상학자가 법률을 알지 못하면 그 배운 바를 완전히 할 수 없는 것은, 군이 밝힐 필요가 없이 자명하다. 그러나 진실로 자신이 얻은 바를 타인에게 미치고자 한다면 국토가 넓고 인물이 많은 나머지 진실로 집집마다 가르치고 사람마다 설명할 수 없으니, 장차 어떠한 방도로 시행해야 하는가. 우리 의사를 표현하는 방도는 세 가지 방법이 있으니, 동작·언어·문사가 이것이다. 만약 동작으로 의사를 표현하고자 한다면 기뻐서 웃고 슬퍼서 우는 것 같은 것은 그 사례가 많지 않지만 언어와 문사 같은 것은 무궁한 활체이니, 고금의 학문을 강구하고 피아의 지식을 교환하는데 언어와 문사가 아니라면 어떻게 표현하여 제시할 수 있겠는가. 그러나 언어의 경우 입으로 전하고 면전에 명하는 것이라 그 쓰임이 협소하고, 문사의 경우 의사를 전술하여 유포하는 것이라 그 효력이 원대하다. 지금 이 군자들이 조직한 학회와 간행한 잡지는 이른바 자신을 미루어 타인에게 미치는 일대 활업이다. 우리나라 국민의 큰 정신과 우리 학생의 큰 거동에 있어 이것이 어찌 잘못인가."

객은 말하였다. "옳다."

나는 답하였다. "통쾌하다."

이에 이 설을 지어 찬축하노라.

찬설 / 이승근(李承瑾)

옛사람이 말하기를 "뜻 있는 자는 일을 완수한다."고 하니 믿을 만하다 이 말이여! 나는 벗의 사례를 접하면서 믿게 되었다. 지난 을사년(1905) 겨울부터 에도(江戶)에서 유학하던 아무개 동지가 있었다. 그의 의지는 단지 개인주의로 문명의 영역에 홀로 나아가서 만분의 일이나마 국가에 보탬이 되려는 것 뿐 아니었다. 아울러 공동 단체의 전력으로 신학계의 발달을 열심히 진취하여 생존경쟁의 세계에서 크게 보탠 뒤에야 유학의 목적을 달성할 수 있다고 여겼다. 이에 도쿄시에 학숙(學塾)을 창설하고 '태극학교(太極學校)'라 명명하고는 수많은 인재를 모집하여 학술을 연마하였다. 그때 혹은 학습 내용을 토론하여 인재의 지식을 개발시키기도 하고, 혹은 학보를 편찬 간행하여 인재의 이목을 발달시키기도 하니, 훌륭하도다 이 사람의 이러함이여!

내 근세기 프로이센과 프랑스의 전쟁사를 열람컨대, 프로이센 군대가 개선할 때 말하기를 "오늘의 승전은 우리 군대의 수훈이 아니라, 바로 학교 교사의 열성 교육으로 인민의 지식을 발달시킨 공력이라고 모두들 다 칭송한다"고 하니, 참되도다 이 말이여! 부럽도다 이 말이여! 국가의 문명과 야만 및 인민의 지혜와 우둔은 학문이 존재하는지 여하에 달려 있으니, 어찌 중대하지 않은가. 생각건대 우리 군자들이 이러한 심계를 미루어 넓혀서 교육의 발달에 열심히 권면한다면 그 공력을 이루는 날 국가를 위해 헌신하고 전력으로 병진하여 반석과 태산처럼 온 천하를 안정시킬 수 있을 것이니, 이와 같은 의지와 혈성으로 무슨 어려움이 있겠는가. 이에 여러분께 경축하노라.

찬설 漢 / 지성연(池成沇)

아름답구나!『태극학보』의 발간이여. 좋구나!『태극학보』의 발간이여. 태극이란 무극(無極)이니, 우리 대한이 국기(國旗)로 삼은 연원이다. 여러분이 태극에서 이치를 취하여 학보를 간행하니, 뜻이 있도다 여러분이여! 학문을 좋아하는구나, 여러분이여! 태극이 처음 갈라지니 천지가 개벽하고, 천지가 개벽하니 만물이 태어나고, 만물이 태어나니 사람이 가장 신령하였다. 그런데 사람이 가장 신령한 까닭은 학문이 존재하기 때문이다. 학문이란 그저 방문을 닫고 책을 읽는 일만 말하는 것이 아니라, 견문을 크게 넓혀 지식을 확충하는 일이기도 하다. 지금 동서가 분열되고 신구가 아울러 일어나 학문의 경쟁이 날이 갈수록 더 격화되고 지교(智巧)의 발달이 시대를 지날수록 더 기이해져 천 갈래 만 갈래가 그 사이에 무리지어 나오는데, 배우는 바도 다르고 일삼는 바도 다르니, 일원(一圓)의 이치가 아니라면 아우를 수 없을 것이다. 그러므로 여러분은 학문을 애호하는 마음으로 강개하게 이 학회에 뜻을 두고서 그 동지가 사(社) 하나를 조성하여 학보를 발행하니, 그 들은 바를 듣지 못한 이에게 들려주고 그 본 바를 보지 못한 이에게 보여주어 서로 그 지식을 교류하니 사람들이 지극히 좋고 지극히 아름다운 경지에 이르러 마침내 무극(無極)의 이치에 이르기를 바란다. 그러니 이 학보의 이름을 '태극(太極)'으로 지은 것 또한 마땅하지 않은가. 이에 내가 관감(觀感)하고 홍기(興起)한 바 있어 감히 두서없는 말로 기리며 축하의 정성을 표한다.

제현(諸賢)의 정채(精彩)를 모으니 그 문채가 찬란하고, 태극이라는 아름다운 이름을 내리니 그 이치가 분명하다. 이 아름다운 이름이 있으니, 알 수가 있도다. 가만히 생각건대 학문의 수양은 진실로 지식의 확충에 있다. 문(文)으로 모으고 인(仁)으로 보완하니 벗을 사귐에는 도리가 있고, 장점은 취하고 단점은 보충하니 덕업(德業)을 이룸을 기약할 수 있겠다. 동과 서로 분열되어 비록 백가(百家)의 분야가 다르지만 온고지신(溫故知新)하여 멀리 선성(先聖)이 남긴 방책을 따른다. 아아! 이 나라가 위급할 때 어찌 지사(志士)가 통곡하는 한(恨)을 견디랴. 2천만 형제가 아득히 긴 밤 꿈속에 있으니, 3천리 강산이 반이나 다른 이의 이속이 되었다. 사악한 기운이 다 사라지기 전에 그 누가 장차 뱃전을 두드리며 소탕을 맹세하랴.[9] 도탄이 이처럼 극에 달했거늘, 시절이 목탁을 쳐 야경하던 때와 멀도다.[10]

생각건대 우리 유학생 여러분은 민지의 개발을 능히 유념하여, 학보의 편성을 잘 이루었다. 한 소리로 군중의 마음에 호응하니 의연금을 학비에서 덜고, 무극(無極)에서 일리(一理)를 체득하니 명칭을 국기(國旗)에서 취하였다. 동서 학술의 정수를 수집하니 견문이 점차 넓어지고 고금 학술의 같고 다른 점을 길어 올리니 덜고 더할 것을 알 수 있겠다. 학문에 뜻을 둔 마음을 가지고 마침내 이 책을 편술한 아름다움을 가졌도다. 유시유종하여 성현(聖賢)과 같은 경지에 이르기를 바라며, 절차탁마하여 아름다운 문채(文彩)를 이룸을 볼 수 있겠다. 양자(楊子) 같은 저서로 갈래를 물은 것도[11] 앞날의 미덕을 독점할 수 없게 하였고, 가우

---

9 뱃전을…… 맹세하랴 : 빼앗긴 강토(疆土)를 수복할 것을 다짐하는 맹세로 진(晉)나라 조적(祖逖)이 군사를 거느리고 장강을 건너면서 중류에서 뱃전을 치며 맹세하기를 "내 중원을 깨끗이 소탕하지 않고는 다시 이 강을 건너오지 않을 것이니, 대강을 두고 맹세한다."고 하였다.

10 목탁을…… 멀도다 : 시대를 경계하는 공자(孔子)의 행위를 비유한 말이다.

(嘉祐) 같이 많은 인사로 칭송이 거듭된 것도[12] 장차 나라에 이득이 있게 하였다. 소생은 학식이 천박하고 지업이 공소한 까닭에 평소 경륜의 자질이 부족하여 비록 한 마디로 찬사할 수는 없지만, 다만 나완(懦頑)한 악습을 진작시켜 말광(末光)에 의지할 수 있기 바라노라.[13]

11 양자(楊子)……것도 : 『태극학보』에서 다루는 학문의 범위가 다양하여 소기의 성과를 다 이루지 못할 수도 있음을 비유한 것이다.

12 가우(嘉祐)……것도 : 국가를 경륜할 학식이 있는 뛰어난 인재를 이르는 말로, 여기서는 『태극학보』 간행에 참여한 유학생들을 비유한 것이다.

13 말광(末光)에……바라노라 : 상대를 해와 달에 비유하고 자신에게는 그 빛의 끝자락이라도 비추이기를 바란다는 겸사의 표현으로, 『태극학보』가 전해주는 새로운 문화를 조금이라도 배울 수 있기를 바란다는 의미이다.

| 강단 |

국가론 / 회원 최석하(崔錫夏)

국가주의가 발달된 구미인은 국가에 대하여 항상 주의를 게을리하지 않음으로써 사람 사람마다 그 정의를 명료하게 해석하나 우리나라 사람들은 그렇지 않아 예부터 국가에 대하여 냉담한 관념이 있을뿐더러 종종 그 진의를 오해한다. 고로 나는 얕은 지식에도 불구하고 들은 바를 간추려 논하고자 한다.

예부터 국가라 하는 정의에 대해 학자가 말하는 바가 같지 않으나 오늘날 문명 제국에서 통용하는 학설은 다음과 같다. 국가라 하는 것은 일정한 토지를 점유하고 권력으로써 통일하는 인민의 단체이다. 그 정의를 분석하면 국가에 3요소가 있는데 첫째는 토지이니 기천만 인이 함께 단체를 결합하더라도 일정한 토지가 없으면 국가라 칭할 수 없다. 고로 배운 자는 고대의 물과 풀의 뒤를 쫓아 팔방으로 표류하던 야만족의 단체를 국가로 인정하지 않는다. 그러나 토지의 대소에는 구별이 없으니 전 세계에서 제1 광대한 영토를 갖는 영국도 한 국가요, 탄알처럼 좁은 땅 같은 모로코도 한 국가이다. 둘째는 권력이니 일정한 토지가 있고 다수의 민족이 있더라도 이를 통치하는 주권자가 없으면 국가가 아니다. 고로 문명 제국에서는 치자와 피치자의 구분이 명료해서 인민이 그 주권자에게 대하여 절대적으로 복종한다. 셋째는 인민의 단체이니 그 사회상에 무수한 단체가 존재하였지만 국가는 단순한 단체가 아니요 일정한 토지와 권력으로 조성한 단체이다.

이상 3요소로 성립한 국가는 우리와 어떤 관계가 있는가. 서양철학의 말처럼 생활상의 목적을 이루기 위해 가족단체가 발생하고 가족단체가 발달해서 부락단체가 되고 부락단체가 발달해서 완전한 국가단체가 되었으니 즉 국가는 우리의 집합체다. 이 국가가 없으면 우리는 생활을 완전히 할 수가 전혀 없으니 왜인가. 국가가 아니면 우리에게 닥친 위해를 배제하며 우리의 행복을 증진케 할 수가 없다. 한편 국가가 우리를 보호하는 데 방법이 2종류가 있으니 하나는 대내 보호요 하나는 대외 보호다.

한 국가 내에 다수민족이 모여 있어 공동생활을 영위하는데 자연히 이해가 상반되어 때때로 충돌을 면할 수 없을뿐더러 국민 중에 착한 자도 있고 악한 자도 있으니 이를 구분하여 상당한 통치 방법을 강구하지 않으면 이 사회에 존재하는 다수의 양민은 결국 악한 자에게 침해를 입어 하루라도 편안하고 한가하게 지내고 안락을 누리며 살 수 없다. 악한 자가 있어 우리의 생명을 해하면 국가가 법률로써 이를 제재하고 강도가 있어 우리의 재산을 빼앗으면 경찰로써 이를 방어하고 나쁜 관리가 있어 우리에게 불법행위를 행하면 국가가 행정으로써 이를 구제해서 일이 생기기 전에는 정치수단으로써 인민의 재앙을 예방하고 일이 생긴 후에는 사법제도로 인민의 손해를 구제하여 바르게 하니 이는 국가가 국내에 존재한 인민의 권리 관계를 보호하는 까닭에 대내 보호라 칭한다.

위에서 논한 것처럼 가령 국가가 국내 인민을 보호해 공동생활의 질서를 유지하더라도 외국으로부터 오는 침해와 모멸을 방비하지 못하면 국민의 안녕과 행복을 기대하기 어렵다. 현재 20세기는 생존경쟁 시대다. 우승열패와 약육강식은 자연의 사리와 형세다. 문명 열강의 대세를 관찰함에 해마다로 인구가 번식하고 토지가 부족해서 자국 내에서는 발전할 여지가 없는 고로 세부득이하여 국외로 영토를 개척하고 국민의 생활상 복리를 도모하니 이를 칭하여 제국주의라 칭한다. 우리가 이 시대에 살아 각각 자기의 생활을 완전하게 하기 위하여 외부의 압력을 방어하고자 하면 한 개인의 완력으로는 그 목적을 이룰 수가 없으니 불가불 견고하고 강대한 단체를 조성할 필요가 생긴다. 이에 국가가 있어야 한편으로 육·해군을 양성하여 외국의 침해를 예방하며 한편으로 열국과 통상조약을 체결해 인민에게 무역을 장려하여 국부를 경영하니 국가가 이러한 일을 행하는 것은 모두 국가의 분자 되는 인민의 생활이익을 보호함에서 나온 것이니 이를 일컬어 대외 보호라 한다.

요컨대 국가는 우리가 조직한 단체다. 즉 우리를 개인적으로 보면 인민이요, 결합적으로 보면 국가니, 이 이치를 미루어 말하면 인민의 이익이 즉 국가 이익이요, 인민의 재앙이 즉 국가의 재앙이다. 반대로 말하면 국가의 융성이 즉 인민의 융성이요, 국가의 멸망이 즉 인민의 멸망이다. 그러나 우리가 국가 일을 위하여 생명을 포기하게 될 경우가 있으니 이는 인민의 이해와 국가의 이해가 결코 상반하는 이치가 아니라, 국가의 존망이 달린 위급한 때를 맞아서 우리가 자기의 생명을 돌아보지 않는 것은 국가의 생명이 즉 자기의 생명인 고로 자기의 일을 위해서 자기의 생명을 거는 것이다.

현재 문명국의 인민은 단지 국가가 있음만 알고 그 몸이 있음을 알지 못하는 애국성이 있으므로 아무런 일이 없는 날에는 일심협력으로 정치를 정돈해서 실력을 양성하고 유사시에는 끓는 물이나 뜨거운 불도 무릅쓰고 뛰어들어 국난에 따라 죽는다. 이와 같은데 국운(國步)을 떨치지 못함이 어찌 있으며 민족이 융성하지 못함이 어찌 있겠는가. 격렬한 경쟁 중에 낀 우리나라 동포는 국가사상을 뇌 속에 함양하여 늙은 남자라도 모름지기 국제상 도태하는 이치를 잊지 않으면 진멸의 참화를 면할 수 있고 홍복의 기회를 볼 수 있을 것이다.

우리나라 교육계의 현상을 관찰하고 보통교육의 급선무를 논하다 / 회원 장응진(張膺震)

일가(一家)의 흥패는 그 자손의 좋고 나쁨에 얽혀있고 일국(一國)의 성쇠는 그 국민의 건강 여부에서 유래한다. 그러므로 일가의 계획을 세우고자 하면 그 자손을 선량하게 훈도(薰陶)하는 것만 같은 것이 없고 일국의 기초를 정하고자 하면 그 국민의 정신을 건전히 발휘하도록 진흥함만 같은 것이 없다. 그러므로 그 훈도와 발휘의 길이 어디에 있는가 함은 우리의 구차한 설명을 의지하지 않고 사람들이 한목소리로 의심 없이 분명히 답을 할 것이니, 즉 교육이 그것이다.

우주의 대법칙을 관찰하면 위로는 태양계의 큼과 밑으로는 유기생물에 이르도록 우주 사이의 만물은 활동 변화해 잠시라도 진화의 노정(程路)을 멈추지 않으니 우리 인류의 생활도 또한 이 대법칙을 벗어나지 못한다. 그러나 한 지방의 활동의 속력은 일국에 비하면 늦었다는 탄식을 벗어나기 어렵고, 일국 활동의 속도는 세계에 비하면 또한 늦은 경향이 없지 않으니, 한 지방의 교육은 부득불 그 국정에 상응하는 표준을 얻지 않으면 안 될 것이요 일국의 교육은 세계 대세에 비추어 그 표준을 정하지 않을 수 없을 것이다. 오늘날 전 세계 열국의 국민교육의 대방침을 보면 각각 이에 온 힘을 다하여 힘쓰지 않은 곳이 없다. 나의 단점을 버리고 타인의 장점을 취함을 부끄러워하지 않고 타인의 단점을 보면 나의 장점을 점점 더 발휘함에 게으르지 않으니, 이는 농·공·상, 법률·정치·군사 등 일체의 진보가 각기 국정의 특수함을 따라서 다소의 차이는 있으나 대략 평형의 상태로 차츰차츰 장족의 진보로 발전하는 까닭이다.

오늘 우리나라 교육계의 정형을 돌아보면 가히 세계 대세에 맞는다고 할 수 있을까. 설사 세계 대세에 잘 맞는 영역에 도달하지 못하였더라도 한 걸음 한 걸음 나아가 점차 위로 나아가는 단계에 있다고 할 수 있을까. 사람으로 하여금 눈물을 흘리고 탄식을 하게 하는 것이 한두 번에 그치지 않는다. 원래 사림으로 말하면 일국의 주춧돌이다. 고금에 통하고 천하대세의 이동을 살피는 데 막힘이 없고 사리에 정통하여 나가면 족히 국가의 안락과 근심을 논하고 국민의 복리를 경론하며 물러나면 족히 중민의 지도자가 되어 국민을 교도 개발하여 문명의 영역에 나가게 함으로써 이미 맡은 바를 행해야 한다. 하지만 슬프다, 우리 사림(士林)의 무능이여! 남의 글귀를 뽑아 글을 짓는 기술과 진부하고 그릇된 학설로 세계에 아첨하고 사람들을 속이는 류가 아니면 고인이 남긴 찌꺼기에 심취하고 맹종해 그 고상한 정신의 본체와 인생의 천직은 갑자기 잊고 이해하지 못하며 오직 형식에 얽매여 일체의 새로운 이치를 배격하고 구습을 굳게 지키며 콩만 한 눈 크기로 세계를 관찰해서 스스로를 높이 여기고 함부로 잘난 체하는 잘못된 생각을 헛되이 증대하고 마음속에는 일국의 사림으로써 자부하며 세인이 또한 그를 사림으로 인허하니 마음속에 어찌 스스로 부끄러워함이 없으리오. 묻노니 성현은 어떤 사람이며 군자는 어떤 사람인가. 우리도 또한 옛 성현의 훌륭한 가르침과 위대한 업적을 앙모(仰慕)하고 숭배하지 않는 것은 아니지만 성현도 본래 사람이요 군자도 같은 사람이다. 맹자가 말씀하시되 "순(舜)은 어떤 사람이며 나는 어떤 사람인가" 하시니, 전지전능한 조물이 아니거늘 어찌 인간의 일에 진선완미(盡善完美)한 경우가 있으리오. 하물며 인류의 문화는 시대의 경과를 따라 위를 향해 향상·진화하는 것이다. 윗대의 미덕이 반드시 금세의 미덕으로 유지되지 못하고 상고의 박학의 지식이 오늘날 아동에 미치지 못한 것이 종종 없지 않다. 또 윤리 도덕으로 논하더라도 시대의 추세와 인문의 발달의 정도에 따라 변천이 그치지 않을 것인데 하물며 그 습속 형식이리오. 천편일률적인 법도로서 자신을 고수하여 성인의 문하(聖門)에 자신을 의탁하고자 한다. 유림의 고루한 편견이 이에 이르니 비웃음을 받을만하고 가련하다. 사림의 무능이 이에 이르니 사림이 전국에 가득하다 해도 어떤 복리를 그 나라에 미치며 오늘날 격렬한 경쟁 사회에 어떤 실력이 있으리오. 다만 실력이 없을 뿐 아니라 일국 쇠퇴의 원인을 만듦이 실로 적지 않다.

또한 과거법 폐지 이후로 이른바 신학문을 천발(闡發)할 기관이라 칭할 몇 개의 외국어학교가 창립되었으니 어학으로 논하자면 문명국의 언문을 습득해서 그 나라 문명의 정화와 학식의 원천을 연구함에 있다. 하지만 슬프다, 우리나라 어학의 실상 없음이여! 소위 학도가 일정한 목적이 없고 다만 세상 풍조에 거세게 움직여 십중팔구는 아침에 들어가 저녁에 물러남에 중도에 학업을 그만두고 혹은 수년을 계속해서 겨우 그 첫 단계에 이르면 동쪽에서 아첨하고 서쪽에서 일을 도모해 막힌 길에 빠져들고 혹은 외인의 통변(通辯)이라는 보잘것없는 꼴에 자족하니 어느 겨를에 학리를 위해서 오의[薀奧]를 연구하며 공익을 위하여 일신을 빼어나게 하는 고상한 정신을 기르는 데에 이르겠는가. 뿐만 아니라 혹 불량하고 무식한 무리가 그 통변을 매개로 종종 외인에게 세력을 의탁해 자신의 이익만 영위하고 일국에 이롭지 않은 바를 행하며 동포를 희생하도록 유도함에 이르러서는 그 해독이 막심하다. 근래 청년 등이 단발과 가벼운 옷차림으로 개화를 스스로 표방하고 화류춘풍(花柳春風)에 황금을 다 흩어버려 일생을 스스로 그르치고 천박한 행동을 자유라고 빈번히 칭하여 상하 인륜을 깨닫지 않으며 불의와 불리(不理)를 감히 행하고도 자유라 이르니 이는 모(某) 잡지가 말한바 근일 우리나라의 개화병통이다.

오늘에 이르러 청년의 정신이 이같이 부패하고 사상이 이렇게 비루해서 도도히 구출하기 어려움에 이른 것은 그 발원을 추구하면 청년의 죄가 아니다. 실은 사회정신의 부패와 국민교육의 부진에 기인함이다. 근래 어둠 속에서 은연히 한 가닥의 미세한 빛을 깨트려 내는 것이 있으니 소학교육의 맹아가 그것이다. 대저 건전한 국민을 양성하고자 하면 그 소학 시대 교육에 주목하지 않을 수 없으니 아동의 순일한 뇌 속에 건전한 정신의 원동력과 완미한 습관을 주입해서 앞으로의 어느 날 완성할 기초를 확립하지 않으면 그럴 수 없다. 근일 사방의 유지인사(有志人士)가 시세에 비추어 국민의 부진함에 분개해서 집안의 재산을 다 쏟아붓고 혹 의연금을 모집해서 학교를 창설함이 연일 신문에 기재되는 것을 보니 이렇게 일을 이루기 위해 열심히 창도하시는 선진 제사(諸士)의 높은 의리에 대하여 감사하기 이를 데 없거니와 실로 국가를 위하고 국민을 위하여 칭찬과 치하가 그치지 않는 바이다. 그러나 혈성은 충천하지만 실력이 미치지 못하여 종종 용두사미의 탄식이 없지 않고 혹 교사로 사람을 구하기 어려워 그 열성의 본의가 왕왕 유명무실의 처지로 끝날 의심과 우려가 없지 않으니 이에 이르러서는 그 책임을 국가가 부담치 않을 수 없다. 이 세상이 어떤 세상이며 이때가 어떤 때인가. 구식의 교육은 쇠패(衰敗)가 극단적 지경에 이르렀고 신식의 교육은 간신히 미약한 싹을 틔우는 것에 그치고 있으니 이 위기를 맞아 일대 영단(英斷)으로 일대 비상한 수술을 시설(施設)하지 않으면 국가 만 년의 계획을 확립하기 어렵다.

무릇 교육의 원대한 목적은 개인의 품격과 국가의 인격을 고상하게 발달시장에 있지만 그 직접적 목적은 금일 생존경쟁에 처해 자활자존(自活自存)의 필요한 방책을 강구함에 있다. 이 20세기는 자못 무력의 경쟁 시대가 아니라 지식의 경쟁이요 경제의 경쟁이요 권력의 경쟁이니 고로 국가는 생존 활동에 목적을 정하지 않을 수 없다. 금일 이 세상에 처해 상식을 닦지 않고 사회에 서고자 함은 무예를 닦지 않고 전장에 나감과 다르지 않으니 이는 금일 문명 열국이 국민 보통교육에 주력하는 이유다. 이 보통교육이 보급 완성됨으로써 국민의 교육이 끝난다고 말함이 아니라, 실로 보통교육이 없으면 개인으로서 자기의 직분을 완수해서 문명사회에 용립(容立)하기 어렵고 국가에 대하여 국민의 의무를 다할 수 없으니 보통교육은 인민의 일대 의무요 국가의 일대 임무라 말할 것이다. 금일 열국의 교육제도를 간략하게 들면 소학으로부터 중학을 경유해 고등·전문·대학에 이르니 소학·중학은 일반 국민에게 필요한 보통학과를 교수해서 상식을 배양하는 제1의 기관이다. 이를 마치면 일개 완전한 국민의 자격을 인허함이오, 일보를 더 나가고자 하는 자는 고등·전문·대학에 진입해서 고상한 학리의 연마를 장려하게 함이니 이는 즉 국가에 쓸모 있는 인물을 조성하는 기관이다. 그러므로 소학·중학은 세인이 종종 오해하듯이 고등·전문학에 들어가는 예비 문(門)이 아니요 건전한 국민을 창출하는 하나의 독립된 기관이나 배우는 자의 편리를 헤아려 연결지어 둔 것에 불과하다. 이로 말미암아 보면 보통교육은 학술 진보의 기관이요 국민의 정신을 발휘하는 유일의 좋은 약제이니 이에 우리가 오늘날 우리 국정에 비추어 보통교육의 급선무를 창론한 바이다.

헌신적 정신 : 기서(寄書) / 최남선(崔南善)

우리가 뜻을 결정하고 가방을 등에 지고 멀리 해외에서 떠도는 것은 새로운 세계의 새로운 정화(精華)를 채취하여 훗날 국가에 공헌하려고 함이다. 그러나 희망은 신념에서 생기고 신념은 일관된 주의(主義)에서 생긴다. 원대하기를 기하고 장래를 도모하는 우리는 응당 금석(金石) 같이 단단하고 확실한 지조(志操)와 해천(海天)같이 커다랗고 씩씩한 기상을 개개인이 품어서 지니었으려니와, 만일 일이관지(一以貫之)하는 주의가 없다면 마룻대와 들보를 잃은 큰 건물과 돛과 돛대를 잃은 큰 함선과 거의 같아서 이쪽으로 기울고 저쪽으로 넘어지지 않으면 앞으로 무너지고 뒤로 떨어진 뒤에야 그칠 터이다. 온 생각이 여기에 이르렀는데 어찌 오싹하지 않겠는가!

아아! 우리 청년들아!

천지처럼 큰 직무와 산악처럼 무거운 책임을 두 어깨에 짊어진 우리 청년들아!

짧은 신체는 다섯 척이요 붉은 마음은 한 조각이거늘, 산이 높다랗고 물이 아득하니 앞길이 까마득하며, 불이 활활 타고 연기가 무럭무럭 피어나니 당장이 위태롭구나. 흡사 화약을 손에 들고 뜨거운 불에 스스로 뛰어드는 것 같은 우리 청년들아!

생각해보라.

새장 속의 송골매가 높은 하늘을 그리워하고 우리 속의 범이 바위 산골을 그리워함이 사리 상 당연한 바이다. 하지만 만약 뾰족한 부리나 날카로운 주둥이로 낡은 규범을 깨뜨리고 칼 같은 날개깃과 갈고리 같은 발톱으로 화려한 올가미를 끊고서 온 동력으로 날아가지 않는다면 하늘에 오를 만큼 빼어난 용감함과 땅을 장악할 만큼 빼어난 기상으로 공연히 헛된 죽음을 향하여 늙어버릴 것이다. 또 혹은 날카로운 발톱과 어금니로 우리의 말뚝을 뽑아 버리고 강한 꼬리와 날랜 앞발로 덫을 탈출하여 기력대로 질주하지 않는다면 산을 뽑을 만큼 위엄 있는 힘과 험한 요지에 버텨 선 씩씩한 자태로 공연히 그리워만 하다가 쇠약해져 버릴 것이다. 그러니 필경 훗날에 무슨 이득이 있겠는가.

아아! 우리 청년들아!

우리가 바로 새장 속의 송골매요 우리 속의 범이다. 행불행은 다시 논할 필요 없거니와 세세히 생각한다면 이 속에도 일면 밝은 데가 없지 않다. 대개 상제(上帝)는 의도가 있으시어 이와 같은 좋은 시기를 아끼지 않고 우리에게 주시며 이와 같은 좋은 직임(職任)을 의심과 염려 없이 우리에게 맡기시어 장차 우리의 단단하고 확실한 의지와 용감하고 씩씩한 행동을 완상(玩賞)하고자 하시며, 한편으로는 우리 동방이 개벽한 이래로 굳게 가진 조선혼(朝鮮魂)이 4천 년 동안 전수해온 동토(東土)의 참 정신을 발휘하게 하여 고해와 난관과 피비린내 나는 바람과 누린내 섞인 빗속에서 우리를 단련해보고자 하시는 것이다. 우리는 장차 어떠한 결심과 어떠한 신념으로 이러한 국면에서 버텨낼 것이며 이 직임을 다하고자 하는가.

떨쳐 일어남.

용감하게 나아감.

수없이 꺾여도 휘어지지 않음.

온갖 어려움에도 굽히지 않음.

이러한 여러 가지 일들도 충분히 우리를 성공의 자리에 인도하겠으나, 그러나 나는 이것만으로 만족한다고 말하지 못하겠으니, 그렇다면 다시 무엇을 요구하겠는가.

헌신적 정신-즉, 희생적 관념이다.

생각해보라.

지리멸렬한 민족을 수합하고 쇠퇴한 국운을 진흥하여 북대륙(北大陸) 상에 엄연한 큰 나라를 건립한 자는 누구인가. 이것이 어찌 표트르 대제의 공이랴. 곧 표트르의 헌신적 정신을 말미암아 이루어진 바이다. 겨우 붙어 있는 숨이 끊어질 듯하고 남은 운수가 많지 않았거늘 잃어버린 국토를 회복하고 어지러워진 국정을 정리하여 분산되어 불안정한 10개 나라를 프로이센 왕관 아래에 합일되게 한 이는 누구인가. 이 어찌 비스마르크의 공이 아니리오. 곧 비스마르크의 헌신적 정신이 가져온 것이다. 어느 작은 시골 마을의 어떤 소공인(小工人)의 아들로서 능히 교리를 널리 퍼트리고 중생을 구제하여 만고의 공경이 한 몸에서 떨어지지 않는 크리스트를 보라. 이것이 누구의 힘이며 이것이 누구의 공인가. 전 세계인은 응당 이구동성으로 십자가 위에 흐르는 피로써 지금에 이르렀다고 할 것이다. 머나먼 변방 구석진 모퉁이의 한 시골

농부의 딸로서 군대를 지휘하여 강적을 꺾어 온 나라의 희망이 자신에게 오로지 속하게 한 잔 다르크를 보라. 이는 누가 시켰으며 이는 누가 부렸는가. 또한 수많은 군중의 한마디 말 때문에 단두대에서 순절함으로 공고히 하였다고 말하리라. 로마 신교(新教)의 개조(開祖), 즉 교계(教界)의 위인 루터도 그러하였고 공화정치(共和政治)의 창립자이자 신세계의 건립자인 워싱턴도 그러하였으니, 저 사람은 교황에게 저항함에 죽음을 예기하였고 이 사람은 영국에 항거함에 필사를 먼저 결단하였다. 이것은 모두 헌신적 정신-희생적 관념 속에서 십전구도(十顚九倒)하고 구사일생한 뒤에 좋은 열매를 거두어들이고 큰 공적을 알린 분명한 효과이자 확실한 징험이다. 그리고 몸과 마음을 다해 나라에 이바지하여 죽은 뒤에야 그만둔 것은 제갈량(諸葛亮)의 헌신적 정신이요, "흰 머리로 어디에 가겠습니까만, 남은 목숨이 얼마 없음이 슬픕니다. 일편단심은 사라지지 않았으니 아홉 번 죽어도 마음을 바꾸지 않으리라 맹세합니다."라고 한 것은 조정(趙鼎)[14]의 헌신적 정신이요, 솥에 삶겨 죽음도 엿처럼 달게 여겨서 구원하려 해도 어쩔 수 없음은 문천상(文天祥)[15]의 헌신적 정신이요, "초산(椒山)은 스스로 쓸개를 가졌으니 어찌 꼭 비단뱀의 쓸개를 먹으랴!"라 한 것은 양계성(楊繼盛)[16]의 헌신적 정신이니, 능히 본래 품은 뜻을 펴고 오랜 바람을 취하여 위훈(偉勳)

14 조정(趙鼎) : 1085-1147. 송나라의 충신. 금나라에 밀려 강남으로 내려간 뒤, 화의에 반대하다가 진회(秦檜)의 미움을 사서 조주(潮州)로 귀양 갔고, 다시 황제에게 표문(表文)을 올렸다가 길양군(吉陽軍)으로 옮겨진 뒤에 곡기를 끊고 죽었다.

15 문천상(文天祥) : 1236-1282. 남송의 충신. 나라가 멸망한 뒤 포로가 되었으나 탈주하여 부흥군을 이끌었고, 원 세조 쿠빌라이가 귀순을 권하였으나 끝내 거절하고 사형을 당했다.

16 양계성(楊繼盛) : 1516-1555. 명나라의 충신. 달단(韃靼)이 북쪽 변방을 거듭 침략하자 1553년에 상소문을 올려 화친을 주장하는 엄숭(嚴崇, 1480-1567)을 탄핵하였다. 하지만 엄숭이 누명을 씌워 투옥시키고 초주검이 되도록 곤장을 때렸고, 2년 뒤 다시 사형을 집행하였다. 위의 인용문은 곤장을 맞은 뒤 누가 비단뱀의 쓸개를 약으로 보내려 하자 거절하며 한 말이다.

을 장렬(壯烈)케함이 태산북두(泰山北斗)에 비기지는 못하겠지만, 또한 정충대절(精忠大節)이 해와 달과 함께 영원히 빛날 것이니, 그 또한 위대하지 않겠으며 씩씩하지 않겠는가. (미완)

종교 유지의 방침은 경학가(經學家)부터 속히 개화함에 달려 있다 - 부(附) 축가(祝歌) : 기서(寄書)

/ 인고생(麟皐生) 류승흠(柳承欽)

나 역시 유교(儒敎)[17]의 일개 신도요, 동양 민족의 일개 분자이다. 요즘 세대의 등급이 점차 하락하여 사도(斯道)가 은미하게 행해지고 사방의 이웃이 다 강성하여 외래 종교가 점차 성행하는 시대에 어찌 개연한 통한이 없겠는가. 우리 개벽한 이래로 4천여 년 동안의 역사를 거슬러 살펴보건대 전장의 제도와 의관의 문물이 찬란히 다 갖추어져 위로는 인륜이 밝고 아래로는 교화가 행해져서 치세의 편안함에 나라가 태평하고 나라의 태평함에 백성이 안락하였다. 어찌하여 근래에 이르러 나라가 피폐하고 백성이 곤궁하여 도리어 저 외세의 반열에 나란히 서지 못하는가. 그 까닭은 어디에 있는가. 생각이 여기에 미치니 단지 탄식할 뿐 아니라 늘 심야에 잠을 이루지 못하고 베개를 만지며 눈물을 삼킨 적이 많았다. 이제 우리 사우들이 성근(誠勤)과 심열(心熱)로써 이 『태극학보』를 발간하기에 이르러서는 그 학식의 교환과 민지의 발달을 행하고자 하는 것으로 인하여 소나무가 무성하면 잣나무가 기뻐하는 것 같은 동정[18]이 나에게 일어나서 난잡한 글로 찬사를 하지 않을 수 없었

---

17 유교(儒敎) : 원문은 공문자류(孔門者流)다. 유학(儒學)의 여러 유파를 아울러 가리킨 것이다.

18 잣나무가……동정 : 남이 잘되는 것을 기뻐함을 비유한 말이다. 본문의 "백열(栢悅)"

다. 이에 나의 소견 몇 조목을 가지고 감히 거친 축사를 더하고자 한다.

무릇 종교란 능히 인심을 인약(仁弱)하게 할 수 있고, 인성을 강한(强悍)하게 할 수 있어서 이를 일러 국민의 정신두뇌라 하고 교육의 근본도 이와 그리 멀지 않다. 그러므로 몽골은 북청(北淸)의 웅대한 나라로서 애신각라(愛新覺羅)[19] 씨의 수단에 들어가서 마침내 라마교의 전파에 의해 쇠퇴하였고, 미국은 영국의 식민지로서 워싱턴의 영달에 힘입어서 예수교의 세력에서 독립하였으니, 이 두 나라의 흥망 역시 전적으로 종교의 여하에 있었을 따름이다. 그런즉 그 종교의 나라와의 관계가 과연 얼마나 중요한가.

돌이켜보건대 지금 우리 동아시아의 대세를 논하는 자가 혹은 정치체제가 좋지 않다고도 하고, 실업이 발달하지 않았다고도 하여 헌법을 세우는 계책과 산업을 개량하는 의논이 조정과 재야에 두루 가득하고 위아래로 분분하다. 반면에 이 종교 문제의 경우 진흥할 조짐이 전혀 없다. 독선주의자로 하여금 불교에 은둔하게 하고, 의세주의자로 하여금 서교를 추종하게 하며, 근래에 이르러 천도교와 정토종이 신흥하여 전국 세력의 절반을 점유하였다. 나 같이 어리석은 자로서는 무엇이 선한지 그렇지 않은지 무엇이 나은지 그렇지 않은지 가리켜 정할 수도 없고, 감히 그 사이에서 평가 편정할 수도 없다. 다만 그 우리가 옳고 타인이 그르다는 당론이 서로 저촉되어 민간을 피폐하게 하고 국체를 손상시키는 경우가 종종 있었다. 논자가 또한 말하기를 "우리 동방의 종교는 본래 훌륭하지 않아서 여타 종교에 미치지 못하니, 역시 이 세상에 성행해서는 안 된다."고 하는데, 어찌 그러하겠는가! 아마도 세간에 '교(敎)'나 '도(道)'라는 명칭이 있는 것은 모두 당시 성명(聖明)과 현

은 '송무백열(松茂栢悅)'의 줄임말이다.

19 애신각라(愛新覺羅) : 본디 만저우족의 한 부족명으로, 청나라 제실(帝室)의 성씨가 되었다. 애친각라(愛親覺羅)라고도 한다.

철(賢哲)에게 나온 것이니, 그 이해와 고려의 주도면밀한 점에 대하여 어찌 범상히 논의할 수 있겠는가. 단지 우리 후배의 묵수가 시의에 통달하기 못하였기 때문이다.

내 일찍이 선각자에게 듣건대 무릇 지금 세계에 삼대 속상(俗尙)이 있으니 바로 세상에서 말하는 3대 성인이 종교를 세운 여파이다. 3대 성인이란 우리 공자 및 예수와 석가여래 씨다. 그러나 비록 성인이라도 형편으로 인하고 시세로 조치하여 정론과 편론이 있고 장점과 단점이 있다. 만약 그 바름만 믿고 치우침을 깨닫지 못하면 풍속을 병들게 하는 폐단이 있고, 그 장점만 알고 단점을 살피지 못하면 도를 그르칠 우려가 있다. 이를 지금 세상의 학자가 깊이 연구하지 않으면 안 되므로 증거를 들어 서술하고자 한다.

공자는 곧 우리가 말하는 '하늘이 내린 성인'이라 천지와 그 덕망이 부합하고 일월과 그 광명이 부합하고 가을볕이 내리쬐듯 더할 바 없다. 그런데 노나라에 태어나 주나라 왕실이 쇠퇴한 시대에 처하니 제후가 강대하여 전쟁이 날마다 일어나고 왕실이 없는 것처럼 존재하였다. 이에 그 귀천을 논의하고 그 명분을 바로잡아 주나라를 종주로 삼는 의리에 몰두하였다. 이것이 『춘추(春秋)』가 지어지자 난신적자(亂臣賊子)가 두려워한 까닭이다.

예수는 곧 세상에서 말하는 '천주의 아들'이라 현재 세계의 구미 열강의 이른바 개명한 나라들 중에 신봉하지 않음이 없다. 그런데 유태국에 태어나 유럽 초기 시대에 처하니, 민지가 개발되지 않았고 국기가 서지 않아서 인류가 머물러 살 곳이 없었다. 이에 구식을 버리고 신식을 창도하며 현자를 추천하고 능자에게 양보하여 세상을 구원하는 주의에 골몰하였다. 이것이 '백성을 대신하여 내가 속죄한다'는 문구가 있는 까닭이다. (미완)

무학식의 불행 / 회원 전영작(全永爵)

무릇 우리 인류는 만물의 영장이다. 태어날 때부터 이성을 가지고 만물을 이해하는 능력이 있으나 사람이 살면서 단순한 경험을 토대로 얻은 지식은 매우 천박하여 진성(眞誠)한 지식, 즉 학식(學識)이라고 하는 것을 얻지 못한다. 비유컨대 나뭇잎이 수면에 떠오르고 금석(金石)이 가라앉음을 아는 것은 단순한 지식이지 학식이 아니다. 나뭇잎과 금석이 비중(比重)의 법칙으로 인하여 뜨고 가라앉음을 이해하는 것, 그것이 진성한 학식이다. 이러한 현상의 원인과 결과를 이해하는 것을 학식이라고 하는 것이니 학식은 우리가 학문에 힘쓰고 열심히 연구한 결과 얻는 것이다. 무지몽매함은 통신 기관의 결핍 때문이라고 변호하던 시대가 있었으나 이는 옛날에 한 지방과 다른 지방의 교통이 두절되어 지식의 교환이 전혀 안 되었기 때문이다. 오늘날은 그렇지 않으니 신문·전신(電信)·인쇄 기계·기관차·증기선과 서적 등 지식 교환의 기관이 모두 갖추어진 시대이다. 이와 같이 교통 기관이 준비되어 학식을 구하는 데 매우 편리하니 우리가 지식을 확장하고자 하면 능히 세계의 지식이라도 구할 수 있다.

학식의 필요성은 우리 모두 아는 바로서 이제 굳이 더 말할 필요가 없으나 한두 가지 예를 근거로 들어 말하노라. 패터슨(paterson)강 아래 터널을 통과하는 한 열차가 기관에 고장이 나서 부득이 운전을 멈추게 되었다. 뒤에 오는 열차와의 충돌을 막기 위하여 기수(旗手)에게 터널 입구로 나가서 경계하도록 명했는데 그 기수는 만약 터널 입구로 나가면 열차가 빨리 달려서 다시 열차에 탑승하지 못할까를 걱정하여 단지 열차에서 2·3보 떨어진 곳에서 깃발을 흔들고 있었다. 그렇다면 어두컴컴한 동굴 속에서 위험을 알리는 신호는 당연히 어떠한 효과도 볼 수 없을 것이니, 뒤에 오는 열차는 터널에 들어와 굉장히 큰 소리를 내고서 충돌하여 기수를 포함한 다수의 승객이 참사를 면치 못할 것이다. 앞에서 설명한 기수는 결코 악한 사람이 아니요, 어리석은 사람이다. 그러니 교육이 가진 정신같이 높은 가치를 지니지 못했다. 기수 한 사람의 교육비가 가령 천 원이라고 해도 패터슨강에서 만난 비상사태를 미리 대비할 수 있을 것 같으면 1억 원이라도 쓸 수 있다고 생각한다. 또 한 가지 예증을 들면, 비엔나극장에서 불이 나 약 천 명의 관객이 몹시 뜨겁고 거센 불에 타죽은 비극의 경우도 그 원인을 따져보면 사리에 어두운 두세 명의 부주의에서 비롯된 것이다. 더구나 무지한 순사(巡査)가 아래 계단의 출입문을 닫아 몹시 슬프고 애통한 대변사(大變事)를 만들었다.

이러한 예증은 모두 무학식과 부주의에서 나온 것이니, 대저 교육은 어리석은 자를 현명하게 하고 만사에 주의를 갖게 한다. 사람이 어리석어 현명하지 못하고 만사에 주의하지 못하면 항상 위와 같은 뜻밖의 불행이 야기될 것이니 어찌 무사히 살아가기를 바라겠는가. 이것을 한 개인의 일로만 생각하면 별로 큰일이 아닌 것 같지만 개인은 곧 사회를 구성하는 단위이다. 한 사회가 이와 같고 또 한 걸음 나아가 한 국가의 주요한 지위를 차지한 자가 부주의하고 어리석은 자라면 그 국가의 흥패는 지혜로운 자가 아니라도 알 수 있을 것이다.

아! 우리나라 지금의 현상을 돌이켜보건대 불완전한 교육제도로 인해 놀면서 입고 먹는 청년 자제가 나라 안에 다수를 차지하고 있으니 그 부패함은 의심의 여지가 없다. 이러한 경쟁 시대를 맞이하여 아무리 온 힘을 다해 노력해도 오직 부족할까 두렵거늘 하물며 봄날 졸음이 한창 쏟아지는 지금 이때는 어떻겠는가. 무릇 학문은 한 나라의 생명이다. 학문의 유무로 문명국과 야만국을 구분하고 지식의 우열로 강대국과 약소국을 판단하니 학식이 없이 이 세상을 마주하고 서서 경쟁하고자 함은 비유컨대 양이 범을 대적하려는 것과 비슷하다. 능히 그 승리를 쟁취하여 독립적인 생활을 유지할 수 있겠는가. 아! 이 때문에 우리의 가장 큰 불행은 무식이라 하겠다.

사회교육 / 회원 채규병(蔡奎丙)

교육은 세 가지가 있으니, 가정교육·학교교육·사회교육이 그것이다. 우리가 가정에서 부모 형제의 훈계를 받아 윤리상 사상을 계발하며 학교에서 교사의 훈도를 입어 학문지식을 양성하며 사회에서 선진자의 교도에 의지해 건전한 정신과 확고한 의사를 발양해야 비로소 완전무결한 인물이 된다. 이 세 가지는 경중의 차별이 없다. 예를 들어 말하면 학교에서 혓바닥이 벗겨지고 입술이 마르도록 충의를 강론하나 가정에 있는 부형이 불충·불의를 가르치고 학교에서 예의·염치를 설명하나 사회풍습이 탐도(貪饕)를 숭상하면 국민교육이 어떻게 목적을 이루리오. 고로 구미 각국에서는 사회교육을 열심히 도모하는데 그 교육기관이 구비되고 그 교육방법이 완전하니 혹은 신문·잡지 등으로써 과학적 지식과 정치상 득실과 사회상 공론을 국민에게 잘 가르쳐 잘못을 뉘우치게 하며 혹은 매 일요일에 선진가들이 각처에 산재한 교회 및 학교 내에 강연회를 열어 윤리상 관념과 공공적 정신, 국가적 사상과 문예상 정화를 국민에게 상세히 설명해서 자국 동포로 하여금 그 개인적 품성을 선량하게 하며 그 국민적 인격을 고상하게 하여 자국의 목적에 적합한 인물을 양성한다.

현재 우리나라의 정황을 회고하면 둘 셋의 유지사(有志士)가 신문·잡지를 발간해서 사회교육에 주의를 게을리하지 않으나 아직도 그 기관이 미비하고 그 범위가 협소해서 다수 국민을 지도하기 어려울 듯하다. 조용한 말로 이를 생각하니 우리나라같이 교육이 넉넉하지 못한 국가에는 다름 아니라 더욱 사회교육의 필요가 있는 것이다. 가령 학교를 확장해서 교육을 장려하더라도 3・40세 이상은 학교에 들어가 순서대로 학문을 닦을 수 없으니 우선 사회교육의 방책으로써 이를 일시 급구하는 것이 필요하다 해서 우리나라 선진자들에게 청하여 알린다. 정치가・군인가・법률가・문학가・실업가를 물론하고 여력을 이용하여 혹은 글로 혹은 언론으로 배움이 없는 동포 형제를 개발해야 한다.

우리 2천만 동포에게 고하다 : 기서 / 공학사 상호

나라를 위한다면 자식을 가르치고,
자식을 가르치려면 자신을 바르게 하라.

아! 청구(青邱) 3천 리 강산이여. 하늘이 검고 땅도 검고 해는 기울고 달도 기울었도다. 그렇다면 어찌해야 하는가. 어찌할 수 없는가. 어찌할 수 없는가. 어찌할 수 없다 말하지 말라. 사람은 영물(靈物)이다. 억만 년 하늘의 건도(健道)와 억천 년 태양의 열기(熱氣)와 천만 년 땅의 후덕(厚德)으로 화생(化生)한 유일한 영물이다. 어찌하여 한때의 침몰과 순간의 암흑으로 인해 허둥대고 급급해하며 어찌할 수 없다는 소리를 애달프게 부르짖는가. 더구나 우리는 4천 년 동안 성현의 훈도(薰陶)를 받으며 생장한 인물들이다. 내 한 몸의 곤욕도 참을 수 없거늘 조상의 치욕을 어찌 참을 것이며 자손의 참담한 상황을 차마 볼 수 있겠는가. 아! 청구인들아. 마땅히 부끄러워 죽을 지경이 아니겠으며 흥기하지 않을 수 있겠는가.

나는 본래 학식이 없고 또 해외 유학하며 닦은 학업이 공업의 학술에 불과하다. 이 외에 무슨 식견이 있겠으며 무슨 경륜(經綸)이 있겠느냐마는 지금 비로소 9년간의 학업을 겨우 마치고 고국의 산천을 돌아보니 마음속에 참담함과 간절함이 생겨난다. 그러므로 여기에 감히 한마디를 펼치노니 비록 거칠고 조잡한 언설이긴 하나 원컨대 우리 동포들아, 한 번 살펴보길 바라노라.

지금 대한(大韓)은 3천 리에 뻗은 땅과 2천 만의 인구, 4천여 년의 역사를 가지고 있으며 동방예의지국이라 칭해지고 성현의 경전으로 교육한다. 이러한 사실만 놓고 보면 천하의 강대국이 될 수 있거늘 어찌하여 도리어 조종(祖宗)의 유업(遺業)을 보존하지 못하고 남의 발밑에서 구차하게 숨을 헐떡이고 있는가. 이는 몹시 통탄스럽고 한숨이 나오는 일이로다. 아! 일이란 것이 작은 것은 그 원인이 천근(淺近)하고 큰 것은 그 원인이 심원하다. 단군 이래로 나라에 율령이 있고 백성에게 강상(綱常)이 있어 문화가 융성하고 무용(武勇)이 밖에까지 떨쳐 일어나 동방에 찬란히 군자의 나라를 이루었더니 급기야 과거(科擧)의 법이 생긴 이후로 나라 안 사람들이 경전(經傳)을 다투어 암송하나 뱃속에 채운 경륜은 '과거' 두 글자만 있을 뿐이다. 이 때문에 사기(士氣)가 가라앉고 강상이 해이해졌으니 국가가 어찌 위태롭지 않을 수 있으며 사회가 어찌 무너지지 않을 수 있겠는가. 그사이에 깨우칠 만한 기회가 한두 번이 아니었는데도 끝내 자각하지 못하고 상하의 관원과 백성이 이익 취하는 것만을 일삼아 하지 않는 것이 없더니 십수 년 전부터 세상에 생존경쟁의 풍조가 엄습하는 상황을 맞아 국가의 법령이 시행되지 못하고 백성의 생명이 보호받지 못하게 되었다.

이에 팔도(八道)의 인사들이 비로소 사태가 위급한 지경에 이르렀음을 깨닫고서 혹은 칼을 사용하여 자결하고 혹은 약을 복용하여 자살하며 혹은 시정(施政)의 개선을 부르짖고 혹은 인민의 교육을 제창하여 3천 리 강산이 솥의 물이 끓듯 요란하였다. 그런 가운데 해외 유학자도 많고 학교도 많이 설립되고 민간단체도 많아졌다. 대체적으로 말하면 청년자제들로 말미암아 하는 일은 점차 큰 희망을 가질 만하나 그 외에는 잠시 한때 경동(驚動)하여 경계(警戒)로 삼은 것에 불과하다. 어째서 그러한가. 민간단체도 유의미한 활동을 펼친 적이 없고 학교는 오늘 설립하면 다음 날 보존키 어렵다며 슬프게 하소연하고 신문은 대부분 신문 대금 독촉으로 제 할 일의 절반을 삼고 있다.

아! 청구인들아. 모르고 그러는 것인가. 아니면 알면서도 그러는 것인가. 심하도다! 심하도다. 과거제의 여독(餘毒)이여. 지금 만 번 죽을 경우를 맞이하고도 오히려 문득 크게 깨달아 정신을 힘껏 가다듬고 흥기하질 못하니 기(氣)가 없어서 그런 것인가. 의(義)가 없어서 그런 것인가. 용(勇)이 없어서 그런 것인가. 이는 참으로 통곡할 일이다. 묻건대, 오늘날 우리가 먹는 음식은 누구를 통해 얻은 것이며 입는 옷은 누구를 통해 얻은 것이며 거주하는 집은 누구를 통해 얻은 것이며 살고 있는 나라는 누구를 통해 얻은 것이며 수백 년 동안 누린 태평함과 안락함은 누구를 통해 얻은 것인가. 이것은 모두 우리 조상들이 4천여 년간 피 흘리고 있는 힘을 다한 결과로 얻은 것이다. 만약 그렇지 않다면 토굴로 집을 삼고 산과 들로 먹을 것을 찾으러 다니는 상황을 어찌 면할 수 있었으리오.

아! 우리 조상들이 천신만고 끝에 심력을 다해 이 사회를 만들고서 우리 2천만 동포에게 전해주었으니 우리 또한 마땅히 심력을 다해 한 걸음 한 걸음 정진하고 더 정진하여 우리 자손들에게 전해주는 것이 의리에도 옳고 사람 도리에도 당연한 일이다. 그런데 이러한 일은 꿈에서도 생각지 못하고 오직 먹을 줄만 알고 입는 것만 좋아하며 돈만 탐내고 노는 것만 즐거워하며 포악한 짓만 일삼고서 국가의 흥망과 사회의 성쇠는 “내 알 바 아니다.”라고 하니 3천 리 조종(祖宗)의 강토(疆土)와 4천여 년의 기업(基業)을 완전히 멸망하게 둔 뒤에야 그칠 것인가. 마음에 꺼림칙이 절통(切痛)한 점이 없는가. 3천 리 강산에 들쭉날쭉 흩어져 있는 조상들의 분묘를 살펴보라. 처연하고 참담하니 이는 우리 동포의 앞길이라서 그런 것인가. 또는 파헤쳐지는 것의 두려움을 견디지 못해서 그런 것인가. 자손 된 자라면 마땅히 숙고할지어다. 나는 특별한 사람이 아니다. 어찌 나만 혼자 알고 2천만 동포는 모두 모를 리가 있겠는가. 내가 가진 마음으로 남이 가진 마음을 헤아려보면 자기 스스로 알 수 있노라. 우리 2천만 동포는 모두 나라를 위한 충성을 지니고 있어서 뜨거운 피가 심장에 들끓고 분통의 마음이 골수에 깊이 사무쳤으나 어떻게 해야 할지를 모르기 때문에 허둥대고 급급해한다. 그리하여 아침에 생각한 것을 저녁에 바꾸고 왼손에 잡은 것을 오른손으로 놓아주는 등 착실하게 하는 일이 하나도 없다.

아! 수백 년간 점차 후퇴하는 쇠퇴의 운수여. 하루아침의 마음과 일시적 힘으로는 만회하기 어렵도다. 그러므로 나는 말하기를 "진실로 나라를 위한 마음이 있다면 자제들을 교육하라."고 하는 것이니, 어째서 그러한가. 시험 삼아 지금 세계 열국이 생존경쟁의 준비를 위해 하는 것을 말해보면, 국민의 원기, 애국심, 국민의 지식, 개인의 실력, 해군력과 육군력, 광산, 농·상·공업의 발달, 철도 및 선박 등의 수륙 교통기관, 기계의 원동력, 석탄, 조선소 및 선거(船渠), 석탄저장소 등이 있으니 모두 가장 필요한 것들이다. 그러나 우리나라의 경우는 발달한 것이 하나도 없고 전무한 것이 대부분이라 급히 착수하여 일 하나하나마다 열심히 실행해 나가지 않아서는 안 되니, 그렇게 해도 오히려 부족할까 걱정이거늘 어찌해야 한단 말인가. 재력도 재력이며 권력도 권력이지만 가장 필요한 국민의 원기가 해이해져서 뜻을 지녔다고 하는 자조차도 말만 청산유수 같지 행동은 더러운 도랑에 고여 있는 오줌 같아서 언행 불일치가 이처럼 현저하니 유희로 하는 일도 이루기 어렵다. 하물며 실제 사업은 어떻겠는가. 어렵도다! 익숙해진 악습을 제거함이여. 그러므로 말하기를 "진실로 국가를 위한다면 자제들을 교육하라."고 한 것이다. (미완)

| 학원 |

공기설(空氣說) / 편집인 장응진

공기설을 시작하기 전에 물체의 대략부터 기술한다.

대체로 보아 물질의 사상은 우리의 시각・청각・촉각 등으로 인해 일어나니 물・공기・철・나무・돌 등은 다 물질이다. 이 물질의 약간 분량을 한정할 때에 물체의 관념이 생긴다. 가령 한 덩어리의 철과 한 동이의 물・한 푸대의 공기는 다 물체라고 할 수 있다. 물체 중에는 금・은・동・철・산소・수소・질소・탄소 등과 같이 단순해서 다른 물질로 나누어지지 못하는 것이 있으니 이를 원소라 칭하고, 또 한 물체가 다수의 단순한 물질로 나뉠 수 있는 것이 있으니 이를 화합물이라 칭한다. 물은 산소와 수소, 두 원소로 나누어질 것이다. 이와 같이 모든 물체를 다수의 단순한 물질 원소로 나누어 오늘날까지 격치가(格致家)가 우주 사이에서 발견한 원소가 총 75종에 이른다. 그러므로 오늘날 지구상에서 우리가 일상적으로 접하고 수용하는 바 대개의 물체는 이 75종 원소가 상호 결합하여 조성된 것이다. 한 원소가 단독으로 물체를 이루어 존재하는 것은 극히 희귀하다.

또 물체에는 세 가지 상태가 있으니 철・나무・돌 등과 같이 일정한 형체를 갖는 것은 고체라 칭하고 물・기름과 같이 일정한 형체가 없고 유동하는 것을 액체라 칭하며 공기・탄기(炭氣)-탄산가스(炭酸瓦斯)-등과 같이 유동의 정도가 한층 심렬한 것을 기체라 칭한다. 기체의 다수는 우리의 시각에 들어와 느껴지지 않는다-수증기는 기체에 속하나 항상 구름을 만들어 공중으로 높이 오름은 우리가 일상적으로 보고 아는 바다-. 공기라 하는 것은 지구 주위를 감싼 기체를 말함이니 그 농후함의 정도는 지구표면에 접근함에 따라 치밀하고 고원(高遠)함에 따라 희박하니 그 높이는 지구표면에서 우리 한국의 리(里)로 대략 300리에 달한다고 한다. 공기는 대개 그 용량이 1/5의 산소와 4/5의 질소와 기타 원소가 혼합 조성된 것이니 통상 이외에 다량의 먼지와 탄기 등을 함유한다. 공기는 다른 물체처럼 1중량이 있어서 지구표면에 압력을 미치니 이를 이용해서 즐통(喞筒)-무자위-을 만들고 또 액체와 기체는 부력이 있어 자신보다 비중-비중이라 하는 것은 다수 물체의 같은 용적의 중량을 비교한 것이다-이 가벼우면 그 물체를 띄우는 성질이 있으니 이를 이용하여 비양선(飛揚船)-경기구(輕氣球)-을 만든다.

동물의 호흡과 물체의 연소

우리가 일시라도 호흡이 중지하면 생존할 수 없는 것은 사람마다 분명히 알고 있는 것이나 그 이유는 어디에 있는가. 다름이 아니라 무릇 동물의 호흡이란 것은 흉부에 폐가 있어 흡입할 때마다 공기 중에 있는 산소를 흡수해서 전신의 혈액을 신선하게 하고 호흡을 낼 때마다 각 혈관에서 모여드는 탄기를 체외로 배출해서 항상 혈맥의 순환을 평탄하고 매끄럽게 하는 작용을 계속함이니 만약 이 작용이 잠시라도 정체하면 혈액이 불순해서 곧 신체 건강에 해를 미치는 것이 필연한 결과다. 그런즉 공기는 동물의 생명을 보존하는 제1의 요소라 칭할 수 있다. 이로 말미암아 보면 위생상에서 가장 양호한 공기는 가급적 먼지와 탄기가 적고 비교적 산소가 많은 것을 마땅히 선택할 것이니 인가가 조밀한 도회처보다 해변, 산골 마을이 거처가 우호(優好)적인 것은 우리가 이미 듣고 경험해서 숙지하는 바이다. 또 물체가 연소하는 것은 이 물체를 조직하는 모 원소가 공기 중에 산소를 취해서 화합하는 상태이니 연소 후에는 통상 탄기를 만든다. 고로 물체가 연소할 때에 공기가 충분하지 못해 산소를 적당히 공급하지 못하면 불은 즉시 소멸할 것이다. 밀랍초에 불을 붙여 유리통 속에 넣고 뚜껑을 덮으면 순식간에 불이 즉시 꺼지는 것을 볼 것이니 이는 통 속에 함유된 산소를 모두 취해 연소한 후에 산소 공급의 길이 완전히 없어짐에서 연유한다. (미완)

수증기의 변화 / 회원 김지간(金志侃)

어느 세계 어느 지방을 막론하고 물이 없는 곳은 없다. 바다는 물 가운데 가장 큰 것이요, 강과 호수는 그다음이며, 작은 것으로 말할 것 같으면 우물물과 벼룻물이 있으니 그 크기에 상관없이 물이 있는 곳에는 반드시 증발작용이 있다. 사계절의 변천과 춥고 더운 온도의 차이에 따라 그 수량의 정도는 차이가 있지만 요컨대 태양열과 바람이 이 증발작용의 주요 원동력이다. 열대지방 해안의 더운 기운이 몹시 거센 곳에는 증발작용이 한층 성하고 바람이 부는 날은 불지 않는 날에 비해 증발작용이 특히 더 활발하다. 일례의 증거를 들어 말하면, 온도가 같은 날에 한 사물을 건조하는데 바람이 없는 날에는 5시간쯤 건조할 사물이라도 바람이 부는 날에는 3시간이면 건조가 되니 이 건조라 하는 것은 태양열과 바람의 작용이 사물의 수분을 흡수하여 발산함을 말한다.

그러니 그 증발작용으로 말미암아 어떤 기이한 상태가 야기되는지를 연구해보는 일은 흥미 있는 학문이 될 것이다.

수증기가 천태만상으로 응결되어 각종 형상으로 변환해 나타나는 사실을 다음에 약술한다. 수증기라고 하는 한 기체가 공중으로 날아 올라가 구름을 만들고 눈도 만들며 비・이슬・서리・안개・싸라기눈・우박 등으로 그 형태를 수시로 변화하는 대체적 사항을 차례대로 진술하겠다.

ㅇ 구름

구름은 종류가 매우 많지만 우리가 보통 목격하는 구름은 백운(白雲)

또는 흑운(黑雲) 등이니 어디서 갑자기 나타나며 어디서 갑자기 사라지는지, 그것이 참으로 이상하다 할 것이다. 대저 구름은 어떻게 일어나는가. 수증기가 공중으로 날아 올라갈 때 급하게 차가운 공기를 만나면 촘촘하게 응결되어 우리의 눈에 구름으로 비치고 이 응결된 수증기 즉 구름이 다시 따뜻한 공기를 만나면 홀연히 흩어져 그 형체를 잃는다. 그런즉 구름의 천태만화하는 기이한 모습은 전부 수증기가 모이고 흩어지는 현상에 불과하다.

ㅇ 안개

안개 또한 구름과 같은 이유로 수증기가 대기 중에서 응집한 것이니 가을철 새벽하늘에 가장 많이 보인다. 춘하(春霞)라고 하는 것은 가을 안개와 성질이 같으나 그 응결된 수증기의 방울 하나하나가 극히 작아 육안으로 구분하기 어려운 것을 '하(霞)'라 하고 방울 하나하나가 조금 커서 쉽게 보이는 것을 안개라 일컫는 것이다.

구름과 안개와 하(霞)는 전부 동일한 이유로 성립된 것들이나 우리가 하늘 끝으로 멀리 바라보면 구름이 되고 지면 위로 가까이 보면 안개나 하(霞)가 된다. 가령 한 행인이 산속에 있을 때에 시선에 가까이 들어와 안개나 하(霞)로 보이던 것이 산 밑으로 내려가 바라다보면 구름으로 보인다.

ㅇ 이슬

이슬은 어떻게 만들어지는 것인가. 하늘로부터 내려온 것이 아니라 낮의 고열로 물체에서 방출된 수증기가 공중에 가득했다가 밤이 되면 우주가 급히 냉각되기 때문에 수증기가 있을 곳이 없어져 어쩔 수 없이 냉각된 물체에 접촉이 되면 수증기가 변하여 매우 작은 낱낱의 물방울이 되는데 다른 물체에 부착되어 있는 것을 이슬이라 일컫는 것이다.

풀잎은 열을 방출하는 힘이 가장 강하여 빨리 냉각되는 까닭에 수목과 풀잎이 번성한 곳에는 반드시 이슬이 많이 맺힌다. 또 계절과 비가 오고 날이 개는 것의 관계로 인해 그 양의 많고 적은 차이가 있으니 봄가을에는 증발작용이 가장 왕성하여 대기 중의 수증기 함유량이 특히 많기 때문에 이 두 계절에 이슬이 가장 많이 맺힌다.

또 날씨가 맑게 갠 때에는 증발작용이 왕성하기 때문에 냉각작용 또한 많아져 비가 그친 날 밤은 이슬이 많이 맺히고 날씨가 맑게 개지 않은 날에는 구름으로 말미암아 냉각의 정도가 줄어들어 증발작용이 많지 않기 때문에 그늘진 날 밤은 맺히는 이슬의 양이 적다. (미완)

석탄 / 회원 장지태(張志台)

석탄은 대개 그 색이 검고 그 성질이 물러 능히 연료가 되는 까닭에 이 세상에서 가장 널리 사용되어 여러 공장의 기계 운전과 기차・기선(汽船)이 쾌주를 할 수 있었다. 이러한 결과가 나왔으니 오늘날 문명의 일부는 석탄의 덕이라 할 만하다.

석탄의 용도는 더욱 많아 이를 건류(乾溜)하여 해탄(骸炭)을 만들며 또 등잔불에 사용하는 석탄가스도 만들며 그다음에 생기는 '타르'라 칭하는 흑색의 유상체(油狀體)는 철기・목재 등에 칠하여 부식을 방지하며 또한 이것으로 각종 안료(顔料)와 석탄산(石炭酸)을 만든다. 해탄(骸炭)은 화력이 아주 강하고 악취가 없는 까닭에 야금처(冶金處) 및 기타 공업에서 많이 사용한다.

석탄은 무연탄(無煙炭)・흑탄(黑炭)・갈탄(褐炭) 세 종류가 있다. 무연탄은 그 색이 철흑색(鐵黑色)이고 금속과 같이 광택에 있으며 그 성질은 극히 물러 불을 피울 때에 연기 및 냄새가 적고 화력이 극히 강하다.

흑탄은 그 색이 검고 역시 광택이 있으며 불을 피울 때에 연기 및 냄새가 난다.

갈탄은 그 색이 흑갈색이며 그 안에 나뭇결이 남아 있고 불을 피울 때에 연기 및 악취가 매우 심하다. 일본 아이치현(愛知縣)에서 나는 암목(岩木)이 다 이것의 종류이다.

모든 석탄류는 태고에 식물이 땅속에 묻혀 점차 변질되어 이루어진 것이다.

우리가 일용하는 숯〔木炭〕은 본래의 질료를 공기가 불충분한 곳에서 연소하여 얻는 것이나, 석탄류는 식물이 땅속에 매몰되어 수천만 년을 경과하여 점차 그 성질이 변하여 자연스럽게 그 탄소만 잔류한 것이니, 이러한 변질을 탄화(炭化)라 칭한다. 식물이 땅속에 매몰되어 석탄을 이루게 될 때에 그 경과 연월이 길고 짧음을 따라 탄화의 정도가 상이한 까닭에 여러 종류로 구별된다. 그 햇수가 가장 오래된 것이 무연탄이며 질이 좋아 10분의 9 이상 탄소가 함유되어 있으며 그다음은 흑탄이니 10분의 7 이상 탄소를 함유하고 그다음 갈탄으로 10분의 5 이상 탄소가 함유되어 있다.

햇수가 갈탄보다 한층 더 적은 것은 일본 센다이(仙臺)에서 나는 매목(埋木) 종류다. 나뭇결이 더욱 선명하고 목질이 변하지 않았으나 지금으로부터 수만 년을 지나게 되면 갈탄도 되고 흑탄도 되고 무연탄도 이루게 된다.

이 중에 또한 이탄(泥炭)이라 칭하는 것이 있으니, 이는 고대의 수초가 진흙에 매몰되어 상당히 탄화된 것으로 줄기와 잎의 무늬가 아직 있고 그 성질이 가볍고 거칠며 갈색을 띤다. 족히 연료로 활용될 수 있다.

석유 / 회원 신성호(申成鎬)

석유는 취기(臭氣)가 있는 액체의 일종이니 이것을 사발 속에 부어놓고 정면으로 비추어보면 그 빛이 담황색인데, 표면을 비껴보면 그 빛이 푸르죽죽한 색을 드러낸다. 또 비중이 물보다 가벼워 물속에 섞어 넣으면 바로 분리되어 수면에 떠오르고, 또 인화하기 쉬운 성질이 있다.

석유는 원유를 한층 정제한 것이니, 원유는 그 바탕이 매우 농후하고 그 냄새가 매우 강하며 몇 종류의 잡유(雜油)가 섞인 것이다.

원유를 솥에 넣어 증류하여 정제할 때 그 온도의 높낮이에 따라 각종 잡유가 나뉜다. 온도가 낮을 때 증류되어 나온 것을 휘발유라 부르니 극히 인화하기 쉬우며, 또 온도가 높을 때 증류되어 나온 것은 곧 등불에 사용하는 석유가 되며, 그다음에 나온 것은 기계유(機械油)가 되고 솥 바닥에 남아 있는 것은 중유(重油)라고 부른다.

석유는 등불용에 많이 제공되며 또 석유발동기의 연료가 되고 휘발유는 세탁에 많이 쓰이며 기계유는 기계의 운전에 많이 쓰이며 중유는 보일러 등에 연료가 되고, 또 이것으로 파라핀도 만든다. 원유가 샘물처럼 땅속에서 솟아 나오는 곳도 있으나 대개는 지하 깊은 곳에 저류된 것이다. 그러므로 철찬(鐵鑽)으로 땅속에 구멍을 뚫고 무자위로 이것을 길어 올리거나 혹은 우물을 파고 두레박으로 이것을 긷는 곳도 있으니 이러한 곳들을 유정(油井)이라 총칭한다.

오늘날 세계에서 가장 유명한 석유 산지는 북미합중국과 러시아와 일본이니, 우리가 일상에서 사용하는 물건 중에 하루라도 빠져서는 아니 될 것이다.

위생(衛生) : 기서 / 유은생(柳隱生) 강병옥(康秉鈺)

사람이 세상에 살다 보면 반드시 사회에 속하여 공동생활을 영위하게 되는데 동종 간에 서로 구제하고 동족 간에 서로 의지하여 상대와 나의 생활을 편리하게 할 필요가 있다. 그런즉 만약 혹 한 명이라도 위생에 주의하지 않은 결과로 인해 질병에 걸리게 되면 국가에 대해 어떠한 충성을 지니고 동포에 대해 어떠한 포부를 가지고 있다 한들 그 목적을 달성하기 어렵고, 만약 병의 독성이 전염되어 사회 전반에 퍼지기라도 하면 그 영향을 예측하기 어려울 것이다. 이를 통해 보면 개인이 위생의 도(道)를 잘 지켜 각자의 신체를 건강히 함은 자기 일신에 다행일 뿐만 아니라 사회의 공중(公衆)에 대한 의무를 다하는 것이다. 그러므로 다음에 위생의 대략을 논술하노라.

사람은 다른 동식물과 같은 유기체의 생물이니 유기체는 미묘한 생활 작용을 영위한다. 사람이 동식물 중에서 음식이 될 만한 물질을 섭취하여 자기의 신체와 동화(同化)하도록 하는 것을 소화작용이라 하고, 이 물질을 신체 각 부분에 실어 나르는 것을 순환작용이라 하며, 이 물질과 산소가 결합해 열을 내기 위하여 공기 중에서 산소를 흡수하고 체내의 이산화탄소를 내보내는 작용을 호흡작용이라 하고, 신경(神經)의 감각을 대뇌에 전달하여 영묘한 사상을 드러내는 것을 정신작용이라 하며, 이 물질의 일부분이 쓸모없게 되어 체외로 방출하는 것을 배설작용이라 한다. 소화작용의 위생은 자양분이 풍부한 음식을 잘 섭취하는 것에 달려 있으니 단백질 · 지방 · 탄수화물 · 염분 · 수분 등이 많이 함유된 것은 소화되기 쉬운 매우 좋은 식품이다. (미완)

솔나방애벌레-송충이-의 구제와 예방법 / 회원 김형목(金瀅穆)

송충이는 곤충류인데 소나무 숲에 해가 되는 것이 적지 않을 뿐만 아니다. 심할 때에는 온 소나무 숲이 화재를 겪은 것처럼 전멸하게 되는 참극을 면하지 못하니 국가의 위생상 손해와 이롭지 않음을 어떤 불행함에 비하겠는가. 그러므로 이 벌레의 성질과 구제 및 예방법을 간단히 서술하여 이 사업에 뜻이 있는 여러분들에게 참고할 만한 내용들을 일러드리고자 한다.

유충은 대략 4월 하순 경부터 잠복하던 장소에서 나와 소나무에 기어올라서 솔잎을 닥치는 대로 갉아먹어 나무의 성장을 방해하다가 5월 하순 내지 6월 상순에 마침내 노숙(老熟)하게 되면 실가닥〔絲縷〕을 토해내어 잎과 가지 및 나무의 껍질에 누에고치〔粗繭〕를 짓는다. 그리고서 그 안에 숨어서 번데기가 되어 6월 하순 내지 7월 상순에 솔나방이 되어 소나무 숲을 날아다니며 그 가지 끝의 어린잎을 골라 알을 낳아 붙여두니 이 알이 2-3주가 지나면 부화하여 다시 솔잎을 갉아먹는다. 10월경에 이르러서는 차례로 뿌리 근처로 내려가거나 혹은 낙엽 아래에 숨어 있거나 혹은 흙 속에 들어가며 혹은 나무껍질 사이에 숨어서 추위를 넘기며 겨울을 보내고 다음 해 4월 하순부터 잠복하는 장소에 다시 출현하여 소나무에 기어올라 솔잎을 갉아 먹는다.

솔나방은 체구가 비대하며 두부(頭部)와 흉부(胸部)는 흑갈색이며, 복부(腹部)와 더듬이〔觸鬚〕는 회갈색이고, 앞날개는 긴 모양으로 폭은 좁고 색은 적갈색이며 뒷날개는 삼각형으로 폭은 넓고 색은 회갈색이다. 암컷 나방은 수컷 나방의 체구보다 비대하다.

알은 타원형으로 조금 납작하고 평평하고 실색〔絲色〕을 띤다. 낳을 적에 한 잎에 열 개씩 일렬로 붙여둔다.

이 송충이를 구제하고 예방하는 방법은 아래의 방법으로 한다.

첫째, 알을 모아서 죽이는 것은 알의 색이 솔잎과 유사하고 알을 낳는 장소가 높아 매우 어려우나, 유충이 부화할 적에 가지 끝에 무리 지어 잎을 갉아 먹으면 잎의 색이 차례로 갈변하여 말라 죽게 되니 이 부분을 즉시 잘라 소각시켜 구제할 수 있다.

둘째, 겨울에는 송충이가 숨어 있는 장소를 찾아서 잡아 죽이며 또 4월 소나무 뿌리 근처에서 기어오르고자 할 때에 뿌리 근처 두세 자쯤 되는 줄기 면에 띠를 두르듯 '다알'을 칠하면 움직이려는 송충이는 모두 이 '다알'에 들러붙어 올라가지 못하게 되니 수시로 줄기 면을 살펴보아 죽이면 된다.

셋째, 송충이에는 두 종류의 말총벌〔馬尾蜂〕이 기생하는데 이것을 죽이고 또 알에도 한 종류의 작은 벌이 기생하는데 스스로 죽게 하니 이는 자연 구제의 좋은 방법이다. 그 상태를 자세히 살펴 증식(增殖)을 선도(善圖)할 것이다.

조림학(造林學)의 필요성 / 회원 김진초(金鎭初)

사회에서 목재의 필요성은 굳이 더 말할 필요 없이 누구나 다 분명히 아는 바이지만 여기서 몇 마디 말을 더하노라. 우리가 항상 살고 있는 가옥과 우리가 날마다 사용하는 나무 물건은 어떻게 건축하고 제작하며 우리가 날마다 먹는 음식물과 우리가 늘 거처하는 온돌은 어떻게 불을 때고 따뜻하게 하는가. 목재 응용의 큰 규모는 실로 천하 사람들을 경동케 할 것이다. 저 문명의 이기라고 칭하는 것들, 즉 기차와 증기선 등에서 전신・전화 등까지 일일이 목재를 사용하지 않음이 없으니 진실로 인간 사회에 목재가 없으면 단 하루도 결코 생존할 수 없을 것이다. 근래에 임학(林學)이 진보하여 목재를 널리 제조하거나 공예에 응용하는 방법이 개척되었다. 그리하여 혹은 목재를 분해하여 종이를 제작하며 실을 뽑아 베를 짜고 혹은 목재를 건류(乾餾)하여 목초(木醋)와 메탄올〔木精〕과 아세톤과 타르와 등용(燈用) 가스와 열용(熱用) 가스 등을 제작하고 혹은 목재를 점성의 유연체로 만들어 활자(活字)와 쇄보(鎖袱)[20] 단추와 인공 상아와 양복의 고무〔護謨〕 옷깃과 고무 소매 등을 만들어내었다. 또 근래에 목재로 명주실을 제작하고 술을 빚는 새로운 방법을 발명함에 이르렀으니 장족의 진보가 이루어졌음은 실로 경탄할 만하도다. 또 삼림은 목재 생산의 용도뿐만 아니라 능히 기후를 조화롭게 하고 수원(水源)을 함양하는 등 간접적으로 국토 보안상에 중요한 효과와 이익이 매우 많다.

이렇게 필요한 삼림이 옛날에는 어떠한 상태를 거쳤는가. 삼림이 인력을 필요로 하지 않고 자연히 번식 생장하여 육지 전면을 가리고 덮음으로써 사람들이 하고 싶은 대로 마음껏 벌채하여 사용해도 당시에는 인구가 많지 않고 이용 방법도 미개하여 목재의 부족함을 실감하지 못했을 뿐만 아니라, 실로 식민 지배의 첫 번째 일로 울창한 삼림을 불로 다 태우기도 했다. 이후에 인구가 점점 증가하고 사람들의 지식이 점점 발달하면서 목재의 이용이 더욱더 왕성해졌음에도 불구하고 한편으로는 삼림의 면적이 해마다 농업의 잠식을 당하여 결국은 차마 보기 어려운 참상이 되었으니, 간접적으로는 기후의 조화를 파괴하여 홍수와 가뭄의 해를 일으키고 직접적으로는 땔나무와 숯으로 사용할 재료의 부족을 경고하여 사회생활상의 곤란을 만들었다. 이에 삼림을 자연에 방치해두는 것이 불가함을 비로소 깨달아 조림학의 필요가 드디어 생겨났으니 이는 실로 수십 년 전의 일이다.

조림학은 가히 이롭게 할 방법으로 삼림을 조직하고 양육하는 바에

---

20 쇄보(鎖袱) : 새나 짐승의 가는 털로 만든 옷 장식을 말한다.

대해 이론과 방법을 강론하는 것인데 그 목적은 가급적 가치 있는 삼림을 조성하는 것에 있다. 그러나 이 가치는 그 뜻이 매우 넓어 소유주의 목적에 따라 동일하지 않다. 비유하자면 소유주의 목적이 토사방지림이면 양호한 목재를 생산하는 것보다 차라리 토사를 잘 방지하는 삼림이 가치 있는 것처럼 삼림 조성의 목적에 따라 삼림을 크게 두 종류로 구별하면 다음과 같다.

1. 경제림(經濟林)
2. 보안림(保安林)

경제림은 직접적으로 목재를 사용하기 위한 삼림이니 곧 벌채하여 가옥과 교량과 기타 여러 종류의 기구를 만들고 또 땔나무·숯과 종이 제작의 용도에 제공하는 것 등을 말한다. 보안림은 전자와 반대로 간접적으로 효과를 이용하는 삼림이니 곧 벌채하지 않고 오로지 그 숨은 효용만을 취하는 것이니 수원 함양과 토사 방지와 풍치(風致) 등이 이것이다.

여자교육 한 / 회원 김낙영(金洛泳)

대저 인생이란 남녀 두 성품이 합하여 된 것으로 장래의 사회 문명을 기다려 바라는 것이니, 옛사람이 말하기를 "문명이라 함은 움직이는 힘과 고요한 힘 두 가지가 합하여 조화롭게 된 것이라" 하였다. 이 두 가지 힘을 나누어 말하면 움직이는 것은 여자[21]를 이름이요 고요한 것은 여인을 이름이니, 이 말이 비록 지혜와 덕이 가득한 것을 밝혀 말한 것에 지나지 않으나, 실상 남녀가 행동하는 것으로 보건대 남자는 항상 지혜

---

21 여자 : 맥락상 '남자'의 오식으로 보인다.

로 움직이는 성품을 가졌고 여인은 항상 덕으로 조용한 성품을 가졌으니 이 두 가지를 합하여 이 세상 사회의 기초를 삼아 우리 인생의 재미를 얻게 할 수 있을 것이다.

태호복희씨(太昊伏羲氏)는 혼인의 의례를 시작하였고 집안일을 다스리기 위하여 성인은 여자훈(女子訓)을 밝게 하였으니, 혼인은 실로 인생에서 행할 바 첫 번째요 사회를 왕성케 할 큰 장본(張本)이다. 몸은 다르나 마음은 같아지고 성품은 다르나 정은 같아지나니 이 세상에 친밀한 것이 이보다 더한 것이 없는 고로 합하여 한 집안을 만든다. 덕이 있어 조용한 것을 좋아하는 성품은 안에서 집안을 다스리고, 지혜롭고 움직이기를 좋아하는 성품은 밖에서 백사를 담당하여, 안과 바깥이 서로 응하며 화목하여 아들이 있고 손자가 있으며 또 이 자손에게 성인의 훈계가 있어 삼강오륜의 도(道)와 충군애국의 정성을 가르칠 것이니, 장래에 가족이 번창함과 다른 날 국가와 사회가 발달됨은 전적으로 자녀를 잘 교육함에 달려 있다. 만일 그 부모 된 이가 자녀를 가르쳐 선한 데로 인도하지 못하면 다른 날 불효불충(不孝不忠)과 경재패가(傾財敗家)가 있을 것이다.

슬프다. 부모 된 이가 자식이 불량한 것을 보면 하기 쉬운 말로 순임금을 들먹이며 자식 못 둔 한탄으로 일삼아 세월을 보내면서 행여 효도를 받아볼까 하니, "범의 새끼는 도로 범이 되고 개새끼는 다시 개가 된다"는 속담을 헛말로 아는가. 부모 된 이도 일찍이 조부모에게 상당한 교육을 받지 못하였으므로 자기의 지난 일대로 그 자식을 가르쳤으니, 그 자식인들 하늘에서 떨어진 자가 아닌데 어디서 효도를 배웠으리오. 그런고로 자식에게 효도를 받으며 자식이 나라에 충신이 되고 사회에 큰 일꾼이 되기를 원하시거든 어려서부터 선한 것과 자비로운 것과 옳은 것으로만 잘 가르치시오.

이것들을 가르치시려면, 부모가 자식 사랑하는 것은 비록 똑같다 하나, 부친 된 이는 사랑 가운데서도 위엄이 은연히 나타나서 어리고 양순한 아이의 눈에 무섭게 보이는 고로 친근하지 못하고 눈결에 혹 보이게 되면 기어이 보지 아니하려 하며 혹 피치 못해 그 앞에서 교훈을 들을 때 무서운 것이 앞서서 마음이 떨리는 고로 그 가르치는 것을 분명히 듣지 못할 것이니, 만일 이같이 부친의 교육만 받으면 엄한 것 한 가지로 주의를 삼아 그 후손에게도 역시 엄한 것으로만 가르칠 터라. 대개 엄숙한 것 가운데 정이 화하지 못하여 나중에는 부자지간에 불효와 불친이 절로 생겨 한 집안에 전쟁이 그치지 않을 것이다. 이때를 당하여 당초에 잘 가르치지 못한 자기 허물은 생각지 아니하고 다만 자식을 한탄하고 미워하니 원래 뿌리 없는 나무에서 잎과 순이 어찌 돋으며 호미질하지 않은 곡식 밭에서 열매가 어찌 충실하겠는가.

이와 같이 교육이 너무 엄한 결과는 결단코 완전치 못한 것이니, 덕으로 조용한 성품을 가진 그 모친이 맡는 것이 합당하다. 그 모친은 원래 온유하고 자비하여 자녀를 거느려 가르칠 때 사랑과 감동이 앞서 나오고 즐거움과 화한 기운이 자연히 가득하게 되는 고로 어린아이들이 배고프고 목마른 것처럼 사모하여 교화가 은연히 저들의 정신에 가득하게 된다. 이후 학교의 교육과 사회의 교육을 받아 충효의 어른과 도덕의 군자가 되어 후세 사람으로 하여금 그 어머니의 덕을 임사(任姒)[22]에게 비교토록 하고 그 어머니의 공을 맹모만큼 찬송케 하리니, 한 집안 경사가 어떠하며 한 나라 영광은 어떠하며 천추만세 역사 위에 아름다운 명색이 과연 어떠하겠는가.

이것을 보면 사람의 일생에 충효군자라 하고 도적소인이라 하는 것은 다 어렸을 때에 교육을 잘 받는가 못 받는가에 달려 있다. 흰 종이와 같이 물들이는 대로 빛이 나고 맑은 물과 같이 그릇을 따라 형용이 변하는 것 같은 어린아이의 성품을 가르치는 것은 전적으로 그 어머니에게 달려

22 임사(任姒) : 주 문왕(周文王)의 어머니인 태임(太任)과 주 무왕(周武王)의 어머니인 태사(太姒)를 이른다.

있으니, 어머니 된 이는 마땅히 적당한 학문을 배워야 할 터라 저 문명한 서양 모든 나라들이 여인의 권세를 높여 주며 고등한 학문 정도로 여학교를 많이 설립하여 온 나라 여자를 구름같이 모아 후대에 어진 어머니와 어진 아내가 되어 이렇게 중대한 소임을 감당할 만하게 가르치는 것이다.

오늘 어린 계집아이들은 후대 자손의 어머니라 지금 이 여자들을 교육시키지 않으면 이는 장래의 나라 사회를 멸망시키는 것과 다름이 없을 것이다. 이 말이 비록 과하고 외람된 듯하나 그렇지 아니하니, 집안은 곧 사회의 기초요 자녀는 즉 집안의 근본이라 만일 자손이 패악하면 집안이 불행하고 사회가 멸망할 것이니 어찌 무섭지 아니하리오. 장래 문명의 기초를 맡은 부인의 직분을 잘 지키게 하는 것은 오늘 여러 부모되신 이가 여자교육에 힘쓰는 데에 있은즉, 여러 부모께서 이같이 중한 소임을 두 어깨에 메었는데 어찌 평안히 있으면서 조금도 일어날 생각이 없이 희미하게 누워 있을 것인가. 우리 신명하오신 대황제폐하께서도 거룩하신 조서를 내리시어 일반 신민으로 하여금 학문을 힘쓰게 하셨으니, 우리 인민 된 자는 몸이 망하고 목숨이 다하도록 정성을 다하여 한편으로 성지(聖旨)를 받들어 대답하고 한편으로 나라의 용맹한 정신을 예비케 하시기를 간절히 바란다.

매미 소리를 듣다[聞蟬] 漢 / 회원 김연목(金淵穆)

절기 바뀌어 더위 가고 추위 오니	暑退凉生氣序遷
매미 소리 녹음 가에 요란하네	蟬聲繚亂綠陰邊
은은하게 아침 이슬 맺힌 잎 사이로 한참을 울고	隱映長吟朝露葉
처량하게 석양의 안개를 늦도록 띠었네	凄凉晩帶夕陽煙
뜰 아래 나무에서 벗을 그리는 정신이 있고	懷友精神庭下樹
별천지에서 신선으로 해탈한 소식 들린다	脫仙消息洞中天

듣는 와중에 문득 고향 꿈임을 깨달으니 聞來忽覺家鄉夢
난간 앞에 기대어 서울을 돌아보네 回首京華倚檻前

태극학보를 축하하다[賀太極學報] 漢 / 운초생(雲樵生) 지성연(池成沇)

하나의 태극이 만 리에 환하니, 萬里昭然一太極
'태극'이란 잡지명 또한 끝이 없으리. 太極報名亦無極
원컨대 오늘의 태극학보가 願將太極今日報
태극기 아래서 전해져 끝이 없기를. 太極旗下傳無極

우연히 읊다[偶吟] 漢 / 운초생 지성연

비바람 쓸쓸히 불고 밤은 몹시 긴데, 風雨凄凄夜已長
이 몸은 허깨비 되어 꿈속 고향에 있도다 此生幻在夢中鄉
가련하구나. 시인의 한 점 촛불이여. 可憐一點騷人燭
하늘 끝 향해 홀로 밝게 빛나는구나. 獨向天涯耿有光

충고가 / 회원 장계택(張啓澤)

우리 동포 청년이여 이내 말씀 들어보소
기천년래(幾千年來) 우리 대한 선성(先聖) 유풍(遺風) 지킨다고
사문(斯門) 제자(弟子) 자칭하고 의관 갖춰 무릎 꿇고
황금같이 귀한 세월 무위허송 하올 적에
초당춘수(草堂春睡) 깊이 들어 창밖에 해 지는 줄 몰랐더니
뜰 앞 초목 숙살성(肅殺聲)에 홀연 놀라 깨었는지

여관 한등(寒燈) 깊은 밤에 객심(客心) 처연하고 난감토다
좌로 우로 전전(轉轉)타가 비가(悲歌) 한 곡 비혈성(沸血聲)에
어이 장출(將出) 일어나서 고국산천 바라보니
은하수 서쪽으로 지고 바다에 하늘 망망한데
금수강산 우리 대한 흑운(黑雲)만 가득하구나
울울창창 어디로 가고 처참지경 웬일인가
비애로다 괴롭구나 천만 생령(生靈) 어찌할고
여보시오 여보시오 우리 동포 청년이여
도원춘몽(桃原春夢) 어서 깨어 주수구방(周雖舊邦)[23] 잊지 마세
남산 교목(喬木) 낙엽 질 때 새잎 날지 뉘 알리오
자애하신 우리 상제(上帝) 양춘화기(陽春和氣) 다시 주사
가지마다 꽃 피고 꽃마다 열매 맺혀 그때 보면 영광이지
호걸이 따로 있으리요 강약이 따로 정해졌으리요
유지자(有志者)면 호걸이요 유위자(有爲者)면 강국이지
생기발랄 우리 청년 일편단심 굳건하여
연골약장(軟骨弱腸) 다 버리고 활발지기(活潑志氣) 단련하면
국권회복 왜 안 되며 동등권리 걱정 없다
일척비곡(一惕悲曲) 긴소리로 슬피 울어 충고하니
임연선어(臨淵羨魚) 하는 자는 퇴이결망(退以結網) 제일이요[24]
위국위민(爲國爲民) 하려는 자 단결심이 제일일세
여보시오 우리 동포 규천호지(叫天呼地) 걱정 말고
신학문 신지식으로 나태와 구습을 고쳐

---

23 주수구방(周雖舊邦) : 『시경(詩經)』 「대아(大雅)」 편에 '周雖舊邦其命維新'이라는 구절이 나온다. '주나라가 비록 오래되었으나 그 명은 새롭다.'는 뜻이다.

24 임연선어(臨淵羨魚)……제일이요 : 『한서(漢書)』 「동중서열전(董仲舒列傳)」에 나오며 '못가에 서서 물고기를 탐내느니 돌아가 그물을 짜는 것이 낫다.'라는 뜻이다.

충의(忠義) 담용(膽勇) 일단정신(一團精神) 잠시라도 잊지 말고
문명으로 나아가고 부강을 꼭 이뤄보세
우국상시(憂國傷時) 우리 동지 고뇌와 원한 근심 마오
천도(天道)는 떠났다가도 반드시 돌아오고 인사(人事)가 다하면 반드시 변하니
박(剝)이 끝나면 복(復)이 생기고 비(否)가 다하면 태(泰)가 오는 것은[25]
자고로 수만 년의 변함 없는 이치니라
현재 우리 한국을 보면 박(剝)과 비(否)가 끝나가니
이 어려운 시대 맞아 복(復)과 태(泰)를 되살리려 하면
천하만국 환영하며 오직 우리 상제께서 도우시리

분기(奮起)하라 우리 동포 청년 / 회원 표진모(表振模)

분기하라, 우리 동포 청년들이여! 힘써라, 우리 학생들이여! 지금 세상이 어떤 세상이며 오늘날이 어떤 날인가. 생존경쟁의 극장이요 활동무대의 새 막이다. 배가 가라앉고 섶이 불타는데도 거연(倨然)히 꿇어앉아 오직 인의(仁義)만 말하면 인자(仁者)라 이를 수 있겠는가. 세상 사람은 자자(孜孜)히 근면하여 잠시도 쉬지 않고 생활 경영을 게을리하지 않거늘 청루(靑樓)에서 음풍농월로 가산을 탕진하여 일신을 자멸하면 지자(智者)라 이를 수 있겠는가. 남이 나의 수족을 묶으며 나의 가산을 빼앗는데 멍하니 깨닫지 못하고 숨이 끊어지게 되어서야 오히려 구차히 안식을 구하면 사람이라 칭할 수 있으리오.

분기하라, 우리 동포 청년들이여! 경계하라, 3천리 강토를 두 어깨에 짊어진 우리 학생들이여! 경천(經天)의 지략과 위지(緯地)의 책술이 마련

25 박(剝)이……것은 : 박(剝), 복(復), 비(否), 태(泰)는 『주역』의 괘를 가리킨다.

되어 있다 한들 확고한 사상을 세우지 않고 원대한 목적을 품지 않으면 어찌 족히 귀할 바 있으리오. 일월(日月)의 형안(炯眼)을 한 번 들어 세계의 추세와 우리나라 상하 사회의 정태를 관찰해보건대 우국지사로 하여금 어찌 하늘을 우러러 통곡하지 않게 할 수 있으리오. 나는 본시 재질(才質)이 우둔하고 학식이 얕아 천하의 경륜과 인사의 득실을 한마디도 논하기 어려우나 국가를 사모하는 충성과 국운의 진취와 융성을 희망하는 열성에 이르러서는 제현(諸賢)에 뒤지지 않는다고 감히 말하겠다.

대개 국민은 가슴 속에 확고한 성격을 구비하며 순미(純美)한 덕성을 함양치 않으면 안 된다. 염려컨대 국민의 성격이 멸실함은 그 사회가 썩어 문드러지는 시초이며 그 국가가 쇠퇴하는 조짐이니 어찌 가히 경계하지 않으리오. 오늘날 신구 개혁의 큰 기회를 맞아 우리 국민 된 이가 일정한 사상이 없고 자못 형식적 개화에 빠져버려 자국 전래의 미풍 미덕까지도 일체 포기하고 모든 문물제도를 외국에서 베껴 취하려 하는 극단에 이르면 그 해가 또한 구식을 묵수(墨守)하고 일체의 신식을 배척하는 폐단에 뒤지지 않을 것이다. 피아(彼我)의 장단을 참작하여 내부 개량을 점차 시행하며 교육의 보급을 선도하여 국민의 진부한 사상을 일신하여 고상케 하고 부(富)의 원천을 개발하며 기계를 발달시켜 이용후생의 도를 완전히 펼친 연후에 가까스로 문명의 지경으로 나아갈 것이니, 이러한 대책임과 대직무를 짊어진 이가 우리 학생과 청년이 아니면 누구리요.

분발하라, 여러분! 원대한 목적과 원대한 사상과 대활기와 대열심과 대포부로 용맹정진하여 우리 대한 국가로 하여금 문명의 지경으로 나아가게 하는 기초를 양성해야 할 것이니, 힘써라, 학생들이여! 분기하라, 동포 청년들이여!

도쿄 일일 생활 / 회원 이윤주(李潤柱)

책상 위에 놓아둔 자명종〔醒寐鍾〕이 땡땡 6시를 알리는 소리에 홀연히 잠을 깨니 창밖에 훤화(喧嘩)하는 마부와 말의 소리며 먼 길에 통행하는 전차 소리, 인력거 소리 뚤뚤뚤뚤 인사의 다망함을 고하였다. 두 눈을 비비고 일어나서 이불을 개켜 넣은 후 창문을 열고 세수를 마친 후에 방에 돌아오니 하녀는 벌써 식탁을 차리고 조찬을 준비하였다. 미소시루(味噌汁)-토장국-, 청침채(菁沈菜)로 담백한 식사를 막 마치니 옆방 벽 위에 걸린 시계가 종을 쳐 7시를 알렸다. 즉시 일복(日服)을 벗은 후 양복을 갈아입고 어젯밤에 난잡히 벌여둔 책자를 정돈하며 오늘 학교에서 수업할 교과서 몇 권을 책보에 꾸려 끼고 점심을 싸든 후에 문밖으로 썩 나서니 솟아오른 해는 동천에 삼간(三竿)인데 집집이 마당 청소와 하루 준비에 분망(紛忙)하며 관인, 상인, 직공 등은 각자의 사무처소를 향하여 분망(奔忙)하고 거리에 가득한 남녀 학생은 바짝 붙어 내왕하며 각기 학교 길을 재촉하였다.

학교에 도달하니 사방에서 찾아오는 수백 명의 학도들이 앞 다투어 운집하여 10분가량 쉬고 상학(上學) 종을 기다려 일제히 실내에 들어가면 잠시 후에 교사가 자리에 임해 인사를 마치고 강설(講說)을 시작하니 이 시간은 즉 서양 역사 과목이다. 제목은 프랑스 혁명 시대이니-서력(西曆) 1789년부터 1815년까지- 프랑스왕 루이 16세 시대에 이르러 프랑스의 재정이 점점 곤란하여 명사(名士) 튀르고(A. Turgot), 네케르(J. Necker) 등이 상의하여 재정 방책을 개혁하고자 하다가 귀족과 승려의 방해를 만나 여의치 않게 되고 칼론(C. Calonne)이 소집한바 진신회(縉紳會)도 좋은 결과를 내지 못하여 평의회가 국정개혁의 급선무를 진언해 마지않는 구절로 강설이 비롯되었다. 국회의 소집 사유며 혁명의 발단과 시민이 일거에 격앙하여 바스티유 감옥을 파괴한 정황이며 국민회의의 진행과 신헌법의 제정 등 거침없는 수천의 언사로 당시 프랑스의 난맥과 귀족·승려의 발호(跋扈)와 하층민의 참상을 어렴풋이 상상할 수 있었다. 파학(破學) 종이 땡땡땡땡땡땡.

매시간마다 10분씩 쉰 후에 수학·물리·지리 등의 과목을 정오까지 수학하고 오포(午砲) 소리와 같이 휴학(休學) 종이 어지럽게 울리니 정오부터 12시 반의 30분간은 점심시간으로 허여(許與)된다. 각자 휴대한 점심을 다 먹은 후에 운동장에 흩어져 체조나 유희로 정신을 활발히 하고 잠시 후 개학(開學) 종이 다시 울리면 운동장에 일제히 모여 병식(兵式) 체조를 훈련하고 남은 학과를 마친 후에 2시 반 폐학(廢學) 종에 학교 문을 나와 각기 숙소로 흩어져 돌아간다.

여사(旅舍)에 돌아와 의복을 갈아입은 후에 목욕을 마치니 신체의 피로를 약간 깨달았다. 1시간을 조용히 쉬고 5시쯤 저녁 식사를 마치고 나막신에 짧은 지팡이를 짚고 소풍 겸 시노바즈노이케(不忍池)-도쿄 우에노공원(上野公園) 아래 연못 이름-를 향하니 대로 양변에는 등불이 점점이 빛나 낮 같은데 낮 동안에는 그토록 분주하던 전반 사회도 일일의 업무를 다하고 서늘한 공기를 따라 나와 옥외에 산책하는 자 둘씩 셋씩 인산인해를 편성하였고 상점과 연극장 등에서는 호객 소리가 빈번하였다.

완보(緩步)로 소요하여 연못가에 다다르니 연못 가득 연잎이 청청하고 붉은 꽃이 점점이 피어 향기를 불어 보내고 건너편 공원에서는 '남아입지출향관(男兒立志出鄕關) 학약불성사불환(學若不成死不還)'[26]을 큰 소리로 낭송하는 소리가 심신을 쾌활히 하여 갑자기 나를 잊고 연못가를 배회하니 우에노산(上野山) 외로운 절에 7시를 알리는 쇠북소리 은연히

26 남아입지출향관(男兒立志出鄕關) 학약불성사불환(學若不成死不還) : 일본 막부 시대의 승려 샤쿠겟쇼(釋月性)의 한시 일부이다. '남자로서 뜻을 세워 고향을 떠났으면 배워서 뜻을 이루지 못할 바에야 죽어도 돌아가지 않는다.'로 번역된다.

우거진 숲속으로 꿍꿍꿍꿍꿍꿍.

서창(書窓)에 돌아와 깜빡이는 쓸쓸한 등불 아래 책상을 대좌하고 이것저것 학과를 자습하며 내일의 학교 공부를 다소 예비하니 밤은 이미 10시가 되어 만뢰(萬籟)가 다 잠잠하다. 이에 일일 학업을 거의 마무리하고 드디어 천지의 비밀과 더불어 접합(接合).

수감수필(隨感隨筆) / 회원 박상락(朴相洛)

○ 문명국 인민은 남녀노소를 막론하고 각각 그 직무에 바삐 골몰하여 시간을 경제적으로 소비하거늘, 우리나라에서는 바둑 장기와 호화로운 놀이와 쓸모없는 이야기와 낮잠으로 세월을 허비하는 자가 전 인구의 5분의 1 이상에 이를 것이다. 이것은 집안을 망치고 나라를 약하게 하는 병의 근원이다.

○ 한 번 죽어 나라에 보답함으로 충의(忠義)의 방명(芳名)을 천추에 남겨줄지언정 불의와 비리를 함부로 행하여 일신의 영총(榮寵)만 도모하는 간악(姦惡)은 되지 말아야 한다.

○ 부형(父兄) 된 사람이 그 자제를 위하여 교육은 실시하지 않고 좋은 밭만 사다 주면 이것은 그 자제를 훗날 불행한 지경에 빠뜨리는 것이다.

○ 나는 인생에 내세가 있는지 없는지는 알지 못하지만, 세상일을 관찰하다가 선한 이가 종종 곤액(困厄)을 면치 못하고 악한 자가 도리어 발호함에 이르면 천공(天公)이 불공평한 것이리라.

○ 옛날 동양의 관념으로 말하면, 여자는 남자의 노예라서 동등한 권리는 고사하고 여자에게는 교육을 실시하지 않아 오늘날 사회 개발에 있어 적지 않은 해독(害毒)을 미쳤다. 이와 같은 모진 풍습을 속히 타파하고 여자의 교육을 확장함이 오늘의 급선무이다.

○ 서양 나라에서는 여존남비(女尊男卑)의 풍습이 위력 있게 행해져, 남편이 그 처에게 구타를 당해도 감히 저항하지 못한다 하니 일하는데 용감하고 사상에 면밀한 서양 남자도 여성을 대하면 혼과 담력을 잃는 것인가.
○ 여자가 육체로나 정신으로나 남자에게 멀리 미치지 못함은 하늘이 정한 성질이다. 이것을 보호하고 도와서 양성의 조화를 얻은 뒤에야 인류사회에 완전한 발달을 기하게 될 것이다.
○ 외국에 유학한 사람도 본국에 돌아가면 종종 문명의 가면을 벗고 그 진상이 드러나 세상 사람의 신뢰를 잃어버린다 하니 이는 학문의 진의(眞義)를 아직 탐구하지 못한 자이다.
○ 당시에 유럽을 석권하였던 만고의 영웅 나폴레옹도 절해고도에 유폐되어 말로(末路)의 비참한 운명을 스스로 한탄하였으니, 사람 일은 변화무쌍하다.

재미(在米) 공립협회를 축하하다

장하구나, 미국에 유학하는 우리 동포의 열혈이여! 약자로 하여금 강하게 하며 겁쟁이로 하여금 일어서게 하도다. 만 리 이역에서 동지를 규합하여 한 모임을 창립하니 이름하여 공립협회다. 회원이 수백여 명에 달하는데 여러 회원이 천신만고로 종일 노동하여 번 금전을 아낌없이 출연하여 신문을 발간하는 것으로 국민의 지식을 계발하기도 하며 전도(傳道)를 장려하여 본국 동포의 성격을 양성하기도 하며 자선사업을 실행하여 본국 동포의 환난(患難)과 질고(疾苦)를 구조하기도 하며 각처에 회원을 파견하여 학생의 품행을 살피기도 한다 하니, 아아, 훌륭하도다! 미국에 유학하는 우리 동포가 수만 리 해외에 일신(一新)된 한국을 조성하고 제반 유익 사업을 기어이 먼저 행하는구나. 만약 우리 한국의 2천만 동포가 모두 이 동포들의 혈심(血心)과 같은 마음을 지닌다면 국가가 흥하지 못할까 어찌 걱정하리오.

지난달 일본 잡지 『타이요(太陽)』에 기재된 오쿠마(大隈) 백작의 논설을 보니 일본 도쿄에 머무르는 미국 선교사 해리스(M. C. Harris) 씨가 이토 후작을 찾아가 만나 우리 한국 국민의 성격을 설명하기를 "세상 사람들이 언필칭 한국인은 애국심도 없고 공덕심(公德心)도 없다고 하나 그렇지 않다는 확증이 있다. 우리 미국에 유학하는 한인들은 종일 노동하여 어지간한 금액을 모으게 되면 낭비하지 않고 전도사업, 자선 신문 발간 등 유익한 사업에 투자하여 국가의 발달을 열심히 도모하니, 이로 보건대 사람들의 품평은 모두 허망하다."고 하였다 한다. 오호라, 미국에 있는 우리 동포 형제여! 여러분들의 만강(滿腔)의 혈성(血誠)이 외국의 뜻있는 사람으로 하여금 이러한 발언으로 우리나라 국민의 성격을 세계에 변호하게 하였도다. 우리는 이에 나라를 위해 몸과 마음을 바친 여러분에게 감사하고 아울러 우리 해외 유학생의 일동일정(一動一靜)이 우리 한국의 국격과 관련됨을 깊이 깨닫고 동서가 상응하여 일심 협력으로 만분의 일이나마 국가에 헌신하기를 진심으로 기원하노라.

의사(醫師) 안상호(安商浩) 씨의 내력

현재 일본 도쿄 시바구(芝區)의 자혜병원(慈惠病院)에 주임의사[主醫]로 있는 안상호 씨를 내국 동포에게 소개한다.

안상호 씨는 경성 사람으로 관립 일어학교에서 부지런히 힘써 졸업하였다. 그 이후인 광무 2년 11월에 분연히 결심하고 일본으로 건너와 도쿄 자혜전문의학교에 입학하였다. 그러나 본시 학비가 아주 부족한 까닭에 천신만고의 일을 일일이 기술하기 어렵다. 그러나 그의 백절불굴(百折不屈)하여 용맹하게 정진하는 정신이 능히 4년 내내 이어져 광무 6년 9월에 우등의 성적으로 졸업하고 일본 내무성 의사검정시험을 치러 합격하여 의사면허장을 받고 그 후 자혜병원에서 실습하였다. 그의 진실하고 고명한 실력이 원근에 뚜렷이 드러나고 해당 병원장에게 칭찬과 신용을 받아 드디어 해당 병원의 주임의사로 임명되어 지금까지 비록 몹시 바쁜 와중에도 잠시도 태만하지 않고 꾸준히 근면하여 학리(學理)의 정수를 더더욱 끊임없이 연구하고 해명하고 있으니, 그는 우리나라 이 계통의 태두(泰斗)요 우리 학생계의 모범이라 하겠다.

공과대학 졸업생 상호(尙灝) 씨

우리나라 유학생이 일본에 배우러 온 지 10여 년에 제국대학 본과를 졸업한 사람은 동씨(同氏)로부터 시작되었다. 이는 동씨 개인의 행복뿐 아니라 참으로 대한국가가 선량한 준사(俊士) 한 명을 얻은 것이라 거듭 축하할 일이다. 동씨는 본시 경성 사람으로 9년 전 일본에 와서 고등학교부터 진학하고 대학에 입학하여 지난번 시험에 양호한 성적으로 공과대학을 졸업하니 일본 도쿄 각 신문에서 찬양해 마지않았다. 동씨는 본래 집이 가난한 탓에 오래도록 학비의 곤란을 겪었다. 그러나 견인불발(堅忍不拔)의 용기가 있는 사람인 까닭에 지금도 스스로 독립적으로 생계를 꾸리며 엄청난 환난고초(患難苦楚)와 분투하여 가장 훌륭한 학업을 성취하였다. 그러니 우리 학생사회에 진실로 일대 모범이 되고 또한 동씨의 국가에 대한 책임이 막중하다 하겠다. 동씨의 앞날을 축하하노라.

• 회원소식

○ 본회 총무원 최광옥(崔光玉) 씨는 창회 이래로 회무(會務)를 확장하기 위하여 매일 마음을 졸이더니 병환이 발생하여 지난 7월 16일에 본 회원 김상은(金相殷), 박영로(朴永魯), 김홍량(金鴻亮) 씨 3인과 동반 귀국하였다.

○ 본 회원 정인호(鄭寅濠) 씨는 하기방학 중에 귀성 차 지난 6월 26일에 신바시(新橋) 발 열차로 귀국하였다.

○ 본 회원 신상호(申相鎬), 서영순(徐榮淳) 씨 2인은 지난 7월 18일 밤 근친(覲親) 차 귀국하였다.

○ 본 회원 강인우(姜麟祐) 씨는 다년 미국에서 유학하다가 달포 전 도쿄에 오더니 오늘 2일에 귀국하였다.

○ 본 회원 손영국(孫榮國) 씨는 근친 차 지난 7월 28일에 신바시 발 열차로 귀국하였다.

○ 본 회원 양치중(楊致中) 씨는 하기방학 중에 근친 차 이달 12일에 귀국하였다.

○ 본 회원 홍정구(洪正求) 씨는 이달 2일에 하기 수학여행 차로 이바라기현(茨城縣) 지방으로 내려갔다.

○ 본 회원 서영순(徐榮淳) 씨는 본보 발간을 찬성하여 금 5원을 출연하겠다고 이달 16일에 본회에 편지를 보냈다.

○ 본 회원 김재문(金載汶) 씨는 지난 7월 26일에 근친 차 귀국하였다.

• 본회 회원 명단

평의원(評議員) 장응진(張膺震), 최석하(崔錫夏), 김지간(金志侃), 전영작(全永爵), 김진초(金鎭初), 이윤주(李潤柱)

사무원(事務員)	표진모(表振模), 박제봉(朴濟鳳), 김낙영(金洛泳), 김창대(金昌臺), 장지태(張志台), 채규병(蔡奎丙)
회계원(會計員)	김연목(金淵穆)
서기원(書記員)	박상락(朴相洛)
사찰원(司察員)	이도희(李道熙), 김종기(金琮基), 류동수(柳東秀)
회　원(會　員)	김지한(金志僩), 박인식(朴仁植), 김형목(金瀅穆), 백성봉(白成鳳), 상윤식(尙允植), 문일평(文一平), 김영재(金永哉), 정우식(鄭雨植), 장계택(張啓澤), 홍정구(洪正求), 정윤교(鄭潤僑), 유용탁(柳容鐸), 최광옥(崔光玉), 신상호(申相鎬), 서영순(徐榮淳), 오석유(吳錫裕), 손영국(孫榮國), 김홍양(金鴻亮), 김재문(金載汶), 이진하(李珍河), 한순기(韓淳琪), 박영노(朴永魯), 김상은(金相殷), 유　목(劉　睦), 임영기(林永基), 김동원(金東元), 김정주(金楨周), 김광진(金光鎭), 정인호(鄭寅濠), 김형수(金衡壽), 강인우(姜麟祐), 양치중(楊致中)

• 태극학보 의연금 출연자 명단

한치유(韓致愈) 씨 50원	장지태(張志台) 씨 50원
이윤주(李潤柱) 씨 30원	문일평(文一平) 씨 30원
채규병(蔡奎丙) 씨 20원 50전	김형목(金瀅穆) 씨 20원
김연목(金淵穆) 씨 10원	류동수(柳東秀) 씨 10원
김지간(金志侃) 씨 5원	김지한(金志僩) 씨 5원
박상락(朴相洛) 씨 5원	최석하(崔錫夏) 씨 5원
전영작(全永爵) 씨 5원	표진모(表振模) 씨 5원

김재문(金載汶) 씨 10원
이도희(李道熙) 씨 5원
백성봉(白成鳳) 씨 5원
김종기(金琮基) 씨 5원
김진초(金鎭初) 씨 3원
김영재(金英哉) 씨 3원
장응진(張膺震) 씨 3원
손영국(孫榮國) 씨 3원
김창수(金昌壽) 씨 3원
상윤식(尙允植) 씨 1원
강성기(姜成基) 씨 50전
박인식(朴仁植) 씨 5원
강인우(姜麟祐) 씨 5원
신성호(申成鎬) 씨 5원
서영순(徐榮淳) 씨 5원
김낙영(金洛泳) 씨 3원
김창대(金昌臺) 씨 3원
박제봉(朴濟鳳) 씨 3원
양치중(楊致中) 씨 3원
홍정구(洪正求) 씨 1원
정우식(鄭雨植) 씨 50전

귀성(歸省)했던 본회 회원 김재문(金載汶) 씨는 이번 달 28일에 도쿄에 다시 왔다.

광무(光武) 10년 08월 24일 발행
메이지(明治) 39년 08월 24일 발행

•대금과 우편료 모두 신화(新貨) 12전

도쿄시 혼고구(本鄉區) 모토마치(元町) 2정목(丁目) 66번지 태극학회 내
편집 겸 발행인 장응진(張膺震)

도쿄시 혼고구 모토마치 2정목 66번지 태극학회 내
인 쇄 인 김지간(金志侃)

도쿄시 혼고구 모토마치 2정목 66번지
발 행 소 태극학회

도쿄시 교바시구(京橋區) 긴자(銀座) 4정목 1번지
인 쇄 소 교문관인쇄소(教文館印刷所)

메이지 39년 9월 24일 | 광무 10년 9월 24일 | 제3종 우편물 인가

광무 10년 9월 24일 발행

태극학보

제2호

매월 1회 발행

목차

태극학보 제2호

태극학회 총설(중) 漢 / 유학생감독 한치유(韓致愈)

우리 학생들이 이 학회를 설립한 것은 과연 무엇을 위함인가. 공비나 사비로 일본에 와서 유학하는 이가 거의 1천여 명이나 된다. 그러나 기식하는 구역의 원근이 다르고 진학하는 학교의 등급이 다른 까닭에 별처럼 흩어지고 바둑알처럼 떨어져서 서로 간여할 수 없으니 친애의 의사를 통하고 이택(麗澤)[1]의 이득을 자뢰(資賴)할 수 없다. 이러한 까닭에 몇몇 뜻 있는 자들이 의론을 일으켜 매월 하루를 정해 모이기로 하였다. 강(講)이란 동포의 의리이고 논(論)함이란 학술의 묘리이다. 강론한 나머지를 수습하여 판각하고 배포하니, 이것이 이 학회를 설립한 까닭이다.

회원 최석하(崔錫夏)와 전영작(全永爵) 등이 일찍이 나에게 찾아와 말하였다. "선생께서 이미 학생감독의 자리에 계시니, 실로 이 학회를 도와서 이룰 책무가 있습니다. 저희가 낱낱이 거론하여 상세히 말씀드리지 않을 수 없습니다. 이 학회 발기자는 장응진(張膺震), 최석하, 전영작, 김지간(金志侃), 최선옥(崔先玉), 김동원(金東元), 김홍량(金鴻亮), 안갑(安甲), 김연목(金淵穆), 채규병(蔡奎丙), 김진초(金鎭初), 장지태(張志台), 이윤주(李潤柱), 류동수(柳東秀) 등 50여 명이 바로 그들입니다. 학회 사무소는 도쿄 혼고구(本鄕區) 모토마치(元町) 2정목이 바로 그곳입니다. 정기학회는 매월 상순 일요일이 바로 그날입니다. 회원은 우리 13도 학생으로 일본에 유학 온 이들은 다 허용합니다. 학회 구성원으로 학교 하나를 설립하여 '태극학교'라 명명하니, 이는 우리 학생으로 새로 온 이들을 거두고 일어를 학습시켜 보통 과정에 진학시키기 위함입니다. 학보는 매월 한 번 발간하는데 정치의 득실을 말하거나 국제의 이

---

1 이택(麗澤) : 『주역』「태괘(兌卦)」에 나오는 말로 두 개의 못이 붙은 것처럼 붕우간에 학문과 품성을 서로 닦는 일이다.

해를 논하는 것은 금지합니다. 비록 그러하나 우리나라의 글방·향교·주서(州序)·국학(國學)[2] 등도 구미를 참작하고 고금을 겸주어 통하도록 하여 후생 소년들이 순서대로 진급하여 졸업을 기약할 수 있도록 한다면, 저희가 어찌 친척을 떠나고 선산을 버려가며 멀리서 학량(學粮)을 소진하고 이국의 나그네 신세로 수년 동안 온갖 고초를 겪을 필요가 있겠습니까. 그런데 저희로 하여금 이와 같이 되도록 한 것은 과연 누구 때문입니까.

가만히 생각건대, 위대하신 상제(上帝)께서 백성에게 덕을 내려주신 것은[3] 고금의 같은 이치이고 동서의 같은 도리입니다. 이로써 요순만 어진 이가 아니고 저희만 어리석은 이가 아니며, 구미만 지혜로운 것이 아니고 동양만 우매한 것이 아님을 알 수 있습니다. 다투는 바는 단지 깨달은 여부와 가르친 여부에 달렸을 따름입니다. 선생께서 어떻게 생각하시는지 모르겠습니다."

이에 내가 호응하여 다음과 같이 답하였다.

그대들의 말이 옳다. 정치의 득실에 대한 의론을 본회에서 불허한 것은 진실로 학생의 체통을 얻은 것이다. 그러나 나는 정부 소속의 사람이라 나로 하여금 정치의 득실을 논하게 한다면 이는 곧 스스로 단점을 드러내고 스스로 과오를 밝히는 것이니, 마땅히 이를 학생의 과오로 여겨서는 안 될 것이다.

하늘이 사람을 생성함에 본래 두 가지 도가 없으니, 이 사람이 생기면 곧 이치도 같다. 이러한 까닭에 하늘의 마음을 체득하여 사람의 이치로

---

2 주서(州序)·국학(國學) : 주서는 지방의 관학(官學)이고 국학은 성균관을 의미한다.

3 위대하신……것은 : 『서경(書經)』「탕고(湯誥)」에 나오는 구절이다. 『서경』의 황상은 하늘에 해당하는 것인데 여기서는 문맥상 대한제국 황제인 고종을 이르는 것으로 보아야 한다.

미루어 보면 사해의 억조 백성이 다 하늘의 적자(赤子)이자 우리의 형제이다. 그러니 경계를 나누어 세우고 등급을 설정하고 한도를 제정하여 형제들이 공유하는 권리를 침탈해서는 안 됨이 분명하다. 우리나라의 광대・백정・천인・노복 등은 저마다 가진 직업이 다르지만 하늘로부터 부여받아서 사람들과 어깨를 나란히 하는 것으로 말하자면 공경・제후・장군・재상과 일치한다. 그러나 예전에는 그들을 개・돼지나 소・양처럼 비천하게 여기고 압제하고 질타하고 모욕하고 모멸하였으니, 이것이 어찌 '형제가 차마 할 수 있는 짓'이라고 하겠는가. 하물며 이른바 '노비'라는 것이 가격을 따져 매매하고 문서를 세워 증명하여 후손에게 전하여 방계까지 미침에랴. 어찌 그리도 생각하지 않음이 심한가. 하물며 이른바 '적서(嫡庶)'라는 것이 바로 기맥이 서로 관통하는 곳에 한 문호 내에서 경계를 나누고 조정 내에서 청탁을 구별함에랴. 이 어찌 그리도 하늘의 마음을 저버리고 사람의 이치에 어긋남이 심한가. 그렇다면 장차 어떤 방법으로 구제해야 하겠는가. 가르쳐야 할 뿐이다.

사헌(司憲)과 집법(執法)의 관리로 말하자면, 들은 바가 단지 진(秦)・한(漢)의 누습(陋習) 뿐이고 익힌 바가 단지 송(宋)・명(明)의 가렴(苛斂) 뿐이다. 뇌(牢)・박(朴)・참(斬)・열(裂)[4]이라 하여 건(建)으로 피를 보고 들판에 시신을 내버리니[5], 이 어찌 그리도 잔인함이 극심하고 상심함이 지극한가. 천지의 큰 덕을 '생(生)'이라 하고 성인(聖人)의 큰 보배를 '위(位)'라 한다.[6] 이로써 위(位)가 그 덕(德)을 시행하는 방도임을 알 수

---

4 뇌(牢)……열(裂) : 뇌는 투옥, 박은 태형, 참은 참형(斬刑), 열은 거열(車裂) 등 형벌을 가리킨다.

5 건(建)에서……내버리니 : 들판에 시신을 내버린다는 것은 효수(梟首)처럼 처형한 사체를 전시하는 행위로 추정되나 건(建)은 미상이나 참혹한 형벌을 이르는 것으로 보인다.

6 천지의……한다 : 원문은 "天地之大德曰生 聖人之大寶曰位"로 『주역』「계사전」 하에 나온다.

있다. 그러니 이 사람으로 하여금 생민(生民)의 도리[7]를 알지 못하게 하여서 악행을 저지르고 법을 어기는 지경에 이르게 한 것도 이미 관리의 부덕함이거늘 도리어 잔인하고 가혹한 형벌로 따르게 하니, 이 어찌 하늘의 적자이자 백성의 형제라 하겠는가. 하물며 다시 감옥의 더러움이 뒷간 같고 사감의 옥졸이 아귀 같거니와 심지어 오로지 뇌물의 유무만 가지고 법률을 단행하는 권형으로 삼음에랴. 하늘의 마음으로 보자면 마땅히 또 어떠하겠는가. 그렇다면 장차 어떤 방법으로 구제해야 하겠는가. 가르쳐야 할 뿐이다.

무릇 군(郡)·현(縣)을 분할하고 부(府)·도(都)를 설치한 것은 우리 형제를 다스리는 방도이다. 비록 정사를 확립하고 다스림을 제정하는 관리가 모두 어질고 지혜로우며 근면하더라도 드넓은 국토와 수많은 백성에 대해 공무가 간혹 주밀하지 못할 수도 있고 원한이 간혹 은폐될 수도 있다. 하물며 지혜로운 이와 어리석은 이가 천 가지 생각[8]을 하는 사이에 득실이 있음에랴. 그렇다면 마땅히 재야에 질정하고 중론을 수집하며 요속과 논의해야 하니 고대에 이른바 비방의 나무나 간언의 북[9] 등의 부류를 취하여 본받지 않을 수 없다. 그러나 예전에 지위에 있는 자가 전권(專權)을 능사로 삼고 공무에 부임한 자가 독단(獨斷)을 위주로 삼았다. 그리하여 평민이 입론하면 "지위를 벗어나 대사를 논한다"고 하고, 요속(僚屬)의 신분으로 감히 간하면 "상관을 침해하고 모욕한다"고 한다. 이러하다면 정사를 확립하고 치도를 제정하는 지위가 도리

---

7 생민(生民)의 도리 : 율곡 이이의 「동호문답(東湖問答)」에 정자(程子)가 "생민의 도리가 궁하면 성왕의 법이라도 고쳐야 한다"라 했다고 한다.

8 지혜로운……생각 : 『안자춘추(晏子春秋)』에 성인이 천 가지 생각을 하다가 한 가지 실수할 수 있고 어리석은 이도 천 가지 생각을 하면 한 가지 취할 바가 있다는 말이 있다.

9 비방의……북 : 요임금은 거침없이 간언하라는 북을 설치했고 순임금은 잘못을 알리는 나무를 세웠다고 한다.

어 권위를 자행하는 바탕이 되어서 적자를 위한 계책과 형제를 위한 생업이 도리어 무용지물에 귀결되니, 이 어찌 언사로 다 하겠는가. 이는 마땅히 은(殷)·주(周) 때 재야에 질정한 구제도를 참고하고 유럽·미국 의회의 신제도를 취하고는 우리 중추원의 유명무실한 제도를 개혁하여 일본 상하원[10]의 제도를 본받아야 한다. 아, 정사를 확립하고 치도를 제정하는 일이야말로 어찌 재성보상(財成輔相)[11]으로 만물을 생성하는 천지의 마음을 따르는 것이 아니겠는가!

지금 의술이 넓지 못하고 위생이 갖추어지지 못한 까닭에 문호 내에 분뇨가 눈에 가득하고 개울 사이에 악취가 코를 찔러서 하늘로 하여금 역병을 자행하게 하고 만연하게 하여 적기가 아닌 악질을 서로 전염시키게 하였다. 이것이 이 백성으로 하여금 천명에 의해 죽지 못하고 통치에 의해 죽게 하는 것이다. 더구나 뇌물의 악습을 거듭하고 관리 사이에서 자행하면서 위아래가 서로 취하여 오로지 이득만 추구하는 까닭에 죄악의 조목에 형제를 얽어매고 감옥의 와중에 적자를 빠트려서 곤궁함에 울부짖게 하고 생물에 해를 입혔다. 이것이 이 백성으로 하여금 천명에 의해 죽지 못하고 통치에 의해 죽게 하는 것이다. 경찰이 밝지 않아 도적이 자행하는 까닭에 산야 사이에서 백성이 편안하지 못하여 산업을 이루지 못하고 시신이 골짜기를 메운다는 소식을 이루었다. 이것이 이 백성으로 하여금 천명에 의해 죽지 못하고 통치에 의해 죽게 하는 것이다. 농지를 통치하는 법도가 주밀하지 못하고 황무지를 개간하는 수단이 구비되지 않은 까닭에 홍수와 가뭄이 이르는 곳마다 기근이 재난이 되어서 처음에 유리하다가 끝내는 아사하게 되었다. 이

10 상하원 : 일본의 상하원은 귀족원과 중의원이다. 귀족원은 상원(上院)에 해당하며 현재의 참의원(參議院)으로 대체되었고 중의원은 하원(下院)에 해당한다.

11 재성보상(財成輔相) : 『주역』 「태괘(泰卦)」에 나오는데 제왕은 천지의 도를 '지나침 없이 이루고〔財成〕' '천지의 일을 모자람 없이 도와서〔輔相〕' 백성을 인도한다고 한다.

것이 이 백성으로 하여금 천명에 의해 죽지 못하고 통치에 의해 죽게 하는 것이다. 이는 하늘을 우러러 보고 땅을 내려 봄에 형제의 측은한 마음을 다하는 방도가 아니다. 그렇다면 장차 어떤 방법으로 구제해야 하겠는가. 가르쳐야 할 뿐이다.

아! 이때가 과연 어떤 때인가. 서구・미국과 교통하는 시기이고 일본・러시아가 전쟁한 직후이다. 그럼에도 혼미한 것이 우리 백성이고 쇠퇴한 것이 우리 풍속이다. 기계를 제작할 공인도 없고 멀리 교역할 상인도 없어서 금・은・동・철의 풍부함과 어업・염업・개간의 이익이 다 가까운 이웃나라와 머나먼 외국에게 내맡기니, 어찌 하늘을 원망하고 타인을 탓할 수 있는가. 외국인의 발달도 공법이 금하는 바 아니고 우리의 쇠퇴도 구제할 양약(良藥)이 없다. 점차 세월을 보내면서 고금의 변화를 드나들고 천인의 묘리를 강구하여 철학의 요체에 깊이 터득한 자가 대개 많지만, 단지 하늘에서 꽃이 떨어지는 것 같은 설법만 있지[12] 실상 다툴 만한 촌철 같은 역량은 없다. 돈냄새나 좇는 무리나 천리마에 붙는 부류[13]로 말하자면 한갓 집요(執拗)한 소견과 고루한 의론을 가지고 마치 몽둥이를 다듬어 진(秦)・초(楚) 같은 강군을 칠 것처럼 구니[14] 허상(虛想)의 체(體)만 있지 끝내 실시(實施)의 용(用)이 없다. 또 말하기를 '옛 의복을 바꿀 수 없고 장발을 짧게 할 수 없으니, 이를 지키는 이는 공맹(孔孟)의 적전(嫡傳)이요, 이를 어기는 이는 오랑캐의 선구(先驅)라.' 하니, 이 역시 생각하지 않아서 그런 것이다.

일찍이 논하건대, 하늘이 사람을 생성함에 인의예지를 부여함은[15] 분

12 하늘에서……있지 : 원문은 "天花亂墜"로 불교의 전설인데 고승이 설법할 때 하늘이 감동하여 꽃을 내렸다고 한다.

13 천리마에 붙는 부류 : 타인의 명성을 빌려서 공을 이루는 경우를 가리킨다.

14 몽둥이를……구니: 『맹자』 「양혜왕(梁惠王)」 상에 인정(仁政)을 펼치면 젊은이들의 사기가 오르고 생활이 풍족해 진나라와 초나라 같은 강한 나라도 능히 대적할 수 있다는 구절이 있다.

명하다. 신하가 되면 반드시 충성해야 하고 자식이 되면 반드시 효도해야 하며 부부가 되면 마땅히 분별이 있어야 하고 붕우가 되면 마땅히 신뢰가 있어야 함은 자명하다. 고금을 막론하고 동·서양을 관통하여 하늘에 두 도리가 없고 사람에게 두 이치가 없으니, 여기서 어긋남이 있으면 인류가 금수로 변하고 천지가 긴 암흑에 처함은 분명하다. 그러나 의복과 음식의 갖춤과 궁실과 기거의 쓰임으로 말하자면 질박함으로 인하여 화려함에 나아가고 번잡함으로 인하여아 간략함에 나아가서 자연히 고금이 변천하는 이치가 있으니, 이는 기러기발을 아교로 붙이고 거문고가 되기를 바라서는 안 되는 것과 같다. 복희씨·신농씨 전에 털도 뽑지 않고 피를 마시고 가죽을 입던 것이 한 번 변하여 베가 되고 두 번 변하여 비단이 되어 각자 신체의 체형에 따라 넓고 좁은 제도를 정한 것은 또한 무엇 때문인가. 좁은 소매와 짧은 머리 역시 지금 천하가 한 번 변하는 시기 때문임을 이로써 알 수 있다.

서해의 성인도 태어남에 이 마음과 이 이치를 공유하고 동해의 성인도 태어남에 이 마음과 이 이치를 공유하니, 머리 짧은 무리 중에 성인이 되는 학문이 없겠으며 소매 좁은 무리 중에 천리에 통하는 행실이 없을 줄 누가 알겠는가. 더구나 우리 정부는 수십 년 이래로 소매도 넓지 않음이 없고 머리도 길지 않음이 없었거늘 정치의 폐단과 법률의 붕괴가 대개 앞서 진술한 바와 같으니, 이것이 이른바 익지 않은 오곡이 가을의 돌피만 못하다는 것이다.[16] 하물며 단지 넓은 소매의 고수와 긴 머리의 보존만 가지고는 반드시 참된 오곡을 이룰 수 없음에야 말해 무엇하랴. 야인(野人)에게 질정해도 저와 같고 사류(士類)에게 참조해

---

15 하늘이……부여함은 : 원문은 주자(朱子)의 「대학장구(大學章句)』 서(序)」에 나오는 구절이다.

16 익지……것이다 : 퇴계 이황이 율곡 이이에게 보낸 「답이숙헌(答李叔獻)」에 나온다. 가을이 온 것이 중요하지 오곡과 돌피 가운데 무엇이 먼저 익는지는 중요하지 않은 것처럼 의복 같은 지엽적인 것에 구애받지 말라는 의미이다.

도 이와 같다면, 우리 3천리 국토의 2천만 생령이 어떻게 나란히 달려서 최선을 다하겠는가. 그렇다면 병마의 침략과 포탄의 위력이 없어도 전쟁이 없는 전쟁에서 패배한 이가 우리 백성이고, 살육이 없는 살육에서 사망한 이가 우리 민중이다. 생각이 여기에 미친다면 어찌 한심하지 않겠는가. 그렇다면 장차 어떤 방법으로 구제해야 하겠는가. 가르쳐야 할 뿐이다.

무릇 사람이 있으면 사람마다 원만구족(圓滿具足)[17]의 권리가 있다. 이러한 까닭에 사람를 노비로 삼을 수 없는 것이다. 나라가 있으면 나라마다 단체통치(團體統治)의 권리[18]가 있다. 이러한 까닭에 나라를 속국으로 삼을 수 없는 것이다. 이것이 바로 현재 천하에 통행되는 공법으로, 천지에 세워도 어긋나지 않고 귀신에게 질정해도 의심이 없을 만한 것이다.

우리나라도 단군·기자(箕子) 이래로 단체통치의 권리가 없지는 않았다. 다만 강약의 형세와 승패의 회수로 간혹 당(唐)·송(宋)과 명(明)·청(淸)의 절제를 받았으니, 무엇 때문인가. 공법으로 제재하지 않고 오로지 완력을 위주로 삼아서 그러한 것이다. 지금 만국이 서로 교통하고 공법이 더욱 창달하는 시기에 처하여 당당한 독립의 주체로 보건대 자치(自治)와 자강(自强)에 무슨 걱정이 있겠는가. 그러나 예전에 상책으로 삼은 것은 바로 여기서는 "북방 이웃의 강성함은 족히 의지하여 안정할 만하다"고 하고, 저기서는 "서방 국가와 화목하면 의지하여 견고해질 수 있다"고 하면서, 이득을 보면 시비를 다툼에 용감하고 일에 임하면 직무에 태만함에 익숙한 것으로, 이러한 행위가 수십 년 동안 누적되자 쇠퇴되고 부패되어 드디어 만만 부득이한 형세에 이르러

17 원만구족(圓滿具足) : 불보살은 원만구족한 일원상의 진리를 본받아서 일상생활에 그대로 활용하기 때문에 원만구족의 인격을 갖추었다고 한다.

18 단체통치(團體統治)의 권리 : 현재의 주권(主權) 개념과 유사한 것으로 추정된다.

마침내 외교를 다 들어서 동쪽 이웃에 의탁한 것이니, 이는 마치 중환자가 병석에서 이리저리 뒹굴다가 머리부터 발끝까지 통하지 않는 데가 없게 된 격이라 하겠다. 그 폐단을 일으킨 근원을 한마디로 말하자면 태극 철학의 가르침이 불명료한 과오이고, 정치와 법률의 가르침이 불명료한 과오이며, 의약·농업·공업·상업의 가르침이 불명료한 과오이고, 군사건 경찰이건 헌법이건 의회건 그 가르침이 불명료한 과오이다. 그렇다면 장차 어떤 방법으로 구제해야 하겠는가. 이러한 행위가 병인 줄 알았다면 이러한 행위를 그만두는 것이 약이라[19] 하겠으니, 역시 가르쳐야 할 뿐이다.

시험 삼아 우리나라를 살펴보자면 깊은 산골과 거친 들판의 황동(黃童)과 백수(白叟)가 한갓 거름더미와 초가집과 토굴을 값진 유물인 줄 알고, 거대한 바람이 밖에서 일어나고 고래만한 파도가 문 앞에 닥쳐와도 깊은 잠에 빠져서 두려워할 줄 모른다. 이러한 무리는 우선 버려두고 다시 논하지 않는 편이 낫다. 우아한 관과 넓은 띠 차림의 무리와 긴 소매와 큰 도포 차림의 인사로 말하면 열강(列强)으로 천하에 호령할 수 있는가. 아아! 태극으로 미루어 보겠다. 온갖 나무가 다 시들고 온갖 벌레가 다 숨으니, 이는 진실로 한겨울 풍설이 치는 때이다. 그러나 사슴뿔이 차가운 서리 가운데 떨어지고 삼(蔘) 싹이 굳은 얼음 아래로 움직이면서[20] 애연한 일양(一陽)의 생성이 부지불식간에 징험된다. 이로 말미암아 2와 3이 되고, 이로 변하여 5와 6이 되어서 마침내 온갖 꽃이 다 피고 푸른 잎이 수려함을 다투는 지경에 이른다. 이것이 불변의 이치로, 어둠이 곧 밝음의 단초가 되고 쇠퇴가 곧 융성의 기틀이

---

19 이러한……약이라 : 원문은 "知得如此是病 便不如此是藥"으로 주자(朱子)의 「답혹인(答或人)」에 나온다.

20 사슴뿔이……움직이면서 : 사슴뿔과 삼(蔘)은 녹용과 산삼으로 전자는 11월에 빠진다는 말이 『예기(禮記)』 「월령(月令)」에 나온다.

되는 것이다.

우리 후생 소년이 혹은 내지에서 연유하기도 하고 혹은 해외로 진출하기도 하여 바야흐로 소매를 잇대고 어깨를 견주어 학문에 종사하여 시의를 좇는 자가 거의 무려 수만 명이나 된다면, 이는 진실로 개명의 시초이자 융성의 기틀이 된다. 그리하여 철학 교육의 경우 오직 이 사람들이 신뢰할 만하고, 정치 법률 교육의 경우 오직 이 사람들이 신뢰할 만하고, 의약・농업・공업・상업 교육의 경우 오직 이 사람들이 신뢰할 만하고, 군사・경찰・의회・헌법 교육의 경우 오직 이 사람들이 신뢰할 만하여, 구미와 어깨를 나란히 하고 천하를 오래 이끄는 것은 가히 그 날을 손꼽아 헤아리고 발돋움하며 기다릴 수 있을 것이니, 여러분은 부디 힘쓸지어다. 내 비록 늙었지만 볼 수 있지 않겠는가.

태극학보의 창간을 삼가 축하하다 漢 / 도쿄 장계택 알림[21]

영구적 융성을 아울러 기원하고
회원들의 성공을 간절히 축원합니다.

21 장계택 알림 : 원문은 '長澤啓佶'으로 되어있다. 태극학보의 주요 필자였던 '장계택(張啓澤)'과 '告'의 연속된 오자로 판단하였다.

| 강단 |

국제교제론 / 회원 최석하(崔錫夏)

동·서양을 막론하고 한쪽만 고수(孤守)하여 자국 외에 타국이 있음을 알지 못하던 쇄국시대에는 수교할 필요가 없었다. 그러나 세운(世運)이 변천하고 문화가 발달해 오주(五洲)의 열국이 이웃집과 같이 서로 통하는 오늘날에 일국의 쇠함과 흥함이 만국의 세력 균형에 중대한 영향을 받을뿐더러 우리가 이 사회에서 단독으로 생활을 영위할 수 없는 것처럼 온 세계의 열국이 각각 자국의 문명을 계발(啓發)해 나라의 운명〔國步〕의 발전을 경영하려면 우방의 조력을 빌리지 않을 수 없다. 이에 국제상 교류의 필요가 있다.

오호라! 우리가 이 20세기 경쟁시대에 처해 평온한 마음과 바른 기풍을 갖고서 천하의 대국을 관찰하니 일국의 흥망성쇠가 외교 수단의 우열에 있다. 가령 국가의 생산이 거대하고 인민의 재력이 풍부해서 강대한 열국과 무역 경쟁을 할 실력이 있더라도 국가의 외교 기관이 완비되지 못하면 자국의 상업권을 해외로 확장할 수 없고, 가령 적국과 개전해 수백만 인명을 죽이고 수억만 금의 군비를 써서 대승리를 얻는다 하더라도 최후 강화 담판에 불리한 조약을 체결하면 전승의 공과가 어찌 있겠는가. 오늘날의 사리와 형세만 말하는 것이 아니라 만국 흥망사에도 그 실례가 매우 분명하다.

근세의 프랑스 나폴레옹이 유럽을 병탄하고자 해 침략주의를 자행했는데, 열국이 공적(公敵)으로 인식하고 연합군을 편성해 좌우에서 공격함에 프랑스군의 형세가 고립되어 파리성 밑에서 투항하고 개세영웅(蓋世英雄) 나폴레옹은 고도(孤島)에 감금당하는 치욕을 당한다. 한때 유럽의 패권을 장악하고 세계를 호시(虎視)하던 프랑스의 국위는 일패도지

(一敗墮地)하게 된다. 이 상황을 어떻게 말할까. 이 대란을 겪은 후에 열국이 비엔나에 전권대사를 파견해 회의를 열고 프랑스가 침략했던 토지를 처분하고자 할 때, 그중에 가장 큰 이해관계가 있는 나라는 프랑스였다. 대사 탈레랑(C · M de Talleyrand-Périgord)을 파견하는데 영국 · 러시아 · 프로이센 · 오스트리아 4강국은 이미 비밀 맹약을 체결해 회의의 전권을 장악하고자 하였으므로 어찌 패전국 사신이 눈에 있으리오. 탈레랑은 민활한 외교가다. 그 기밀을 탐지하고 소국 대표자들을 규합해 자기가 주모자가 되어 회의 중에 입장을 밝힌다. 본회의에 참석한 대표자는 모두 평등하고 국가의 대소에 따른 권리의 차별이 없다. 또 유럽 국가들은 나폴레옹과 서로 싸운 것이지 프랑스와 서로 적이 되려던 것이 아니다. 그러므로 현재의 왕 루이 18세는 정당한 국왕이니 정당한 국왕을 대표한 탈레랑은 다른 열강의 전권대사와 같이 크고 작은 안건에 참여할 권리가 있다고 변론한다. 또 4강국이 이해문제에 대해 각각 이견을 가진 것을 보고 교묘(巧妙)한 수단을 발휘, 반간책(反間策)을 행한다. 마침내 프랑스로 하여금 이 회의에 중대한 지위를 차지하게 해 프랑스에 유익한 조건으로 열국과 조약을 체결, 패전국이 도리어 국위를 표창하였다. 훌륭하다! 탈레랑의 특출난 공로여! 만약 이 사람이 아니면 프랑스는 어찌 오늘날에 이와 같은 지위를 유지하겠는가.

이러한 실례는 유럽에만 있는 것이 아니라 이웃 청나라에도 볼 수 있다. 근년(頃年)에 청나라가 러시아와 조약을 체결해 랴오둥반도(遼東半島)를 조차지(租借地)로 양여하였는데, 러시아가 이미 맺은 약속을 지키지 않음으로써 동아시아에 일대 난제가 된다. 그리고 마침내 러일전쟁의 참화를 만들어내고 오늘날까지 세계열강이 주목하는 장소가 되어 장래 동양의 평화와 난리의 분기점이 되는 듯하다. 이것으로 보니 외교는 국가 생명에 관계되는 큰 기술이다. 한 걸음을 나가면 그 나라를 일으킬 수 있고 한 치라도 잘못되면 그 나라를 망하게 할 수 있다. 서양 철학에서 말하기를 외교 사상이 없는 민족은 그 나라를 보존할 수 없다 하였으니 지극하구나! 이 말이여! 참으로 가슴 속에 품을 잠언(箴言)이다!

오호라! 동양 대세를 곰곰이 생각해보면 세계열강의 각축장이 되었으니 강자가 아니면 이 나라를 발전시킬 수 없고 능자(能者)가 아니면 이 나라를 유지할 수 없다. 강자는 누구를 말함인가? 실력을 양성하여 외부로부터의 모욕을 제어할 수 있는 자다. 능자는 누구를 말함인가? 외교에 민첩해 자국의 이익을 도모할 수 있는 자다. 그러므로 동양민족이 되어 국가의 독립권을 보존하고자 하면 안으로 정치를 혁신하여 국가를 견고하게 하며 밖으로 다수의 우방을 만들어내어야 그 목적을 거의 이룰 수 있다 하겠다.

우리 대한 민족은 개국 이래로 대외관계가 얼마 되지 않아 외교 사상이 결핍되어 있음으로 외인을 대하면 혹은 두려워 몸을 움츠리는 마음을 내어 시키는 대로 따르거나 혹은 무단으로 배척하는 마음을 내어 악감(惡感)을 자초하니 매우 개탄스럽다. 이는 다름이 아니라 우리 대한이 근고(近古) 이래로 국민교육이 보수주의를 숭상함으로써 국민의 정신이 소극적으로 향해 이와 같은 결과에 이른 듯하다. 지나간 일은 말할 것 없지만 장래의 일은 도모하지 않을 수 없다. 우리가 이 경쟁의 장에 처해 국제상 도태가 외교의 능숙함과 서툶에 있음을 알았으니 순식간이라도 그 이치와 법칙을 잊지 않고 외교 사상을 양성하되 우선 외교계에서 통용하는 유럽 국가들의 언어를 학습하여 그 나라 사람의 종교·문학·이상·기풍·습관 등을 깨달아야 하며 만국 외교사를 숙독해서 그 흥망성쇠의 원인을 연구하고 국제법을 정성껏 살펴서 열국의 선례를 기억해 세계적 두뇌를 자라게 하면 외국인과 함께 교제함에 감정이 두루 통하며 사상이 저절로 같아져 자연스럽게 사해형제주의(四海兄弟主義)를 관철하게 될 것이다. 이러한 후에 항상 주의할 것은 외인은 개인적으로는 동포와 같이 친밀할 수 있지만 국가적으로는 이해가 상반되어 약육강식하는 경쟁을 면하기 어렵다는 것이다. 그러니 외교상 한마디 말이 국가를 능히 전복할 수 있으며 조약상 한 구절이 능히 민족을 진멸(殄滅)하는 이치와 법칙을 깨달으면 거의 죽을 지경인 국가를 회생시킬 수 있을 것이다.

가정교육 / 회원 장계택(張啓澤)

무릇 사람의 부형(父兄) 된 자가 그 자제를 교육하는 것은 당연한 의무다. 고로 교육하기를 게을리하지 않되 혹 말로 잘 타이르며 혹 권하여 나가게 하고 혹 강행할 때도 있어서 할 수 있는 힘을 다하지 않으면 이는 그 자제에게 대하여 부형 된 직분을 잃을 뿐 아니라 실제로 우리 사회에 대하여 중대한 의무를 행하지 않는 것이라 말할 수 있다.

지력이 발달하지 못하고 견문이 박달(博達)하지 못한 유년의 자녀를 가정 내에서 훈도하고 양육하는 데에 그 부모를 넘어서는 사람은 없으니 왜인가. 애정의 친밀함과 은애의 심후함이 부모와 같은 자가 없기 때문에 3·4세 유아의 한 생각에 이 세상에는 나의 부형보다 선량하고 애정이 많으며 나의 모친보다 친절하고 인자한 이가 다시 없는 것으로 알기 때문이다. 또 부모의 생각하는 바는 이 세상에 나의 자녀보다 사랑스럽고 소중한 사람이 없어 자녀에게 전해주는 물건은 평생에 아끼는 바가 없으며 또 자녀가 부모에게 받은 물건은 반점도 의심하고 두려워하는 사람이 없으니, 이와 같은 유년을 훈도하고 교육하는 데 대하여 부모 형제자매가 실제로 좋은 지위에 있다 할 만하겠다. 그리고 또 그 부모 된 자가 일생 주의할 것은 그 자제를 위하여 비록 어떠한 노고가 있더라도 그것을 입 밖으로 내지 않는 것이 옳으며 그 목적을 이룬 방법을 능력과 수단, 좋은 말과 어진 말씀으로 자상하고 상냥하게 가르치고 타일러 점차 진보하게 함이 필요하다는 것이다. 또 가정 내에는 항상 평화롭고 유쾌한 즐거움을 주로 하여 의(義)가 결여되거나 덕(德)이 없는 폐단이 없게 하며 결백하지 못한 속담과 선량하지 못한 언행을 일체 가정 내에 들이지 않아 단순한 유년 자제들의 뇌로 하여금 모범에 감화되게 해야 할 것이다.

특히 어머니 된 사람은 소아 교육에서 한층 중요한 지위에 있다 할 것이다. 사람이 이 세상에 태어남에 어머니로부터 시작하였으며 처음 보는 것은 어머니의 행위이고 처음 듣는 것은 어머니의 언어이며 처음 느끼는 것은 어머니의 애정이고 처음 아는 것은 어머니의 용모다. 그러므로 어머니의 정사(正邪)와 선악이 자연히 그 자녀의 성질을 도와서 이루니 가령 하늘이 부여한 사람의 품성이 각자 그 정해진 바가 있다고 말하지만 그 특질은 모친의 양육에 관계되어 있으며 그 특성은 가정교육 간에 형성되는 것이다. 이는 사람의 모친 된 자가 가장 주의해야 한다. 예부터 소위 위인걸사가 많지만 그 원인을 연구하면 혹 천성의 특출한 자도 있으나 그 10분의 9는 모친의 양육 시 무언가를 좇아 이룬 것이니 서양에서 유명한 걸사 나폴레옹이 항상 말하기를 "소아의 장래 운명은 그 어머니의 행위에 달려 있으며 한 국민의 부강도 그 국민의 어머니에 있다." 했다. 또 말하기를 "국민의 정신과 습관과 편벽과 특질과 덕성이 각기 그 어머니 일신에 있다." 하니 이는 우리도 경험적으로 자각하는 것이다. 우리 동방의 위대한 성인 맹자도 그 어머니의 삼천지교(三遷之敎)가 아니면 그 이름이 지금까지 혁혁하게 불멸하게 되는 것을 기약할 수 있었겠는가. 그러므로 옛날부터 지금에 이르도록 위인현사(偉人賢士)의 굉장한 이름은 그 어머니의 선량한 지도와 가정교육에 기인하여 만들어진 것이 실로 적지 않다.

영아의 사상은 극히 좁고 얕아 가정 안이든지 혹 문밖으로 나가 유희 활동을 할 때라도 선악과 진위와 미추와 위험 등을 전혀 분별하지 못하므로 때때로 부모가 따라가서 살피되 아이가 혹 위험과 폭행을 범하면 유순한 말로 알아듣게 타이르고 압박하는 거친 말은 사용하지 않게 하는 것이 옳으며 혹 범위 이외로 나가거든 이를 금지함이 옳다. 그러므로 아동을 가진 이는 특별히 가정 내에 유희장을 설치하고 이 안에 음식 등과 아동이 매우 좋아하는 물건을 설치해 때때로 활발하게 유희하게 해야 한다.

우리가 이 신세계에 태어나 신학문과 신지식을 연구하지 않을 수 없거니와 이 중 가장 중요한 것은 도덕의 관념이 그것이다. 사람이 이 두 글자를 이해할 수 없으면 학문에 여유가 있더라도 사회상 사업의 경영과 개인적 가정의 행복을 충분히 이룰 수 있다고 약속하기 어려울 것이다. 물을 마시고자 하는 사람이 어찌 우물을 예비치 않으리오. 현재 문명 열국의 교육이 보급되므로 학문이 발달되고 학교를 점점 더 널리 설치하게 되었으나 개관해 보면 이러한 학교는 지육(智育)을 고상히 양성한다 함은 옳지만 덕육(德育)이라는 점에 이르러서는 아직도 유치함의 탄식을 면하지 못한다. 영아의 단순 결백한 성질을 그 부모 형제된 이가 주의치 아니해서 가정에서 불량불미(不良不美)의 행동을 하는 것과 친구와 친족의 도리에 어긋나고 비천한 모습을 본받는 것이 점점 양성되면 아동의 좋은 자질이 이에 전염되어 후일 좋은 재목의 기초를 잃어버릴 것이니, 이러한 후 학교에 들어가 비록 경천위지(經天緯地)의 지략을 습득하더라도 이 세상에 건전한 인물됨을 바라겠는가. 그러므로 가정교육이 중요한 것은 많은 논란의 필요 없이 명료한 것이다. 이 가정의 교육을 완미(完美)하게 하고자 하면 불가불 이를 주로 맡아서 하는 여자의 교육을 급히 발달시켜서 현모양처를 조성해야 한다.

광활한 이 세상에　　　　가장 즐거운 우리 가정
만금 같은 귀한 몸을　　　보호하는 우리 가정

친애로 벽을 삼고　　　　　인정으로 자리를 삼아
부모 자매 서로 즐거우니　　　화기춘풍 우리 가정

헌신적 정신 : 기서(寄書) (전호 속) / 최남선(崔南善)

아아! 찬란한 동서고금의 흥망사(興亡史)는 이와 같은 고적(古蹟)으로 우리를 놀라 깨어나게 하며 이와 같이 살아 있는 증거를 우리에게 제시하니, 우리가 보고 감동하여 떨쳐 일어나는 감정이 어찌 없으랴. 나는 이에 가치 있는 희생이 마침내 가치 있는 결과를 만드는 줄 확신하여 의심치 않는 바요, 아울러 여러분과 함께 헌신적 정신으로 온갖 일과 행위에 종사하기를 피로써 맹세하고자 한다. 옛사람이 하신 말씀에 "정신이 이르는 바에는 쇠나 돌도 뚫을 수 있다."라고 한 것도 역시 요즈음의 소식을 약간 누설한 것에 지나지 않는다.

아아! 헌신적 정신이여! 그 세력이 어떻게 늘어나며, 그 영향이 어떻게 넓혀지는가. 삼계(三界)를 통하고 육합(六合)에 이르고도 남음이 있는 것이 이밖에 다시는 없으니, 우리 한 몸으로 말하자면 입신(立身)하고 처세(處世)하는 도가 이와 같을 뿐이며 학문하고 사업하는 도가 이와 같을 뿐이며, 더 나아가 수신제가치국평천하(修身齊家治國平天下)하는 도가 여기서 생길 것이며, 한층 더 넓은 뜻으로 관찰하면 우주 간의 삼라만상이 역시 이것을 말미암아 유지되고 진화를 이루지 않는 것이 없으니, 하물며 우리가 기대하는 바를 성취함에 어찌 다른 것이 더 필요하겠는가.

경애하는 여러분! 마음에 새기고 뼈에 새겨 기억하여 잊지 말지어다. 우리가 고고성을 이 세상에 울린 뒤로는 반드시 자연과 더불어 적대행위를 개시하여 각양각색의 악마와 분전역투한 나머지에야 신체와 정신 양쪽의 자유를 얻게 되니, 이 때에 즈음하여 온 군대의 원동력도 희생적 관념-헌신적 정신이요, 선봉이나 후원이 모두 헌신적 정신-희생적 관념을 가진 뒤에 비로소 영예가 빛나고 광휘가 찬란한 최후의 승리를 차지할 것이다. 오호! 헌신적 정신은 족히 우리의 일관된 주의 주장이 되어 신념과 희망이 이것으로 말미암아 성취될 수 있을 것이요, 험준한 앞길을 막힘 없이 통과하여 중대한 임무를 벗어버리기 어렵지 않게 될 것이다. 하물며 큰 날개를 펼쳐 높은 하늘을 날며 빠른 다리를 움직여 골짜기에 들어감에랴.

여러분! 우리의 장래 사업이 영원히 유구할 줄 자세히 살펴서 안다면 헌신적 정신-희생적 관념이라는 지름길이 있는 줄을 모두 이해해야 한다. 만일 이 정신 이 관념으로 나아가기만 할 뿐 물러서지 않고 진진하여 쉬지 않는다면, 우리 신성한 태극기가 팔역(八域)에 빛나고 고귀한 태극기 바람이 사표(四表)에 불어 움직여 오주(五洲)의 만국이 그 위엄 아래 두려워 엎드리며 삼계(三界)의 억조창생이 그 은택 아래에 목욕하는 일을 얼마나 많은 시일을 거쳐야 우리가 목도하겠는가. 힘쓸지어다! 우리 청년들이여!

종교 유지의 방침은 경학가(經學家)부터 속히 개화함에 달려 있다 : 기서 (전호 속) / 류승흠(柳承欽)

석가는 곧 세상에서 말하는 '생불(生佛)'이다. 그 도가 허무(虛無)라서 우리 유가가 강구한 바가 아니므로 그 실상을 상세히 알 수는 없다. 다만 아마도 서역에서 태어나 인도가 한창 강성한 시대에 처하였으니 국가가 강성하고 물산이 풍부하여 인민의 생활에 대하여 굳이 더 경영을 더할 필요가 없으므로, 전생과 후생의 이치로 수심의 법을 설정한 것이다. 이것이 천당과 지옥의 설이 있는 까닭이다.

이에 사람들이 다투어 추모하며 종교로 삼으니 유교・예수교・불교가 이것이다. 백성들이 숭상하여 풍속으로 삼으니 상고(尙古)의 풍속・호신(好新)의 풍속・염세의 풍속이 이것이다. 그런데 상고자가 점차 쇠퇴하고 호신자가 문명에 나아가고 염세자가 쇠퇴함은 이치상 당연하니, 우리 한국과 청국의 부진과 구미의 강성과 인도의 쇠퇴를 살펴보면 알 수 있다. 그 가운데 쇠퇴한 자는 물론이고 강성한 자로 논하더라도, 저 구미 역사를 상고컨대 공적이 온 세상을 덮고 세력이 당시에 드높은 자도 그 권위가 단지 자신에게 그쳤지 국가가 그에 따라 100년간 치안을 구가한 적이 없어서, '영미전쟁'이니 '보불전쟁'이니 '성 표토르 시대'니 '나폴레옹 시대'니 하여 전쟁이 나날이 그치지 않았다. 이것이 과연 생활 사업에 있어 얼마나 유감인가. 아! 이 어찌 애당초 세 성인의 본의겠는가. 대개 속류의 폐단이 이 지경에 이른 것이다. 가령 세 성인이 지역과 시대를 교체하여 처한다면 예수가 석가의 가르침을 행하지 않을지 석가가 공자의 가르침을 행하지 않을지 공자가 예수의 가르침을 행하지 않을지 누가 알겠는가. 그러니 우리 후학은 단지 폐단의 소재를 알고서 그 편벽됨과 단점만 구제할 따름이다.

우리 종교를 논하는 자가 혹 "명분이 너무 과하고 압제가 너무 심하다. 이러한 까닭에 인재를 수용할 수 없고 새 지혜를 발달할 수 없다."고 하니, 그러한 것처럼 보이지만 이 역시 폐단에서 나온 것이지, 공자의 본의가 결코 아니다. 현재 우리나라가 비록 유도를 종교로 삼지만 수백 년 태평한 나습으로 도도히 부침하면서 명리의 누욕에 잃어버렸다. 그리하여 도리어 종교가라 할 만한 자는 단지 산림의 경학의 사인 뿐이다. 그러나 역시 모화주의(慕華主義)에 병통이 있고 당색의 평론에 편벽되어서 이 외세가 점차 번성하고 국권이 나날이 감소하는 시기에 처하여도 넓은 허리띠와 넓은 소매 차림으로 공수염슬(拱手斂膝)[22]하고는 "이적의 도로 중화를 변하게 한다는 말은 듣지 못하였다."고 하지 않으면,

번번이 "천지의 운수가 막혀서 우리 도가 쇠퇴한 것이다."고 한다. 심지어 여기서 그치지 않고, 필설을 놀려 민심을 유인하여, 유도의 부지에 의지가 있는 자를 사문의 난적이라 성토하고, 국가의 존속에 욕구가 있는 자를 선왕의 역신이라 배척한다. 더구나 간혹 시대를 근심한 자가 교육의 목적에 개연하여 교궁과 서원 등의 인근에 학교를 설립하고자 하면 곧 "선성의 요지를 여기서 빼앗긴다."고 하고 "선현의 향사가 여기서 필시 끊긴다."고 하여 온갖 수단으로 학교의 설립을 시행하지 못하게 한다. 이와 같은 소행을 그만두지 않는다면 지금부터 10년 이후에 설령 자손을 가르치고자 하더라도 초빙할 만한 현명한 스승이 사라질 것이고 구매할 만한 서점이 사라질 것이니, 민족이 그에 따라 야만화될 것이고 국운이 점차 무위로 퇴보될 것이다. 그 나라가 망하고 백성이 망하는 시기에 있으면서 그 누가 선성의 제사를 받들고 누구와 유학의 근본을 밝힐 수 있겠는가!

그 가운데 간혹 연재(淵齋) 송병선(宋秉璿)[23] 같은 항절(抗節)과 면암(勉庵) 최익현(崔益鉉)[24] 같은 거의(擧義)로 소식이 내외에 알려지고 명성이 역사에 전해질만한 굳건한 기상의 대장부가 없지는 않겠지만, 그 나라의 피폐와 백성의 곤궁에 결국 하나도 도움이 되지 않아서 방패와 깃털을 들고 춤추면서[25] 공격받는 성의 포위를 풀려고 한다는 조소를

22 공수염슬(拱手斂膝) : 단정한 자세를 이른다. 공수는 왼손을 오른손 위에 놓고 두 손을 마주 잡아 공경을 나타내는 예이고, 염슬은 무릎을 가지런히 모으고 앉는 자세이다.

23 송병선(宋秉璿) : 1836-1905. 한말의 학자, 순국자이다. 송시열의 9세손으로 태어나 벼슬길에 나아가지 않고 성리학과 예학 연구에 몰두하였다. 1905년 을사늑약이 체결되자 이에 반대하는 상소를 여러 차례 올렸으나 받아들여지지 않자 자결하였다.

24 최익현(崔益鉉) : 1833-1906. 한말의 애국지사이다. 위정척사를 주장하며 1876년 병자수호조약과 1905년 을사늑약에 반대하였고, 1906년에 전라북도 태인에서 궐기하여 의병을 일으켰다.

25 방패와……춤추면서 : 무력(武力)을 쓰지 않고 적을 복종시킴을 이른다. 순(舜)임금이 신하인 우(禹)임금을 보내어 삼묘(三苗)를 정벌하려 했으나 실패한 뒤에 방패와

면하지 못할 것이니, 어찌 탄식을 금할 수 있겠는가! 마침내 우리 수천 년 역사를 가진 조국의 진선진미(盡善盡美)한 정신인 유학의 도가 반드시 이러한 습속에 모두 빠져서 망하도록 하는 것이 가당키나 한 일인가! 여기서 또 한마디 말을 하여 우리 경학가 선생들에게 권고하노라.

경학가 선생은 바로 우리 사대부와 서민을 이끄는 분이요, 인민의 표준이다. 그 연원이 깊고 그 근본이 오래되니, 능히 이 백성을 오른편으로 가라 하면 오른편으로 가게 되고 왼편으로 가라 하면 왼편으로 가게 된다. 그러니 진실로 한 번 주창하여 우선 이 나라부터 존속시키고 나서 나중에 유학의 도를 부지하는 것이 더 쉽지 않겠는가. 그 효과와 반응은 반드시 우리 개인이 천 번 부르고 만 번 외치는 것보다 품은 반이나 줄어들고 공로가 배나 늘어날 것이다. 주창하는 도는 다름이 없다. 한 번 전국의 사대부와 서민에게 글을 발표하여 집집마다 타일러 담론해야 하고, 다음으로 국내 사림(士林)의 힘이 미치는 교궁(校宮)・서원(書院)・시사(詩社)・약소(約所) 등에 속한 재물과 토지를 가지고 학교를 널리 설립해야 하고, 손님을 접대하는 여가에 외국의 사정을 참고하여 연구해야 하고, 향음례(鄕飮禮)하는 여가에 내지(內地)의 습속을 강구하여 해명해야 하고, 혼인과 상장(喪葬)의 예식을 생략하여 일을 치르는 데 간편하고 알맞도록 해야 하고, 붕당을 지어 끼리끼리 모이려는 의논을 통렬히 제거하여 사회를 부유하게 하는 일에 단합해야 한다. 또한 청년자제가 자질구레한 예절에 구속되지 않도록 해야 하고, 짐을 싸서 내보내어 외국에서 유학시켜 신선한 새 공기를 흡입토록 해야 한다. 그리하여 각자 귀국하는 날에 우리 종교가 이들을 존대하지 않는다면 누가 존대하겠는가. 또한 서민 중에 그에 따라 스스로 새로워진 자가 그 호응이 과연 어떠하겠는가. 외국에 나가고 복색을

새의 깃털을 들고 섬돌 사이에서 춤을 추니 70일 뒤에 삼묘가 귀순하였다는 고사에서 유래한 말이다.

바꾸는 사소한 장애에 대해서는 군이 걱정할 일이 아니니, 공자가 수레를 타고 천하를 돌아다닌 일과 정자(程子)가 10년 동안 부처에게 참배한 일이 선배가 보여준 증거가 아닌가. 나는 유학의 도를 부지함은 경학가가 속히 개화함에 달려 있다고 생각한다. 이에 다음과 같이 축원하노라.

해는 병오년(1906) 가을 8월에 태극학보가 시작되었도다.
태극(太極)이 무극(無極)이라 학회 이름부터 무궁하고 무극하다.
양의(兩儀)[26]를 낳고 팔괘(八卦)를 그음은 태극의 상(象)이 분명하네.
우러러 하늘을 보고 굽어 땅을 살핌은 태극이 수를 부연한 것이 아닌가.
태극의 현묘하고 무궁한 이치로 우리 학식을 발달시키세.
무극이 태극이라 학보의 이름조차 얼싸 좋구나.
태극전(太極殿) 높은 곳에 우리 황상(皇上) 계신데
태극 훈장 큰 인장은 학회 문에 뚜렷이 걸고
태극기 빛난 날로 우리 동포 함께 즐기세.
태극이 무극이요, 무극이 태극이라 우리 학보 처음부터 끝까지일세

평론한다. 사회는 세력으로 유지하는 것이다. 지금 종교 역시 일종의 사회이다. 가령 외세가 침범하여 핍박하지 않고 비록 우리가 스스로 나라를 세우고 스스로 강하더라도, 우리 무리가 아닌 자가 먼저 개화하여 세력을 점유한다면 또한 이 도가 오래 버틸지 알 수 없으니, 경학가는 이를 상세히 살펴야 한다. 공자께서 말씀하기를 "하(夏)나라의 역법(曆法)을 시행할 것이며, 은(殷)나라의 수레를 탈 것이며, 주(周)나라의 면관(冕冠)을 쓸 것이다."[27]라고 하니, 이는 그 시의적절함을 따름이 아

---

26 양의(兩儀) : 양(陽)과 음(陰)을 이른다.
27 하(夏)나라의……것이다 : 공자가 안연(顔淵)에게 가르쳐 준, 나라를 다스리는 방법

닌가. 지금이라도 고금을 참고하며 동서를 짐작한다면 무슨 어려움이 있겠는가.

우리 2천만 동포에게 고하다

: 기서 (전호 속) / 공학사(工學士) 상호(尙灝)

국가라는 것은 인민과 토지가 있지 않을 수 없다. 하지만 비록 인민과 토지가 있어도, 인민의 경우 선비가 기개가 없고 농민이 부지런하지 않고 상인이 번성하지 않고 공인(工人)이 연구하지 않는다면 선량한 국민이 될 수 없고, 토지의 경우 산이 윤택하지 않고 숲이 무성하지 않고 시내가 맑지 않고 연못이 깊지 않아 기름진 토지를 만들 수 없다면 국가가 부강한 나라가 될 수 없다.

슬프고 아프다! 지금 대세가 위급하여 위험이 다가오거늘 수많은 사업이 하나도 완전한 것이 없으니 생각하고 걱정하다 보니 뇌가 찢어지는 줄도 모를 지경이다. 그러나 수량이 억만 가지로되 하나에서 시작하고 이치가 천지에 가득하되 양(陽)에서 생성되니, 천하가 비록 혼란하나 구원할 방도가 있다. 우리나라는 예로부터 동방예의지국이라 불렸으니 인종이 분명히 세계에서 우등이며, 또 금수강산이라 불렸으며 토지가 정녕 천하의 좋은 땅이다. 하지만 오랫동안 태평함을 편안히 여기고 한가하고 고요함에 스스로 빠져들어 오늘날의 쇠퇴한 운명을 초래하니, 이 어찌 분하고 원통하지 않겠는가! 바라건대 우리 대한 동포들아! 근검절약하여 충실히 사업하고 열심히 교육하면 수십 년이 지나지 않아 한 시대의 선량한 국민을 길러 천하의 사업을 할 수 있으니, 어찌

이다. 『논어(論語)』 「위령공(衛靈公)」에 보인다.

유독 비분강개한 소리로만 독립하자, 독립하자 호소할 뿐이겠는가!

교육에는 고등교육이 있으니 여기서는 국가 동량(棟梁)의 재목과 전문 학자를 양성하며, 중등교육이 있으니 여기서는 일반의 건전한 국민을 양성하며, 초등교육이 있으니 보편 사물에 관한 지식을 가르치며, 또 영아교육이 있으니 고등교육·중등교육·초등교육은 학교에서 가르치는 것이지만 영아교육은 오로지 가정에 의뢰한다. 그러나 이 영아교육이 교육의 기초이니 교육 가운데 가장 긴요하고 중하지만 또한 가장 어려운 것이다. 이러한 까닭에 주자(朱子)가 『소학(小學)』을 편집할 때 자녀를 임신한 일로 서두를 시작하였고,[28] 서양 속담에 "영아는 어른의 아버지이다."라고 하니, 영아교육을 중시하는 그들의 사상을 충분히 알 수 있다. 그러므로 교육 가운데 영아의 교육이 가장 시급히 해야 하는 일이다. 그러나 영아는 아는 것이 없어 선을 보면 선을 행하고 악을 보면 악을 행한다. 이러한 까닭에 현명한 맹자도 세 번이나 이사하는 교육을 받았거늘, 하물며 보통사람은 어떠하랴. 그러니 부모가 된 이가 신중해야 하겠는가, 그렇지 않아야 하겠는가.

하지만 지금 우리나라는 어떠한가? 영아가 서너 살부터 여러 가지 나쁜 습관을 배우지 않는 것이 없다가 일고여덟 살부터 비로소 오륜(五倫)의 행실을 배우지만 한갓 그 책만 배울 따름이요 배우는 까닭을 모르거늘, 배운 것을 행하리라 어찌 바라겠는가. 부모가 행하지 않으며 어른이 행하지 않으니 영아가 누구에게서 그 행실을 배울 수 있을까. 또 그 보고 들은 바는 주색잡기의 놀이뿐이니, 어찌 그것을 배우지 않을 이치가 있으랴? 그러므로 배워서 하면 부모가 질책하며 심하면 매를 때리기까지 하니 어찌 수긍하고 승복할 이치가 있겠는가? 그런 까닭에 부자간에 친근함이 없으니, 아아! 부모가 자녀를 가르침에 어찌 한 번

28 주자(朱子)가……시작하였고 : 『소학』의 첫 편 「입교(立教)」의 첫 번째 글이 여자가 임신했을 때의 몸가짐을 경계한 내용이다.

위엄을 쓸 뿐이겠는가. 또 꾸짖고 때리는 일이 정당한 위엄은 되지 않는다. 만약 어른이 자신을 바르게 하여 가르친다면 열 번 때림이 한 번 꾸짖음만 못하고, 열 번 꾸짖음이 한 번 타이름만 못하고, 열 번 타이름이 한 번 선을 행하여 보여줌만 못하고, 열 번 선을 행하여 보여줌이 한 번 선행을 칭찬하여 기운을 길러줌만 못하다.

그러므로 나는 말하기를 "자녀를 가르치려면 반드시 자신부터 바르게 하라."고 하는 것이다. 만약 자신의 나쁜 습관을 고치지 못한다면 비록 우리 대한 국가를 세계의 강국으로 만들어 위로는 조상의 치욕을 갚고 아래로는 자손만대의 계책을 삼으려 한다고 해도 그렇게 되지 않을 것이니, 조상의 죄인과 자손의 죄인이 됨을 어찌 면할 수 있을까. 그러나 만약 우리 2천만 동포가 정신을 가다듬어 흥기하여 마음을 함께 하고 힘을 모아 비록 털끝만큼이라도 나쁜 습관은 제거하고 선한 일을 행하여 자제를 교육하는 것으로 시작하여 정정당당한 마음으로 정정당당한 일을 행하면 천하에 어찌 어려운 일이 있으며, 4천여 년의 문명국이 영원히 멸망할 이치가 어찌 있겠는가!

오호! 청구(靑邱)의 인사들아, 정신을 가다듬어 흥기해야 할 것이다.

인생의 의무 / 편집인 장응진(張膺震)

사람이 세간에 태어나면 반드시 신체를 이 세상에 의지하고 지내서 어느 정도의 연한의 생명을 이 세상에 간직하고 있다. 무릇 인류는 세상 밖에 고립되어 단독의 생활로 각기 정해진 수명을 끝내는 것을 능사라 말하지 못할 것이다. 서로 합하고 서로 뭉치고 서로 돕고 서로 의지하여 선미(善美)한 사회를 편성한 연후에야 개인의 생활을 안락하게 하고, 인류사회 전반의 행복을 향상 증진하게 하며, 인류생활의 대목적을 거의 이룰 수 있을 것이다. 만일 우리 인류가 세상에서 서로 합하고 서로 뭉치는 정신이 없고 서로 사랑하고 서로 구하는 도리가 결여되면 인류의 퇴보와 쇠멸을 초래할 것은 필연적 결과다. 갓난아이가 고고(呱呱)한 소리를 내고 지상에 떨어져 태어날 때 그 자애하신 부모의 보호와 기름이 없으면 어찌 연약한 신체를 완성하도록 발달시켜 건강함에 이르며 또 가정의 단락과 국가의 보호가 없으면 어찌 신명(身命)을 보양하며 재산을 안보할 수 있으리오.

만약 한 사람이 여기에 있는데, 그가 인류사회를 멀리 떠나서 구름이 아득하고 물이 막막한 무인절역에 홀로 살아 눈과 귀로 접촉하는 것이 짐승과 새무리들에 한정되고 의복과 식량으로 사용하는 것이 나무껍질과 풀뿌리에 불과하고 석굴과 토굴에서 외롭게 눕고 일어난다고 생각한다면 이때 이 사람의 감상이 어떤 형편에 이르겠는가. 생활의 취미가 과연 상쾌함을 감발(感發)할 것인지. 내가 직언하면 불과 수개월 사이에 사회생활의 진정한 맛을 스스로 깨달아서 무량한 감사를 표한다 할 것이다. 그러므로 사람들 중 이 사회의 은택을 다소간 입지 않은 자 없을 것이니, 이 세상에 대하여 어찌 상당한 의무가 없다고 할 수 있겠는가. 그러므로 우리가 사람의 아들의 길을 다하며 가족의 정의를 친밀히 하고 훗날 가주(家主)인 부형의 직분을 완수하여 일가(一家)로 하여금 부드럽고 평화로운 기상을 충만하게 하며 행복과 융성의 기초를 증진하게 함은 일가에 대한 의무다.

그리고 국가에서 제정한 법률에 복종하며 조세를 내고 장년(壯年)에 이른 사람이면 병역에 복무하여 어느 날 국가에 사변이 일어나면 한 몸을 앞세워 공무에 공헌하며 선량한 국민으로 국민의 책임을 다하게 하여 국가로 하여금 부강과 발달의 상태로 나가게 함은 국가에 대한 의무이다. 또 동류를 서로 사랑하며 나의 이익만 편집(偏執)하지 않고 공덕을 존중하여 타인과 나의 복리를 함께 꾀하며 사회 일분자의 직분을 다하여 금일의 불완전한 사회 상태로 하여금 점차 진화하여 완미한 상태로 나가게 함은 사회에 대한 의무이다.

우리의 의무는 어머니의 태내에서 나온 때부터 무덤 밑으로 들어가는 날에야 그 종말을 고할 것이다. 그러므로 고상한 사상과 명확한 정신으로 세속의 구구한 훼예(毁譽)에 구애되지 않고 양심의 지휘에 순종하여 인생에서 해야만 할 의무를 자각하고 이행한다면 우리가 일상의 대소사를 행함에 자신의 마음에서 시인한 바의 입무를 완전히 성취한 때와 같은 쾌감이 생기지 않을 수 없다. 이와 같은 연후에야 인생 생활의 진정한 쾌미를 느낄 수 있을 것이며 헌신적 사업을 이룰 수 있을 것이다. 이 의무의 진의를 이해하지 못하고 다만 허식적 도덕과 광고적 언행으로 일시의 명리만 구하며 부귀영달의 욕망과 오직 물질적 욕망만 충족함에 급급하여 일생을 취생몽사로 마치는 자여! 그 가여움과 불쌍함이 어찌 크다고 하지 않겠는가.

화려함이 극에 이른 고루거각(高樓巨閣)을 보더라도 이를 일일이 분해하면 초석과 주량(柱梁)의 묶음들 등속처럼 각자 기괴한 상태를 드러냄에 불과하나 이를 조립하면 화려한 장관을 드러낸다. 이와 같이 인생도 또한 개개인으로는 다 완전무결을 기대하기 어렵지만 사회를 조성(組成)한 연후에 완전한 사회생활을 기약할 수 있다. 그러므로 우리가 사회에 처하는 의무 중 사농공상 어떠한 종류를 막론하고 업무상에 귀천존비의 차별이 있을 이유가 없다. 인생의 당연한 천직과 의무를 스스로 이해한다면 몇 이랑의 밭을 힘껏 갈아서 스스로 먹고 청한(淸寒)의 생활을 영위하는 일개 빈농의 심신이 죄악을 하늘과 사람에게 다 드러내고 어리석게 살피지 않아서 똥파리의 생활을 영위하는 주문(朱門)[29] 귀족의 신세에 비하면 다대한 안락과 행복한 생활을 향유할 수 있다.

---

29 주문(朱門): 지위가 높은 벼슬아치의 집을 비유해서 이르는 말.

정치가의 품위 / 회원 김지간(金志侃)

우리나라 같은 정치 위주의 나라에서 국민이 다 우러러보는 지위에 있는 정치가의 품위는 곧 정치계의 건전·불건전과 관련되고, 정치계의 건전·불건전은 곧 나라 풍속의 맑음·흐림과 관련되고, 나라 풍속의 맑음·흐림은 곧 한 나라의 융성·쇠퇴와 관련되니, 한 나라의 품위를 고상하게 하고자 한다면 먼저 정치가의 품위를 고상하게 하는 것이 옳다고 생각한다. 가령 오늘 중요한 문제 하나를 정부 회의에 올리면 그 문제가 실행되기까지는 반드시 어느 정도의 추문이 생겨 세상 사람들에게 마치 노래처럼 전파되어 뇌물이라고 하거나 보수(報酬)라고 하는데, 이를 전하는 자도 의아한 생각 없이 전하고 듣는 자도 놀라는 기색 없이 들어 평범하고 당연한 일로 안다. 우리가 세상에 전파된 소문을 다 사실로 믿는 것은 아니지만 이러한 추문이 결코 정치가의 품위의 고상한 바라고 일컬을 수 없고, 또 그것을 의아한 생각 없이 전하고 듣는 것을 당연한 일로 아는 것은 결코 사회의 맑고 건전한 바라 할 수 없다. 우리는 정치가의 품위를 위할 뿐 아니라 진실로 한 나라의 품위를 위하는 것이다. 무릇 정치는 명예 사업이거늘 이러한 사실을 잊고서 일종의 상거래로 보니 어찌 개탄치 않겠는가.

아! 정치는 상거래 사업이 아니라 명예 사업이다. 노고를 다해도 보수를 받지 않는 사업이요 공로가 있어도 자랑하지 않는 사업이다. 하늘이 백성을 낼 때 선진(先進)으로 하여금 후진(後進)을 훈도케 하며 선각(先覺)으로 하여금 후각(後覺)을 인도하게 하였으니 자기 스스로 백성의 선각이 되었으면 장차 이 도(道)로 이 백성들을 깨닫게 하며 그것을 실제 시행하는 것이 진실로 정치가와 경세가가 가져야 할 마음이다. 하루라도 세상에 처하면 하루의 기강(紀綱)을 세우게 하고 백 년을 세상에 처하면 백 년의 기강을 세우게 하는 것은 실로 자신이 국민의 선각자가 된 사람으로서 의무라고 생각해야 할 바이다. 이러한 마음으로 천하의 넓은 집에 거처하고 천하의 올바른 위치에 서며 천하의 큰 도를 행하여 뜻을 얻으면 국민에게 행하고 뜻을 얻지 못하면 홀로 그 도를 행하는 것이니, 이러한 까닭에 부귀해도 능히 마음이 방탕하지 않고 빈천해도 능히 절개를 바꾸지 않으며 위무(威武)에도 능히 그 뜻을 굽히지 않는다. 정치가가 구할 바는 명예에 있는 것이지 권세와 이익에 있지 않으며, 정치가가 기대할 바는 한 세상에 훈업을 세우고 명성을 역사에 남겨 백세까지 향기를 흐르게 하는 것에 있다. 그런즉 정치가는 자기 개인의 품행이 사회상 표준이 됨을 알아야 하며, 또 정치는 명예 사업이지 상거래 사업이 아님을 유념하여 그 품위를 항상 고상하게 해야 할 것이다.

학술적 관찰로 상업경제의 공황 상태를 논하다 / 회원 전영작(全永爵)

‘공황(恐慌)’이라 함은 경제상 급격한 변화의 상태를 말한다. 생산, 분배, 교환의 기관 혹은 그 일부가 갑자기 활동력을 잃은 상태를 가리키니 밀(John Stuart Mill) 씨가 말하기를 “상인의 다수가 동시에 금전 지불 약속을 이행하기 곤란할 때와 곤란함을 당할 수 있다는 두려움과 위축감을 안고 있을 때이다.”라고 하였다. 특별히 경제상 각종의 기관이 완전하고 결함이 없는 나라에서 그 영향이 심함을 느끼게 되니 비유컨대 기선과 기차가 활발히 잘 다니는 나라의 사람들이 미개한 나라에 들어갔을 때 불리하고 불편한 느낌이 일어나는 것과 같다. 공황은 대개 신용경제 시대에 있는 각국 사람들에게 일어난다. 무릇 일가를 이룬 자가 각각 스스로 그 수용품을 생산하여 스스로 소비하는 독자적〔離隔〕 생활을 영위하는 경우라면 공황이 일어날 이유가 없겠지만, 타인의 수요를 충분히 준비하기 위하여 물품을 생산하는 지역의 경우는 공황이 일어날 걱정을 면하기 어렵다. 개명진보(開明進步)가 날마다 진보함에 따라 경제 기관이 완전하고 결함이 없는 추세로 가는 시기를 당하면 각종 질병이 인체를 침해하는 것과 같이 각국 경제사회가 하나의 큰 병을 맞닥뜨리게 된다.

○ 공황의 상태

대저 공황이 터지려면 그 전에 가장 먼저 물가가 상승하고 신용은 팽창하여 사업의 이익이 점차 증가한다. 만일 상업이 일반적으로 시세가 없어서 상인이 자기 영업의 범위를 지키고 함부로 이를 확장하려 하지 않을 때가 되면 자본이 점차 축적되고 은행업자는 임치금(任置金)의 증가, 대부추제(貸付抽除)의 감소를 볼 것이요 이자가 하락하되 자금을 사용할 방도가 없는 까닭에 거액의 유휴자금을 저장할 것이다. 자본의 공급이 증가하되 수요가 이에 부합하지 못해 이자는 더 점차 내려갈 것이다. 이와 같이 이자 이율이 저렴한 상황을 맞아 사업가가 사업을 일으킬 마음이 고무되고 저렴한 자본을 이용하려는 심리로 인해 신사업의 계획과 신판로의 확장 등이 나타날 때에는 시장은 점점 활기를 띠고 투기상인은 이 기회를 이용하여 혹은 풍설로 혹은 유언비어로 유가증권 및 상품 시가(市價)의 상승을 위해 노력한다. 이에 착실한 상인도 이러한 상승의 기회를 이용하여 이익을 얻고자 하는 마음이 생겨 사업을 일시에 확장하므로 자본의 이윤은 증가하려는 상태를 드러내고 은행업자는 대부추제(貸付抽除) 등의 방법을 통해 자금을 시장에 내놓고 상공업자를 장려함으로써 더욱 활기를 더하고 공업가는 고용인의 부족 때문에 힘이 들어 품삯을 더 주고 그 부족을 보충하는데, 이로써 전체적인 소비력이 나날이 향상된다. 그 영향으로 상품 수요가 증가하나 공급은 이에 호응하지 못하기 때문에 물가는 상승하고 새로 일으킨 사업이 서로 이어져 각종

거래소는 몹시 융성하고 겨우 몇 환(圜)의 증거금 지불에 대한 영수증은 10환 · 20환의 호가(呼價)를 드러내는 상황에 이르게 되니, 누구라도 정신없이 뛰어다니며 이를 얻고자 하므로 그 소유자는 판매를 아까워할 것이다. 이에 전 사회는 마치 꼭 취한 사람과 같아 착실한 상인도 이를 위해 부지불식간에 확실하지 않은 사업에 착수하기 쉽다. 이때를 당하여 투기하는 자들은 더욱 간사한 꾀를 내고 알맹이 없는 사실을 날조하여 신문 혹은 전신(電信)으로 자신이 소유한 유가증권과 상품 시가를 상승하게 한다. 자본의 경우 부당하게 영업을 확장하여 겨우 수천 환의 자본을 가지고서 융통 어음의 차입 자본으로 수만 환의 화물을 운용, 매매하는 상황에 이른 것은 여러 차례 실례를 근거로 보인 바 있다.

이러한 때에 전체 사회는 상당한 형편이 되지도 않았는데 단지 세상의 무근한 말과 와전된 설에 미혹되어 과도한 자본의 영업에 착수한다. 이를 가장 먼저 자각하는 자는 은행업자이다. 은행 업무는 항상 금융시장의 선도자가 되어 타인의 자본을 사용해 이익을 거둔다. 그러므로 부채주(負債主)의 신용에 깊이 주목하고 대금 회수를 위해 노력하며 이자 이율을 오르게 하고 혹 대부금 연기 청구를 거절하지 않을 수 없다. 그런즉 임차인은 이미 자본을 사업에 투입하였으므로 은행업자의 청구에 호응하고자 하면 형세상 부득이 소유한 상품 혹은 유가증권을 매각하거나 그렇지 않으면 사업을 중지할 수밖에 없다. 따라서 상품 및 유가증권의 시가는 일시에 폭락하여 상인은 더욱 실패가 가중되고 사업은 중지되어 기초가 취약한 회사는 해산하고 노동자는 직업을 잃고 가족은 끼니를 때우기 힘들며 상품의 수요는 점점 감소하고 자산이 있는 상인도 일시에 부채가 생겨 채무를 이행하기가 힘들고 어음을 지급하는 방법이 곤란해져 파산의 불행을 당하게 된다. 이러한 때에 가장 먼저 문을 닫는 자는 투기업자들이다. 발행된 융통 어음이 시장에 넘쳐나 세상 사람들이 비로소 신용이 남용되는 것에 크게 놀라 의심과 불안감을 품게 되니, 확실한 은행이라도 임치금 반환 청구가 일시에 폭주하여 신용은 땅에 떨어지고 증권류는 그 유통력을 잃고 본위화폐〔正貨〕를 날마다 쌓아두는 사람이 많아서 본위화폐의 수요가 자연히 더욱 절실하게 부족함을 느끼게 되어 도산이 연이어 일어나는 참상을 면하기 어렵다. 그렇게 되면 사회의 상황은 어지럽게 뒤얽힌 삼과 같아 자산의 많고 적음을 감별할 겨를이 없다. 이에 불신은 불신을 낳고 공황은 공황을 일으키는 상황이 된다.

ㅇ 공황의 정기성(定期性)

공황은 이전의 경험에 의하여 일정한 시기에 규율 있게 일어나는 것이다. 영국에서 일어났던 연차를 들면, 현재 세기에 1815년, 1825년, 1836-1839년, 1847년, 1857년, 1863년, 1878년, 1890년이다. 10년을 사이에 두고 발생했음을 볼 수 있으니 이를 공황의 정기성이라고 한다. 공황 발생에 필요한 기간은 국민신용기관의 상태 및 경제 제도가 어떠한가에 따라 차이가 있다. 기업이 공황 때문에 좌절하고 자본이 저축되어 다시 기업의 마음이 일어나는 데 필요한 세월은 대략 국민과 그 제도에 따라 일정한 연한(年限)이 요구된다. 그러므로 그 순서는 다음과 같으니, 시장의 상황이 항상 일정한 순환 범위 안을 돌고 돌다가 시장이 오래 가라앉고 조용하면 신용이 성행하여 번영의 양상을 보이고 그러다가 그것이 마침내 공황의 원인으로 격렬히 작동하여 과도하게 상업이 확장되며, 한 번 돌아 필시 금융의 압박이 나타나고 두 번 돌아 실패가 되고 세 번 돌아 곤란한 상황이 되어 다시 가라앉고 조용한 시장이 되는 것이 순서이다.

ㅇ 공황의 종류

공황의 일반적 상태는 위에 대략을 설명하였으나 공황에 대해 일일이 자세히 관찰하면 그 상태도 한결같지 않다. 이를 크게 다음의 세 종류로 구분한다.

첫째, 판매 공황이니 상품 및 유가증권의 시가가 폭등 혹은 폭락한 결과 상인의 파산이 서로 이어지고 신용이 땅에 떨어질 때이다.

둘째, 은행 공황이니 은행 영업상 부당한 대부추제 등으로 고객의 신용을 잃고 임치금 반환 청구의 폭주에 대응하기 어려워 파산할 지경이 되었는데 그 영향이 다른 은행업자에게 미칠 때이다.

셋째, 지폐 공황이니 한 나라의 정부 혹은 은행에서 지폐를 남발해 그 가격이 폭락하여 시가를 급격히 변하게 하여 신용이 땅에 떨어질 때이다. (미완)

| 학원 |

화산설(火山說) / 편집인 장응진

땅속에 열이 있음은 우리가 경험으로 다소 알 수 있는 바이니 겨울철 빙설이 얼 때라도 지하를 몇 척 파고 들어가면 점차 온난해짐을 느낄 것이다. 오늘날 일반 학설을 따르면 지하의 열은 땅속으로 깊이 들어감에 따라 점차 증가하는데 2·3백 리 지하는 매우 고열이어서 함유한 만물이 다 용해해 지구의 내부는 완연히 하나의 액체로 된 큰 불의 구를 형성하였다. 이는 즉 우리 지구기 태초의 적열(赤熱)한 가스체-기체-에서 점차 냉각하여 액체가 되고 이 액체의 표면이 다시 냉각하여 오늘날 우리 인류가 주거하는 지각 즉 지면을 생성하였으나 그 내부는 아직 냉각되지 않아 매우 고열의 액체를 보유한 것이다.

화산은 지구 내부의 화력 때문에 그 내부에 포함한 수증기·가스·용암 등을 지구 표면으로 분출하니, 그 용암·화산재 등이 퇴적하여 산악을 이루는 것과 또는 이전에 분출한 형적이 있는 산악을 화산이라 총칭한다. 현재 이러한 산 정상 혹은 산 측면으로 불과 연기를 뿜어 올리며 재와 돌을 날아 올리고 용암을 분출하는 것을 활화산이라 칭하고, 유사 이래 아직 한 차례도 분출하지 않은 것을 사화산이라 칭한다. 또 활화산 중에는 주야간 끊임없이 분출하는 것도 있고 수년 혹은 수백 년마다 분출을 멈추었다가 활동을 다시 시작하는 것도 있으니 일본 시나노(信濃)의 아사마(淺間) 산암대(山岩代)의 반다이산(盤梯山) 등은 전자에 속하고, 일본 스루가(駿河)의 후지산(富士山)·이탈리아 베수비오산 등은 후자에 속한다. 화산이 지구상에 분포한 것은 일정한 규칙이 없으나, 광대한 평지이며 대륙·사막 등지에는 별로 없고, 해안과 도서 등지에는 많이 있음은 자명한 사실이다.

화산이 생기는 원인을 공구하면 여러 가지 원인이 있겠다. 그러나 태초 지구가 냉각할 때에 수축과 응결의 정도가 같지 않고 또는 땅속의 흔들림으로 인해 지반의 두께가 같지 않으며 거대한 구멍과 틈을 만들면 땅 위의 물이 이 틈을 통하여 투입되어 지구 내부에 이르면 그 내부 불꽃의 작용으로 증기와 다수의 기체로 변함에 용적이 팽창하고 장력이 매우 강대하여 지진과 흔들림을 만든다. 혹 틈과 구멍을 통과하여 땅 밖에 분출하기도 하며 열천 혹은 온천이 되어 땅 위로 용출하기도 하고, 지반이 박약한 곳을 만나면 이를 파열하고 놀라운 세력으로 증기와 용암 등을 분출한다. 지질학자의 설을 따르면 해안과 도서 등지는 대륙에 비하면 지반이 박약하고 틈이 많아 파열의 원인을 조성한다고 한다.

화산이 분화할 때에 혹 용암만 분출하기도 하나 대개는 용암과 경석・화산사(火山砂)・화산재・수증기・가스 등을 혼합 분출한다. 그러므로 대화산이 파열할 때에는 지반이 진동하고 굉음을 내어 부근 지방 수백 리 내외에 지진이 발생하고 또 그 분출하는 빨갛게 달아오른 바위・모래・먼지・재 등은 매우 높은 곳까지 상승해 대낮을 캄캄한 밤으로 변하게 하고 사면으로 우산 모양처럼 하강해 불비를 아래로 쏟아냄에 이 안에 포위된 지면은 초토화되어 다수의 생명과 화려하고 굉대한 시가와 촌락이 하루아침에 불기가 남은 재 속에 매장되는 것은 고금(古今)에 그 사례가 매우 많다 한다. 일본에도 메이지 이후로만 반다이산, 아사마산 등의 파열로 촌락과 인명의 파상(破喪)이 심히 적지 않았고, 이탈리아의 유명한 베수비오 화산은 지금으로부터 1900여 년 전에 대 파열이 되어 장엄하고 화려함이 극에 이르렀던 폼페이의 모든 시가 하루아침에 불과 재 속에 매장된 것은 지금에 이르도록 역사상 저명한 사실이다. 금년 4월경에도 이 화산이 또 대 파열이 일어나 다수 인명의 사상과 거대한 손해를 입었음은 당시 내외 신문지가 선전한 바이다. 또 화산이 분출할 때에 재와 돌 등과 같이 혼출하는 수증기는 그 양이 매우 많아 바람을 불러오고 비를 일으키며 천둥 번개를 유발한다.

세계 화산맥의 대부분은 일본의 모든 섬을 지나 동으로 하와이 군도를 경과해 남북미 해안 부근에 이른 것과 서로는 타이완을 지나 필리핀 군도, 말레이반도, 이탈리아반도에 이른 것이다. 화산이 여러 바닷속에서 파열해 그 분출물이 차례로 퇴적해 해면 위로 노출되면 섬도 새롭게 형성되어 출현하고 이 폭발 작용으로 혹 도서가 붕괴하면 해저로 침몰하고 소멸되기도 한다.

공기설 (전호 속) / 편집인 장응진

한편에서 생각하면 지구상의 공기는 한정되어 있다. 이처럼 동물의 호흡과 물체의 연소 등으로 인하여 수백 수천 년간 공기 속의 산소를 다 취하고 탄기(炭氣)만 쌓이면 동물은 다 사멸할 지경에 이를 의심과 염려가 없지 않겠지만 이는 쓸데없이 근심을 하는 것이다. 왜일까? 이에 일종의 천연적 묘용(妙用)이 있으니 즉 식물의 작용이다. 모든 식물은 생장할 때에 그 가지와 잎의 작용으로 공기 속에 있는 탄기를 들이마시고 뿌리와 줄기로 수분을 위로 흡수해 전신에 자양을 공급하고 산소를 토해내니 이로 인해 산소와 탄기는 동물과 식물 사이에 끊이지 않고 순환하고 공기는 항상 대략 일정한 산소를 함유해 인류로 하여금 지구상에 영구히 생명을 보전하게 함이니 어찌 조물(造物)의 묘용이 아니라 말할까. 고로 위생에 주의하려면 먼저 수목을 다수 배식하는 것이 최상책이요 또 실내에서도 때때로 창문을 개방하여 실외의 신선한 공기를 교대하게 할 것이요 또 일을 하던 말미라도 겨를이 있으면 가급적 청신(淸新)한 정원에 산책하는 것이 신체 건강에 적합하다.

바람이 일어나는 원인

물체는 열을 받으면 다소간 팽창해 그 용적을 증대시키니 그 가운데 액체와 기체는 팽창의 정도가 매우 크다. 유리병 속에 물을 넣고 아랫부분을 불로 점차 열을 가하면 물의 가장 아래층이 먼저 열을 받아 용적이 팽창되어 비중이 경감하면 이 부분은 다 상층으로 부상하고 상층에 있던 한랭한 부분은 전자보다 비중이 커서 저층과 교대해 침하하여 시간이 경과한 후에 상층보다 고온에 이르면 이 부분이 또 상층으로 상승하고 상층의 부분이 다시 저층으로 하강한다. 이러한 작용이 끊임없이 연속하는 고로 시간이 경과한 후에 병 속의 물은 대개 동일한 온도에 이르나 그 상층 즉 표면의 부분이 항상 하층보다 고열이 됨을 감지할 수 있다. 가마 속의 물이 고열을 받아 비등(沸騰)할 때에 심하게 동요하는 것은 즉 상층과 저층의 물이 신속하게 교체되어 승강하기 때문이다.

공기도 또한 유동체이니 물처럼 그 저층 즉 지구 표면의 일부에서 어떠한 작용으로 열이 생기면 이를 포위한 공기는 용적이 팽창되고 비중이 경감하여 상층으로 부상하고, 이에 희소한 층을 만들면 타처의 농밀한 공기는 이를 향하여 흘러와 교대하니 이는 즉 바람의 기인(起因)이다. 우리가 쉽게 경험으로 알 수 있는 것은 해변으로 가면 통상 주간은 바람이 바다에서 육지를 향하고 야간은 육지에서 바다를 향해 부는 것이다. 이 이치는 태양 광선이 지구에 비춤에 육지 부분이 해상보다 그 열을 한층 신속하게 받아 이 반사열이 공기를 데우면 공기는 팽창 상승하고 이에 희소한 층을 만들어냄에 해면 위에 있는 한랭하고 치밀한 공기는 이 부분과 균형을 잃어 땅으로 향하여 유동한다. 이는 즉 바람이 바다로부터 육지를 향함이요 또 육지는 해면보다 태양의 열을 빨리 받고 빠르게 내놓기 때문에 태양이 지면 즉시 냉각하지만 해면은 이에 반해 육지보다 태양열을 늦게 받고 또 늦게 내놓는다. 고로 야간에는 해면상 온도가 육지에 비해 한층 높다. 이로 인해 해상의 공기가 육상보다 희소하여 육상의 치밀한 공기가 이 해면을 향하여 유동하니 이는 즉 야간에 바람이 육지로부터 바다를 향하는 원인이다.

또 지구의 남북 양극과 열대-적도지방-에 한열의 차가 매우 커서 적도 부근의 공기는 항상 팽창 상승하여 양극을 향하여 흐르면 양극의 한랭하고 치밀한 공기는 이 희박층을 향해 유입하니 이는 즉 소위 무역풍이라 하는 것이다. 이 외에 또 해륙의 배포와 산악의 위치와 수증기 기타 여러 원인으로 종종 바람이 있으나 개괄하여 말하면 그 요는 다 공기의 유동에 기인한다. (끝)

수증기의 변화 (전호 속) / 회원 김지간

ㅇ 비

공중에서 수증기가 냉각되어 32도의 저온도에 도달하면 수증기는 점점 그 기체가 무거워져 전과 같이 안전하게 공중에 떠오르지 못하고 부득이 물방울이 되어 내려오는데 이것을 바로 비라고 한다. 비가 공중을 통과할 때에 도중에 있던 수증기와 서로 결합하며 내려오기 때문에 지상에 접근할수록 빗방울이 점차 커진다. 수증기는 최초 지상에 있던 물이 각종 열의 작용으로 증발하여 공중으로 상승한 것인데 이 수증기가 응결되어 내려오는 빗물은 극히 순수한 물이 될 것이나 공중을 통과할 때에 공기 중에 떠다니던 세균과 티끌, 먼지 등이 혼합되어 내려오기 때문에 맨 처음 내리는 빗물은 몹시 지저분하고 더럽다. 그러나 점점 시간이 지날수록 공중의 더럽던 것들이 완전히 다 씻기고 지상에 떨어지면 결국에는 맑고 깨끗한 빗물이 내리니 이는 곧 순수한 수증기가 응결된 것이다.

비는 세계 어느 곳을 막론하고 동일하게 내리는 것이 아니다. 한대 지방보다 열대 지방에 강우량이 더 많으니 그 이유는 열대 지방에 증발 작용이 더 많이 일어나기 때문이다. 또 평지보다 산골짜기에 강우량이 더 많은 이유는 무성한 수목과 산악의 높은 봉우리가 바람 편에 실려 오는 수증기를 막아 공중으로 상승하게 하면 이것이 한랭한 고지대에 도달해 응결되어 내려오기 때문이다.

ㅇ 서리

겨울철 새벽녘에 추위를 무릅쓰고 외출하면 돌다리 주변의 초목 잎 위에 맺힌 희고 깨끗한 된서리가 우리의 신발을 침범한다. 초목의 잎과 돌다리 등에는 수증기가 냉각되기 쉬워 응결된 물방울이 오래 남아 있는데 냉각점보다 한층 더 냉각되어 결국 어는점까지 내려오면 이슬이 얼어붙어 흰 가루와 같이 되니 이것이 곧 서리이고, 수증기가 어는점에 이르지 않은 것을 이슬이라 말한다. 늦가을에는 우리의 눈에 혹은 이슬로 혹은 서리로 일정한 형체 없이 비치나 이는 모두 동일한 수증기가 냉각점의 고저로 인해 이렇게 형태가 변하고 명칭이 다름에 불과하다.

ㅇ 싸라기눈

싸라기눈은 넓은 하늘에서 수증기가 냉각하여 비가 되어 내려오다가 이 과정에서 도중에 평범치 않은 냉기를 만나면 그 빗방울이 결정을 이루어 흰색의 얼어붙은 물질이 된 것이다. 공중에서 한랭한 온도가 빗방울을 싸라기눈으로 변화시킬 만한 한기가 있는 계절과 기후에는 비가 내릴지 예측하기 어려우나 가을철에는 빗방울을 결정으로 만들 만한 한기가 나타나지 않기 때문에 결코 싸라기눈이 내리는 일은 없으니 싸라기눈은 겨울철에만 내린다.

ㅇ 우박

우박은 싸라기눈보다 한층 강하게 얼어붙은 물질이다. 넓은 하늘 안 수증기가 평범치 않은 매우 급속한 일대 한기를 만날 때 얼어붙어 내리는 것이니, 우박이 내리는 경우는 극히 드물다. 우박을 쪼개어 그 속을 들여다보면 내부는 얼음이고 표면은 눈이다. 우박은 완전히 빙체(氷體)로 되어있으나 내리는 도중에 수증기가 들러붙어 외피는 눈의 형상이 된다.

ㅇ 눈

공중에서 수증기가 냉기를 만나면 냉각되어 빗방울이 되고 그 빗방울이 한층 맹렬한 한기를 만나면 눈이 된다. 눈은 각종 기이한 형체를 드러내나 이 중에 육각의 형체를 형성한 것은 실로 기묘하다 말할 수 있다. 눈이 육각형으로 얼어붙어서 솜 조각이 하늘로부터 천천히 흩어지듯 지상에 내려오는 것은 천연의 아름다운 경관이다. 또 눈은 지방에 따라 많고 적은 차이가 있다.

이와 같이 수증기의 변화는 천만 가지이다. 혹은 흐릿한 구름과 안개도 되고 혹은 부슬부슬 내리는 눈꽃〔六花〕도 되며 혹은 물동이를 뒤엎을 정도의 비도 되는 등의 경우를 일일이 연구해보면 특별한 재미가 있을 것이나 연구에 종사하는 학자들도 아직 연구 수행 단계에 이르지 못한 곳이 적지 않고 또 충분히 설명하지 못하는 곳도 있다. 이상 기재한 바는 자못 수증기 변화의 편언(片言)에 불과하니 상세한 설명과 정밀하고 심오한 이치는 전문 서적을 살펴보거나 실제 연구에 종사하지 않으면 알 수 없을 것으로 생각된다.

미균론(黴菌論) / 회원 김진초(金鎭初)

지금 만약 우리의 시력을 수백 배로 강대히 하면 실로 이 세계가 이상한 광경을 드러낼 것이다. 어째서인가. 우리의 통상 시력으로 가히 볼 수 없는 미생물이 우리의 주위에 가득한 까닭이다. 우리가 항상 호흡하는 공기 중에는 이 미생물을 함유하지 않은 처소가 없되 다만 공기의 건습(乾濕)과 인구의 소밀(疎密)을 따라 다소의 차이가 있으니 이를 평균하면 평지 1입방미터-만국통용 단위- 공기 중에 100-500개가 있으며 기타 흙 속과 물속에도 이 미생물이 많이 존재하니 놀랄 만하다. 사실을 시험해보고자 부패한 구정물 한 방울을 취하여 현미경-시력을 강대히 하는 거울- 아래에 비춰보면 무수한 미생물의 활발한 운동을 목격할 것이니 이러한 미생물이 우리의 생활상에 대단한 영향을 미치어 이해(利害)에 관계됨이 심히 중대하다. 비유하면 우리가 일상적으로 두려워하는 전염병 등도 실로 이 미생물로 인한 바요 우리가 일상적으로 애호하는 식초와 술 등도 또한 이 미생물이 작용한 것이다. 또 그 외에 동식물이 생명을 잃으면 미생물이 홀연히 그 유기물질에 기생하여 대단히 신속히 번식하여 부패와 발효를 일으켜 화학적 변화를 발생시켜 다시 일종의 악취를 풍기는 물질을 신생케 하니 이는 즉 우리가 일상적으로 목격하는 바이다. 무릇 식물은 공기 및 토지에서 양분을 취하여 발육하며 성장하고 말라 죽게 되면 미생물이 홀연 기생하여 부패케 되니 그 결과로 생기는 분해물이 또한 식물의 양분이 되며, 동물은 직접 혹 간접으로 양분을 식물에서 취하여 발육하며 성장하고 죽음에 이르면 또한 식물과 같이 부패하여 분해되어 또한 식물의 양분이 되니. 이처럼 우주 간 유기물이 미생물의 매개로 인하여 간단없이 물질의 순환을 이룬다. 이처럼 우리의 주위에 가득하여 큰 관계를 둔 이 미생물은 우리가 불가불 연구해야 할 것이다. 이즈음 학자의 고찰에 따르면 이 미생물을 분류할 때 아래와 같이 3종으로 구별한다.

1. 분열균(分裂菌), 이른바 세균(細菌)-박테리아-
2. 아생균(芽生菌), 이른바 효모(酵母)-이스트-
3. 사상균(絲狀菌)-몰드 풍기(mold fungi)-

분열균(分裂菌)은 통상 세균이라 칭하니 흔히 인체 및 동물체를 급습하여 전염병의 근원이 되는 종류인데 현재 의학상에 중요한 것이요, 아생균(芽生菌)은 '이스트'라 칭하니 당분을 포함한 액체에서 주정(酒精), 발효를 일으키는 것으로 조주(造酒) 상 필요한 것이요-때때로 이 균류도 병원(病原)이 되는 것이 있다-, 사상균(絲狀菌)은 '몰드 풍기'라 칭하니 떡에 생기는 곰팡이 등인데 수다히 식물을 해쳐 농업상에 큰 관계가 있다. 이상 3종을 총칭하여 미균(黴菌)이라 한다.

아이 기르는 법 [한] / 회원 김낙영(金洛泳)

아이 기르는 데에는 세 가지 요긴한 것이 있다.

(1) 몸을 건장하게 기를 것

대저 아이들은 자라는 정도가 심히 빨라 정신과 몸이 항상 활동하는 고로 조그만 거리낌이 있더라도 아픈 줄을 알지 못하고 자주 뛰놀기를 좋아하며 무슨 물건이든지 손으로 움키고 입으로 끌어넣으려 한다. 그 나이가 만일 6·7세 된 아이면, 우리나라 풍속에 어려서 번잡한 자는 장성하여서도 역시 한 가지라 이는 양반의 집안을 그릇되게 하고 점잖은 부모를 욕보일 놈이라 하여 부친 된 이는 눈을 부릅뜨고 회초리질을 하고 머리를 때리고 모친 된 이도 책망과 모진 욕설을 그치지 아니하여 매로 울려놓고 다시 매로 그치게 하려 하니 가여운 일이다. 사람의 평생 활동은 전적으로 어려서 활동하느냐 못하느냐에 달려 있거늘, 압제의 위엄과 형벌의 교훈으로 훈도를 받으니 그 당시엔 완패(頑悖)함이 없고 공손한 것 같아 좋으나 그 성질에 활동력이 적어져서 장성한 후에라도 다 죽어가는 형상으로 병신 이름을 면하지 못하고 모든 일에 있어 담력이 없는 것은 어찌하리오. 또한 무슨 일이나 물건을 그릇되게 할 때 순순히 일러 가르치는 일이 없고 자기에게 돌아가는 욕설과 괴악한 손버릇으로 톡톡 때리니, 그 후에는 설혹 잘못한 일이 있더라도 부모를 속이고 거짓말로 모면하는 짓을 배울 터인즉, 이는 자식에게 방탕한 짓과 악한 짓을 가르치는 셈이다. 그러므로 만일 잘못한 일이 있거든 준절히 가르쳐 스스로 부끄러움을 깨닫고 다시 행하지 않게 하는 것이 좋다.

또 음식 먹이는 것을 보면 참 가소로운 일이 있으니, 태어난 지 몇 달이 되지 못한 아이에게 젖이 있어도 먹이지 아니하고 밥과 고기 같은 기름진 음식을 먹이되 어른의 음식마냥 큼직한 술에 가득히 떠서 미처 삼키기도 전에 또 넣어 먹이니 어찌 어리석음이 이와 같은가. 대개 아이들은 그 몸의 모든 기관이 연약한 고로 기름진 음식은 삭이지 못하고 많이 먹을수록 배는 점점 커지는데 살은 점점 말라서 필경은 죽는 일도 있다. 그런고로 음식은 가볍게[30] 먹이고 어린아이면 가만히 한 반 시간 동안 뉘어서 먹은 음식이 자리를 잡은 후에 안아도 주고 들어도 주되 업을 때는 조심해야 할 것이다.

우리나라 사람은 어려서부터 업는 것을 가장 좋은 것으로 알아 약한 다리를 업는 사람의 허리에 대고 띠로 단단하게 매어 기르기에 그 다리가 활 모양과 같이 굽어지니 관절이 어그러지고 힘줄도 온전치 못할 텐데 그 몸이 어찌 튼튼하리오. 그런고로 업는 것은 주의하시고 방안에

---

30 가볍게 : 원문은 '샹숭하게'이다. 정확한 뜻을 알 수 없어 문맥에 따라 번역하였다.

장난감을 만들어 때때로 동무를 모아 제 맘대로 놀게 하면 그 몸이 점점 건장해질 것이다.

(2) 마음과 의기를 발달시켜 줄 것

아이들의 심신은 본래 연약하니 부모 된 이는 그 자식의 나이에 상당한 지혜와 감정과 의사(意思), 이 세 가지를 잘 붙들어 인도하고 달래어 가르쳐야 한다. 그 나이 6·7세 되기까지는 항용 알기 쉬운 것, 밉고 고운 것, 달고 쓴 것, 선하고 악한 것 같은 것들을 분별하기를 날마다 그 몸에 닿는 것으로 가르친다. 산술과 글자 같은 것들을 학당에 다니기 전에 가르치는 것이 예비가 될까 하여 가르치는 이도 있으나 이는 이로움이 없을 뿐만 아니라 이것으로 인하여 다른 교훈까지도 한 입으로 다른 소리를 뱉는 것이 되어 청신치 아니할 터이니 효용이 없을 것이다.

좋은 기회를 타서 지식을 가르칠 때라도 지루하게 하지 말며 친밀한 사랑의 말로 가르치되 부디 욕설은 일절 없이 해야 한다. 학교에 다닐 때에는 그 배워오는 공부를 정녕(丁寧)하게 가르치며 항상 잘한다고 칭찬하여 마음과 정신이 자연 활발한 것으로 습관이 되게 하여야 한다. 감정은 먼저 선한 일에는 좋아하는 감동이 되게 하고 악한 일에는 싫어하는 감동이 되게 하며 그중에 동정의 감정과 사모의 감정을 기를 것이요, 의사(意思)는 무슨 일에든지 말만 하지 말고 끝까지 행하는 습관을 길러주되 쓸데없는 생각과 시기와 원망과 무서운 것들에는 감정이 일지 않게 하는 것이 좋다.

더욱 주의할 것은 거짓말과 빈말하는 것을 무서워하게 함이니, 우리나라 풍속에 아이가 울다가 울음 그치는 것과 공연히 무서워 숨으려 하는 것을 하나의 재미로 알아 도깨비 호랑이 같은 말을 하여 아이의 성정을 약하게 하고 기운을 꺾이게 하니 이는 가장 시급히 고쳐야 할 것이다.

(3) 장성한 후에 스스로 서서 지낼 것을 준비시킬 것

이에 대하여 두 가지 필요한 바 있다. 첫째 학교교육이요 둘째 기예-재주-교육이 그것이다. 학교교육은 이 세상을 사는 동안에 보통사람이 되어 몸을 세우고 이름을 날리는 데 가히 없어서는 안 될 것이요, 기예교육은 몸에 누거만금(累巨萬金) 재산이 있으나 재물은 있다가도 없어지기 쉬우니 족히 믿을 것이 못 되는 것이라 기예를 배운다면 여간 파산을 당하더라도 일종의 항산(恒産)으로 삼아 그 항심(恒心)을 회복한다면 아무 걱정이 없을 것이다. 자녀를 사랑하거든 교육을 잘 시키오. 이 위에 기록한 세 가지를 만일 발달시켜 주지 못하여 그 자녀로 하여금 장래 사회에 한 병인이 되게 하면 이는 천성의 친분을 어그러트림이요 그 자손을 나아 기르는 본의가 아니니, 어린아이를 둔 부모와 아직 두지 못한 부모들이여, 옛 습관을 속히 버리시고 문명으로 진보하시오.

본국의 형제자매들에게 : 기서 [한] / 여사(女史) 윤정원(尹貞媛)

대저 우리나라 여자는 자기의 감화력이 얼마쯤 사회상에 관계 있는 줄을 알지 못한다 하여도 좋을 것이다. 여자라 하는 것은 국민의 어머니요 사회의 꽃이요 인류의 태양이다. 국민의 어머니라 함은 많은 말을 하지 않아도 알만할 것이다. 사회의 꽃이라 함은, 만일 인간 사회로부터 여자를 나오게 하지 못하는 지경이면 이는 실로 무미무색한 암흑천지가 될 것이라, 그런고로 금일 소위 문명한 여러 나라에서는 아무쪼록 재덕을 겸비한 여자를 교제 사회에 나서게 하고 그중에서도 재색과 숙덕(淑德)이 출중한 여자를 교제 사회의 꽃으로 삼고 이 사람의 언행・동정과 범백만사로 모범을 삼아 흠모・존대하고, 한편으로 사회상에 꽃으로서 중심이 된 자는 추호라도 교만의 마음을 두지 아니하고-실상은 꿈에서라도 교만의 마음이 있을 듯한 자는 당초에 이 위치에 세우지 아니할 듯― 아무쪼록 자기의 품행과 재덕을 더욱 높이 닦아 자기의 감화로 인하여 만분의 일이라도 사회상에 유익한 바가 있도록 진심으로 진력하는 처지임을 말한다. 인류의 태양이라 함은, 가령 일개 가정을 화원으로 친다면 매일 아침에 해가 동쪽에서 나와 그 찬란 무쌍한 광채로 화원을 비추면 화초들이 한층 선명히 번화하고 혹시 이와 반대로 먹구름과 축축한 비가 천지에 가득하면 화원이 어둡고 칙칙하여 조금도 생기가 없음은 매일 누구든지 목도하는 바이니, 이와 같이 일가의 주부의 안색이 하는 일이 조금도 화원의 태양과 다르지 아니하여 혹 주부의 안색이 어디로 보나 영롱하여 조금도 불평하는 빛이 없으면 반드시 그 가정의 온 식구가 희희낙락 세월을 보낼 터이요 혹 그렇지 않다면 일가의 평화와 안녕을 보전치 못함을 때때로 목도하는 일일 듯하다.

지금 가정으로 말을 하였으나 사회상으로도 그러하고 국가상으로도 그러하다. 그 좋은 증거가 황연(晃然)히 있으니, 때때로 본국을 시찰하는 동서양 외국인을 만날 때 반드시 "조선에 계신 동안에 무엇이 가장 부족하다고 여기는가."하고 물으면, 십중팔구는 다 이구동성으로 "가장 부족게 여긴 바는, 어느 집을 가서 어떻게 친밀히 교제를 하더라도 그 주부든지 영녀(令女)가 다만 한 번이라도 친히 나와서 인사 수작하는 일이 없으므로 이것이 가장 불쾌하고 섭섭하였다."고 한다. 이는 실로 지당한 말인 것이, 이들의 가슴에 박힌 한국은 즉 잡초와 송백(松柏)만 울창하게 번성하고 가련한 꽃 한 송이가 피지 아니하고 낮이 되어도 해가 뜨지 않고 밤에는 달도 없고 촛불도 없는 나라와 같으니 어찌 섭섭하고 불쾌하지 않으리오.

그러므로 일가를 화기가 가득하게 하는가 못하는가도 여자의 수중에 있고, 사회를 번화・찬란케 하는가 못하는가도 여자의 수중에 있으며, 심지어 국가를 번화・창성케 하는가 못하는가도 절반 이상은 여자의 힘이 있어야 될 것이니 어찌 여자의 책임이 작고 가볍다 하리오. 이러한 중대한 책임이 여자에게 있는 줄을 실로 깊이 깨닫는다면 어찌 지금처럼 빨래와 다듬이를 천명의 직분으로 생각하거나 혹은 담배를 피우고 술을 먹고 쓸데없는 잡담을 하며 귀중한 세월을 보낼 수가 있으리오. 일시라도 바삐 지금의 폐단을 고치고 어찌하면 실로 여자의 책임을 헛되지 않게 하고 자기의 천명을 완연히 이룰 수 있는가 하는 문제를 개설하여야 될 듯하다. 이 대답으로는 다만 '교육' 두 자밖에는 없으니 대저 교육을 받기만 하면 특별한 민족과 고질이 있는 사람 이외에는 나이가 많은가 적은가 재산이 있는가 없는가를 불문하고 보통 지식을 얻기는 그다지 어려운 일이 아닌즉 반드시 백만사를 제쳐두고라도 이 크고 중한 교육을 받아야 할 터이다.

그런데 본국 여자 여러분들은 이렇게 생각하지 않으실 듯한 것이, 일전에 들으니 이번에 엄대비께서 설립하신 여학교[31]의 학생 수가 불과 17인이라 하니 이를 듣고 어찌 놀라 탄식하지 않을 자 있으리오. 이 학교의 교사의 인물과 설비가 완비되었는지 아닌지는 듣고 보지 못한 바라 말할 수 없으나, 대저 어찌하였든지 엄대비께서 설립하셨다는 학교이니 본국 제1등 여학교로 생각하지 않을 수 없고, 잘 모르고 하는 소리이나 설혹 이 학교가 창립의 시초가 되어 온갖 설비가 아주 훌륭하지 못하더라도 어찌하였든지 교육을 목적으로 하고 교사가 매일 혈심(血心)으로 가르칠 터이니 본국 여자의 지금 형세로 말하면 앞다투어 입학하는 것이 어찌 당연한 일이 아니리오.

그러나 지금 위치를 바꾸어 생각하면, 영애(令愛)・영매(令妹) 되신 이든지 부형 되신 이든지 재래의 구습과 허다한 사정으로 학교에 보내는 것이 좋을지 아니 보내는 것이 좋을지 혹 보내었다가 성공이 여의치 못하면 어찌할까 하는 생각도 없지 않을 것이다. 또는 자기의 마음으로

31 엄대비께서……여학교 : 고종의 후궁인 순헌황귀비 엄씨(純獻皇貴妃 嚴氏)가 1906년 설립한 명신여학교(明新女學校)를 가리킨다.

는 가고 싶으나 부형이 엄금하므로 입학하지 못하는 이도 없지 않을 듯하다. 혹 과연 이러한 사정으로 방황하시는 이들이 계시거든 즉시 부형 되신 이는 단연코 영애·영매를 학교에 보내시고, 영애·영매 되신 이는 하루바삐 부형께 간청하여 입학하는 것이 좋을 듯하니, 더욱이 그 유익 무익 여부의 문제에 대해서는 많은 말을 할 것도 없이 동서양 여러 나라의 모범이 있는 것이다. 한편으로 동서양 여러 나라에서 여자 교육을 지나치게 함으로 인하여 생긴 폐단이 없지 않으나 이는 교육을 하는 자가 연구할 문제요 지금 당장 시급히 교육을 받아야 할 정세에 있는 본국 여자사회에는 아직 의론할 때가 아닌 듯.

음료수 : 기서 / 유전(劉銓)

본인이 여름 휴가에 환국하여 두 달 간 경성에 체재하며 음료수를 관찰하니 위험한 것이 많았다. 인생의 생활 중에 음료수가 가장 필요하니 그 완전한 것과 불완전한 것을 구별하여 사용하지 않는다면 영향이 심대하여 보통 지식으로 구별할 것을 논하겠다. 자세한 것은 보통 지식 이상의 지식 즉 화학전문가가 아니면 논하여도 필요가 없기에 이에 간략히 서술한다.

천연으로 물속에 있는 오물은 가스체, 용해된 고체 및 혼탁한 고체, 3종으로 나뉜다. 음용으로 공급할 시에는 다소간 위생에 영향이 있으나 그 결과는 극히 미세하며 다년간 이상 3종을 혼합한 물을 음용치 않으면 그 해가 인식되는 경우는 적다.

천연으로 존재하는 것은 대개 무기계(無機界)에 속한 것이 적고[32] 그

---

32 많고 : 원문에는 '少ᄒᆞ고'라고 되어 있으나 의미상 반대가 되어야 한다고 판단되어 이와 같이 번역하였다.

해독이 되는 음식물의 소화상에 극소의 영향이 있을 뿐이다. 가령 유산석회(硫酸石灰)를 함유한 물을 상용하면 점점 위의 소화력이 감퇴하며 암층(岩層)에서 솟는 물을 상용하면 나력(瘰癧)과 기타 질병의 원인이 되나 이러한 물은 유기계(有機界)에 속한 급격한 해독을 함유하지 않는 이익이 있다. 하수(河水), 우수(雨水), 천수(泉水), 심정수(深井水) 등의 불순물을 비교하여 기록하면

1. 우수(雨水)	00295	100분의 불순물량
2. 하수(河水)	00967	100분의 불순물량
3. 천수(泉水)	02820	상동
4. 심정수(深井水)	04278	상동

대략 이상은 모두 무기계에 대하여 논한 것이요, 신체에 동일한 해독이 되는 유기계의 함유물은 그 양을 측량함이 어려우며 본국 도회처는 심정수(深井水)가 모두 유기물을 함유하여 그 위험이 심각하다. 가령 우물 구멍 부근에 있는 대소변이 침입하여 우물물이 육안으로도 잡색(雜色)을 띠는 것을 알 수 있다. 대략 구별하면 아래와 같다.

1. 음용에 적합한 것

(천) 천수(泉水) : 광맥(鑛脈)을 따라 광수(鑛水)와 같이 솟으며 그 함유광량(鑛量)이 100분의 3 이하 되는 것.

(지) 심정수(深井水) : 지하에 있는 바위는 물에 잠기는데 이 층을 수평(水平)이라 칭한다. 지하의 수평은 지상의 수평과 같지 않다. 가령 지상의 수평은 갑(甲) 지대와 을(乙) 지대의 수평이 같으나 지상[33]

---

33 지하 : 원문에는 '地上'이라고 되어 있으나 의미상 반대가 되어야 한다고 판단되어 이와 같이 번역하였다.

의 수평은 갑 지대와 을 지대의 수평이 같지 않고 건습도에 따라 동일한 지대라도 수평층이 다르다. 심정(深井)은 대개 수평층 이하까지 파들어가나 건습도 차이가 심한 처소에서는 수평층의 승강(昇降)도 심하며, 여름에는 유기물의 함유량도 심히 증가하여 수면상에 올라오며, 지면과 가까우면 지표면에서 쓸려온 유기물을 함유한다. 그러므로 심정(深井)은 건습도 차이가 적은 처소에 있어야 안전한 우물이라 칭한다.

(현) 천수(川水) 및 호수 : 천수(川水)도 그 수역에 주의치 않으면 무기물의 함유가 심한 까닭에 건강에 유해한 것이 많으나, 시험하여 이를 용이하게 알 수 있다. 투명하며 비누를 잘 용해하고 침전물의 양이 적으면 음용에 가장 적당한 것이다. 또한 호수도 산중에 있어서 여기로 흐르는 시냇물이 경작지 부근을 적게 지나면 천수와 같이 시험하여 알 수 있다. 이상 천, 지, 현, 세 가지는 불완전하더라도 음용에 큰 해는 없다.

2. 음료로써 불완전한 것

(황) 저장수(貯藏水) : 이는 일반적으로 빗물을 저장하여 음용하는 것이나, 함유된 이산화탄소의 양을, 그리고 고형체(固形體)와 유기물의 분량을 조사하지 않으면 음용에 적당하지 않다. 이러한 방법은 대도회에서 사용하는데, 공장 굴뚝에서 올라오는 유해 화합물과 인가가 조밀하여 빠질스[34]를 다량으로 함유한 공기와 혼합하여 내려온 것이 많기 때문이다.

(우) 지상수(地上水) : 산야에서 평야, 경작지를 지나 하천이 되므로, 유기계 물질의 함유량이 전자(前者)에 비해 한층 심하다.

---

34 빠질스: 미상이다.

3. 음용하면 위험한 것

(주) 도회처의 불결물 부근에 있는 우물 및 경작지 부근에 있는 천정(淺井)이다. 이상은 개략적으로 구별한 것이며, 물론 이외에 속한 것도 있다. 원인과 결과는 다음에 기재하려 한다. (미완)

위생 : 기서 (전호 속) / 강병옥(康秉鈺)

우유와 계란은 자양분이 많아 소화시키기 쉬운 양호한 음식이나 병든 소의 유즙과 부패한 계란은 독성이 있어 사람 신체에 전염될 우려가 있으니 결코 마시거나 먹지 말아야 할 것이요 일반 우유도 한차례 끓여 마시는 것이 좋다. 날짐승과 길짐승은 단백질이 많고 섬유질이 부드러워 양호한 음식 재료가 되고, 소고기와 돼지고기는 촌충(寸蟲)과 낭충(囊蟲)이 간혹 있으니 익혀서 식재료로 쓰는 것이 좋다. 조개류에는 단백질이 많이 있으나 소화에는 좋지 않다. 곡물의 주성분은 전분(澱粉)이요 다소의 단백질을 함유하고 있다. 쌀은 탄수화물이 가장 많으며 그 외의 자양분도 적지 않고 보리는 단백질이 견고한 세포막 안에 싸여 있으니 분말을 만들어 식품으로 쓰는 것이 좋으며, 콩류는 단백질이 많으나 재질이 단단하니 두부를 만들어 식재료로 쓰는 것이 좋다.

물은 우리 생활에 없어서는 안 될 꼭 필요한 것이나 세균과 기생충의 알 등이 포함되어 병의 근원을 만들어내는 폐단이 있으니 한차례 끓여 음료로 쓰는 것이 좋다. 알코올성 음료는 위의 작용을 방해하고 정신을 흐리고 어지럽게 하는 성질이 있으니 음료로 삼기에 적당하지 않고 차, 커피 등은 적당히 마시면 양호하나 과량을 마시면 소화 작용을 방해하고 찬 얼음은 위의 온기와 열기를 빼앗아 소화를 방해하며 치아를 손상시키니 직음(直飮)해서는 안 된다.

구리, 놋쇠〔眞鍮〕, 청동, 납 등으로 제조한 식기는 독이 있고 염색한 그릇에도 유독 색소가 함유되는 폐단이 있으니 도기(陶器) · 자기(磁器) 등이 식기로 쓰기에 가장 적합하다. 하루 세 번 식사 때를 일정하게 하고 간식을 금하며 배불리 먹는 것을 경계해야 한다.

순환작용의 위생은 신선한 공기를 호흡하며 자양분이 풍부한 식재료를 섭취하여 순하고 좋은 혈액을 배양하는 것에 달려 있다.

신체의 유연한 부분을 꽉 묶거나 딱딱한 자리에서 움직이지 않고 오래 앉아 있으면 혈관의 통행 작용을 가로막아 신체에 해를 끼칠 것이니 항상 적당한 운동을 하여 사지를 활발하게 하는 것이 좋다. 일신의 혈액은 정해진 양이 있는 것인데 정신을 사용할 때는 두뇌에 모이고 음식을 소화시킬 때는 위에 모이며 신체를 움직일 때는 근육에 모이니 식후에 곧바로 신체를 움직이거나 정신 작용을 과도하게 해서는 안 된다. (미완)

구급치료법 / 회원 박제봉(朴濟鳳)

○ 인공호흡법

인공호흡법이라고 하는 것은 사람이 혹 급한 병이 생겼다든지 혹 안 좋은 공기를 흡입하여 질식되었다든지 혹 중독되거나 물에 빠져 죽게 되거나 목매어 죽게 되는 상황 등으로 인해 일시적으로 호흡이 중단되고 인사불성에 이른 자를 소생케 하는 방법이니, 이는 환자의 호흡기 즉 폐의 운동을 인공으로 일으켜 호흡을 회복케 하는 것이다. 일반인도 쉽게 시행할 수 있으니 손쉽고 편리한 방법 두 가지를 다음에 소개한다.

첫 번째 방법: 먼저 환자의 허리띠를 풀어 공기가 맑고 신선한 곳에 반듯이 눕히고 베개 같은 것으로 그 신체의 상부를 조금 높게 받친 뒤에

환자의 입을 열어 혀를 아랫입술 쪽으로 빼내어 퇴행하거나 위축되지 않게 한다. 그리고 시행하는 사람이 환자의 머리 근처나 배 위로 환자를 압박하지 않도록 환자의 안면을 향해 무릎을 반쯤 꿇고 앉아 양손으로 환자의 두 팔을 잡아 일시에 평온하게 양쪽으로 벌려 수직으로 환자의 양어깨 위를 향해 머리 위까지 들어 올리고 약 2초-통상 건강한 사람이 한차례 호흡하는 시간보다 조금 빨리-후에 그 들었던 팔을 다시 평온하게 배 양쪽까지 내려 양 배쪽을 조금 누른 뒤에 또 전과 같이 평온하게 위아래로 올리고 내린다. 이와 같은 동작을 몇 번 계속하면 팔을 들 때마다 공기가 폐에 유입되고 내릴 때마다 유출되어 점차 호흡을 회복하게 될 것이다.

두 번째 방법: 첫 번째 방법과 같이 환자의 허리띠를 풀어 평온하게 반듯이 눕힌 뒤에 혀를 빼고 환자의 양손을 환자의 등 아래에 깐다. 시행하는 사람은 환자의 아랫배 위를 압박하지 않도록 무릎을 꿇고 반쯤 걸터앉아 양쪽 허벅지에 환자의 볼기 부분을 끼운 뒤에 두 엄지손가락으로 환자의 흉부를 힘껏 눌렀다가 약 2초 후에 급히 떼고 다시 힘껏 눌렀다가 또 급히 뗀다. 이 같은 작용을 몇 번 이어서 하면 힘껏 누를 때마다 폐가 축소되어 여기에 담겨 있던 공기가 입 밖으로 빠져나오고 뗄 때마다 폐가 급히 팽창하고 증대하여 공기 유입이 이루어져 점차 호흡을 회복하게 될 것이다.

ㅇ 익사(溺死) 소생법

익사는 물에 기도-숨 쉬는 기관-가 막혀 호흡이 통하지 않아 숨이 끊어지게 되는 것이다. 그러므로 신속히 젖은 옷을 벗기고 마른 수건으로 신체의 물기를 잘 씻은 뒤에 환자를 엎드려 눕히고 복부를 베개 같은 것 등으로 받쳐 머리 부분보다 높게 하며 손가락으로 환자의 혀를 빼내어 물을 토해내기 편리하게 한다. 그리고 등을 가볍게 두드려 물을 다

토하게 하고 지념자(紙捻子)-종이 조각을 손으로 부빈 것-를 코 안쪽에 살짝 넣고 휘저어 재채기를 촉진시킨다. 즉시 인공호흡법을 시행하여 호흡이 회복되면 온돌 위에 편안히 눕힌 뒤에 모포나 명주 같은 것으로 비벼 문지르며 또 소량의 소주나 미음 같은 것을 음복케 하라.

○ 동사(凍死) 소생법

동사라 함은 사람이 엄동설한에 야외 혹은 산길 등지를 여행하다가 인가(人家)의 위치를 잃었다든지 취한 사람이 혹 눈길 위에서 혼절함에 의해 신체가 차갑게 굳고 정신이 혼수상태가 되었다가 인사불성 상태로 빠져 들어가 드디어 생명을 잃는 것이다. 이때에는 먼저 환자를 인가가 있는 곳으로 옮기되 바로 따뜻한 장소로 들이지 말고 차가운 곳에서 옷을 벗기고 눈덩이로 전신을 문지르며 냉수에 적신 수건 등으로 전신의 피부가 적색을 보일 때까지 닦아야 한다. 이와 같이 하여 전신을 부드럽고 연하게 한 뒤에 침상이든지 혹 부들자리 위에 반듯이 눕히고 전신 마사지를 멈추지 않는다. 한편으로는 인공호흡법을 시행하여 잠시 뒤에 점차 호흡이 통하면 따뜻한 방으로 옮겨 눕히고, 미지근한 탕이나 혹 조금 따뜻한 미음을 적당히 먹이는 등 치료와 양생을 게을리 하지 말아야 한다. (미완)

소금 / 회원 홍정구(洪正求)

우리가 생활상 일상으로 수요(需要)하는 여러 물품 중에 하루라도 가히 없어서는 안 될 것은 식염(食鹽)이니, 이는 기름이나 숯보다 더욱 필요하며 땔나무와 식량에 버금가는 중요한 것이다. 이것으로 여러 음식물의 부패를 예방하고 혹 제약(製藥)에 사용하며 혹 소다도 제조하여 세탁용으로 공급하기도 한다.

소금은 그 색이 희고 맛이 짜며 해수(海水)에 다량 함유되어 있으니, 해수가 짠 것은 실로 이로 인함이다. 우리 한국과 일본, 청나라 등지에서는 소금을 해수로 제조하니, 그 방법은 해변의 모래가 많은 곳에 염전을 설치하고 해수를 넉넉히 끌어들여 이를 일광에 펼쳐놓아 그 수분을 증발시켜 농후한 염수(鹽水)를 얻은 후에 이를 다시 가마에 붓고 끓이면 온도가 높아짐에 따라 수분은 점차 증발하고 식염은 낟알 형태의 결정(結晶)이 되어 가마 밑에 남게 된다.

서양의 독일과 오스트리아 등지에는 식염이 다량으로 땅에서 나니, 그 덩어리의 형태는 암석과 흡사하고 각종 잡염(雜鹽)이 섞여 있다. 독일 슈타스푸르트(Staßfurt) 지방에 있는 암염(巖鹽)은 그 소금층의 두께가 5백 척에서 3천 척에 달한다 하니 소금량이 얼마나 풍부한지 짐작할 수 있다.

암염 중 불순한 것은 적, 갈, 청 3색이 있고, 순수한 것은 무색투명하여 얼음처럼 깨끗하며 이를 깨트리면 일정한 방향으로 쪼개져 사각형이 되고, 그 성질은 단단하지 않다.

동양에는 암염이 나는 장소가 별로 없으나 일본 시나노(信濃)・이와시로(岩代) 등지에 염수(鹽水)가 천수(泉水)처럼 땅에서 용출하니 이를 염정(鹽井)이라 칭하고 촌민 등은 이를 길어 올려 식용으로 공급한다.

암염 층상에는 흔히 석고층이 있으니, 그 색이 희거나 혹 황갈색을 띠고 혹 유리처럼 무색투명한 것도 있다. 그 성질은 암염과 마찬가지로 단단하지 않고 짠맛은 없으며 태울 때에 백색의 분말이 생기는데 이를 물과 혼합하여 건조하면 다시 강고한 형체를 이룬다.

성공설과 실패주의 : 기서 / 우고생(友古生) 최린(崔麟)

근래 우리 한국에 무섭고 두려운 전염의 악질과 같은 대유행독이 있으니 성공설이 그것이다. 이 독이 한번 청년의 뇌 속으로 들어가면 정신이 취하고 넋이 혼미해 화석과 같이 되고 흐르는 파도처럼 떠나는 이 한 생을 종적 없이 다 보내니 국민의 전도와 국가의 대업에 어찌 이보다 더 다대한 해독이 있겠는가.

저런 성공을 말하는 이들은 소성주의(小成主義)의 노예배이다. 기천금의 부(富)와 주・판임관의 신분〔貴〕을 성공으로 알아 '동현(銅峴)의 모 주부(主簿)'・'다동의 모 의관'・'앞집의 모 참령'・'뒷집의 모 군수'의 복록(福祿)과 행운(幸運)을 말하는 자들은 공안(公眼)으로 보면 무학문, 무이상, 무주의, 무정견(無定見)의 노예 일족이다. 그 소위 사업과 그 소위 행락은 벌이 꿀을 빚는 것과 같고 파리가 피를 다투는 것과 같음에 불과하니 남아의 천부(天賦)로 관의 먼지를 털고 갓끈을 휘날리는 것이 어찌 부끄럽고 우스운 것이 아니겠는가. 실로 성공이라 말함은 완전을 획득하는 것을 가리킴이다. 천하에 완전을 획득하고자 하면 어찌 어려운 것이 아니리오. 아아! 성공의 이름을 어찌 부러워하지 않겠느냐만 현재 유행하는 성공설은 위에 불과함인즉 우리는 차라리 실패주의를 주장해 저 비열한 노예류와 섞이지 않음을 명예라 할 것이다.

일의 대소가 없이 성공이 1분 되면 실패가 9분 되는 것은 현자와 우자가 모두 아는 바이다. 고래로 대성인과 영웅호걸인 선비 중 실패가 없는 자가 적다.

공자는 천종지성(天縱之聖)[35]으로 진(陳)나라와 채(蔡)나라 사이에서 굶으시고 누누이 상갓집의 개처럼 되셨으니 이렇게 곤궁하셔 "도가 행

---

35 천종지성(天縱之聖): 하늘이 부여한 성인이라는 말로 공자의 도덕을 이르는 말이기도 하다.

해지지 않으면 죽겠다" 하셨고,

예수는 하느님의 아들로 여우도 굴이 있고 새도 둥지가 있지만 사람의 아들은 베개가 없다 하였으니 이렇듯이 곤궁하셔 마침내 십자가에서 죽으셨고,

유럽의 영웅 나폴레옹은 외딴 섬의 떠도는 혼이 되었고,

중국의 영웅 초패왕은 오강(烏江)의 고독한 혼이 되었으니 저 성공설이라는 것의 표준으로 논하더라도 어찌 대대적 실패가 아니라 말할 수 있겠는가.

슬프다! 고상웅위(高尙雄偉)의 이상은 '세계의 진보', '인정의 미화', '국가의 영광'에 있는데 저 성공을 말하는 자들의 목적은 제각각 보잘것없는 작은 부와 작은 신분으로 우리 청년들의 정신을 취하게 하고 이상을 미혹하고 덕의심을 약하게 하며 비루한 원망(願望)을 구하게 하니 저 어찌 청년의 악마가 아니겠는가. 원컨대 우리 청년 동포들은 마음에 깊이 새겨두시라! 맹자께서 "부귀가 마음을 방탕하게 하지 않으며, 빈천이 절개를 옮겨놓지 못하며, 위무가 지조를 굽힐 수 없는 것이다."[36] 라고 말하셨으니 이것이 어찌 대장부의 일이 아니겠는가. 우리 청년들은 차라리 실패주의로 높이 날지언정 결코 작은 성공에 안존하지 말 것을 간절히 바란다.

우리나라의 실업관(實業觀) : 기서 / 장홍식(張弘植)

내가 이 나라에 유학한 지도 어느덧 6년이 지났다. 광무 5년 9월에 조국을 이별하고 인천항을 출발하여 도쿄에 도착한 지 3개월에 내 한

---

36 부귀가……것이다 : 원문은 "富貴不能淫, 貧賤不能移, 威武不能屈."으로 『맹자』「등문공 하」에 나오는 구절이다.

몸의 생활을 꾸릴 길이 없기에 일본 문학사 아무개 씨의 집에 학복(學僕)으로 지내며 이쿠분칸중학교(郁文館中學校)에 입학하여 낮에는 노동하고 밤에는 학문에 힘써 광무 9년 4월에 위 학교를 졸업하였고, 이어서 관비(官費) 장학생으로 추천되어 같은 해 9월에 고등상업학교에 입학하여 이듬해 7월-올해 7월-에 예과시험을 마쳤다. 이번에 귀성하는 도중에 우리나라 실업계에 대해 관찰한 소감을 여기에 대략 기록한다.

여관(旅館)의 필요성과 상업기관(商業機關)

기왕에 완비된 여관이 없음은 우리가 익히 아는 바이다. 시모노세키에서 부산항에 도달함에 만 5년 동안 보지 못하였던 고국산천이 일별할 광경을 드러냈다. 기적 소리 한 번에 부두에 내려 조국 땅을 다시 밟으니 기쁨과 슬픔이 엇갈려 그칠 줄을 몰랐다. 표면상 상업의 발달은 전날에 비하면 다소 활기를 띤다고 할 수 있겠다. 하지만 내가 가장 유감이었던 것은 우리나라 여관의 제도가 대단히 완비되지 못하여 내외국 여행객과 상인이 머물러 묵을 곳이 없는 것이었다. 상업에 관해 말하자면, 어찌 물품의 매매만 영업이라 말하겠는가. 러일전쟁이 동양에 터져 일본이 승리한 이후로 구미 신사가 동양을 관광하고자 하여 여행하러 오는 자가 해가 갈수록 늘어나서 매년 수천만 명으로 헤아릴 수 있다. 그러므로 일본에서도 근래 호텔-여관- 건설에 열중하여 계획하는 것은 우리도 익히 아는 바이다. 도쿄로 보면 데이코구(帝國) 호텔 세이요켄(精養軒)과 그 밖의 수많은 서양식 여관이 적지 않으나 아직 좁다는 탄식을 면치 못하여 외국인 여행객의 편의를 만족시키지 못한다. 그렇다면 여관의 제도를 완비하게 함은 다만 외국인의 편리만을 위할 뿐 아니라 실로 국가의 경제적 기관과 외교적 수단을 위하는 것이다. 우리나라 여관 제도가 완비되지 못함이여! 잠시 귀성한 학생도 곤란을 느끼는데, 하물며 관광하러 건너오는 외국 신사와 상인은 어떠하랴. 우리나라 여관은 여각(旅閣)・객주(客主)・주점(酒店) 세 종류에 지나지 않으나, 이것은 상업적 기관에 지나지 않고 여관이 아니다. 그 상업적 기관이 되는 이유는 다음과 같다.

1. 여각(旅閣) : 이것은 태상(馱商)을 위하여 마구간과 고객을 요하는 것이다.
2. 객주(客主) : 이것은 거래상(去來商)을 위하여 중개상과 고객을 요는 것이다.
3. 주점(酒店) : 이것은 행상인(行商人)을 위하여 술 팔기를 요하는 것이다.

이와 같은 것은 가령 유치한 우리나라 상업의 기관이라 하더라도 결코 오늘날 진보된 상업의 기관이 되지 못할 것이요, 또 유람하는 신사가 머물러 묵을 곳이 아니다.

교통기관과 소비지(消費地)에 근거한 상업

나라의 실업은 교통기관을 말미암은 뒤에 번성하고 소비지에 근거한 뒤에 확장된다. 우리나라의 교통기관은 몇 년 전에 외국인의 손에 의해 오늘날의 편리를 얻었다. 이 기관은 북으로 의주(義州)를 거쳐 둥칭철도(東淸鐵道)와 유럽 각국에 통하고 남으로 부산에 연접하여 일본・태평양・미국・영국에 통한다. 이와 같은 기관에 따라 우리나라 소비는 용산(龍山)을 중심으로 하면 남으로 수원・대구・부산 등지요 북으로 경성・평양・의주 등지이다. 본국 상인들이 이와 같은 기관을 말미암고 이와 같은 소비지에 근거하여 영업하고 통상(通商)하는 물품 중에 주요한 것을 들면 외국산은 일본제 목면・면사・담배와 영국제 흰 무명・담배 등이요, 본국산은 마포(麻布)・쌀・대두(大豆)・북어 등에 지나지 않는다. 또 상업상의 관습을 보니 외국인 농민에게는 고가로 파는 폐단과 또 냉대하는 폐단이 적지 않고, 상인으로서 긴요한 수단은 하나도 실행하는 것이 없다.

1. 물품을 진열하고 가게 앞을 청결하게 하여 여러 사람의 눈길을 끌지 못하다.
2. 물품을 매매할 때 고객을 잘 대우하여 그의 환심을 사지 못하다.
3. 물품을 매매할 때 흥정하는 법을 알지 못하여 고객의 의심을 불러일으키도록 한다.

전야(田野)의 황폐화와 농업의 희망

우리나라는 기후와 위치에 말미암으면 동양의 일대 농업국이다. 그러나 농업이 개화되지 못하여 황무지가 많고 개척지가 적다. 나는 농부가 아니라 농업의 이치는 확언하기 어려우나 농업은 다른 일과 달라 때가 있고 분업하여 경영하는 것이 아닌 줄은 안다. 우리나라는 기후가 고르지 않고 산림이 희소하여 산은 벗겨지고 못은 말랐기에 천연의 경영법만으로는 농업의 완성을 기대하기 어려우니, 그렇다면 제방 쌓는 법을 이용하여 토지가 예기치 못한 빗물에 무너짐을 예방하고 강우량이 희소하니 물을 쌓아두는 법을 이용하여 예기치 못한 가뭄에 대비해야 한다.

공업과 제조물

우리나라는 공업에 가장 긴요한 석탄이 희소하여 공업의 발달을 기대하기 어렵다. 그러나 우리나라는 삼면이 물이니 이것을 응용하면 전기도 일으킬 수 있고, 산은 청석(靑石) 화강석(花崗石) 반석으로 조직된 것이니 이것을 응용하면 토목을 기대할 수 있겠다. 현재 행하는 화학상의 공업으로 보면 도자기·석회·벽돌·소금 등이 있으나 그 연료의 공급은 다만 목재에 지나지 않으니 어찌 발달을 기대할 것이며, 또 제조품이 아주 없으니 어찌 외국에 수출할 상품이 있으랴. 대저 우리나라 산업이 진작되지 않음이 이러한 심각한 지경에 이르렀으니, 아아! 슬프다. 우리 2천만 동포여! 사천여 년 도화원(桃花源) 속에 태평을 안락하게 누리던 단꿈을 속히 깨고 구미 각국의 문명을 환히 보고서 교육을 열심히 하고 실업에 종사하여 우리나라 문명을 다시 일으키고 생존경쟁의 장으로 빨리 내딛기를 기대한다.

해수욕의 하루 / 백악생(白岳生)

8월 19일 (맑음)

이른 아침 5시에 일어나 간단히 소풍 준비를 마치고 아침밥을 먹은 뒤에 동거인 3명과 동행하였다. 어제 예정과 같이 6시경에 태극학교(太極學校)에 도착하였더니 먼저 도착한 회원이 벌써 10여 명이요, 뒤따라 온 회원이 7시경에 다다르매 27명이 되었다. 일동이 함께 가면 도저히 같은 전차에 탑승하기 어려울 터이니 각자 편리한 대로 출발하여 시나가와(品川)를 경유하여 오모리정거장(大森停車場)에서 기다렸다가 모이자 약속하고 각자의 점심이며 예비로 사온 과자, 우유 등을 일제히 분담한 뒤에 삼삼오오 몇 무리를 편성하여 해수욕 원정지(遠征地)로 향하여 떠났다.

벗 최석하(崔錫夏) 군과 나는 『태극학보』 발간의 일로 인쇄소에 교섭할 일이 있어 직행하지 못하고 긴자가(銀座街)의 해당 활판소(活版所)에 잠깐 들렀다가 다시 전차를 타고 신바시역(新橋驛)을 거쳐 시나가와-도쿄 전차의 종점-에 이르니 붉은 해는 아침 안개를 헤치고 나와 해수면 위에 높이 걸려 엄혹한 광선을 곧바로 쏘고 있었다. 나는 몸도 좀 피곤하고 더위가 매우 심하여 게이힌철도(京濱鐵道)를 타고 곧장 가자 주장하고 최군은 소풍을 겸하여 도보로 가보자 주장하며 서로 지지 않아

정거장 부근에서 머뭇거리고 방황하고 있었다. 그때 먼저 떠났던 사람들 중 전차가 지연되어 늦게 뒤따라온 한 무리를 만나 도보로 목적지를 향하게 되었다.

누구는 시를 읊고 누구는 노래를 하며 앞에서 부르면 뒤에서 받으면서 왼편으로는 일망무제(一望無際)하고 수면이 거울 같은 도쿄만(東京灣) 안에 즐비한 어선과 오가는 화륜선(火輪船)의 살아있는 그림을 멀리 바라보고, 오른편으로는 오노평지(大野平地)의 볏모・기장・콩 등 곡물의 푸르디푸른 상쾌한 광경을 바라보며 3리・4리・5리 가량을 나아가니 길가의 한 촌 가게에서 배・복숭아・수박 등을 산같이 쌓아두고 오가는 사람을 꾀어 들이는 곳이 있었다. 이 가게에 들어가 수박 2개를 70전(錢)에 샀는데, 서양종이었다. 그 크기와 중량이 우리나라 것에 비하면 실로 상상 밖의 것이었다. 이것을 번갈아 어깨 위에 짊어지고 땀 나는 얼굴을 자주 닦으면서 오모리정거장에 이르니 먼저 도착한 무리는 잇켄(一軒) 빙수가게를 점령하고서 뒤쳐진 무리의 도착을 고대하는 모양이었다. 가게 안으로 앞다투어 돌입하여 각기 빙수 한 그릇으로 허기와 갈증을 겨우 해소하고 잠시 쉰 뒤에 일제히 해수욕장에 다다르니, 각각의 가게 앞에서 손님을 맞이하고 보내는 소리가 곳곳에서 들려왔다.

원래 이곳은 도쿄 시내에서 대략 20리〔韓里〕 떨어진 곳이라, 바닷물이 더럽고 흐려 목욕하기에 적당하지 않으나 영업하는 자들이 곳곳에 해수욕장을 구획하고 해변에는 요리점과 텐트를 배설하여 하루 동안 번잡해진 도호토(東都) 신사 숙녀의 마음을 씻어서 맑게 함이니 해수욕장 요금은 1명 당 하루에 하등은 5전, 상등은 10전가량이었다.

조용한 곳을 찾으려고 이곳저곳 다니다가 마지막으로 한 노점에 들어가니 남녀노소 해수욕객이 난간에 가득하였다. 여종업원의 인도로 한 모퉁이에 자리 잡아 한 독립국을 완연히 이루고 해수욕복으로 바꾸어 입은 후에 계단을 내려가 앞다투어 물속으로 뛰어들었다. 이때는 방금

썰물이 된 때라, 곳곳에 헤엄치는 신사 숙녀가 구름 같이 많은데 물가에서 3리가량 주위에는 깃대를 세워놓고 그 밖으로 나가 헤엄치는 것을 금지하고, 또 만일의 위험을 헤아려 사면에다 구조선을 배치하고 외해(外海)에는 수상경찰서에서 파견한 순회선이 오르내려 해수욕객의 보호에 주의를 게을리하지 않으니 국가가 인민을 보호하는 것이 이처럼 주도면밀함은 실로 경탄할 만하였다. 우리도 앞에서 나아가고 뒤에서 달려가 헤엄치고 물싸움하기 아니면 조개 캐기 등으로 즐거움을 극대화하였다. 이 가운데 가장 흥미를 북돋우는 것은 바다 밑에 조개가 두루 가득하여 이것을 채집하는 상쾌함이었다. 이처럼 한나절을 소진하고 정오께에 본진으로 철수하여 돌아와 점심을 먹은 뒤에 한 무리는 즉시 분위기를 타서 다시 들어가 아까보다 곱절로 뛰어놀았지만, 나는 사지가 피곤하여 난간에 잠시 기대었더니 갑자기 엄청난 슬픔이 줄줄 솟아 나왔다.

돌이켜 기억해보면 6년 전 이 계절에 내가 가장 경애하던 벗 김군과 아무개 친우(親友)와 속마음을 서로 펼쳐 보이고 울적한 마음을 서로 위로하며, 술 마시기도 하고 해수욕하기도 하여 맑고 상쾌한 하루를 보낸 곳 또한 이곳이다. 풍경은 아련히 옛 모습을 바꾸지 않았는데 인사는 차질이 생겨 옛일은 헛꿈이 되었다. 아아! 나의 친애하던 벗 김군이여! 그때 강개하게 서로 비추던, 하늘을 꿰뚫던 포부를 한 푼도 발현하지 못하고 속절없이 돌아오지 못할 여행길을……

간절하게 환기하여 여기에 이르매 감개무량한 마음이 가슴 사이를 압박하여 뜨거운 눈물이 모르는 사이에 흘러내렸다. 오후 2시께에 다시 해수욕장에 들어가 남은 흥을 다시 다 푸니 밀물은 천군만마의 기세로 밀려든다. 흰 갈매기는 훨훨 날고 태양은 서쪽으로 날아갔다. 과자, 수박 등의 남은 것을 모두 먹고 채집한 조개를 한 꾸러미씩 꾸려 든 뒤에 승차하여 귀로에 이르니 나무 끝에 걸린 연기는 어스름한 저녁빛을 만들어내고 먼 산에 돌아가는 까마귀는 까옥까옥.

| 잡보(雜報) |

○ 태극학회 창립기념회

9월 15일은 본회 창립 제1회 기념일이었다. 수일 전부터 음산한 비가 끊임없이 내리더니, 이날에는 서풍이 숙연하고 먹구름은 멀리 날아가 홀연 하늘이 트이고 날씨가 맑았다. 오후 1시에 내빈과 회원 도합 70여 인이 일제히 모이자 본회 회장 장응진(張膺震) 씨가 □□사[37]를 진술하였다. 이를 요약하면 "오늘은 본회 창립 기념일인데 하기휴가에 여러 회원이 귀국하였다가 요사이 무사히 돌아왔기로 환영회를 겸해 열리게 되었으니 참 유쾌한 날이라 오래도록 기념이 될 것이니 여러분은 환심성의(歡心誠意)로 이날을 보내기를 바란다."는 것이다. 그다음 본회를 혈성(血誠)으로 찬조하는 감독 한치유(韓致愈) 씨가 단체의 비결은 '애(愛)' 자에 있다고 연설하였으니, 회당을 메운 회원 중 경청하지 않는 자가 없었다. 그다음 태극학교 교사 후지이 코키치(藤井孝吉) 씨가 연설하였으니, 이를 요약하면 "고금을 막론하고 대사업을 성취한 위인은 모두 '신념' 두 글자를 비결로 삼았으니 여러분들도 이를 잊지 말라."는 것이다. 그다음에 내빈 유전(劉銓)・상호(尙灝)・이창환(李昌煥) 3인이 환영과 격려의 뜻을 담아 차례로 연설하고, 그다음에 부회장 최석하(崔錫夏)가 천천히 단에 올라 내빈 여러분의 성의에 감사를 표하고 또한 본회가 금일 점차 왕성해지는 지경으로 나아감은 그 비결이 전적으로 우리 회원 전체가 '화(和)' 자와 '우(遇)'자를 양쪽 바퀴로 삼아 일치하여 나란히 나아감에 있다고 유창하게 설파하여 박수갈채 속에 연단을 내려왔다. 이어서 폐회식을 한 후에 입식(立食) 연회를 마치니 시간이 이미 6시였다.

---

37 □□사 : 맥락상 '개회사'일 것으로 보인다.

○ 도쿄 유학생회 성립: 우리 도쿄 유학생 전체가 다년 경영하던 유학생회는 지난 초이틀에 완성되었는데 회장은 상호(尙灝) 씨가 피선되었다.
○ 만수성절(萬壽聖節) 경축: 9월 13일은 즉 우리 성상(聖上)의 만수성절이라 도쿄에 유학하는 우리 동포가 오전 8시에 감독청에 함께 모여 태극기를 반공에 높이 걸고 붉게 타는 혈성으로 경축하였다.
○ 태극학교는 9월 1일부터 신학기를 개시하고 원래 교원 외에 유전(劉銓)・장홍식(張弘植)・한상기(韓相琦) 씨 3인이 명예교사로 교편을 잡았는데 학생은 현재 20명 정도에 달한다.
○ 목사 히라이와 츠네호(平巖恒保) 씨의 자선: 이분은 일본 종교사회에 명망이 뚜렷한 인사다. 현재 도쿄 중앙회당에 주무 목사가 되어 전도사업에 열중하는데 본래 성격이 공명정대하며 관후하고 자애하여 우리 한국동포에게 누차 동정을 표한 일도 있었거니와, 이번에 본 회원 김영재(金英哉) 씨의 학자금 곤란을 보고 심히 안쓰러워하여 간다구(神田區) 동양내과의원 원장 다카타 코안(高田耕安) 씨에게 성심으로 간구하여 이 병원의 실지 연습생으로 채용되게 하였으니 참으로 자애로운 살아있는 부처라 이를 만하다.

○ 이갑(李甲) 씨의 편지

군부 부관(副官) 이갑 씨가 본보의 발행에 대하여 진심 가득한 정성으로 함께할 뜻을 표하여 의연금 50원을 보내주시며 지극히 두터운 성의로 본회에 편지를 보내주시니 그 내용은 다음과 같습니다.

□□자가 임금과 나라에 충성하고 동포를 아끼는 것은 귀천과 노소를 막론하고 누구라도 모르겠습니까. 그러나 각자 그 국민의 의무를

다한 뒤에야 세교(世敎)를 돕고 국력을 떨칠 수 있거늘, 국내에 있는 자들은 대개 시무(時務)에 무지몽매한 나머지 잘못된 구습을 고수하면서 일장춘몽 잠꼬대 같은 소리로 오늘을 가리켜 태평하고 안락한 시대라고 하니 아무리 흔들어도 움직이지 않고 아무리 불러도 일어나지 않습니다. 모르겠습니다만 언제 맹렬히 경종(警鐘)을 울려서 어두운 골짜기 속 혼미함에서 깨우칠 수 있겠습니까. 또한 벼슬길에 드나드는 사람은 서울 거리의 붉은 먼지에 취하여 아등바등 구차하게 살고 단지 끼니나 때워서 자기 집안의 보존만 최고의 책임으로 여겨서 다른 일을 할 겨를이 없습니다. 그 외에도 외국에서 유학한 몇몇 사람들이 설령 사업에 힘쓰고자 하더라도 뜻을 함께 하는 이가 거의 없고 자금 조달이 어려워서 그 뜻을 실현할 수 있는 경우가 드뭅니다. 그래서 나라의 계책을 생각하면 통곡하여 눈물이 어디서 나는지도 알지 못하거늘, 위대하도다! 여러분은 멀리 바다를 건너 문명의 공기를 흡수하고 독립의 정신을 떨쳐 일으켰습니다. 그리고 노고를 꺼리지 않고 재정을 괘념치 않으며 충군애국의 목적을 가지고 태극학교를 창설하여 외국 유학생으로 하여금 나아갈 길을 열어 주고 국내 형제들로 하여금 경계의 모범을 제시하여 주니 한편으로는 감동하여 칭송할 일이요 한편으로는 부끄러운 일입니다. 그러나 아무리 좋은 규범과 아름다운 사업이라도 늘 재력의 부족으로 인하여 결국 도중에 폐기되거나 중지되는 지경에서 벗어나지 못하게 마련입니다. 삼가 생각건대 귀회가 멀리 외국에 있으면서 받은 기부금 액수로는 필시 영락한 상황조차 지키기 어려울 것이니 장차 어떻게 버틸 수 있겠습니까. 그 시작에 감동하면서도 그 끝을 걱정합니다. 삼가 50원의 금화로 대략 함께 하는 뜻을 표하노니 만분의 일이라도 보탬이 된다면 천만다행이겠습니다. 모두 살펴주시기 바랍니다. 대략 적고 이만 줄입니다. -8월 24일-

• 회원소식

○ 본 회원 양치중(楊致中) 씨는 귀성하였다가 9월 7일에 도쿄에 돌아왔다.

○ 본 회원 홍정구(洪正求) 씨는 이와키현(磐城縣) 지방에서 피서하다가 7월 26일에 도쿄에 돌아왔다.

○ 본 회원 이인창(李寅彰) 씨는 가루이자와(輕井澤) 지방에서 피서하다가 9월 1일에 귀경하였다.

○ 본 회원 오석유(吳錫裕) 씨는 근친(覲親) 차 환국하였다가 9월 7일에 도쿄에 돌아왔다.

○ 본 회원 신상호(申相鎬) 씨는 근친 차 하기휴가 중에 환국하였다가 9월 7일에 귀경하였다.

○ 본 회원 정윤교(鄭潤僑) 씨는 우연히 병을 얻어 가루이자와 지방에 옮겨가 정양(靜養)하다가 어언간 쾌차하여 9월 5일에 귀경하였다.

○ 본 회원 서영순(徐榮淳) 씨는 근친 차 환국하였다가 9월 6일에 의학 연구차로 구마모토(熊本)에 갔다고 한다.

○ 본 회원 이진하(李珍河) 씨는 근친 차 환국하였다가 9월 1일에 도쿄에 돌아왔다.

○ 본 회원 성천(成川) 사람 박상락(朴相洛) 씨는 올해 5월에 일본으로 건너와서 현재 본회에서 유숙(留宿)하는데, 재질이 총명하고 품행이 단정하고 또 열성이 있어 주야로 수학(修學)에 부지런히 힘쓰는데 불행히 학자금이 궁핍하여 대단한 곤란을 당하니 참으로 애석하다. 이분의 부모에게 청하니, 옛말에 이르기를 "황금 만 상자가 잘 가르친 자식과 한 권의 책만 못하다" 하였으니 이렇게 훌륭한 자식을 잘 교육하면 가정과 나라에 이보다 다행한 일이 없을 것이다.

○ 본 회원 김영재(金英哉) 씨는 중앙회당 목사 신학박사 히라이와 츠네

호(平巖恒保) 씨의 주선으로 치가사키(茅崎) 난고의원(南湖醫院)에 의술 연구생이 되어 지난 15일 오전 8시 반에 신바시(新橋) 발 열차로 해당 장소로 향했다.

○ 귀국하였던 본 회원 김홍량(金鴻亮), 박영로(朴永魯), 곽용주(郭龍周) 씨 3인은 경부철도가 다니지 않아 부득이 인천항에서 윤선(輪船)을 탑승하고 바칸(馬關)까지 와서 바칸 발 열차로 지난 9일에 도쿄에 돌아왔다.

○ 귀성하였던 손영국(孫榮國) 씨는 지난 14일에 도쿄에 돌아와 메이지대학에 이전처럼 학교에 다닌다.

○올해 9월 학기의 각 학교 회원 입학

회원 박용희(朴容喜) 씨는 다이이치고등학교(第一高等學校)에 입학하였다.

회원 김지간(金志侃) 씨는 코마바농과대학교(駒場農科大學校)에 입학하였다.

회원 정인호(鄭寅濠) 씨는 나가사키의과전문학교(長崎醫科專門學校)에 입학하였다.

회원 박인식(朴仁植) 씨와 신성호(申成鎬) 씨는 메이지학원에 입학하였다.

회원 장계택(張啓澤) 씨와 채규병(蔡奎丙) 씨는 게이이학당(經緯學堂) 내 경무학과(警務學科)에 입학하였다.

회원 류용탁(柳容鐸) 씨는 교세고등소학교(曉星高等小學校)에 입학하였다.

• 잡조(雜俎)

○ 본 회원 최석하(崔錫夏) 씨는 메이지대학 1년생으로 올해 하기시험에 우등으로 등급하였고 박승빈(朴勝彬) 씨는 주오대학(中央大學) 2년

생으로 하기시험에서 우등생이 되었으니, 다만 본인들의 명예일 뿐 아니라 실로 우리 유학생 전체의 영광일 것이다.

○ 전주 사람 이영한(李英漢) 씨는 연전에 일본에 와서 현재 아사부중학교(麻布中學校)에서 공부하는데 매 학기 시험에 우등생이 되어 특별대우를 받는다 하니, 이분은 참으로 유학생의 모범이라 하겠다.

○ 이보경(李寶鏡), 강경엽(姜敬燁), 서윤경(徐允京), 김치동(金致鍊), 여규홍(呂奎鴻), 이윤찬(李允燦) 제씨는 모두 어린 나이에 재주와 근면을 구비하여 지난번 다이세중학교(大成中學校) 하기시험에서 우등생이 되었다 하니 참으로 흠모할 만하다.

○ 경상도 사람 선사(禪師) 김태은(金太垠) 씨는 연전에 일본에 건너와 현재 쇼토슈(曹洞宗)대학에서 불교를 연수하는데 현의(玄義)를 통달하고 철리(哲理)를 꿰뚫으니 참으로 이 분야의 달인이라 한다.

○ 박천(博川) 사람 변봉현(邊鳳現) 씨는 나이 15세에 해외 유학을 결심하고 저번에 본 회원 김재문(金載汶) 씨와 같이 도쿄에 도착하여 태극학교에 입학하여 열심히 공부하니, 여러 사람이 흠모해 마지않는다.

○ 평양 사람 배영숙(裴永淑) 씨는 해외 유학을 결심하고 9월 6일에 도쿄에 와서 태극학교에 입학하였다.

○ 본 회원 방원근(方元根) 씨와 평북 의주에 사는 정양내(鄭錫迺) 씨 2인은 지난 6월 중순에 나가노현(長野縣) 히가시치쿠마군(東筑摩郡)으로 내려가 양잠(養蠶) 실습에 종사하다가 이번 달 9일에 도쿄로 올라왔는데 장차 오지양잠학교(王子養蠶學校)에 입학하여 그 학리를 연구할 터라 한다.

○김만규(金晩奎), 강전(姜荃), 원훈상(元勛常), 고의환(高宜煥) 씨 4인은 올해 9월 학기에 코마바농과대학교(駒場農科大學校)에 입학하였고, 지성연(池成沇), 강원영(姜元永) 씨 2인은 오카야마현(岡山縣) 의학전문학교, 이형량(李亨兩), 최남선(崔南善) 씨 2인은 우시코메구(牛込區) 와

세다전문학교, 남궁영(南宮營) 씨는 다이이치고등학교, 한상우(韓相愚) 씨는 전수학교(專修學校), 강병옥(康秉鈺), 서상란(徐相鸞) 씨 2인은 치바현(千葉縣) 의학전문학교에 각각 입학하였다 한다.

• 본회 회원 명단

회　장(會　長)	장응진(張膺震)
부회장(副會長)	최석하(崔錫夏)
평의원(評議員)	김지간(金志侃) 전영작(全永爵) 김진초(金鎭初)
	이윤주(李潤柱) 김낙영(金洛泳) 박용희(朴容喜)
사무원(事務員)	표진모(表振模) 김재문(金載汶) 장계택(張啓澤)
	홍정구(洪正求) 채규병(蔡奎丙)
회계원(會計員)	김연목(金淵穆)
서기원(書記員)	박상락(朴相洛) 박제봉(朴濟鳳) 이진하(李珍河)
사찰원(司察員)	이도희(李道熙) 김종기(金琮基) 장지태(張志台)
회　원(會　員)	김창대(金昌dd) 김지한(金志僩) 류동수(柳東秀)
	박인직(朴仁植) 신상호(申相鎬) 신성호(申成鎬)
	오석유(吳錫裕) 이연창(李寅彰) 노성학(盧聖鶴)
	양치중(楊致中) 박영노(朴永魯) 상문식(尙允植)
	문일평(文一平) 김영재(金英哉) 정우식(鄭雨植)
	손영국(孫榮國) 정윤교(鄭潤僑) 김진선(金鎭션)
	백성봉(白成鳳) 김형목(金瀅穆) 방원근(方元根)
	배영숙(裵永淑) 장세규(張世奎) 변봉현(邊鳳現)
	유용탁(柳容鐸) 현희운(玄僖運) 이항열(李恒烈)
	김중식(金中植) 최광옥(崔光玉) 강인우(姜麟祐)
	서영순(徐榮淳) 김광진(金光鎭) 김정주(金楨周)

유　목(劉　睦) 김상은(金相殷) 김□수(金□壽)
정인호(鄭寅濠) 임영기(林永基) 김동원(金東元)
한순기(韓淳琪) 전태헌(全台憲) 김도성(金道成)
홍성욱(洪性郁) 이정환(李正煥) 곽용주(郭龍周)
추영순(秋永淳) 김진식(金鎭植)

• **태극학보 의연금 출연자 명단**

이　갑(李　甲) 씨 50원
김홍량(金鴻亮) 씨 30원
신상호(申相鎬) 씨 10원
이인창(李寅彰) 씨 5원
김태진(金台鎭) 씨 5원
박용희(朴容喜) 씨 5원
이진하(李珍河) 씨 3원
김진선(金鎭션) 씨 3원
배영숙(裴永淑) 씨 3원
박영노(朴永魯) 씨 2원
오석유(吳錫裕) 씨 2원
곽용주(郭龍周) 씨 2원
김태근(金太垠) 씨 1원
노성학(盧聖鶴) 씨 1원
이춘섭(李春燮) 씨 2원
전태헌(全台憲) 씨 5원
김상은(金相殷) 씨 1원

본회 규칙상 회장, 부회장이 있으나 금일까지는 회(會)의 규모도 아직 완전하지 않고 사무도 번거롭지 않아서 평의원이 임시로 회장의 사무를 대변했는데 점차 규모가 확립되고 사무가 증대됨으로 규칙을 따라 본월 초 2일 총회에 회장, 부회장의 선거를 위한 투표를 했다. 회장에는 장응진 씨가 피선되고 부회장에는 최석하 씨가 피선되었다.

광무 10년 09월 24일 발행
메이지 39년 09월 24일 발행

•대금과 우편료 모두 신화(新貨) 12전

도쿄시 혼고구(本鄕區) 모토마치(元町) 2정목(丁目) 66번지 태극학회 내
편집 겸 발행인 장응진(張膺震)

도쿄시 혼고구 모토마치 2정목 66번지 태극학회 내
인쇄인 김지간(金志侃)

도쿄시 혼고구 모토마치 2정목 66번지
발행소 태극학회

도쿄시 교바시구(京橋區) 긴자(銀座) 4정목 1번지
인쇄소 교문관인쇄소(敎文館印刷所)

메이지 39년 9월 24일 | 광무 10년 9월 24일 | 제3종 우편물 인가

광무 10년 10월 24일 발행

태극학보

제3호

매월 1회 발행

• **광고**

본 태극학보를 구독하고자 하시는 분은 본 발행소로 통지하여 주시되 대금은 삼가 매월 환(換)으로 송금하여 주시기 바랍니다.

• **광고**

한성 남서(南署) 상유동(上油洞) - 2층 양옥 -

변호사 전 검사 홍재기(洪在祺) 법률사무소

목차

태극학보 제3호

태극학회 총설 (하) 漢 / 유학생감독 한치유(韓致愈)

이는 우리 제국 광무 10년(1906) 9월 15일에 학회의 여러분이 본회의 기념과 회원 환영을 위하여 요청한 일이다. 나는 이 학회에 대해서 실로 도와서 이루어 줄 책임이 있기에 제때에 맞추어 참석해야 하니, 감히 일이 있다고 하여 사양하지 못하는 바이고, 아울러 일자부(一字符)를 올려 바쳐서 본회의 붉은 깃발로 삼고자 한다. 이른바 '일자부'라는 것은 무엇인가. 바로 '애(愛)'이다.

대저 이치는 두 가지의 구별이 없고 혼연히 일체이니, 곧 이른바 태극이 바로 이것이다. 이 때문에 하늘에 있는 이치가 바로 땅에 있는 이치이고, 땅에 있는 이치가 바로 사람과 물건에게 있는 이치이며, 나에게 있는 것이 장삼(張三)에게 있고, 장삼에게 있는 것이 이사(李四)에게 있으니, 이는 상제(上帝)에게 물어도 의심할 바 없으며 백대에 성인을 기다려도 미혹할 수 없는 것이다. 이 혼연한 이치로 말미암아 자연히 곧 출척(怵惕)[1]함이 마음에서 동(動)하여 애연(藹然)히 피어나고 유연(油然)히 생겨나는 것이 있으니, 이른바 자애의 정이 바로 이것이다. 그 범위의 큼과 구역의 넓음을 돌아보건대 애당초 변제(邊際)가 없으니, 대체로 온 천지 만물이 내가 사랑하는 바의 안에 있지 않음이 없다. 다만 그 미루어 가는 데에 선후의 순서가 있고 베풀어 가는 데에 완급의 구분이 있는데, 이에 관한 설(說)이 많은바, 이는 다른 날을 기다려서 하는 것이 좋겠고, 지금은 다만 눈앞의 일부분에 대하여 말하고자 한다.

본 학회 수백 명의 회원이 모여서 일체를 이루어 서로 친애하는 것이 가장 급선무라 하겠으니 어째서인가. 일찍이 시험 삼아 한번 논해보건

---

1 출척(怵惕) : 『맹자』 「공손추(公孫丑)」 상에 나오는 "怵惕惻隱之心"을 줄인 것으로 보인다. 인의예지의 사단(四端) 가운데 인(仁)인 측은지심이다.

대, 사람이 오직 사랑의 이치를 알지 못하기 때문에 약한 자를 먹이로 삼아서는 안 됨을 알지 못하고, 사랑의 이치를 알지 못하기 때문에 어리석은 이를 침탈해서는 안 됨을 알지 못하고, 사랑의 이치를 알지 못하기 때문에 우리가 모두 다 평등함을 알지 못하고, 사랑의 이치를 알지 못하기 때문에 우리에게 각자 자유가 있음을 알지 못하여 혹 지켜온 바의 업(業)으로 귀천(貴賤)을 삼고, 혹 집을 마련한 땅으로 고저를 삼고, 혹 태어난 계통으로 청탁(淸濁)을 삼고, 혹 빈부(貧富)의 형세로 경중(輕重)을 삼고, 혹 관리의 지위로 세력을 삼아서 교만하고 인색한 사사로움이 이길 수 있고 압제하는 권한이 중할 수 있고 침모하는 위엄이 베풀어질 수 있고 잔인한 포학이 행해질 수 있다. 여러분은 혹 이 말이 동양의 진부한 옛것이라고 의심하는가.

내가 젊었을 적에 공거문자[2]를 배운 것이 대체로 십여 년이었는데, 이윽고 공거문을 버리고 산간에 들어가 성리(性理)의 설을 배운 것이 또한 십여 년이었다. 이윽고 산문(山門)을 나와서 관리의 일을 익히고 대양을 건너 서주(西洲)에서 노닌 것을 합쳐 헤아리면 또한 십여 년이다. 대체로 일찍이 밤에는 잠을 잊고 낮에는 끼니를 거르며 동서를 참작하여 그 차이를 연구하고 피차 간의 우열을 판별하여 마음에 터득한 바 있는데, 이는 한 자리에서 다 할 수 있는 말이 아니다. 이제 단지 교회와 정계를 가지고 말하고자 한다. 그 본령과 기초가 '이인애인(以人愛人)'에서 나온 것은 고금과 동서가 일치한다. 여러분의 영어가 장족의 진보가 있는 날을 기다려 마땅히 영자의 본문에 나아가 영미 입법의 근본과 국제 공법을 연구한 의론을 참고해야 한다. 그러면 이 말을 귀신에게 질정할 수 있음을 반드시 깨닫게 될 것이다.

이제 우선 동양의 폐단을 가지고 말하겠다. 한나라 고조가 정장(亭

---

2 공거문자 : 과거시험에서 써야하는 문장이나 임금의 명령으로 써야하는 관각문자 등을 이르는 말이다.

長)일 때에 진나라 2세 황제가 황제의 누른 비단 수레〔黃屋〕로 의장(儀仗)을 융성하게 하고 행차함을 보고서 대장부는 마땅히 이와 같아야 한다고 외쳤다가 숙손통(叔孫通)[3]이 예법을 제정하는 날에 이르러서는 오늘에야 황제가 귀한 줄을 알았다고 말했다 한다. 아아! 제왕을 다투고 도모하던 처음에 선망으로 뜻을 일으켜 팔을 걷고 수염을 바짝 세운 것은 만승(萬乘)으로 존귀해지고 의장이 융성해지고 경호가 삼엄해지니 신하와 백성이 우러르는 명예와 영광을 위해서이다. 이미 제왕이 되고서 즐겁고 상쾌하며 스스로 만족스러우니 문신과 무신이 머리를 조아리고 백관(百官)이 굽실대며 검고 누르고 붉은 궁궐과 섬돌에 구급(九級)[4]은 높고도 멀기만 하다.

아아! 하늘이 만민을 낸 소이와 백성에게 원후(元后)[5]가 있는 소이는 그 절대적인 적실함과 궁극적인 이치가 과연 여기서 나온 것이 아니겠는가. 하나하나의 취락(聚落) 사이에 지우(智愚)가 고르지 않다. 그렇다면 지혜로운 이가 그 정사를 맡음이 마땅하니, 이른바 촌장이 바로 이것이다. 여러 구역에서 생민(生民)의 일이 합쳐지면 더욱 번거로우니 현인과 불초(不肖) 등급이 서로 현격히 다르다. 그렇다면 현인이 그 다스림을 맡음이 마땅하니, 이른바 군장이 바로 이것이다. 현(縣)과 주(州)가 모이게 되면 이른바 중앙정부가 없을 수 없으니 총명한 사람이 원후가 되어서[6] 이로써 백관을 거느리고 일국을 다스린다. 그렇다면 군주가 나오고 관리가 세워진 까닭은 생민의 명을 제어하여 한 사람의 귀함을

3 숙손통(叔孫通) : ?-B.C 194 추정. 한나라가 개국하자 조정과 종묘의 의례를 제정하고 태부(太傅)를 역임했다.

4 구급(九級) : 왕궁의 계단은 아홉 단으로 만들었다.

5 원후(元后) : 군주를 이른다. 『서경』 「태서(泰誓)」 상에 "천지는 만물의 부모요, 사람은 만물의 영장이다. 이 가운데에서 진실로 총명한 사람이 임금〔元后〕이 되니, 임금은 곧 백성의 부모가 되는 것이다."라고 하였다.

6 총명한……되어서 : 원문은 "亶聰明作元后"로 위 각주의 『서경』 문장을 인용하였다.

위한 바탕으로 삼는 것이 절대 아니다. 당송(唐宋) 이래로 답습한 것이 한결같이 진한(秦漢)의 전철(前轍)에서 나와서 군주는 더 존귀해지고 신하는 더 비천해지며 관(官)은 더 높아지고 백성은 더 천해졌다.

폐단을 일으킨 근원을 한 번 궁구컨대 황천생물(皇天生物)의 마음과 이인애인(以人愛人)의 도를 알지 못한 까닭이라 하겠다. 그러니 그 정치건 법률이건 구미의 비웃음거리가 됨이 마땅하니 비록 야만이란 지목을 모면하려해도 그럴 수 없는 것이다. 우리나라 같으면 군수라 하고 도사(道使)라 하는 자들이 우뚝하게 고당(高堂) 위에 앉아 있으면 용부(傭夫)・동복(僮僕)・아전・나졸이 좌우에 나열해 있는데, 만일 송사가 생겨서 재단(裁斷)하는 일이 있으면 인민은 아래에 엎드리게 하고 정(庭)에서 구부리게 하여서 고개를 들면 불경하다 하고 할 말을 다하면 무엄하다 하니, 관리의 높고도 귀함이 마침내 이러한 지경에 이르렀단 말인가. 또 거기에다 변명까지 하기를, '관리가 높지 못하면 백성이 두려워하지 않고, 백성이 두려워하지 않으면 정사가 시행될 수 없다.'라고 하니, 이 말이 참으로 심하도다.

취락(聚落)이 넓고 인중(人衆)이 섞이면 우매한 잘못과 난폭한 다툼이 생길 수밖에 없고, 의약・공업・농업・상업과 백가의 기예는 돌아보건대 한 집안에서 스스로 가르치거나 배울 수 없다. 이 때문에 수령이라는 직함을 받아 그 녹봉을 넉넉하게 하여서 그 몸을 봉양하게 하고 그 일을 봉행하게 한 것이니, 이것이 과연 백성이 천하고 관리가 귀해서인가. 관리된 자가 혹 부형의 세력에 연유하거나 혹 권귀(權貴)의 경로에 힘입거나 혹 사사로운 인연과 뇌물을 가지고 행정의 지위를 낚아서 지혜가 다른 사람의 무함(誣陷)을 변별하기에 부족하고 명석함이 다른 사람의 간사함을 밝히기에 부족한데도 망령되이 위복(威福)의 권한을 지어서 생민의 명을 마음대로 제재하는 것이 아닌가. 황천이 만물을 내어 살아가게 하는 이치와 사람으로 사람을 사랑하는 도로 말하자면,

민중이 유독 천하고 관리가 유독 존엄하다는 의리가 있을 수 없다. 수령과 대신이 문을 나서 길에서 치달리면 종자가 길을 막고 무부(武夫)가 앞장서서 소리치며 수행하여, 나란히 길을 가는 자는 그 노여움을 만나고 그 앞을 막는 자는 그 죄를 받으니, 관리를 귀하게 여길 만하고 백성을 천하게 여길 만함이 과연 이과 같단 말인가.

생물(生物)의 근원과 인도(人道)의 시작으로 말하자면, 오직 시집가고 장가옴이 큰 것이 되는데 법을 맡은 관리가 유속(流俗)에 모두 다 내맡기고 절제를 더하지 않아 남녀가 12・13세에 갓을 쓰거나 비녀를 꽂지 않은 이가 대체로 드물다. 이것이 폐단인 점에 대해서는 선유(先儒)가 이미 자세히 논하였으니 지금 말을 더할 필요가 없는데, 각과의 학술이 발달하지 못한 것 역시 이것의 재앙이다. 아아! 여러분이 오늘날 여기서 배운 것은 장래 나라에서 시행될 것이니, 어찌 황천이 만물을 내어 살아가게 하는 마음을 깊이 생각하여서 동포를 친애하는 의(義)를 구하지 않을 수 있겠는가.

본 학회의 수백 명 회원이 반드시 한 몸처럼 되어서 서로 아껴야 한다. 이것이 본회에서 비롯되어 풀어지지 않고 단결함이 흡사 옻칠 마냥 끈끈해지고 무너지지 않고 견고함이 흡사 강철 마냥 굳건해져야 한다. 그러면 후일에 다 같이 귀국하여 서로 가르치고 서로 도우면서 내 몸처럼 민생을 아끼고 내 집처럼 국토를 아껴서 억만년 종묘사직으로 하여금 독립의 존엄을 영원히 보전하게 하고 2천만 인구로 하여금 극락의 동산에서 장구히 있도록 하는 것이 오직 이 학회가 그 기초가 될 것이다. 여러분은 부디 힘쓸지어다. 내 비록 늙어 힘이 없지만 그래도 그만의 하나라도 도울 수 있을 것이다.

태극학보를 삼가 축원하다 / 춘수자(春睡子) 구자욱(具滋旭)

요즈음 도쿄에 유학하는 한 벗을 따라 그곳에 유학하시는 동지 여러 분이 태극학회를 조직하셨다는 소식을 듣고 학회의 기관 노릇을 할 잡지 하나가 창간된다는 소식을 이어서 들었는데, 일전에 또 그 벗에게 『태극학보』 제1호 한 부를 선물 받아 반복해서 완상(玩賞)하느라 며칠의 시간을 보내었습니다.

그러고 나서 귀 학회를 설립한 연유와 학보를 창간한 근본 원인을 비로소 알게 되었습니다. 여러분이 잠자는 청구(靑邱)의 큰 꿈에서 먼저 깨어나 어두운 현해탄의 성난 파도를 건너서 몹시 애를 쓰고 정성을 들여 신학문 신기술을 연구하는 즈음에 현 세계 사회적 진보의 신주의(新主義) 대정신(大精神)이 뇌리에 들어온 것이었습니다. 이에 해외를 떠도는 형제를 결합하여 친목의 정의(情誼)를 닦아 나가며 겸하여 그 지식을 교환하고 환난에 서로 구제할 필요에 관한 생각이 생겼습니다. 이것이 곧 학회를 설립한 연유입니다. 한 시대의 뛰어난 선비의 결합체가 무형의 광채를 빛내어 학회의 고유한 품격을 고상히 표창하고 그 광채의 남은 빛줄기를 깊이 잠자는 동포의 어둑어둑한 창문에 투사하여 그 닫힌 눈꺼풀을 부릅뜨게 하여 문명의 영역에 손잡고 함께 나아가고자 하는 필요를 여기서 경영합니다. 이것이 곧 학보를 창간한 원인입니다.

여러분이 이처럼 강령이 좋은 단체를 조성하고 이처럼 경영 범위가 넓은 사업을 실시하니, 실로 강하고 큰 이웃나라에 대해서는 '대한제국 국민' 큰 여섯 글자의 지극히 중하고 지극히 귀한 공변된 이름의 참가치를 표현하기에 충분하고, 나라 안에 있는 동포에 대해서는 어두운 거리에서 촛불을 든 직임을 자임하니 학회와 학보의 참되고 진실한 체(體)와 용(用)이, 아아! 아름답고 성대합니다. 저와 같이 보잘것없는 자들은 차라리 부끄러워 죽으려 하지만, 그러나 천리마의 꼬리에 붙어서 천 리 먼 길을 가고자 하는 파리가 되어도 충분히 영광스러운 일입니다.

여러분의 행동을 열심히 환영하며 우러러 흠모하여, 이에 말이 거친 것도 헤아리지 않고 몇 구의 찬사로 작은 정성을 함부로 표현합니다.

태극(太極)의 이치는 고상하고 현묘하여 범범하게 논할 수가 없는 것이지만 그 의의를 규정하려 한다면 무극(無極)에서 비롯하여 무극에 이른다고 하는 편이 거의 옳을 것입니다. 태극은 혼돈을 쪼개어 열고 우주를 빚어내며 또 만물을 창조하여, 조화옹(造化翁)의 은덕으로 지구상에 화육(化育)된 우리 인류로 하여금 해와 달과 별의 광명을 함께하는 복을 누리게 하고 풍부하게 생산된 동식물 광물을 이용하게 하였고 여기에 힘입음으로써 사람이 세상에 생존하고 또 발달하여, 오늘날 세상 사람이 20세기 문화가 극도 혹은 장족에 이르렀다고 가정하기까지에 이르렀습니다. 그러나 과거를 거슬러 올라가보고 현재를 살펴본다면 세상 문화 발달의 제한은 결코 20세기가 극도가 아니라, 억(億) 세기 조(兆) 세기 내지는 무극 세기까지 끝이 없을 것입니다. 이 이치의 근원이 태극에 있다고 하니 과연 태극의 이치는 얼마나 넓으며 얼마나 큽니까. 우리 2천만 수많은 민족의 생명이 되고 호흡이 되고 뇌가 되고 집이 되는 우리 대한제국 국기의 표지가 이와 같이 넓고 큰 태극이 아닙니까. 태극의 형태를 취함으로써 태극의 의의를 통하여 국가의 명운을 흥륭(興隆)하게 하여 무극까지 드리우고 민족의 행복을 증진하여 무극에 이르게 하고자 함입니다. 그리고 제국의 국기의 의의는 세계 만국을 능가하는 기세가 있지 않습니까. 이 의의에 대하여 일반론으로 흐르고 공상으로 달리면서 자신하고 자부하는 신천옹(信天翁) 모습을 지으면 단지 허영에 불과하려니와, 오직 실제로 사업하는 이가 있어 노고를 누적하고 공적을 드러낸 뒤에야 그 진의에 부합되는지를 헤아려볼 수 있을 것입니다. 오늘날 태극학회를 조직하고 『태극학보』를 발간하시는 여러분이 이러한 사업가의 선구가 아니겠습니까. 이 진의를 정밀하고 투철하게 이해하는 우리 여러분은 시종일관 변치 않으시고 이 뜻을 실행하고 넓혀나가 우리나라 운명의 홍륭과 민족 행복의 증진이 무극에 함께 귀결되게 하며 귀 학회와 학보를 끝없는 후학에게 전수하여 끝없는 정도와 끝없는 미래까지 발달하기를 옹축(顒祝)하고 또 빕니다.

| 강단 |

우리나라 국민교육의 진흥책 / 편집인 장응진(張膺震)

오늘 우리나라의 급선무를 논하는 사람들은 오직 '교육! 교육!'만을 말한다. 이 교육 두 글자는 시세를 조금 통하게 된 인사들이 늘 사용하는 말처럼 유행하고 있다. 그러나 그 진흥의 방책에 대해 한 사람도 연구하여 논급하는 것을 듣지 못하였으니 어찌 이 분야의 일대 유감이 아니겠는가. 이에 비루한 의견을 진술하여 동포 인사의 주의를 환기하고자 한다.

(1) 일반 국민에게 의무교육 제도를 시행할 일

오늘날 지구상에서 하나의 완전한 독립국을 형성하고 자존하려면 불가불 오늘날의 세계에 상응하는 보통지식을 일반 국민의 뇌 속에 주입하여 그 실력을 양성하지 않을 수 없다. 그러므로 이를 독려하고 장려하여 개발 진취하게 하는 것은 국가의 큰 임무요, 국민 된 자의 큰 의무이다. 이러한 중대한 업무를 국민의 사적 운용에 일임하고 국가에서 힘을 다해 간섭하지 않으면 그 교육의 정신이 일반 국민에게 평균적으로 보급되지 못할 뿐 아니라 그 사이에 각종의 계급과 여러 가지의 폐단이 생겨 순조로운 목적의 달성을 기대할 수 없을 것이다. 이것이 오늘날 여러 문명국에서 의무교육 제도를 일반 국민에게 시행하는 까닭이다.

의무교육이라고 하는 것은 국민 된 자에게 남녀귀천을 물론하고 아동이 학습연령에 이르면 국가가 일종의 강제적 수단으로 일시에 다 소학교에 들어가게 하여 일정한 연간에 필요한 상식을 수양하게 한 연후에는 그 진퇴를 개인의 자유에 일임하되 만일 혹 전문 혹 고등전문에 나가고자 하는 사람에 대하여는 국가가 또 가급적 전력으로 원조하고 장려하여 그 발달을 완성하는 것이다. 이 소학의 제도와 의무교육 연한(年限)의 제도에 이르러서는 열국이 각기 그 국정(國情)에 따라 다소의 차별이 있다. 일본에서 오늘날 시행하는 제도를 보면 학교는 대개 관립, 공립, 사립의 3종으로 설립하고 의무교육의 연한은 6년으로 정하되 빈민 및 특별한 사정이 있는 사람에게는 월사금-훈료-을 면제하고 백방으로 편리한 방법을 강구하여 사민(四民) 일체로 하여금 교육의 비와 이슬에 골고루 젖게 한다. 그 밖의 다른 열국에서는 혹 월사금을 일반 면제하며 혹 연한의 길고 짧음을 가감해서 각각 그 나라의 국정에 적합한 방책을 연구하는 데 온 정신을 쏟는다. 오늘 우리나라의 정형을 해외 열국에 비교하면 여러 관계로 인해 여러 가지의 차이가 있다. 천년, 백년의 오래된 제도를 일조일석 간에 빠르게 변화시켜 새롭게 하기는 어렵다. 그러나 내국(內國)의 정형을 상세히 살피고 외국의 제도를 참작해 우리나라에 가장 적합한 제도로 의무교육의 제도를 시행한 연후에야 사민 일체로 하여금 선량한 자제를 육성하며 건전한 국민을 길러내게 할 수 있을 것이다.

(2) 교원(敎院) 제도를 폐지하고 신식 학교를 광설(廣設)할 일

의무교육 제도의 시행과 함께 교육기관인 완전한 학교를 설비하지 않으면 학령(學齡)에 이른 국민자녀를 누락 없이 수용해 교화를 보급하는 목적을 수행할 수 없다. 그러나 오늘날 우리나라의 정세를 돌이켜보면 인민은 도탄에 오랫동안 고통스러워하고 있고 전국이 거의 죽을 지경에 처해 위와 아래 모두 손을 들 여력이 전혀 없다. 그렇기에 이와 같이 중대한 급선무를 인민의 사설(私設)에 방임하든지 혹 그 비용을 인민에게 강행적으로 수렴해 설시를 해나간다 하는 것에 대해 우리는 동의할 수 없고 또 도저히 기약할 수도 없다. 더구나 목민(牧民)의 위치에 있는 자는 탐욕만을 행해 얼마 안 되는 일의 흔적이 있으면 각종의 구실로 법외의 수렴을 민간에 넘치도록 부가해 자신의 배를 채우느라 겨를이 없다. 이와 같으니 1분(分)의 실효를 거둘 수 없을 뿐만 아니라 천만 가지 병폐가 층층이 발생하고 해독이 잔민(殘民)에게 흘러 미쳐 포학한 자에게 더 포악함을 더 드러나게 하고 궁민(窮民)을 더 가난한 뒷골목에 더 빠지게 하면 이것이 어찌 근심하고 놀랄 결과가 아니겠는가. 그러므로 금일 임시 구급의 방책을 대략적으로 거론하겠다.

(갑) 각 도회처와 기타 적당한 장소에 각종 학교를 관영, 공영으로 창립하는 것에 전력할 일

(을) 각도와 각군에 보존한 형식적으로 쓸모없는 향교, 서원 등의 제도를 모두 폐지하고 여기에 속한 재원으로 기금을 삼아 신식학교를 군영(郡營)으로 설립하게 할 일

(병) 민간의 유지자가 설립한 학교를 별도의 방책으로 원조하고 장려하며 완전해지도록 개량할 일

(정) 지방 각 방촌에 남아있는 구식 재숙(齋塾)의 제도를 적당한 방법으로 점차 개량해 몇 개의 촌에 학교 하나를 적당히 설치하고, 그 조직제도와 교수방법 등에 이르러서는 간섭하고 지도하되 일체 경영은 해당 촌방(村坊)에 일임해 자치하게 할 일

이상에서 열거한 몇 가지 안건의 실행으로 교육기관이 모두 준비되었다고 말하는 것이 아니라 이와 같이 해서 각종의 폐단이 일어나는 것을 가능한 한 막고 시급하게 필요한 바를 보충할까 한다.

(3) 사범학교를 광설하고 선량한 교사를 양성할 일

학교를 어떻게든 널리 설치해도 교육 사무의 주뇌(主腦)가 되는 선

량한 교사를 얻을 수 없으면 어찌 교육의 실효를 거둘 수 있겠는가. 실효를 거둘 수 없을 뿐 아니라 그 창설의 본의가 헛되이 허명에 그칠 것이니 교육에 유의하는 사람은 거안(炬眼)[7]을 들어 이에 주시하지 않을 수 없을 것이다. 근래 우리나라가 교육의 일대 혁신시대를 맞아 공영, 사영으로 각처에 설립한 학교 수가 비상한 추세로 증가하니 국가의 전도와 국민의 발달을 위하여 기리고 기뻐할 현상이다. 그러나 일차로 그 실지 교육의 정형을 관찰하면 사람으로 하여금 근심・염려・탄식・애석의 정을 금하지 못하게 하는 바가 있다. 그 조직의 완비 여부, 제도의 좋음 여부는 잠깐 불문에 부치고 소위 교수하는 과목이 오직 외국어에 전력을 쏟고 그 나머지 두서너 학과는 명의에 그칠 뿐이다. 또 학과에 따라서는 외국 교사가 통역을 통해 가르친다 하는데 과학(科學)의 깊은 뜻은 자국어로 직접 교수하더라도 그 진의(眞義)의 소재를 충분히 설명하기 어렵고 이해하기 어렵거늘 어찌 외국어가 조금 통한다고 소양 없이 학문상 언어를 상세하게 통역할 수 있으며 초학자에게 이 같은 교수법을 전한다 하여 어찌 완전한 효과를 거두기를 기대할 것인가. 더구나 소학시대의 아동은 연령이 아직 낮고 사상이 정해지지 않아 주위의 감화에 물들기 쉽다. 이러한 유년의 기초교육이 한 걸음 잘못 나가면 국민의 정신을 타락시키고 국가의 기초를 위태롭게 할 것이니 어찌 의심하고 두려워하지 않겠는가. 그리고 쓸데없이 겉만 화려하고 사치스러운 악풍이 점점 성행해 아름답지 않은 병풍을 사회에 퍼지게 하여 수구적인 부형으로 하여금 신학문의 가치 없음을 주장하게 해 그 자제가 학교에 입학하는 것을 억눌러 허락하지 않을 지경에 이르면 어찌 탄석(嘆惜)할 일이 아니겠는가. 또 우리나라 전래의 교육주의는 오직 한문에만 전력해 아동이 학령에 이르면 사상이 조금 통한

---

7 거안(炬眼): 사물을 잘 분별하는 안식을 가리킨다.

사람도 이해하기 어려운 천자문을 쏜살같이 주입해 기계적으로 암송하게 하고 차례대로 사략(史略)·통감(通鑑)·경전(經典) 등을 교수하되 회초리로 종아리를 때리며 꾸짖고 나무라며 엄혹하게 구속해 아동의 순일한 두뇌를 암송과 글 짓는 데 다 써버리게 한다. 또 기력을 기르는 풍조가 전혀 없어 소위 성취한 자를 보면 일분의 활기가 없으며 신체가 허약해 빠져 한 번 힘쓰는 일을 감당할 수 없고 진부한 사상이 두뇌에 새겨지고 젖어 있다. 그리고 세정(世情)에 매우 어리석고 국가와 사회에는 한 터럭의 공헌이 없다. 결국 무기력, 무정신의 국민을 만드는 것에 불과하다.[8]

오늘날 이러한 불완전한 교육의 제도를 일신하고 국민의 사상을 깨끗이 하고자 하면 먼저 신시대의 활정신(活精神)으로 선량한 교사를 다수 양출해야 한다. 그러나 우리나라 국민의 사상에는 일종의 특수한 병근이 골수에 잠입해 있어 쉽게 그 근본을 치료하기 어렵다. 즉 벼슬살이를 숭배하고 존경하는 관념이 그것이다. 일대의 영화가 벼슬살이를 넘은 사람이 없고, 대성공도 벼슬살이를 꼭 붙잡는 것에 있으며, 인생의 대행락도 벼슬살이에 미치는 것이 없다고 생각한다. 이러한 까닭에 이 벼슬살이의 높고 귀함으로 한 세상을 안락 속에 보낼까 하여 청년의 사상은 벼슬자리를 얻는 것을 종극의 목적으로 하고 있다. 국가에서 특별한 방법을 연구해 사용하지 않으면 교사 배양의 실효는 전혀 성공의 희망이 없을 것이다. 그러므로 외국 제도를 모방해 사범학교를 관립으로 널리 설치하고 각 지방에서 총명하고 뛰어난 자제를 공정히 가려내어 각 학교에 부속한 기숙사에 수용하며 일체 관비(官費)와 공비(公費)로 양성해 졸업하는 날에 그릇에 따라 채용해 교사 사무에 힘써 종사하게 하되 상당한 대우와 상당한 보수를 급여해 사회상 상당한 품

---

8 원문에는 단락이 나뉘지 않았으나 문맥에 따라 임의로 단락을 나누었다.

의를 갖게 하고 규칙으로 정한 연한-일본에서는 10년-에는 특히 의무적으로 교무에 복무하게 하면 대체로 개발될 서광이 머지않아 비칠 것이다.

(4) 외국어학교를 합병·통일할 일

오늘날 각국이 문명국가들의 언어를 학교의 한 과목으로 첨입해 학술상, 문학상, 실용상으로 연구하는 것은 이로 인해 선진국의 정화를 들여오고 세계문화의 성쇠와 이동을 미루어 규명하며 상업상, 교제상 각종의 방면에 활용해 자국의 문화를 증진하고 자국의 경영을 발전시키고자 하는 목적에서 나온 것이다. 우리나라도 이를 거울삼아 거액의 비용을 투자하고 각종 어학교를 설립한 것이 지금까지 10여 년이다. 이 사이에 어떠한 인재를 양출해 국민지식 개발상에 얼마간의 효력이 있었으며 국세(國勢) 발전에 어떤 영향을 미쳤고, 오늘날의 제도를 계속 유지하면 장래 어느 정도의 발달을 볼 수 있을는지를 우리가 이에 논구할 여가가 없었다. 그래도 개관하면 우리나라의 어학교는 일정한 주의가 없다 하겠다. 오늘날까지의 실행한 바를 논하면 과연 어떤 목적으로, 어느 방면에 잘 맞는 인물을 배양했는지. 혹 외국의 보통학교와 유사한 성질이 없지 않지만 보통과의 교수는 전혀 없는 상태요, 어학을 학습하고자 하는 자는 단지 일시적인 세력의 소장(消長)에 따라 우열을 판단하며 각 학교 학도 사이에는 일종의 뭐라 말하기 어려운 관념이 있어 동교동학(同校同學)의 생도가 아니면 외인을 보는 듯하다. 세상 사람들도 어학도를 보면 각기 그 나라 세력의 다소로써 구분해 형제가 서로 다투고 동포끼리 서로 쪼개지는 경향이 없지 않다. 그중에 더 우려할 것은 학도가 일정한 주지가 없고 반생반숙(半生半熟)의 개화에 심취해 자국의 정신을 소실하고 자국을 스스로 모욕하고 자국을 스스로 해치는 발작(發作)이다. 오늘에 이르러 이 같은 온갖 병통이 일어난 원인은 첫째는 어학교에 통일이 결여되어 있고, 둘째는 어학도 자격의 제한이 엄정하지 못하고, 셋째는 어학도의 상식 소양이 부족함에서 기인한 것이다. 그런즉 오늘날 치료의 방책은 하나의 큰 어학교를 설립한 후에 각 어학교를 합병・통일하고 학과에는 필요한 보통교육을 첨가해 다소 외국 중학교의 제도와 같게 하며 학도는 정년(丁年)[9]이상에 이른 자로 다소 본국 학문의 소양이 있고 품행이 방정한 자로 선발・입학하게 하면 얼마간의 경비도 절감하고 국민 배양의 중요한 기관이 될 것이다.

(5) 외국에 유학생을 다수 파견할 일

우리나라가 유학생을 외국에 파송한 것이 10여 년에 이른다. 그 사이에 외국을 유람한 인사도 다수 있고 외국에 유학하고 귀국한 인사도 적지 않겠지만 오늘날까지 어떤 새로운 면목의 활동도 보지 못했을 뿐만 아니라 외국 유학생의 신용이 남김없이 땅에 떨어져 내지(內地) 인사의 눈초리를 반대로 받는 데 이르렀다. 이것은 실제로 유학생의 실효가 없음 때문이든 그렇지 않으면 내지 인사의 관찰이 발달하지 못하는 것에서 유래함이든 어찌 개탄할 현상이 아니겠는가. 틀림없이 그 유래의 원인이 없지 않을 것이다. 일본 유학생의 형편을 들더라도 학자금을 스스로 처리해 도래한 이가 전혀 없어 충분히 목적을 이룬 자가 드물고 관비로 파송한 일도 있었으나 역시 그 방책이 불완전하고 경륜이 미치지 못해 어떠한 좋은 결과도 얻지 못하였다. 또 졸업하고 귀국한 몇몇이 있더라도 채용의 길이 열리지 않고 솜씨를 시험해볼 여지가 없어서 자포자기에 이르렀다고 하지 않을 수 없다. 또 그중에 종종 부랑 협잡의 무리가 회오리바람처럼 굴러와서 일신을 잘못해서 떨어지게 할 뿐만 아니라 새로운 학생을 그곳에 빠지도록 유혹하며 조국의 명예를 훼

9 정년(丁年): 20살이 되는 나이를 이른다.

손하고 이치에 어긋난 비행만을 행한다. 그러다 본국에 돌아가서는 번지르르한 겉꾸밈과 큰소리 · 자랑담 · 아첨하는 말 · 추잡한 행실로 세인의 눈을 속여 넘기며 협잡을 자행하여 옥석구분(玉石俱焚)[10]의 탄식을 불러일으키는 바이다. 그리고 다소 신구사상의 충돌로 인하여 어느 정도의 영향을 벗어날 수 없다. 또 내지 인사가 외국 유학생을 과도하게 믿은 결과로 이와 같은 경향을 낳은 듯하다.

학식은 학식이오, 인물은 인물이다. 아무리 학식에 널리 통달한다고 해도 다 선량한 선비가 되기를 어찌 바랄 수 있으며, 얼마간의 문명공기를 호흡하였다고 본국에서 생성한 타고난 자질이 어찌 탈변(脫變)할 수 있겠는가. 더구나 사상이 고정되어 있지 못하고 본국 사정에 관통(慣通)하지 못한 청년이 외국에 오래 머무르면 자국 정신이 점점 드물어지고 외국 관념이 감입(感入)해 불건전한 사상을 길러내기 쉬운 것은 자연의 이치와 추세이다. 그러므로 오늘날 이와 같은 정세에 처해 치료하고 나가게 할 방책을 연구하지 않고 단지 그 폐단만 지적하여 월시진척(越視秦瘠)[11]으로 범범하게 이를 보면 장차 어떤 결과를 만들어 내겠는가. 오늘날 학문이 발달된 각국에서도 매년마다 유학생을 타국으로 파견하여 피아(彼我)의 장단을 비교 연구하고 각국의 정형을 조사하여 정치상, 학술상, 기타 각양각색의 방면에서 일정한 평형상태를 지니고 함께 나간다. 그러나 우리나라가 오늘날의 지위에 처하여 자진자멸(自盡自滅)하고자 하면 그만이지만 자존자활(自存自活)하고자 하는 정신이 조금이라도 있으면 지식을 세계에서 널리 구하고 아울러 각국의 정세에 상세하게 통해 외교 사상을 양성하는 것은 세계의 추세이자

10 옥석구분(玉石俱焚): 옥과 돌이 함께 불타버린다는 뜻으로, 착한 사람이나 악한 사람이 모두 함께 망함을 이르는 말이다.

11 월시진척(越視秦瘠): 월나라 사람이 진나라 땅의 척박함을 본 듯하다는 뜻으로, 남의 환난을 예사로 보아 넘김을 이르거나 남의 일에 전혀 무관심한 것을 이르는 말이다.

시세의 요구이니, 급히 양호한 방책을 강구하여 관비, 사비로 유학생을 각국에 파견하되 한문에 소양이 있고 정년(丁年) 이상에 이른 총명하고 뛰어난 자제를 각 지방에서 공정하게 선발하고 또 관·사립 각 학교에서 우등 졸업생이며 품행이 방정한 자를 특별히 선발·파송해 한결 더 정온(精蘊)을 연구해 오게 하면 어찌 발달의 단서가 아니겠는가.

이상에서 말한 다섯 조목이 본래 진흥방책의 요점을 다 든 것은 아니다. 또 논한 바가 다 정곡을 찔렀다고 말하는 것도 아니다. 다만 마음속에 품은 바의 일부를 느낀 대로 붓에 맡겨 대략적으로 기술함인즉 뜻있는 분의 연구를 기다린다.

정부론(政府論) / 회원 최석하(崔錫夏)

국가가 정치를 행하는 것은 인민의 복리를 도모하고자 함이다. 그런데 기관이 없으면 활동할 수 없으므로 정부를 조직하여 제반 정무를 맡아서 처리하여 그 목적을 이루니 이로 말미암아 보면 정부는 정부 자체를 위하여 존재하는 것이 아니요, 인민을 위하여 설립된 것이다. 그런데 동서양과 고금을 물론하고 전제정치 하에서 생장한 인민은 그 본의를 망각하고 자못 인민은 정부에 대하여 복종하는 의무만 있음을 알고 개인의 자유권이 있음을 알지 못한다. 실례를 들어 말하면 구미인은 언필칭 인민이 정부를 감독한다 하고 동양인은 대개 정부가 인민을 감독한다 말하니 이 말은 비록 간단하지만 무한한 의미를 포함하고 있다.

세계 열국의 문명이 크게 차등이 있음을 우리는 이미 알고 있는 바이다. 그 원인을 연구하면 다수의 원인이 있어서 한마디로 해명하기 어렵지만 정치상으로 관찰하여 그 원인을 논하면 미개국 사람은 정치상 자유사상이 부족하여 정부에 대하여 개인의 능력을 발휘하지 못하고 문명국 사람은 이와 반대로 인권의 관념이 발달되어 국법을 존수하는 이외에는 정부의 간섭을 받지 않을뿐더러 정치상 큰 문제가 일어나 국민의 이해에 관한 사건이 있을 때에는 한 마음으로 협력해 공평한 여론을 환기하여 정부 당국자에게 혹 충고도 하며 혹 건의도 하고 혹 청원도 하며 혹 항의도 하여 국가 백년지계에서 놓치고 그르칠 것이 없게 하기 위하여 정부에 협조 감독한다. 이를 입헌정치라 말한다. 이에 입헌국 문명과 전제국 문명을 비교해 보니 서로의 거리가 천양지간(天壤之間)이다. 무엇이 그러한가. 입헌 정부는 천하의 총명으로 자기의 총명을 삼고 천하의 지식으로 자기의 지식을 삼아 인민의 공론을 정치의 표본으로 정한다. 그러므로 국가가 인민을 사랑함과 인민이 국가를 사랑함이 자연히 교칠(膠漆)[12]과 같이 하나처럼 결합되어 관민이 일체로 국사에 최선을 다하고 또 일반 인민의 의견을 채용하는 까닭에 정치상 실책이 없고, 정부의 일동일정(一動一靜)이 국가 목적에 잘 맞아 그 나라의 문운(文運)이 더욱 발전하게 된다.

전제국 정부는 그렇지 않아서 소수자의 의견으로 만기(萬機)를 단행함에 인민의 공론은 추호도 가치가 없을뿐더러 개중에 우국지사가 있어서 국정을 평론하면 맹독한 수단으로 그 지사를 압박하여 사회상 공론을 모두 금지한다. 이와 같은 정부 하에서 생장한 인민의 애국성이 자연스럽게 입헌정치 하에서 자유 활동하는 국민에게 미치지 못하는 것은 명확한 이치다. 왜인가.

대개 국민이 그 국가를 사랑하는 본성은 그 국가가 자기를 보호하기 위하여 존재하는 것을 확신하기 때문이다. 오늘날 전제국 정치를 관찰하니 국가는 인민의 권리를 도외로 둘 뿐 아니라 도리어 인민의 생명

---

12 교칠(膠漆): 아교와 옻칠이라는 뜻으로 매우 친밀하여 서로 떨어질 수 없는 관계를 비유적으로 이르는 말이다.

재산을 임의로 침해하는 데 조금도 거리낌이 없으니 인민의 관념에 '국가는 우리와 관계가 전혀 없다' 하여 국가와 인민을 다른 것으로 인식한다. 고로 서양 철학에서 말하기를 '전제국에는 군주 한 사람 이외에 애국자가 없다' 하니 지극하구나! 이 말이여! 참으로 금석지론(金石之論)이라 할 것이다. 비유컨대 우리가 타인에게 사랑을 받고자 하면 자기가 먼저 박애주의를 행해야 결국 타인의 사랑을 받게 될 것이다. 이러한 이치와 같이 정부가 인민에게 애국주의를 교훈하고자 하면 먼저 정부가 인민을 애호하여 사람 사람마다 국가는 즉 자기와 동일물이라고 확신한 연후에 그 주의를 관철할 것이거늘 전제국 정부는 이를 하지 않고 인민에게 애국을 요구하니 이는 타인을 사랑하지 않고 타인에게 사랑을 받고자 하는 자와 어찌 다르겠는가. 또 전제국은 독단주의로 국정을 단행하니 종종 실책을 면하기 어렵다. 가령 전제국에도 총명한 군주가 나와 인도(仁道)로 인민을 잘 다스린 선례가 역사상에 없지 않으나 이는 그 총명한 군주가 재위하였을 시대에 한하고 또 아무리 총명한 군주라도 한 사람의 기량은 각각 국한된 바가 있으니 매사를 어떻게 다 잘할 수 있겠는가. 더구나 무도한 정부가 위에 있어 인민에게 포학한 정치를 자행하는 것은 더 말해 무엇하겠는가!

요컨대 문명국 정부는 인민의 복리 도모를 유일한 목적으로 삼아 그 인민을 애호(愛護)함에 미치지 못할 것만을 오직 두려워하니, 인민의 애국심이 날로 열중(熱重)하여 정치상으로 관민이 한 몸으로 동심협력하니 그 나라의 문명 부강은 바라지 않아도 스스로 도달하게 된다. 그런데 전제국 정부는 사심, 사리로 인민을 대하여 정치를 행함에 인민의 원성은 '이 태양은 언제 없어지는가'라는 노랫말을 부르짖으며 관리를 사갈(蛇蝎)처럼 싫어하고 정부를 원수처럼 본다.

아아! 국가는 인민에 의해 조성된 것이다. 민력으로 유지되며 민심으로 활동하는 것이거늘 인민이 이와 같이 도탄에서 슬피 절규하되 정부가 심상이 여긴다면 그 나라가 쇠망하지 않을 이유가 어디에 있는가. 고로 나는 세계 중 어떠한 나라를 물론하고 전제를 행하는 국가는 날이 갈수록 부패하여 국제상 도태를 면하지 못하리라고 단언한다.

자유론(自由論) / 회원 문일평(文一平)

자유는 천하의 공리(公理)요 인생의 요구(要具)이니, 어떠한 사물인지와 어떠한 경우인지를 물론하고 적용하지 못할 바가 없다. 그러나 참자유와 거짓자유와 온전한 자유와 반쪽짜리 자유와 문명적 자유와 야만적 자유 등이 있다. 오늘날 '자유라, 자유라' 하는 이야기가 일반 청년들의 입에 늘 이야기되는 바이나, 실로 그 자유의 성질이 과연 어떠한가를 먼저 연구하지 않으면 완전한 문명의 행복을 영원히 누리기 어렵다. 그러므로 내 천박하고 비루함을 돌아보지 않고 그 대의를 아래에 대략 논한다. 첫째는 정치상의 자유요, 둘째는 종교상의 자유요, 셋째는 민족상의 자유요, 넷째는 생계상의 자유이다. 대개 정치상의 자유라 함은 인민이 정부에 대하여 그 자유를 보존함이요, 종교상의 자유라 함은 신도가 교회에 대하여 그 자유를 보존함이요, 민족상의 자유라 함은 자국이 외국에 대하여 그 자유를 보존함이요, 생계상의 자유라 함은 자본가와 노동자가 서로 그 자유를 보존함이다. 또한 정치상의 자유를 세 가지로 나누자면, 첫째는 평민이 귀족에 대하여 그 자유를 보존함이요, 둘째는 국민 전체가 정부에 대하여 그 자유를 보존함이요, 셋째는 식민지가 본국에 대하여 그 자유를 보존함이다. 이러한 까닭에 여기서 나온 결과가 모두 여섯 가지다. 첫째는 사민평등(四民平等)의 문제이니, 한 나라 안에 어떤 사람인지를 물론하고 특권을 허락하지 않는다. 이것은 평민이 귀족에게 다투는 자유이다. 둘째는 참정(參政)

의 문제이니, 한 나라 안에 공민(公民)의 자격이 있는 이는 한 나라의 정치에 참여한다. 이것은 국민 전체가 정부와 다투는 자유이다. 셋째는 속지(屬地) 자치의 문제이니, 인민이 다른 땅에 스스로 이식하는 경우 임의로 정부를 건설하여 그 본국에 거주할 때와 동등한 권리를 누린다. 이것은 식민지가 본국과 다투는 자유이다. 넷째는 신앙 문제이니, 인민이 어떤 종교를 신앙하든지 다 스스로 택하고 스스로 따르며 정부는 국교(國教)로써 감히 속박하지 못한다. 이것은 신도가 교회와 다투는 자유이다. 다섯째는 민족이 건국하는 문제이니, 한 나라 사람이 모두 자치하고 자립하여 외국이나 혹 다른 민족으로 하여금 그 내치(內治)의 주권을 털끝만큼이라도 간섭하지 못하게 한다. 이것은 자국이 외국과 다투는 자유이다. 여섯째는 노동의 문제이니, 노동하여 그 힘으로 스스로 생계를 꾸리는 이를 지주나 자본가가 감히 노예로 두지 못한다. 이것은 빈민이 부자와 다투는 자유이다. 대저 수천 년 이래의 역사를 거슬러 보건대, 지혜 있는 자는 그 논란을 묘당(廟堂)에서 드러내며 용사는 간장과 뇌수를 들판에 칠하여, 여러 번 패하되 후회하지 않고 백번 꺾여도 굽히지 않는 그 수많은 다툼이 이 몇 가지를 벗어나지 않으며 그 화락(和樂)한 소득 또한 이 몇 가지를 벗어나지 않는다.

옛날 로마제국에 종교전제정치가 크게 일어나 중세에 야만족이 창궐하였고 문화가 유린되었으며, 그 말기에 이르러서는 로마황제와 로마교황이 전 유럽 인민을 양쪽으로 나누어 맡음에 전 유럽이 그 팔 아래에 살아 숨 쉬며 스스로 빠져나올 수가 없었다. 14・5세기에 이르러 비로소 마틴 루터가 일어나 구교(舊教)의 울타리를 한 번 잘라내고 자유의 문호를 한 번 여니 이에 신천지가 비로소 현출하였다. 그 뒤 2・300년 중에 여러 나라가 혹은 내전도 하며 혹은 정벌도 하여 들판을 살로 채우고 계곡을 피로 메워 하늘의 해가 참담하며 귀신이 어쩔 줄 모름은 모두 이 한 가지 일 때문일 따름이었다. 이때는 종교의 자유를 다투는 시대였다. 17세기에 이르러 영국의 크롬웰과 미국의 워싱턴이 일어났으며 오래지 않아 프랑스 대혁명이 일어나[13] 광풍노도가 전 유럽을 뒤흔들었고 이어서 여러 나라도 구름이 솟고 물이 용솟음치듯 하여, 드디어 지중해 서쪽에서 태평양 동쪽에 이르기까지 모두 입헌국이 되었으며 또 캐나다, 오세아니아 여러 식민지도 모두 자치의 정치가 되어 오늘날에 이르도록 그 기미가 그치지 않았다. 이때는 정치의 자유를 다투는 시대였다. 16세기에 네덜란드가 스페인의 멍에에서 벗어난 뒤에 여러 나라가 잇따라 일어나 19세기가 되자 민족주의가 대지를 뒤덮었다. 곧 오스트리아에 대해 이탈리아·헝가리가, 잉글랜드에 대해 아일랜드가, 러시아·프로이센·오스트리아에 대해 폴란드가, 터키에 대해 발칸반도가, 현재에 이르러서는 영국에 대해 페르시아가, 미국에 대해 필리핀이 전쟁을 맹렬히 하여 사망자가 뒤를 이었지만 후회하지도 아까워하지도 않았음은 모두 "우리 종족이 아니면 결코 우리 주권을 허락하지 않을 것이다." 함에서 나온 것이다. 그러니 비록 그 지향하는 목적을 혹은 이루었으며 혹은 이루지 못하였으나 그 정신은 매한가지이다. 이때는 민족의 자유를 다투는 시대였다. 앞의 19세기 이래로 미국이 노예제 폐지의 명령을 반포하였으며 러시아가 농노제를 폐지함으로부터 생계계(生計界)의 큰 영향을 받아 2,30년 이래로 동맹파업의 사건이 어지러이 일어나며 공창조례(工廠條例)가 연속해서 발포되어 이 문제가 지금 지구상에 일대 안건을 이루었다. 이때는 생계의 자유를 다투는 시대였다.

이상의 여러 항목은 모두 서양 400년 동안 자유 발달의 큰 단서이거니와, 다시 개인적 자유에 관하여 그 뜻을 췌언하고자 한다.

대저 남에게 의뢰하지 않고 각각 자립하고 자영(自營)하는 정신이 있

13 17세기에……일어나 : 크롬웰은 17세기에 해당되지만 워싱턴과 대혁명은 18세기에 해당된다. 착오가 있었던 것으로 보인다.

는 것이 참자유나, 여기에 더하여 이것을 통일하여 단체를 구성함이 가장 귀한 온전한 자유가 될 것이니, 그 보조의 이로움이 무궁하며 활동의 용기가 더욱 클 것이다. 그 공이 이미 이와 같으므로 어떤 일에 거리낌이 있으랴만, 또 항상 주의할 바는 법률 범위 이내에 있어 그 일거일동을 기기(機器)의 절주(節奏)과 같이 하고 일진일퇴를 군대의 보무(步武)와 같이 함이 문명의 자유이니, 이른바 법률은 우리가 제정한 바로써 우리를 보호하는 것이다. 그러므로 세계 민족 가운데 복종하는 성질이 가장 많은 영국인이 그 자유의 행복을 독점하는 것을 볼 수 있다. 이른바 복종은 법률에 복종함이다. 그러나 이상 여러 조항을 위반하여 자립과 자영의 의의를 피상적으로 주장함이 거짓자유이다. 이 때문에 결합력이 결핍되며 공동체 의식이 쇠약할 것이니, 이는 반쪽짜리 자유이다. 심지어 입을 함부로 놀려 남을 침해하며 행동을 함부로 해서 법을 멸시함은 야만의 자유이다. 이것들은 '자유' 두 글자를 오해한 것이 아니겠는가.

학술적 관찰로 상업경제의 공황 상태를 논하다 (전호 속) / 회원 전영작(全永爵)

전호에서 공황의 종류를 세 가지로 구분하였으나 통상 그 원인과 현상은 서로 뒤섞여 있어서 쉽게 결정하기가 어렵다. 이번에는 그 세 종류의 원인을 열거하고자 한다.

(갑) 판매 공황의 원인

현세기 초에 서머셋(Edward Somerset), 제임스 와트 등 여러 사람들의 증기력(蒸氣力) 및 기차에 관한 대발명은 경제사회의 혁명을 촉진하였고, 공장 조직이 일어난 후로 이에 동반한 분업법은 그 정밀함이 극에 달하여 한 켤레의 신발을 제조하고자 하면 62명의 손을 거치는 데에 이르렀다. 생산력의 진보와 생산 사회의 이익이 많고 컸으나 또 이 때문에 폐해가 일어남을 면치 못하였다. 공장 내에 고용된 노동자를 자본가의 노예로 삼았고, 사업을 주재하는 자본가도 그 제조 물품의 판로 및 수요 공급의 관계를 상세히 알기 어렵게 되었다. 대개 사회에 분업법이 일어난 후로부터 다음의 두 원칙은 가장 중요한 지위를 차지하게 되었다.

1. 재물의 생산은 교환을 목적으로 하기 때문에 생산 후에는 가급적 빨리 교환하지 않으면 안 된다.

2. 각 생산자는 자기가 필요로 하는 물건을 생산하지 않고 타인이 소비하고자 하는 물품을 생산하기 때문에 생산물 수요자를 신속하게 발견할 필요가 있다.

이상 두 가지 원칙은 의심의 여지 없이 명백하나 이를 실행하는 데 있어서는 한 가지 곤란함을 면하기 어렵다. 어째서 그러한가. 가령 갑은 을이 필요로 할 것으로 예상하여 물품을 제조했는데 그 물품을 을이 필요로 하지 않고 어느 누구도 사려고 하지 않는 때가 생기면 이는 곧 상업의 활발함과 침체를 발생시키는 바이다. 각자가 생산한 재화와 물품이 곧바로 수요자를 발견할 수 있으면 생산의 효과가 커지기 때문에 자본주와 노동자는 적지 않은 이익을 누릴 것이니 그렇게 되면 사회 전반의 상업이 번성하게 될 것이다. 현재 경제사회는 분업의 성행으로 인해 피차간 서로 관련되어 밀접한 관계가 있으므로 일대(一大) 산업의 시세 없음은 곧 다른 곳에 파급됨을 면하기 어려우니 하물며 수많은 산업의 시세 없음은 어떠하겠는가. 가령 갑이라고 하는 산업이 시세가 없는 상황에 빠질 때에는 을·병같이 평상시 갑의 구매력을 목적으로 하여 제조한 재화와 물품이 곧바로 판로를 잃게 되어 을·병도 손실을 볼 것이요, 그 결과는 정·무에까지 미치고 마침내 전국 전 세계를 다

부진(不振)의 상태에 빠지게 만들 것이다. 또 분업의 폐해는 왕왕 수요와 공급이 적당치 않음으로 인해 공황을 일으킬 때가 있다는 것이니 공황이 일어났을 때에 항상 생산 초과에 관한 말을 듣게 되는 것은 여기서 연유한다. 생산 초과의 원인은 두 가지가 있으니 하나는 소비가 급격히 감소했기 때문이요, 다른 하나는 생산이 급격히 증가했기 때문이다. 소비가 급격히 감소하는 경우는 세상 사람들이 재화와 물품에 대하여 그 기호가 바뀐 것과 같은 것, 가령 해관세(海關稅)의 영향 혹은 경쟁자의 성공 등으로 인해 어떤 종류의 재화와 물품 소비력이 크게 감소하는 등의 예가 적지 않다. 혹 기근이나 전쟁이 일어났을 때 역병 등의 유행으로 인해 국민의 소비력이 적극적 또는 소극적으로 줄어드는 예도 있다. 또한 생산이 급격히 증가하는 경우는 물가가 한두 가지 원인으로 상승할 때에 갑자기 화물의 시가(市價)에 따른 수요를 야기하기 때문에 시가는 점점 더 오르고 생산 기관은 확장된다. 그런데 고용인의 품삯은 이에 동반하여 오르지 못하고 자본가의 이익은 부당하게 증가함으로써 자본가는 이 기회를 잃지 않기 위해 공장을 신축하고 이전 공장의 규모를 확장하므로 생산은 급격한 변화의 상태를 드러내며, 극단적으로는 생산이 초과되고 판매 공황이 발생되는 것이다. 구미 여러 나라에서 지금까지 여러 차례 일어난 공황은 대개 자본가가 유리한 사업을 발견하면 그 기회를 잃지 않으려고 광적으로 매달린 결과에서 연유하니, 그 때문에 사회의 수요와 공급이 균형을 잃고 꿈같이 상상하던 이익을 얻지 못하여 갑작스레 대공황이 발생한 것이다. 1825년 영국의 공황은 광산업에 열중한 결과요, 1837년은 철도업이 무리하게 확장된 일 등 때문이었다.

(을) 은행의 공황-즉 은행불신용-

현대 사회는 그 관계가 마치 베를 짠 것과 같아 복잡함을 형언할 수 없다. 그 금융의 중추가 되는 것은 은행업자이다. 이른바 은행 업무는 신용을 기초로 삼기 때문에 은행업자의 신용을 동요케 하는 원인이 발생할 때에는 그 영향이 전 사회에 파급된다. 예를 들어 말하면, 영국에서 잉글랜드 은행〔英蘭銀行〕의 준비금이 감소할 때에 세상 사람들이 의구심을 품는 것과 같고 또 은행의 고객이 파산할 때에 세상 사람들의 은행에 대한 신용이 예전과 같지 않아 임치금을 다시 찾고자 하는 것이 상례이다. 이러한 때에 만약 준비금이 불충분하고 빈약한 은행이면 곧 파산의 불행을 당하고 은행이 파산하면 이를 믿고 의지했던 상업 종사자의 신용을 동요케 하여 금융의 길이 막힌다. 큰 은행 신용의 동요는 공황을 야기하는 도화선이 되며 은행의 규모는 공황의 범위와 관계된다.

(병) 지폐 공황-즉 지폐 남발-

지폐 발행의 방법을 한 번 잘못해서 왕왕 공황을 일으키는 예가 적지 않다. 지폐의 태환(兌換)[14]이 자유롭지 못하여 그 하락이 야기될 때에 정화(正貨)는 국외로 내몰리고 국내에 그 자취가 사라져 종래 계약에 기반한 수입과 재산의 관계가 전복되고 부채자는 부정한 이익을 얻으며 물가는 폭등한다. 투기업자가 발흥하여 세상 사람들의 지폐에 대한 착각의 심리를 이용해 다수의 사업을 계획하고 자본을 끌어모아 향후 수익이 확실할지 여부를 불문하고 함부로 사업 규모를 확대케 한다. 그 때문에 지폐에 대한 신용이 땅에 떨어지는 변동사항이 생길 때에는 전날에 얻은 거액의 이익은 홀연히 흩어져 사라지고 진실하고 정직한 실업가들로 하여금 사업을 새로 일으킬 마음을 좌절케 하니 신용이 파괴되어 공황이 나타나는 상황에 이르게 된다. 지폐의 남발이 공황의 큰 원인이 됨을 생각지 못한 채 세상 사람들은 지폐를 더 발행하면 국민

14 태환(兌換) : 지폐를 정화(正貨)와 바꾸는 것을 말한다.

경제가 예전처럼 전날의 상태를 회복할 것이라 생각하고 국가도 재정상의 곤란함을 구제하고자 하여 오히려 지폐를 더 발행하므로 통화가 부족하다는 아우성이 커지는데, 이는 이미 발생한 심각한 폐해를 한층 더 격렬하게 하여 끝내 신용 파괴 및 혼란의 정도는 결국 그 시기에 적당한 구제 방법이 없는 상황에 이르게 될 것이다. 이렇게 지폐 가격이 계속 요동칠 때에, 일반 상업거래는 사행(射倖)의 성질을 띠고, 투기업자가 날뛰고 설쳐 얻은 공허한 이익으로 인해 다소 진실하고 정직한 실업가라도 그 소용돌이 속에 유혹된다. 공황 폭발의 기미가 나타나면 얻은 바 이익은 본래 하락한 지폐로 계산하기 때문에 정화로 비교해 계산하면 홀연히 이익의 공허함을 깨닫게 될 것이니 이는 전 사회의 파산이다.

공황의 영향

경제사회에 미치는 공황의 영향은 대략 다음과 같다.

(가) 노동자의 곤란

(나) 자본가의 파산

위의 (가), (나) 두 가지는 이미 앞의 설명에 포함되어 있으므로 지금 중복 설명할 필요는 없을 것이다.

(다) 빈부의 격차

공황 발생으로 인해 노동자는 해고가 되어 호구지책도 마련하지 못하고 소액의 저축도 잠깐 사이에 다 소진하여 구빈원(救貧院)에 들어가든지 그렇지 않으면 자본가의 명령 하에 어떤 저렴한 품삯을 받고라도 노동을 하든지, 두 가지 방법 중 하나를 선택하지 않을 수 없을 것이다. 이와 반대로 공황으로 인해 일시적 불행을 당하면서도 도산을 면한 자본가는 잠시 후 토지, 유가증권 값의 회복에 의지하여 옛 상태를 회복한다. 그뿐만 아니라 앞에서 설명한 바와 같이 소자본가의 파산이 많고 대자본가는 도리어 이익을 얻는 기회도 간혹 있어서 피차간에 빈부의 격차는 더욱 심해지고 노동자는 끝내 자본가에 예속되지 않을 수 없는 것이다. 이 때문에 암암리에 혁명 등의 위험을 불러일으키는 결과가 발생하는 경우도 있다. 미라보(Honoré Gabriel Riqueti, Comte de Mirabeau) 씨는, "일찍이 합중국(合衆國) 독립 전쟁 후에 일어난 공황은 프랑스 혁명의 원인이 되었다."라고 말하였다.

(라) 사치의 폐해

사회 인심의 상태로 인해 한번 과도한 사치를 즐기는 상황에 빠지면 이를 쉽게 벗어나기 어렵다. 공황이 발생하기 전 부화(浮華)와 번영으로 인해 일시적으로 증가했던 상업사회의 수입은 즉시 소비가 되고 남은 것이 없을 뿐만 아니라 미래의 이득까지 예상하여 생계를 경영하게 되는데, 사치의 풍습이 성행하여 공황이 일어나 지난날에 상상했던 공중누각은 구름처럼 사라지고 안개처럼 흩어지며 오직 사치의 폐습만 예전 그대로 줄지 않는다.

(마) 산업기관의 정지

공황이 일어나 경제사회 각종 기관이 정지되는 일로 인해 발생하는 물질적 손해는 하나하나 낱낱이 열거하기 어렵다. 각종 기관의 운용은 날로 달로 복잡함이 극에 달하고 관계는 더욱더 밀접해짐에 따라 그 일부에서 일어나는 장해(障害)가 갑자기 전부에 파급되는데, 그 때문에 최근 공황의 성질은 세계적 공황이 되었다. 거리의 원근을 막론하고 전신이 서로 통하는 곳과 철도가 이어진 곳은 즉시 그 영향을 받으므로 물질적 손해가 더욱 커진다. 더욱이 금융 기관의 움직임이 정지되어

한 지방의 경제사회는 암흑의 골짜기 속에 던져진 바가 되고 생산, 분배, 교환이 잠시 정지하는 데 이르면 그 파급으로 인한 손해는 더 말할 필요가 없을 것이다.

(바) 기성자본(既成資本)의 감소

경제상 각종 기관이 그 운용의 힘을 잃고 생산이 정지되면 국민의 자본은 소극적으로 감소될 뿐만 아니라 기성자본을 불확실한 사업에 투입하게 됨으로써 또 적극적인 감소를 보이게 된다. 공황이 일어나기 전 기업할 마음이 발흥할 때에 도저히 성공하기 어려운 각종 계획에 투입한 자본은 당시 이미 소모가 되었으나 공황이 일어난 뒤에야 세상 사람들은 비로소 이를 깨닫는다. 그렇기 때문에 영국 인민이 1890년 남미 여러 나라에 투입한 자본 같은 것은 세상의 호황에 유혹을 당하여 그 계획이 어떠한가는 돌아볼 틈도 없이 돈을 던진 것이다. 이 때문에 과거에 저축한 거액의 자본은 완전히 물거품처럼 흩어져 사라졌다.

(사) 영업방법의 개량 진보

공황이 불러오는 두려움의 영향은 이미 다 말했으므로 마지막에는 그 이익을 들어 논하고자 한다. 속언에 비가 내린 뒤에야 땅이 견고해진다고 하는 말이 있는 것처럼 공황이 생긴 뒤에야 세상 사람들은 모두 실패에 놀라 각종 기관의 정리에 힘쓴다. 그러므로 영업 방법은 개량이 되고 제반 사업과 사회 기초는 그 대세가 공고한 데로 흘러가며 저축할 마음이 생기게 되니, 이는 공황 이후에 일어나는 현상이다. 공황 전에 함부로 투자했던 사업이라도 제대로 된 방법으로 정돈하면 국민의 이익이 될 수 있으니 이렇게 하여 한 나라의 부와 번영의 기초를 연 예 또한 적지 않다. (미완)

인격의 발달 : 기서 / 유전(劉銓)

인격이라는 관념은 가장 삼엄한 표상을 가졌으며, 인격의 의의는 지극히 위력 있고 강한 내용을 가졌다. 사회에는 조정과 재야가 있고 빈부에는 상하가 있으며, 위로는 왕과 귀족과 신분 높은 벼슬아치의 지위를 차지한 이와 아래로는 노동과 곤궁함의 고통을 탄식하는 이까지도 인격의 정의에는 부귀빈천의 구별이 없다. 그러므로 고결한 정조(情操)가 이로써 솟으며 엄숙하고 맑은 성격도 이 안에 생긴다. 선한 마음으로 선한 도리에 들어갈 때뿐 아니라 악한 마음으로 악한 도리에 들어갈 때에도 견고하여 뽑히지 않는 기세와 단단하여 휘지 않는 의지로 인격에 의뢰하면 최상이자 절대적인 조력을 받는다. 그리하여 함락되지 않는 견고한 성채를 얻어 독립적으로 결단하여 행하는 능력은 인격의 관념밖에는 없다. 이와 같은 기세가 일어나면 산과 골짜기가 메아리쳐 응답하며 울창한 삼림이 진동하며 악어가 뛰어오르며 사갈(蛇蝎)이 날아다니는 가운데라도 소매를 펄럭이며 뛰어난 안명(安命)을 얻는다.

우리 해외의 유학생 또한 장맛비가 내려 적적한 저녁에 창을 뚫는 외로운 촛불을 밝은 벗으로 삼고서 면려(勉勵)의 큰 뜻을 발휘하며, 사방 이웃이 막막(寞寞)한 중에 고요하고 엄숙한 도의(道義)의 등불을 발휘하여 독학(篤學)하시는 여러분의 인격은 국내에 남은 자들보다 소중하다. 자기의 인격을 인식하여 발휘하는 것과 같이 타인의 평등한 인격을 존중하여 모든 인민 일반의 인격을 존중하게 한다.

실천 세계에서 안심입명(安心立命)할 경지를 찾는다면 이는 인격 관념에 대하여 견고하여 흔들리지 않는 자신(自信)을 간직하고 사고하는 마음을 쓴 뒤에 시행하는 것이다. 실로 인생의 본령 내용은 인격 관념의 자각과 발달에 의지한다.

인격 관념의 발원은, 자타일체(自他一切)의 평등한 관계를 명백히 알아야 이 관념이 발달하는 것이다. 가상적 자유를 논한 칸트(Immanuel Kant)의 도덕관(道德觀)에 "도덕은 자기 개체의 인격을 존중하여 생기는 자율의 법칙이요, 자치의 법률이다."라고 하였다. 그렇다면 인격의 견고함은 자기를 소중하게 여기며 자기의 위엄을 돌아본 뒤에야 기초가 확정된다.

인격의 발달은 정신계의 절대적 원만함에 달려 있다. 인격 관념의 발원은 심령적(心靈的) 생명의 기초가 될 만한 위엄의 가치를 승인하고 자각한 뒤에 비로소 솟아나는 자율적 법칙에 있으니, 객관적 근저에 기초하는 것이 아니다. 그러므로 저 정신적 원만함을 표적으로 자각함이 옳다.

개체의 생존은 생리적 정태를 지속하여 객관적 자연계에 적응하는 것이 아니다. 불완전한 감관(感官)의 매개가 내외 두 작용의 적응을 화합하지 못하도록 하는 까닭에 객관적 원만함을 확립할 수 없다. 그러나 인류는 밝게 빛나 혼탁하지 않은, 신의 은혜와 같은 신령한 씨〔靈核〕를 안아 지키는 행복을 가지고 있다. 위로는 하늘에 합하고 아래로는 땅을 감싸 우주 만물을 포괄하며 건곤(乾坤)의 큰 기운을 총괄하는 이른바 마이크로코스모스(Mikrokosmos)의 생명이다. 그런즉 인간의 개체는 객관 세계에 국한된 낟알 하나에 불과하나 주관계에 이르러서는 무한한 절대적 원만함에 이른다. 그러므로 인간 문화를 개척하는 사업은 의적(意的)인 것과 동일하게 지적(智的) 혹은 정적(情的)으로도 의무를 다해야 하는 것으로 그 공훈에 이르러서는 동등하다. 그러므로 인간의 명예나 광영이 어찌 의적(意的) 사업에만 있으랴. 의지의 근저를 견고하게 하며 인정을 돌아보며 도덕을 소중하게 한 뒤에야 심령적 공(功)이 되니, 인도(人道) 개발의 본령은 인격발달의 사상이 여기에 존재하기 때문이다.

한국을 낙관하다 / 회원 김지간(金志侃)[15]

괴로움을 보고 비관하며 안락함을 보고 낙관함은 세상 사람들의 일반적인 감정이다. 그러나 안락함의 배후에 괴로움이 생장하며 괴로움의 배후에 안락함이 숨어 있음을 알지 못한 채 한갓 감정의 명령에 따라 그 진면목이 어떠한지를 연구하지 않고서 갑자기 비관하고 갑자기 낙관하는 자는 이상적 인물이라 말할 수 없다. 현재 우리 한국의 장래에 대하여 평론하는 자들은 전부 비관적 안목으로 훌쩍거리며 눈물을 흘릴 뿐이요, 기뻐서 춤추는 자는 단 한 사람도 없으니 어찌 탄식하지 않으랴.

세상 사람들은 말만 하면 반드시 우리 한국을 가리켜 빈국이라고 하는데 우리나라가 과연 빈국인가. 3천 리 강산을 돌아보면, 비옥한 들과 기름진 밭이 동서로 나열되어 있고 산과 숲과 내와 못이 종횡 좌우로 분포되어 있으며 금과 은과 동과 철이 연이은 광산에 산재하고 해산물과 육산물이 끊임없이 이어지니, 경작하면 가히 농업국이 될 것이고 제조하면 가히 공업국이 될 것이며 운전(運轉)하여 매매하면 가히 상업국이 되어 세계열강과 실력을 경쟁할 만한 부(富)의 근원이 있다. 그렇다면 세상 사람들이 이른바 빈국이라 하는 것은 눈앞에 있는 한국만 보고 배후에 있는 한국을 보지 못한 것이다.

세상 사람들이 말만 하면 반드시 우리 한국은 약소국이라 칭하는데 우리 한국이 과연 약소국인가. 현재 우리 한국의 군제(軍制)를 보면 군사의 수가 1만여 명에 불과하나 청컨대 우리 한국민의 인구를 보라. 2천만 동포가 아닌가. 우리 한국이 지금 이후로 세계 문명국의 군제를 본받아 군비(軍備)를 확장하면 2천만 명의 군사를 배치할 수 있으니 영국을 어찌 두려워하고 독일을 어찌 꺼리겠는가. 그렇다면 세상 사람들

15 김지간(金志侃) : 원문에 '全志侃'으로 표기되어 있다. 바로잡아 적었다.

이 이른바 약소국이라 하는 것은 눈앞의 한국만 보고 배후에 숨겨져 있는 한국을 보지 못한 것이다.

세상 사람들이 말만 하면 반드시 우리 한국은 쇠망한 국가라고 하는데 우리 한국이 과연 쇠망한 국가인가. 이러한 말을 제창하는 자는 비단 외국인만이 아니라 우리나라의 뜻있는 인사들 중에도 왕왕 있으니 아! 세상에 어찌 이러한 잘못된 식견과 허황된 말이 있는가. 진정으로 자국을 사랑하는 자는 자국에 대하여 항상 존중하는 신념을 가지고 있어 결코 멸시하는 발언을 하지 않는다. 대개 한 나라의 흥망은 그 국민의 자국정신(自國精神) 유무에 달려있는 것이지 외부의 압력이 어떠한가에 달려있는 것이 아니다. 저 역사를 보라. 그리스가 터키의 속국이 되어 몹시 참혹한 압제와 극심한 학대를 받았다. 그러나 그리스인들은 늘 말하기를 "그리스인은 어느 곳에 있든지 그리스인이요 터키인이 아니다"라고 하고는 이러한 사상을 실행하기 위하여 나라 안의 여러 청년들이 유럽 각 문명국에 유학하여 여러 학문을 연구하고서 본국으로 귀국한 뒤 학우회(學友會)를 조직하고 그리스인에게 애국사상을 불러일으켰다. 그 결과 그리스인들이 하루아침에 의기(義旗)를 들고 일어나 수백 년간 터키의 속박을 받던 그리스가 세계 안의 당당한 하나의 독립국이 되지 않았는가. 지금 우리 한국의 국가 형세를 외면으로만 관찰하면 입법권이 있다고 말할 수 없고 사법권이 있다고 말할 수 없고 행정권이 있다고 말할 수 없고 국제교류권이 있다고 말할 수 없고 실업권이 있다고 말할 수 없다. 그러나 사회상 일반 사물을 형식적으로만 관찰하고 실질적으로 연구하지 않으면 어찌 그 사물의 진면목을 알 수 있겠는가. 시험 삼아 묻노니 우리 한국 동포 중에 한 사람이라도 진심으로 타인의 노예가 되기를 희망하는 자가 있는가. 내 스스로 답하니 없다. 그렇다면 진심으로 우리나라의 수교권(修交權)을 타인에게 위임하고자 하는 자가 있는가. 내 스스로 답하니 없다. 그렇다면 진심으로 실업권을 타인에게 양여하고자 하는 자가 있는가. 내 스스로 답하니 없다. 나도 2천만 동포 중 한 명이다. 나의 마음으로 타인의 마음을 추정해보면, 우리 한국 국민 중에서 자국정신을 마음에 품고 있지 않은 자는 단 한 사람도 없다. 이를 통해 볼 때 우리 한국은 하나의 물건도 타인에게 잃은 것이 없거늘 하물며 독립권은 어떻겠는가. 이미 지나간 한국도 곧 한인(韓人)의 한국이요 현재 존재하는 한국도 곧 한인의 한국이요 미래의 한국도 곧 한인의 한국이다. 하늘이 무너지고 땅이 갈라지며 태산이 숫돌처럼 작아지고 황하가 허리띠처럼 좁아진다 한들 한인의 자국정신이 어찌 털끝만큼도 변화할 도리가 있으리오. 이 정신은 천군만마의 위력으로도 빼앗을 수 없고 경천위지(經天緯地)의 술책으로도 빼앗을 수 없으니 곧 우리 개국 시조인 단군의 유훈(遺訓)이다. 우리나라 동포가 만일 이 정신으로 국가의 장래에 대하여 진심을 다해 경영하면 세계 속에 더할 수 없이 부유한 나라가 곧 한국이요 세계 속에 더할 수 없이 강한 나라가 곧 한국이라고 말하지 않을 수 없을 것이다. 그렇다면 세상 사람들이 이른바 쇠망한 국가라고 한 것은 현재 자유롭지 못한 한국을 본 것이요 2천만 동포의 마음속에 새롭게 생장하는 부강하고 자유로운 한국을 보지 못한 것이다.

요컨대 나의 소견으로 한국의 장래를 관찰해보니 20세기에 더할 수 없이 원대한 희망을 가진 국가는 한국 외에 또 없고 16억 인구 중에 가장 위대한 신념을 가진 인류는 한국인 외에는 또 없다. 어째서 그러한가. 현재 열강은 과거의 문명국이다. 그 진보의 정도가 오십 보 백 보 사이에 불과하지만 우리 한국은 미래에 속한 문명국이므로 그 진취할 계정(計程)과 활동할 범위가 세상 사람들의 지식으로 헤아리기 어렵다. 세계 문명국 사람들은 그 국가의 문명이 극도에 이르렀기 때문에 국가사업에 대하여 열중할 필요가 없어 각각 개인 생활에 애쓰기를 마지않거늘, 우리 한국인은 그렇지 않아 사람들마다 머릿속에서 국가사업을 경영하는 사상이 잠시도 멈추지 않으니 다른 문명국 사람들의 사상과 비교해보면 한층 고상하고 심원하여 꿈속에서 워싱턴을 찾아가며 역사를 읽고서 비스마르크를 노래한다. 이러한 까닭에 나는 우리 한국의 장래에 대하여 낙관적으로 관찰하고 또 2천만 동포에게 이러한 낙관을 권고하노라. 대개 우리가 사물에 대하여 슬프고 침통하게 관찰하면 자신력(自信力)이 감소하고 자신력이 감소하면 용기가 감소하고 용기가 감소하면 만사가 이루어지지 않는다. 그러므로 세상을 덮을 만큼 뛰어난 영웅이었던 나폴레옹은 평생에 '불능(不能)'이란 두 글자를 말하지 않았다. 우리 한국 국민이 만약 '불능'이 없다는 신념을 가지고 국가의 장래를 경영하면 등나무 누각에서 좋은 바람을 맞는 시절이 반드시 올 것이다.

성정론(性情論) : 기서 / 선사(禪師) 일우(一愚) 김태은(金太垠)

'성(性)'은 본래 갖추어진 것이요 '정(情)'은 상대적으로 생기는 것이다. 성은 하나로서 항상성을 지닌 까닭에 성인에게 있더라도 더 늘지 않고 죄인에게 있더라도 더 줄지 않는다. 정은 일곱 가지로[16] 변화하는 까닭에 사물과의 접촉을 통해 알 수 있고 상황에 따라 명칭을 취한다. 맹자는 성이 선하다고 여겼고, 순자는 성이 악하다고 여겼고, 양자(揚子)는 인성에 선악이 뒤섞여 있다고 하고, 노자(老子)는 자연(自然)을 성의 본체로 여겼고 한유(韓愈)는 불변을 전제로 성의 품등을 분류하고[17], 그 밖에 예수와 신도교(神道敎)가 논하는 성 역시 앞서 다섯 명이

16 정은……가지로 : 유학에서 말하는 사단칠정(四端七情) 중 희(喜)・노(怒)・애(哀)・구(懼)・애(愛)・오(惡)・욕(欲)의 '칠정(七情)'을 말한다.

17 한유(韓愈)은……나누었고 : 한유(韓愈)는 그의 글 「원성(原性)」에서 '성'의 품등을 상・중・하 셋으로 나누었다. 그리고 그 품등은 공자의 말을 빌려 '변화할 수 없다[不

진술한 의미에서 벗어나지 않는다. 그러니 번거롭게 다 끌어들일 필요 없이 간략히 좁은 소견을 진술하노라.

양식아(楊食我)는 탯줄을 떼자마자 종족을 멸절할 소리를 내었고[18] 아자타샤트루〔阿闍世〕는 모친의 회임 중에 부친을 해칠 생각을 품었으니[19] 성은 과연 선한가. 중니(仲尼)는 태어나면서 아는 자였고 문왕(文王)은 어려서부터 총명하니 성은 과연 악한가. 요임금이 아버지임에도 단주(丹朱)는 못난 아들이 되었고[20], 고수(瞽瞍)의 아들로 태어나도 순임금은 효도하니[21] 사람의 본성은 과연 선악이 섞여 있는가. 장횡거(張橫渠)는 초년에 손무(孫武)와 오기(吳起)를 선호하다가 만년에 유가의 도에 다다랐고 왕양명(王陽明)은 초년에 석가모니〔瞿雲〕를 폄훼했다가 만년에 그 학설에 심취하니 성은 과연 자연스러운가. 왕망(王莽)[22]은 지극한 공손으로 도리어 제위를 찬탈한 간악한 자가 되었고, 정(鄭) 장공(莊公)은 극진한 불효로 도리어 개과천선(改過遷善)하여 모친을 섬기는 순수한 정성을 쏟았으니[23] 성은 과연 변화할 수 없는가.

移]'고 하였다.

18 양식아(楊食我)는……내었고 : 양식아(楊食我)는 중국 춘추시대 진(晉)나라의 현인 숙향(叔向)의 아들이다. 『좌전(左傳)』 소공(召公) 28년에는 숙향이 아들을 낳자 그의 모친이 손자를 보러 왔다가 문 앞에서 아이의 울음소리를 듣고 '이리의 울음소리구나. 이리 새끼는 야심이 많으니 이 아이만 태어나지 않았으면 우리 집안을 망칠 자가 없을 텐데'라고 말하며 바로 돌아왔다는 이야기가 전한다.

19 아자타샤트루〔阿闍世〕는……품었으니 : 아자타샤트루은 고대 인도 마가다국의 왕으로, 어머니가 임신했을 때 그가 부친을 해치 것이라는 예언이 내린다. 이 말을 듣고 그를 해치려던 부친은 아이의 손가락만을 자르고 그를 살려둔다. 후에 예언대로 부친을 살해하지만 부처의 가르침으로 참회하고 불교의 수호자가 된다.

20 요임금을……되었고 : 단주(丹朱)는 요임금의 아들이다. 요임금은 아들의 어리석음을 알고 천하를 줄 수 없다고 판단하여 천자의 자리를 순(舜)에게 넘겨주었다.

21 고수(瞽瞍)의……효도하였으니 : 고수(瞽瞍)는 순임금의 부친이다. 고수는 계비의 아들 상(象)을 편애하여 순을 죽이려고 했으나 순은 부모 섬기는 도를 극진히 하였다.

22 왕망(王莽) : BC45-AD23. 중국 전한(前漢) 말기의 정치가. '신(新)' 왕조를 세워 황제가 되었으나 건국한 지 15년 만에 멸망하였다.

23 정 장공(鄭莊公)의……쏟았으니 : 정장공(鄭莊公, BC743-BC701)은 춘추시대 정

나는 소싯적에 학식 높은 선비 서너 명에게 이 문제를 물었지만 끝내 의혹을 해결하지 못하고는 마침내 분연히 스스로 생각하였다. "사람들은 세상에서 모두 '나는 안다'라고 말하여 다른 집안의 일에 대해서도 종횡으로 마구 논하지 못함이 없다. 그리하여 공자도 석존(釋尊)도 노자도 순자와 양자도 나는 알고 고금의 역사와 동서의 학문을 나는 다 알 수 있다고 말한다. 그런데 정작 자기 집안일에 대해 물으면 곧 근거 없이 공허하게 동문서답하고 하인을 주인으로 생각하다가 작은 두려움과 작은 이해(利害)에 임할 때면 일곱 번 구르고 여덟 번 넘어져 예전에 말한 바 내가 안다는 것이 하나도 도움이 못 되고 몇 줄 문자의 겉껍데기 속에서 쓸데없이 좋은 시절만 허비하고 있으니 이는 이른바 가까운 것을 버리고 먼 것에 힘쓴다는 것이며 나를 버리고 남에게 숨는다는 것이다. 그러니 인생에 무슨 유익함이 있겠는가."

그리하여 마침내 이러한 생각을 감추고 한가한 담론과 망령된 책자를 던져버리고 선사(禪師)를 찾아서 깊이 탐구한 지 이제 이미 11년이 지났다. 어찌 스스로 다 끝냈다고 말할 수 있겠느냐마는, 이 '성'은 미묘하고 원명(圓明)하여 움직일 때는 온갖 덕(德)을 다 포함하지만 조용할 때는 어떤 사물에도 머물지 않으니 실로 언어 문자로 형용할 수 있는 것이 아니라는 것은 감히 말할 수 있다. 『주역(周易)』에 이르기를 "생각도 없고 하는 것도 없이 조용히 움직이지 않다가 감응하면 천하의 일에 두루 통한다."고 하고 『서경(書經)』에 이르기를 "오직 정밀하게 하고 한결같이 해야 진실로 그 중도를 잡을 것이다."고 하고, 중니(仲尼)가 단지 말하기를 "나의 도는 하나로 통한다."고 하자 증자(曾子) 또한 한 글자로 답하기를 "네〔唯〕"라고 하지 그밖에 다른 말이 없고, 유마(維摩)는

(鄭)나라의 왕이다. 그는 동생과 함께 반란을 모의한 모친을 증오하여 영(城) 땅에 유폐하고 '황천에 가기 전에는 만나지 않겠다.'고 말했다가 이후 신하 영고숙(穎考叔)의 효성에 감동하여 모친과 화해했다고 한다.

입을 다문 채 침묵하고, 안연(顔淵)은 어리석은 것 같았다.[24] 시험 삼아 이 두 경전의 남은 가르침과 여러 성인들의 떳떳한 모범을 보라. 또한 위와 같이 불쑥 규각(圭角)[25]을 드러낸 곳이 있는가. 주부자(朱夫子)는 육경(六經)의 해석에 대해 상세히 다 설명하고자 하지 않음이 없었으나 '성'을 언급한 곳은 또한 단지 '마음이 잡된 생각 없이 신령하여 어둡지 않다〔虛靈不昧〕'라고만 하시고 별도의 다른 말이 없으셨다.

곁에 있던 혹자가 일어나 물었다. "순자와 양자 등의 설은 저도 정밀한지 조잡한지 잘 모릅니다만, 맹자의 설 역시 중도(中道)를 얻지 못한 것이 아닌지요."

나는 웃으며 말하였다. "좋구나. 질문이여! 앉아라. 내 너에게 말해주겠다. 맹자 시대에는 열국이 자웅을 겨루고 상하가 이익을 취하여 풍속이 날로 아래로 내려가는데도 스스로 그칠 줄 몰랐기 때문에 아성(亞聖)[26]께서 이를 슬퍼하여 말만 하면 반드시 요순(堯舜)을 칭하고 '성'에 관하여 선(善) 하나를 말씀하셔서 그 문제의 근원을 막았을지는 몰라도 어찌 그 전체를 들어 말하려던 것이겠는가. 순자와 양자 등 여러 명의 설도 이치가 없는 것은 아니니, '성'의 작용 중 일부분에 해당하는 것으로 말한다면 옳겠지만 '성' 전체에 해당하는 것으로 말한다면 나는 결코 순순히 인정(人情)이 된다고 말하지 못하겠다. 청컨대 모순에 빠진 잘못된 습관을 없애고 마음을 비워 스스로를 헤아려보라. 오래도록 공력을 들이면 반드시 내 말에 수긍할 날이 올 것이다. 옛사람이, '문으로 들어온

24 안연(顔淵)은……같았다 : 안연이 스승 공자와 대화하면서 질문하거나 반박함이 없어서 마치 어리석고 이해하지 못한 것처럼 보였다는 뜻이다. 하지만 이후 공자는 안연이 사생활에서 스승의 가르침대로 실천하고 있음을 보고서 안연이 어리석은 것이 아님을 알게 되었다고 말한다.

25 규각(圭角) : '규각(圭角)'은 옛날 벼슬아치들이 차는 '규'의 각진 부분으로 언행이 모난 것을 비유한다.

26 아성(亞聖) : '맹자'를 말한다.

것은 집안의 보물이 될 수 없다.'라고 했으니 삼가 남에게 입으로만 늘어놓지 말고 반드시 자신의 흉중을 잘 점검하라. 실참(實參)하고 정밀하게 연구하다 보면 하루아침에 이치를 꿰뚫어 통하게 될 것이니, 그렇게 되면 몸을 편안히 하고 만물을 이롭게 하는 방법과 임금을 섬기고 부모를 봉양하는 도리에 대해 항상 느긋하고 여유롭게 여길 수 있을 것이다."

혹자가 답하였다. "네, 네."

그러고는 물러갔다. 그때 누각에 연기가 완전히 사라지고 바다에 달이 막 떠오르거늘 동자승을 불러다 차를 끓이게 하고 쉬면서 아울러 시 한 수 짓노라.

만 리에 구름 한 점 없이 천하는 태평하고,	萬里無雲玉宇平
한 바퀴 외로운 달은 밝게 사람을 비추네.	一輪孤月照人明
인간 세상에 뛰어난 화공이 얼마나 많은가.	世間多少丹青手
형상 밖의 맑은 빛은 아무도 그리지 못하네.	像外清光畵不成

| 학원 |

달과 은하 / 회원 창강생(蒼岡生) 김태진(金台鎭)

달은 지구를 중심으로 그 주위를 운행하는 천체인데 또한 지구와 같이 태양의 주위를 운행한다. 우리의 눈에는 태양(太陽)과 태음(太陰)의 크기가 거의 같은 모양으로 보이나, 기실은 예사롭지 않은 차이가 있다. 태음은 태양의 수백억 분의 일에도 미치지 못하는 것인데 그 크기가 거의 비슷한 모양으로 보이는 것은, 지구와 태양의 거리는 심히 멀고 달과의 거리는 자못 가까움으로 인한 것이다.

달은 원래 광채가 없는 것인데 그 광휘가 있음은 태양의 광선을 받아 지구에 반사하기 때문이다. 하나의 예증을 들어 비유하면, 거울면이 광선을 받을 때에 반드시 반사하여 어두운 곳을 조명케 함과 같다고 말할 수 있다. 그런즉 달이 태양을 대하는 반면(半面)은 밝고 그 반대의 반면은 어두우므로 태음이 태양을 대하는 위치를 따라 혹은 초승달-신월(新月)- 혹은 활 모양의 달로 보이다가, 그 위치가 똑바로 서로 마주할 때에는 만월-망월(望月)-을 이룬다. 우리가 달 밝은 밤에 달 표면을 올려다볼 때에는 다소의 흐릿하고 검은 반점이 보이는데 이는 고산심곡(高山深谷) 및 분화구 등의 형적(形蹟)이 대기 바깥에 은은히 비친 것이다.

대개 우주 간의 만물이 다 인력(引力)을 지닌 까닭에 태음도 또한 인력이 있어 그 힘을 지구에 미치니 이 인력은 즉 지구 해양의 조석 간만을 생기게 하는 원인이 된다. 해양에서 달과 관련된 부분은 달의 인력을 따라 만조를 일으키고, 관련되지 않은 부분은 달의 인력을 받지 않아 간조(干潮)를 이룬다.

지구가 태음과 태양 사이에 있어 태양으로부터 태음에 비치는 광선을 차단할 때에 이르면 달의 전부가 지구상에서는 보이지 않으니 이는 즉 우리가 이르는바 월식이요, 월식의 시간은 가장 길 경우 대략 2시간에 달한다.

은하-일명 하한(河漢)-는 창공에 횡선을 이루는 하나의 흰 띠로 중천을 양분하는 것을 이른다. 이를 망원경으로 관찰하면 무수한 작은 별들로 형성되어 있음을 판별할 수 있다. 극히 작은 뭇별들이 조밀하게 모인 것이어서 우리의 육안에는 다만 하나의 백색 띠로 나타나 보일 뿐이다. 우리가 익히 아는 별은 태양 및 태음인데, 태양의 광휘가 작열함은 태음과 비할 수 없는 것이다.

이러한 종류의 별은 항성이라 이르고, 주위를 운행하는 것은 혹성(惑星)이라 칭하니, 즉 우리가 서식하고 있는 지구가 이것이다. 또 혹성의 주위를 운행하는 것을 위성이라 칭하니, 즉 지구에 속한 별 태음이 이것이다.

태음과 태양의 크고 작음에 예사롭지 않은 차이가 있음은 앞에서도 이미 적었거니와, 태양은 120만 개의 지구를 합한 것과 비슷하고 태음은 지구의 40분의 1에 불과하나 대개 물체는 멀어짐에 따라 점점 작아지는 이유가 있으므로 태양과의 거리가 심히 멀고 태음과의 거리는 심히 가까움으로써 같은 크기의 형체로 나타난다. 창공에 있는 항성 중에도 태양보다 심히 크고 광휘가 작열하는 것이 허다하나 태양에 비하면 그 거리가 심히 멀므로 하나의 작은 별과 흡사하게 보인다.

하한(河漢)은 즉 항성이 가장 많이 모여 있는 자리인데 그 수가 대략 2천만이라 한다. 그 천체의 형세를 비유적으로 말하면, 큰 나무 아래에서서 성글고 빽빽한 정도를 살필 때 지엽(枝葉)이 상호 중첩된 데는 조밀하여 창공이 보이지 않아 자못 어둠을 이루고 성글게 트인 데는 그 사이로 창공이 보여 자못 밝음을 이루니, 천체 어두운 밤의 형세는 이와 반대의 현상이 나타난다고 말할 수 있다.

뭇별이 조밀히 집중되어 있다고 하더라도 상호 접근해 있는 것은 아니며 다만 같은 방향에 허다한 별이 보이는 것일 뿐이다. 같은 방향에 있는 것은 비록 멀리 떨어져 있다고 하더라도 우리의 소견에는 뭇별이 서로 붙어 있는 것처럼 보인다.

그런즉 달의 대소(大小), 원근(遠近) 및 작용과 은하의 구조와 천체의 형세에 예사롭지 않은 현상이 있다고 할 수 있다.

삼림의 조성에 있어 입지(立地)의 관계 / 회원 김진초(金鎭初)

삼림 조성에 있어 입지(立地)의 관계라는 것은 토지 및 그 위치의 성질이 나무와 상관되는 관계를 논하는 것이다. 이것을 상세히 논하려면 이른바 입지학(立地學)이라 칭하는 하나의 학과를 형성하게 되겠지만, 여기에 약술하는 내용은 다만 삼림 조성에 있어 가장 필요한 부분에 불과하다.

1. 토지의 관계

임업에 있어 토지의 관계는 그 화학적 성질보다 차라리 그 이학적(理學的) 성질, 특히 토지의 습기와 토지의 깊고 얕음과 토지의 밀도 때문에 필요하다고 한다. 이러한 각종 이학적 성질은 그 정도가 지나치면 나무들이 동시에 성장하는 데 해가 되니, 즉 과도한 습기와 과도한 건조함과 과도한 밀착과 과도한 경송(輕鬆)함 등이 이것이다. 그러나 중용의 성질을 가진 토지는 어떤 수종(樹種)에도 똑같이 유익하니 가령 어떤 수종은 치우친 성질이 있는 토지라야 성장이 가장 좋지만, 중용의 성질을 가진 토지는 넓은 범위에서 삼림 조성에 있어 항상 편익이 많다. 한 부분에 치우친 토지의 성질에는 흔히 그 토지에 적당한 수종이 아니면 삼림을 조성할 수 없으나 중용 성질의 토지에는 삼림 조성에 있어 소유주의 뜻에 따라 그 수종을 택할 수 있다.

식물질의 부패로 이루어진 썩은 흙은 토지 이학적 성질을 개량하며 그 성질이 한쪽으로 치우치는 것을 방비한다. 그러므로 썩은 흙을 많이 조성하여 둠은 삼림 조성에 있어 가장 귀중한 요건이다.

수목이 필요로 하는 토지의 성질은 각 수종에 따라 한결같지 않다. 그러나 어떤 수종은 그 성장에 있어 필연적으로 그 일정불변(一定不變)의 성질이 없어서는 안 된다고 말할 것이 아니라, 도리어 위치와 기후 등에 의하여 그 성질의 차이가 있다고 함이 옳다. 비유하자면 산의 북쪽에서 건조한 땅에 가장 잘 성장하던 수종도 남쪽에서는 도리어 습윤한 땅에서야 완전한 성장을 하는 경우가 있다.

토양의 종류 및 특성 : 토양에 필요한 성분은 모래와 점토와 석회 등이다. 모래는 석영(石英)을 함유한 암석이 분해된 것이요, 점토는 장석(長石) 및 운모(雲母)·각섬석(角閃石)·휘석(輝石) 등이 분해된 것이요, 석회는 흔히 석회암이 분해된 것이니, 특히 나무에 필요한 광물질 양분의 다수는 휘석, 각섬석 등으로 이루어진 것이다. 산악지방의 토양은 그 땅 아래에 있는 모암(母巖)-분해되기 전의 이름-의 분해로 이루어지나 골짜기 바닥과 평지의 토양은 그 위쪽에서 흘러내린 퇴적토로 이루어지니, 학자의 학설에 근거하면 임업에 있어 토양의 종류를 구별하면 전토(塡土)·양토(壤土)·석회토(石灰土)·이회토(泥灰土)·사토(砂土)·노토(壚土)·역토(礫土) 등 일곱 종류로 나뉜다.

첫째. 전토(塡土)는 그 가운데 5푼 내지 7푼의 점토를 함유하여 점착성이 강하므로 땅속에 공기가 침투하는 것이 적다. 또 물을 다량 흡수하여 진흙땅이 되기 쉽고 습윤할 때는 점착성이 심하며 건조할 때는 매우 단단히 엉겨 있고 햇볕에 닿으면 그 윗부분에 단단한 껍질을 만들어 삼림조성사업을 곤란하게 하나, 이 땅에 모래와 석회와 썩은 흙 등을 섞으면 비옥한 땅이 된다.

둘째. 양토(壤土)는 3푼 내지 4푼의 점토와 6푼의 모래를 함유한 것이다. 이 땅을 일구면 높이를 오래 보전하여 과도하게 습윤하지 않고 건조하지도 않으며 지나치게 거칠지도 않고 지나치게 조밀함도 없어, 식물을 재배함에 있어 지극히 적당한 토지다. 이 땅에 석회와 썩은 흙을 섞으면 가장 비옥한 땅이 될 것이다.

셋째. 석회토는 3푼 이상의 탄산칼슘-석탄-과 점토와 모래 등을 함유한 것이니, 석회는 혹은 입자 모양으로 혹은 분말 모양으로 섞여 있다. 만약 석회가 큰 입자로 된 토지는 모래땅과 같이 열등하지만 분말 모양으로 점토 및 썩은 흙이 섞여서 이루어진 토지는 대단히 비옥하다. 무릇 석회는 땅속의 광물질 및 유기질의 분해를 촉진하여 수목의 성장에 필요한 양분을 식물이 섭취하기 쉬운 성질로 조성한다. 그러므로 석회를 전토 및 점토에 더해 넣으면 대단히 그 토지를 개량하는 데 효과가 있다.

넷째. 이회토(泥灰土)는 분말 모양의 탄산칼슘과 다소의 점토가 세밀하게 혼합하여 성립한 것이니, 비상하게 비옥하여 자못 양토와 성질이 동일하다.

역사담 제1회 : 콜럼버스전 / 회원 박용희(朴容喜)

서(序)

15세기경부터 세계 문명이 일취월장하여 생존경쟁이 일어나지 않은 곳이 없다. 그 원인을 돌이켜 보건대 2대 중요 도화선이 있으니, 아메리카[27] 발견이 그 경제적 원인(遠因)이 되고 프랑스혁명이 그 정치적

27 아메리카 : 원문 기사에는 '米國'으로 되어있다. 문맥상 국가명으로서의 미국보다 아메리카 대륙을 가리키는 것이어서 아메리카로 번역했다.

근인(近因)이 된다. 왜냐면 일단 아메리카 땅이 발견된 이후로 스페인인이 속속 아메리카로 건너가 신세계를 발굴하고-신세계라 함은 동반구에 대하여 서반구를 가리킨다- 하늘까지 쌓인 금・은・동・철을 유럽으로 수송하여 화폐는 날로 가치가 떨어지고 물가는 날로 올라가므로 빈익빈 부익부가 되어 생활에 현격한 차이를 야기하고 따라서 경쟁이 갈수록 치열해졌으니 이것이 그 경제적 원인(遠因)이다. 이어서 또한 프랑스혁명으로 수천 년간 압제 하의 인민에게 창졸간에 공화(共和)의 영향이 퍼져 전 유럽이 깜짝 놀라 전제(專制)에 불평을 지닌 창도자가 사방에서 일어나니 이것이 정치적 근인(近因)이다. 그러므로 내가 아메리카 땅을 발견하여 근세문명을 재촉한 태두인 콜럼버스 전을 서술하여 우리 동포에게 알리고자 한다.

콜럼버스전

콜럼버스는 이탈리아 사람으로 서력 1437년에 이 나라 북방 제노바 만두(灣頭)의 제노바 항에서 태어났다. 그 인물됨이 체격이 적당하고 풍채가 늠름하고 관옥(冠玉) 같은 얼굴에 눈빛이 번쩍이며 정신이 활달하여 침착하고 과감하며 닥친 일을 상황에 따라 처리할 때 쾌활하고 뇌락(磊落)하며 예수에 대한 깊은 믿음으로 흔들림 없이 경건하였다. 어렸을 때부터 성정이 이학(理學)을 좋아하여 일찍 파비아(Pavia) 대학에 입학하여 천문, 지리 및 기하, 항해 등의 학문을 열렬히 통달했고 또한 독서 및 연구를 좋아하였다.

이때에는 유럽의 전반적인 사상이 아직 젖내를 면치 못하여 와전되고 헛된 말들이 풍미하였고 또한 미욱하고 편벽하여 다만 옛것만 옳고 현재는 그르다고 여겼다. 오직 포르투칼 왕 엔리케(Henrique)만이 앞서 부왕(父王)을 따라 아프리카 무어로 원정을 갔다가 풍토의 차이와 기후의 다름 및 동식물의 특이함을 견문하고 속으로 생각하기를 만약 아프리카 서해안을 지나 항해 탐험한다면 토지를 발견할 수 있을 것이라 자신하였다. 그리고 왕위에 올라 고서적을 살펴보다가 그중 한 책에서 옛날 유-드기사스[28]라는 자가 있어 홍해-아프리카와 아라비아의 사이에 있는 바다이니 이 바다 안에 아메바라 칭하는 극미한 곤충이 많이 서식하여 찬연히 발광(發光)하여 바닷물이 붉게 된 까닭에 이러한 이름을 갖게 되었다-로 출범하여 아프리카를 항해하여 지브롤터에 도달하였다는 것, 또한 옛적에 카세-디 사람 한노[29]라는 이가 있어 일찍이 6척의 배를 이끌고 아프리카 해안을 따라 항해하여 드디어 아라비아 해안에 닿았다는 등의 이야기를 듣게 되었다. 숙원이 나날이 절실해져 한가히 궁궐에 깊이 틀어박혀서는 명사를 많이 초청하여 매일 항해, 천문 등의 학문을 연구하였으니 그 뜻은 이탈리아인의 상권을 빼앗아 자국의 번성을 도모하고자 하는 데에 있었다.

얼마 지나지 않아 포르투갈 왕 엔리케는 리스본-포르투갈의 수도이다-에 항해학교를 세우고 또한 사그레스(Sagres)에 관측소를 설립하고 사방에서 명사와 달인들을 초빙하여 교편을 잡게 하였다. 이로 인하여 포르투갈인은 엔리케 왕의 열성적인 웅략(雄略) 하에서 힘써 나침반을 응용하여 해양으로 나다니고 멀리 아프리카로 항해하여 그 대부분을 발견하고 열대지방을 탐험하며 아소아 군도(群島)-대서양 가운데 서경 20도 북위 38에 있으며 현재의 아조레스군도가 이것이다-를 내왕하였다.

이때에 유럽인의 두뇌가 일변하게 되어 사방에서 호기심과 모험심이 있는 이들이 리스본에 모여들었고, 콜럼버스도 또한 그중의 한 사람이었다. 콜럼버스가 리스본에 머물던 시기에 항상 총성(總聖) 사원에 다니며 기도하고 예배하다가 반려자를 얻게 되었으니, 이름은 도나 필리파(dona Filipa)이며 엔리케 왕 밑에서 양성된 발군의 항해객 고(故) 이탈리아

28 유드기사스: 미상이다.

29 카-세-디와 한노: 미상이다.

기사 바르톨로뮤 페레스트렐로(Bartolomeu Perestrello)의 딸이었다. 이로 인하여 콜럼버스는 그 장인[30]의 항해 원정 때의 일기와 지도를 얻어 후일의 발견을 위한 얼마간의 도움을 받았다. 콜럼버스가 리스본에 체류할 때 집안이 빈한하여 지도 및 해도를 제작하고 판매하여 생계를 모색했는데 그 제도(製圖)의 정밀함과 지식의 해박함이 우뚝하고 특출하여 당대 상등 사회에서 명성이 자자했다. 얼마 후에 그 처 필리파와 함께 포르투 산투(Porto Santo) 섬으로 이주하였으니 이 섬은 예전에는 그의 장인이 통치하던 곳이요 현재는 그의 동서(同婿) 쿠냐(P. C. da Cunha) 유수(留守)의 땅으로 사방의 뱃사람들이 모이고 흩어지는 곳이었다. 그리하여 콜럼버스는 기니아-아프리카 서단 서경 10도에서 20도 사이에 있는 땅이다-를 내왕하는 항해가를 찾아가 발견과 치부(致富)에 대한 이야기를 듣지 않는 날이 없었고, 이렇게 콜럼버스의 열정이 불타올라 해양에서 지내보고자 하는 마음이 극점에 달하였다. 콜럼버스가 이 섬에 머물면서 얻어들은 두세 가지 믿을 만한 보고는 그 발견하려는 동기를 한층 북돋웠으니

첫째는 카나리아 군도(群島)-아프리카 북서쪽 대서양의 서경 15도 북위 30도에 있는 곳이다- 및 상투메(São Tomé) 등의 섬의 신발견이며

둘째는 골웨이(Galway)에서 "서풍이 연일 크게 불 때에 아마도 타인종이 제조한 듯한 조각물 하나와 유럽인이 여태껏 보지 못한 거목과 동색(銅色) 얼굴에 적갈색 나체의 시신 2구가 이 섬에 떠내려왔다."라고 운운된 것이다.

콜럼버스는 포르투칼에 머물러서는 끝내 성공할 수 없음을 깨달았고 또한 조강지처 필리파가 사망하게 되자 드디어 뜻을 굳히고 포르투칼을 떠나 스페인을 가서 팔로스(Palos)-스페인 남방의 한 항구 이름이다-에서 구걸하며 지냈다. 라 라비다 사원 승정(僧正)-승정이라는 것은

---

30 장인 : 원문에는 '舅氏'로 되어있다. 문맥에 따라 장인으로 번역하였다.

기독교도를 총괄 지휘하는 자이다- 후안 페레스-여왕 이사벨라에게 세례를 준 신부이다-가 그 용모의 비범함과 행동의 이상함을 보고 마침내 그를 교회 안에 받아들였다가 그 천재가 보통을 넘고 지략이 출중하며 관찰력이 뛰어남을 차츰 알아보고 남 밑에만 머물 사람이 아니라 하여, 이윽고 여왕 이사벨라-이사벨라는 카스티야 국왕이다. 아라곤 국왕 페르난도에게 시집갔으나 그럼에도 각자 그 국정(國政)을 처리하였으므로 여왕의 명칭을 지닌다-에게 천거하고 코르도바-코르도바는 옛 스페인의 수도다. 지금은 마드리드로 수도를 옮겼다-로 향하게 하였다.

당시의 스페인은 이베리아반도를 아우르고자 하여 바야흐로 무어 민족과 크게 쟁투를 벌이던 시기였던 터라 어느 겨를에 이러한 허황한 이야기에 마음을 썼겠는가. 또한 코르도바에 이르고 보니 천거해주는 사람이 없을 뿐 아니라 도처에서 배척을 당하였다. 그러나 주머니 속의 송곳처럼 재주가 머잖아 드러나니, 열성이 한층 견고해지고 말솜씨는 거침없는 물과 같아 만나는 이들이 번번이 놀라워했다. 그리하여 콜럼버스의 명성이 점차 상등사회 사이에 알려져 결국 여왕을 알현할 수 있었으며 여왕은 인재(人才)를 알아보고 상객(上客)으로 예우하였다. 그러나 여왕이 콜럼버스의 기획에 대해 목사회의(牧師會議)에 문의를 할 때마다 번번이 탄핵을 당하여 진퇴유곡이 단지 두세 번이 아니었으나, 매번 여왕의 후의와 디곤 데 데사[31]승정의 동정을 얻어 추방만은 면할 수 있었다. 세월이 흘러 무어족이 물러나고 스페인이 난을 평정하여 상하가 차츰 안정되고 화평한 정국이 이루어지자 콜럼버스의 원정 기획이 각료회의에 다시 제출되었으나 단호히 거절을 당하였다. 콜럼버스는 이 웅대한 기획을 품은 지 이미 18년 세월이 지난지라 그 행로의 어려움을 탄식하고 다시 결심하여 스페인을 떠나 프랑스로 가고자 장차 코르도바를

31 디곤 데 데사: 미상이다.

출발하여 파리를 향하려 하니, 여왕 이사벨라가 약간의 금전 때문에 이러한 포부를 지닌 대호걸을 잃는 것을 안타까워하여 마침내 스페인 남방 그라나다에서 카스티야 왕국의 세입(歲入)을 다 써서 그 항해의 비용을 지불할 것을 약속하였으니 때는 서력 1492년이었다. (미완)

상업의 의의 : 기서 / 장홍식(張弘植)

무릇 우리의 상업 의의에 대한 해석은 아직 일정한 설이 없어 나 역시 확실히 알지는 못하지만 혹자의 설과 내가 믿고 있는 설을 구분하여 논하겠다. 간혹 상업의 의의를 광의와 협의로 구분하여 논하는 경우가 있는데, 광의로 말하는 '운수(運輸)', '보관(保管)', '금융' 등은 보조상업(補助商業) 또는 기관상업(機關商業)이라 명명하고, 협의로 말하는 '매매(賣買)' 등은 협의상업 또는 고유상업(固有商等)이라 명명한다. 혹은 이 두 가지를 혼용하여 말하기를 "이른바 상업은 협의의 상업이 아니다."라고 한다.

그렇다면 이는 상업의 구별이지 이른바 상업의 의의는 아니다. 어째서 그러한가. 무릇 우리는 고등 동물이라서 복잡한 욕망이 있다. 그 욕망은 곧 정신적 욕망, 가령 어리석은 자가 현명해지고 싶어 하거나 사리에 어두운 자가 밝아지고 싶어 하는 것이 이것이다. 또 육체적 욕망, 가령 목마른 자가 물을 마시고 싶어 하거나 굶주린 자가 배불리 먹고 싶어 하는 것이 이것이다. 그다음은 물질적 욕망, 가령 추한 것을 깨끗하게 하려 하거나 해진 것을 꾸미고 싶어 하는 것이 이것이다. 이러한 욕망이 있으므로 시세의 진보와 문화의 발달을 좇아 경쟁이 생긴다. 그러므로 상업의 의의를 논하기에 앞서 우리 욕망의 진보를 논하고자 한다.

1. 천연생산물의 채집에 종사하는 일이니, 가령 고대 어렵(漁獵) 시대가 이것이다. 그러므로 떡밥 하나를 던져 물고기 백 마리를 잡고 화살 하나를 쏘아 새 열 마리를 잡더라도 이것으로 만족할까. 아니다. 우리는 물고기 백 마리와 새 열 마리로 만족할 자가 아니다. 그러나 이 시대를 당하여 단체 문화가 없는 경우에는 사냥을 하는 자가 곧 파는 자도 되고 사는 자도 된다.
2. 채집한 천연생산물을 가공하는 일이니 가령 면화(綿花) 등의 일이 이것이다. 천연의 물건을 남에게 의지하여 겨우 의복을 얻는 것에 불과하다. 그런즉 농업시대를 말하는 것이니 어찌 물건 하나를 얻어 다른 물건을 만드는 것에 만족하리오. 여기에 이르러 분업이 없음을 살필 수 있다.
3. 천연생산물도 아니고 또 천연생산물을 가공한 것도 아니라 한 도회지에서 다른 도회지로 실어 날라 서로 있는 것과 없는 것을 통하는 일이니, 곧 우리의 수용(需用)과 공급에 응하도록 하는 일이다. 이는 상업시대를 말하는 것이니 가령 우리에게 있는 것을 다른 곳에 주고 다른 곳에 있는 것을 우리가 요구하는 것이다.

이상 세 가지를 살펴보면 시대의 진보 여부와 기호의 유무에 따라 다름이 있으나 앞에서 기술한 광의와 협의로 해석한 것과 비교하면 그 뜻이 반대가 됨을 알 수 있다. 그러므로 나는, "상업은 시기, 거리, 분량, 장소가 적합하지 않은 것으로 인해 효력이 적은 상태에 있는 것들을 그 상태를 변화시켜 효력이 많은 데에 이르게 하는 생업이다."라고 말한다. 어째서 그러한가. 1, 2의 경우와 같이 천연생산물과 이를 가공한 것은 다만 그 물건을 얻어서 일시적으로만 공급하고 수용하겠지만, 3의 경우와 같이 서로 있는 것과 없는 것을 통하는 상황이 되면 요구하기 어려운 것과 남는 것을 감당하지 못하는 탄식을 면할 수 있다. 그러나 시기가 적합하지 않으면 결실을 이루지 못하고 장소가 적합하지 않으면 신속히 도달하지 못하며 거리가 적합하지 않으면 교통이 불편하고 분량이 적합하지 않으면 교환이 균등히 이루어지지 못하니 이는 아예 논할 필요도 없는 것이다. 가령 시기와 장소, 분량과 거리가 적합하지 않으면 프랑스의 포도가 어찌 발달할 수 있으며 영국의 석탄과 일본의 생사(生絲)가 어찌 명예를 얻고 이익을 줄 수 있겠는가. 그러므로 상업은 이로 인해 전매(轉賣)를 목적으로 하고 영리(營利)를 목적으로 한다고 말하는 것이다.

추풍일진 : 기서 [한] / 여사 윤정원(尹貞媛)

눈을 들어 우주 만물을 보면 그 크기는 무극(無極)한 공간에 통하고 멀기는 북두성신(北斗星辰)에 달하며 작기는 현미경이 아니면 볼 수 없고 가깝기는 눈앞의 목엽(木葉)과 곤충에 이르도록 상호 조화하여 사시(四時)를 좇아 찬연한 광채를 천지에 가득케 한다. 고금을 불문하고 시사가인(詩士歌人)은 이를 위하여 읊조리고 문인화공(文人畫工)은 이를 위하여 그림 그리고 악수영인(樂手伶人)은 이를 위하여 노래하여 한 번이라도 이 조화의 힘을 쇠하거나 파한 일이 없으나, 다만 이렇게 완연히 조화롭고 미묘 낭랑한 유악(帷幄) 중에 서서 불쾌한 얼굴과 불평한 마음으로 밤낮 방황하는 것이 어찌 사람뿐이 아니리요.

자고로 추월춘화(秋月春花)가 스스로 한탄한 일이 없으니 한탄하는 것은 다만 이를 보는 사람뿐이요, 추풍낙엽이 스스로 슬퍼한 일이 없으니 이를 보고 옷깃을 적시는 것도 또한 사람뿐이다. 그러니 천지 만물은 즐거워 노래하는데 무슨 연고로 사람은 혼자 탄식하며, 천지 사방은 태연자약한데 어찌하여 다만 사람은 방황을 그치지 않는가.

이는 다름 아니라 사람마다 마음속에 두 가지-선악- 지주(支柱)가 있기 때문이다. 착한 주인이 하고자 하는 바는 악한 것이 못하게 하고, 악한 것이 하고자 하는 바는 착한 것이 허락하지 아니하여, 한 사람의 마음속이 선악 두 가지의 전당이 되어 꿈속에서도 쉬지 아니하니 어찌 그 사람이 일시라도 평화를 얻을 길이 있으리오. 이리하여 일가(一家)도 평화를 얻지 못하고 일국(一國)도 평화를 얻지 못하고 천하에 이르러서도 평화를 얻지 못하여 스스로 천상명월(天上明月)이 참담한 것같이 보이고 천하추풍(天下秋風)이 소슬한 것같이 여겨진다. 그러나 천상천하 자연 세계는 태초부터 한 번도 그 율려(律呂) 조화가 변한 일이 없으며 오직 인간 세계만이 이 참담한 형세를 드러내는 것이다. 나라와 나라는 항상 호랑이 표범처럼 싸우고 친구와 부모 자식과 형제는 얼음처럼 냉랭하여 정히 인생 세계는 불평과 곤궁의 전당이 됨을 면치 못하고 있다.

이리하여 자고로 허다한 성인군자와 학자가 이 곤궁을 없앨 방법을 연구하기를 "그 방법은 종교 · 도덕 · 미술 · 철학이라" 하나, 종교의 세력은 미약하여 이루어지지 못하였고 도덕의 광채는 암담하여 밝지 않고 미술과 철학의 사상은 아직 유치하여 충분치 않으니 어찌하리오. 그런 까닭에 종교가는 열심히 전도하고 성현은 열심히 가르치며 학자는 열심히 연구하나 오직 이 가운데서 몸으로 실행하는 자는 다만 여자뿐이다. 자선 · 교육 · 간병 · 전도 · 위로 · 면려 등의 사업은 여자의 본분이니 이러한 사업의 목적을 십분 이루게 하는 자가 어찌 여자가 아니리요. 여자는 무리하게 힘쓰지 아니하더라도 천생으로 이와 같은 아름다운 성질을 가진 자이니, 예수가 장차 이 세상을 버리시지 아니할 수 없던 시기에 가장 귀중한 머리털로 그의 발을 씻긴 자, 열두 제자는 다 각각 자신의 생명을 보전코자 하여 동서남북에 몸을 감추고 다만 한 사람도 그 뒤를 따르지 아니하던 때를 맞아서도 십자가 아래에 엎드려 눈물을 뚝뚝 흘린 자가 어찌 여자가 아닐 수 있었으리요. 만국의 사막-沙漠-에 물을 주고 가는 곳마다 황홀한 향기로 천하를 빛나게 하는 자가 어찌 여자가 아니리요. 철학자의 만 권 책이 추호의 효력도 없고 궁리와 의론이 조금도 인심을 위로하지 못할 때 깊은 동정의 한마디 말로 능히 우려를 흩어지게 하고 가련히 애원하는 눈물로 능히 환란・쟁투를 화합하게 함도 어찌 여자가 아니리요. 이에 견주어 보건대 남자는 전심으로 진력하여 발명・연구하는 자이고 여자는 즉각 실행하는 자이다. 그리하여 가장 적당하고 착실하게 그 본분을 깨닫고 지키는 자를 여자라 하고, 가장 바르게 그 길을 밝히는 것을 여학(女學)이라 하고, 이 길을 따르도록 가르치는 것을 여자교육이라 하는 것이다.

객창의 추감(秋感) / 회원 장계택(張啓澤)

가을하늘이 한껏 높고 가을달이 서늘하게 밝으니 호기가 양양하고 흉금은 상쾌하다. 난간에 기대어 고국산천을 바라보니 나뭇잎이 떨어지지 않았는데 눈물이 먼저 떨어진다. 인적이 끊어지고 사방 들판은 적막한데 절의 종소리는 객수(客愁)를 자아낸다. 보고 듣는 것이 모두 떨릴 만큼 끔찍하여 억지로 휘파람을 불어 노래 한 곡을 연주한다. 벌레는 찌르륵거리고 이슬은 반드르르하니 근심이 다시 생겨나 막기가 어렵고, 몇 줄 뜨거운 눈물이 절로 떨어지니 쌍수용종(雙袖龍鍾)[32]이 아닌가. 바람이 오동나무에 부니 그 소리가 요락(搖落)하고 달빛이 동편 창문에 비치니 광채가 영롱하다. 꿈속에서 구천(九天)에 부는 바람을 타고 동서 대륙을 두루 재미있게 놀고, 층층 푸른 다락은 사방이 티었으니 천지는 넓고

---

32 쌍수용종(雙袖龍鍾) : 두 소매로 흐르는 눈물을 닦는다는 의미이다. 용종(龍鍾)은 물기로 젖거나 물방울이 흐르는 모습이다.

가을 기운은 맑다. 세월은 동쪽으로 흐르는 물과 같고 광음(光陰)은 베틀에서 북을 한 번 놀리는 것과 같다. 지난 가을바람을 다시 만나니 그 소리가 쓸쓸하고 내 마음은 근심스럽다. 구름이 걷히고 하늘이 높아지니 단청색(蛋青色)[33]이 자주 나타나고 더위가 물러나고 서늘함이 생기니 파리한 몸이 소생하려 한다. 여회(旅懷)를 견디기 어려워 뜰 가운데 서서히 걸으니 달빛은 얼음 같은데 나무 그림자가 땅에 새겨진다. 서쪽으로 멀리 태평만(太平灣)을 바라보니 기운이 뿜어져 만길 무지개가 되었다. 몸은 비록 이역(異域)에 얹혀살지만 마음은 늘 고국에 있어, 낮에는 그리워하고 밤에는 귀국할 것을 꿈꾸니 서리지감(黍離之感)[34]을 금하기 어렵구나.

분발하여 일어나라! 우리 청년이여. 애태우고 근심하며 부지런하고 정성스럽게 하시오. 약육강식을 보지 못했으며, 부지런한 자가 해내는 것을 알지 못하오? 산이 무너지고 물이 마르지만 산줄기가 다하고 물줄기가 끝나서가[35] 아니며, 채찍 맞는 모욕이 닥쳐오는데 구름에서 밭 갈고 달에서 낚시할 수 없지. 탁월하고 걸출한 재능을 가진 우리 청년이여! 고식적인 기풍을 고쳐서 버리시오. 하지 않음을 편안히 여기고 하지 않음을 즐거워하며 유유히 허송세월하지 마시오. 한 번 가면 다시 오지 않소. 때를 어기면 후회막급이니 신선하고 상쾌한 이 바람에 컴컴한 창 아래 어두운 꿈을 어서 깨시오. 생각 하나 하지 않고 열 손가락도 움직이지 않으니 탑 위의 보살과 한 몸이로다. 완고한 전날의 이목은 눈멀고 귀먹었다는 탄식을 면하기 어려우며 진부하고 황당한 이야기는 꿀 먹은 벙어리 꼴이라 답답하다. 그만두자. 시는 지어지고 달은 지는데 일어나 북두성을 보니 기운이 서늘하다.

---

33 단청색(蛋青色) : 오리알의 껍질이 띠는 담청색을 이른다.

34 서리지감(黍離之感) : 나라는 망하고 옛 성터는 황폐해져 기장 같은 식물이 자라는 광경을 보고 느끼는 쓸쓸한 감정을 이른다.

35 산줄기가……끝나서가 : 궁지에 몰려 피할 도리가 없다는 의미이다.

수감록(隨感錄) / 회원 손영국(孫榮國)

○ 찬바람 스산하고 빗소리 쓸쓸한데 창밖의 오동잎은 한 잎 두 잎 뚝뚝 떨어져 저무는 정취를 전달하니 우리 청년이 학문을 공구(攻究)하고 정신을 연마할 좋은 계절이 도래.

○ 미국 샌프란시스코는 이번 진재(震災)를 겪으며 화려하고 굉장하던 전 시가지가 잿더미의 초토가 돼버린 후 질서가 파괴되고 강도가 횡행하여 백주대로 상에서 인명을 살상하며 재물을 횡탈하는데도 경찰력이 미치지 않아 이를 진정시키지 못하고 특히 동양 인종에 대한 백인의 폭행이 나날이 거듭 심해져 극히 위험하다 하는데 우리 동포 형제자매의 소식이 묘연하고 구활(久闊)하니 건강히 잘 있는가.

○ 우리나라에는 축첩(蓄妾)의 풍속이 성행하여 중류 이상의 남자는 이를 남자의 예사로 알고 행하니 일가 화평을 파괴하는 원인.

○ 축첩의 폐풍은 선대의 유습(遺習)에서 크게 기인하거니와 오늘날 우리나라 혼인제도의 폐해가 분명 그 하나의 원인인데 우리나라 경세의 인사는 이에 주의하고 있는지.

○ 우리나라 실력의 미약함이 오늘날 극심한 참경(慘景)에 이르렀는데 사치의 풍조는 점점 번성하여 전국 인민이 의복과 기구에서 일용의 소품에 이르기까지 도무지 외국 물품만 경쟁적으로 애용하니 어찌 용이히 간과할 현상이겠는가. 이러한 악풍(惡風)을 백방으로 치료하되 의복 등속에 대해서는 특히 법령으로 상하귀천을 막론하고 국산품 무명 종류 이외에는 일절 착용을 금지케 하였으면.

○ 외국에서는 부자가 아무쪼록 자기의 실력을 과장하여 신용을 널리 얻으려 애쓰며 상점에서는 화려한 상품을 가게 앞쪽에 진열하여 아무쪼록 고객의 주목을 야기하거늘, 우리나라는 이에 반하여 부자는 아무쪼록 실력을 은닉하고 상점에서는 물품을 아무쪼록 창고에 숨겨두어 종로

큰길에서도 적막의 한숨을 금할 수 없으니 어디까지 보수주의일지.

○ 우리나라가 이제까지 한문만 숭상한 결과로 오늘날 정신의 부패를 초래하였는데 근래에는 이에 대한 반동으로 한문 사상은 전폐하는 지경에 이르고 신문학은 발흥치 못하여 지금부터 청년이 어떠한 학식을 닦더라도 자신의 사상을 십분 문장으로 표현할 수 없을 뿐 아니라 통상적인 서신을 스스로 쓰지 못하니 어찌 한심하지 않으리오.

○ 이러한 부패를 초래한 것은 한문 자신의 죄가 아니라 훈육이 마땅하지 못했음으로 인한 것인즉 금후 신식 학교에서는 새 방법으로 한문 사상을 배양하여야만.

사조적적(思潮滴滴) / 회원 신상호(申相鎬)

○ 물질상 문명이 점차 진보하는데 정신상 문명 즉 윤리 도덕은 반비례로 퇴보하여 한 국가가 되어서는 약육강식으로 관례를 삼고 한 개인이 되어서는 금전 운운 명예 운운하며 평생 사업을 삼으니, 애석하다 지금 세상.

○ 세계 문명이 진보할수록 세상 사람은 학문만능주의를 주창하나, 그릇되었도다, 이 사상이여. 학문이 귀중하지 않은 것은 아니나 인격이 있은 다음에야 있는 것이라, 따져 묻노니 옛적에 양웅(楊雄)・왕안석(王安石) 등의 일파가 학문이 부족하여 천하에 해독을 남겼던가.

○ 세간에 방탕자 일파가 언필칭 영웅은 호색이라 하여 주색계(酒色界)에 깊이 빠져 평생의 일을 그르치니 어리석고도 안타깝도다. 영웅의 영웅됨이 어찌 호색에 있으리오. 호색은 영웅의 단점을 이르는 것이거늘 영웅의 장점은 본받지 않고 단점을 모방하고자 하니, 할 수 없는 하등 인물.

○ 자기의 심사로만 타인의 심사를 추측치 말지어다. 사람마다 마음이 다르도다.

○ 세간에 어떤 인물은 몰래 불법을 저지르고 겉으로는 명예를 보전코자 하나 이것은 자기를 속이는 것이로다. 대개 명예란 사후에 생기는 결과이니 비유컨대 물체의 그림자가 그 물체의 형상을 따라 모나거나 둥글거나 길거나 짧거나 함과 같아서 선한 일을 행하면 선한 그림자가 생기고 악한 일을 행하면 악한 그림자가 생기니 인력으로 그 진상을 엄폐할 수 없느니라.

○ 대장부가 세상에 나서 뇌락(磊落)한 대사업을 행할 때에 세상 사람의 훼예(毁譽)를 마음에 두지 말지어다. 나를 헐뜯는 것은 나를 질투함이요 나를 추켜세우는 것은 나에게 아첨하는 것이니 자기의 평판은 자기의 양심에 물을지어다.

분기(奮起)하라 청년들이여 : 기서 / 대몽생(大夢生)

한번 보라.

번쩍거리는 큰 불은 마룻대와 들보를 한창 사르고 출렁거리는 격랑은 대문과 뜰을 침범하려는데 그대들의 부모는 늙어 쓸모가 없고 그대들의 아내와 친척은 약하여 견디지 못하니 만일 그대들이 수룡(水龍)에 의지하여 잇따라 타는 불을 막으며 수구(水口)를 열어 물길의 형세를 이끌지 않으면 가까이 닥친 화액(禍厄)을 어떤 사람이 대신해 막겠는가.

생각해보라.

높은 처마는 이미 검게 그을린 흙이 되고 문지방은 장차 구덩이에 파묻히리니, 사납고 모진 축융(祝融)[36]이 그 위엄을 막 자랑할 때 어찌 그대들의 부모를 고려하여 침실에 들어가지 않겠으며, 흉악하고 사나운 해약(海若)[37]이 그 힘을 막 펼칠 때 어찌 그대들의 처자식을 사랑하여 뒷간을 범하지 않겠는가.

맹렬히 반성하라! 맹렬히 반성하라!

신선처럼 노니는 자의 베갯머리에 행락(行樂)이 끊임없고 화서국(華胥國)[38] 가운데서 좋은 경치를 찾는 일이 다 끝나지 않았으나, 화롯가의 황량(黃粱)이 충분히 익었으니[39] 어찌하랴! 어찌하랴! 방문 밖에는 새벽을 맞이하는 나무에 두견새가 구슬피 울고, 횃대 너머 어스름에 누런 닭은 새벽을 알린다. 이때에 일어나지 않으면 또 어느 때를 기다릴 것이오!

분기하라! 분기하라!

대청마루에 불은 이미 이르렀고 정원에 물이 이미 침범하여 만일 눈 깜박할 사이라도 늦으면 그대들의 옛집은 아방궁(阿房宮)의 옛 모습이 될 것이요, 그대들의 농토는 용왕부(龍王府)의 판도(版圖)에 예속될 것이다. 그러니 그대들은 장차 머리가 그을리고 이마가 타서 고통을 부르짖는 양친의 모습을 지켜보려 하는가, 파도에 쓸려 떴다가 가라앉는 식구의 모습을 지켜보려 하는가. 이것은 실로 천지간에 둥근 머리와 모난 발뒤꿈치를 가진 인류가 차마 말하지 못할 바이거늘, 하물며 그대들과 같이 효성으로 어버이를 받들고 인애(仁愛)로 식구를 통솔하는 이들이 어찌 차마 행할 바이겠는가.

힘껏 행하며 용감하게 나아가고, 용감하게 나아가고 힘껏 행하라!

---

36 축융(祝融) : 불을 맡은 신으로, 화재를 비유한 말이기도 하다.

37 해약(海若) : 바다를 주관하는 신으로, 고대 중국에는 북해(北海)의 신을 약(若)이라고 하였다.

38 화서국(華胥國) : 태평한 나라를 이른다. 중국 태고의 성군인 황제(皇帝)가 낮잠을 자다 꿈속에서 가본 나라로, 임금이 없고 백성들은 욕심이 없어 나라가 잘 다스려졌다고 한다.

39 화롯가의……익었으니 : 부귀영화의 꿈에서 깨어나지 않는 사이에 오랜 시간이 지났음을 뜻한다.

자비로운 천녀(天女)는 수많은 수룡을 마련해두고 그대들이 와서 찾기만을 고대하고, 복과 덕을 주는 지신(地神)은 무수한 도랑을 파놓고 그대들이 물길을 돌리기만 간절히 바란다. 그러니 행하지 않음을 걱정할 뿐이지 어찌 대처하기 어려움을 근심하는가? 난파(欒巴)[40]를 기다리지 말라. 오직 힘껏 행하면 불 끄는 일이 어찌 어렵겠는가. 스스로 우(禹)임금이 되려고 하라. 오직 힘껏 행하면 물살을 물리치는 것이 어렵지 않을 것이다. 잠깐이라도 늦추지 말고 신속하게 일어나 움직이라. 하고, 하고, 다시 하고 나아가고, 나아가고, 다시 나아가 스스로를 지키되 엉성하지 않게 하고 스스로 힘을 쓰되 쉬지 않은 뒤에야 악마는 뒷문으로 물러나가고 복을 주는 신은 앞문으로 빨리 들어올 것이다.

막대하도다, 그대들의 책임이여! 원대하도다, 그대들의 성공이여! 저녁 해는 이제 저물었는데 앞길은 아직도 머니 아직도 시작하지 않는다면 후일을 어찌하려는가. 아아! 여러분. 장차 그대들의 원림(園林)과 가옥(家屋)을 흉악한 불꽃에게 맡기며 부모와 아내와 친척을 홍수에 실어 보내려는가. 만약 그렇다면 첩첩 갑창(甲窓)을 닫은 가운데, 겹겹 비단 이불을 펼쳐놓은 속에 편안히 누워 일어나지 말고 깊이 잠들어 깨지 말 것이지만, 혹 그렇지 않아 조금이라도 위험하고 두려운 줄 알겠거든 분초를 머무르지 말고 막기 위해 노력해야 한다.

그대들은 부모의 한숨을 기억하는가.

그대들은 처자식에게 애정을 가졌는가. 그렇지 않으면 그대들 한 몸이라도 스스로 사랑하고 스스로 아낄 줄 아는가.

둘러보라.

방문 앞에는 물이 출렁거리고

문미(門楣)에는 불이 활활 탄다.

---

40 난파(欒巴) : 후한(後漢)의 신선으로, 그는 조정 연회석에서 황제가 하사한 술을 입에 머금었다가 내뿜어 비를 만들어 마침 도성에 일어난 화재를 껐다고 한다.

기와가 날아간다! 마룻대가 꺾인다! 앞문이 엎어졌다! 뒷담이 무너졌다! 우르르!

식물계 / 회원 홍정구(洪正求)

우리가 거주하는 지구 표면에서 무성하게 생식하는 각종 식물은 토지와 기후에 따라 종류의 같고 다름이 생겨났다. 일본에는 온대산 종류가 가장 풍부하다. 자생식물로는 미려(美麗)하면서 향기로운 꽃이 많은데, 제일가는 꽃 중의 왕은 봄의 벚꽃 등으로 여러 종류가 있으며 배양식물로는 매화・도화・해당화・모란・국화 등 여러 종류가 매우 많아서 사계절 꽃들이 항상 끊이지 않는다. 산림에는 소나무・삼나무・노송나무〔檜木〕・느티나무〔欅木〕・떡갈나무〔欅木〕・누리장나무〔椎木〕 등이 매우 많다. 벌판에 제비꽃〔堇花〕・민들레꽃〔蒲公英花〕・연꽃 봄 장식의 화초부터 사철쑥〔萩〕・도라지〔桔梗〕・마타리〔女郎花〕・등골나무〔藤袴〕・박하〔薄〕 등 가을 화초에 이르기까지 때에 따라 자생하면 마치 오색의 양탄자로 방석을 제조한 것과 같다. 전답(田畓)에서는 쌀보리・옥수수・채소류・무〔菁根〕 등을 많이 기른다. 기타 녹나무〔楠木〕・은행나무〔鴨脚樹〕 등의 큰 나무가 일본과 청나라 등지에서 자생적으로 무성하되 인도 같은 열대지방에는 이를 진중하게 배양한다. 바닷속 산물로는 흑채〔黑菜〕・미역〔裙帶菜〕・김〔苔〕 등이 있으며, 아시아, 유럽 북부에 이르면 월귤나무〔苔桃〕・돌매화나무〔巖梅〕 등이 있고 열대지방에는 선인장〔覇王樹〕・용설란〔龍舌蘭〕의 종류가 있으니, 토지의 차이에 따라 식물의 종류도 역시 매우 크게 다름이 분명하다. 대략 140여 년 전 당시 학자가 조사한 바에 따르면 세계 식물의 총수가 겨우 1만여 종에 불과하더니 그 후로 학술이 진보하고 학자의 발견이 증가해서 지금에는 전

세계에서 나는 식물들의 총수가 최근의 조사에 근거하면 대략 17만 5천여 종 이상에 달한다. 이러한 종류는 보통 지구상에 분포해 번식하는 식물계에 속하는 것이다.

지육(智育)이 체육(體育)만 못하다

: 기서 / 청립(晴笠) 이창환(李昌煥)[41]

지육은 무엇이며 체육은 무엇인가. 지육은 천성을 함양해 인지를 개발하는 것이요, 체육은 골격을 수련해 인체를 건전하게 하는 것이니 그 필요에 미쳐서는 즉 하나다. 그러나 인생 행복상으로 이를 논하면 각각 그 고유한 성질이 있어 그 바라는 바가 각기 다르다. 혹 금전을 벌어 생활을 영화롭게 하는 것을 행복으로 삼는 자도 있고, 혹 명예를 획득해 세간에 서는 것으로 행복을 삼는 자도 있으며, 혹 고등관의 자리를 행복으로 삼는 자도 있고, 혹 지(智)를 닦고 덕을 수련해 안심낙도(安心樂道)함을 행복으로 삼는 자도 있다.

이상 행복을 말하는 자는 그 성질에 따라 각자 같지 않으나 우리 일반인들이 행복으로 삼는 것은 즉 다름이 아니라 건전한 신체다. 만약 사람들 각각이 지육에 힘쓰고 체육에 태만하다가 질병에 걸리면 금전과 관직과 명예와 지덕을 보전할 수 없을 뿐만 아니라 하루아침에 홀연히 세상을 떠날 수도 있다. 반대로 신체 건강한 사람은 정신이 활발하여 어떠한 곤란이라도 능히 감내할 수 있을 것이다. 그러므로 체육이 우리의 일반적 행복에 기초가 되는 것은 분명히 말하지 않아도 확실히 알 수 있으니 어찌 힘쓰지 않으며 어찌 힘쓰지 않겠는가!

---

41 이창환(李昌煥) : 원문에는 '李昌煖'으로 표기되어 있다. 바로잡아 적었다.

우리가 세상에 처하여 활동할 때에 어떠한 경우에 이르든지 또 어떤 행복이 있더라도, 신체가 건강하지 못하면 뜻을 이룰 수 없고 일을 이룰 수 없어 일생의 행복을 누릴 수 없을 것이니 어찌 두렵지 않겠는가. 먼저 체육을 힘쓴 후에 개발하여야 비로소 완전하게 사업을 이룰 것이니 제공이 이를 연구할 것을 바란다.

| 잡록(雜錄) |

○ 상호(尙灝) 씨의 귀국 : 공학사 상호 씨는 지난여름 학업을 마치고 그 사이에 도쿄 유학생회 회장이 되어 열심히 회무(會務)에 종사하다가 이달 7일에 신바시(新橋) 발 열차로 귀국하였는데 송별하는 사람 수백 명이 신바시역에 함께 모여 만세를 제창하고 동씨(同氏)를 송별하였으니 이러한 성대한 전송은 우리 유학생 중에 희귀하다고 칭송이 그치지 않았다.

○ 최정덕(崔廷德) 씨의 혈성 교육 : 도쿄에 체류하는 최정덕 씨는 원래 우리나라의 뜻있는 명사로 명성이 뚜렷한 것은 세인이 익히 아는 바이다. 현재는 천도교 학생을 감독하는데, 그동안 천도교에서 해당 학생들의 학자금을 다달이 꼬박꼬박 보내지 아니하여 해당 학생들이 천신만고를 겪고 인내하며 공부하는지라 동씨가 만강(滿腔)의 혈성으로 동정을 표하여 수개월 이래로 여기저기서 돈을 빌리며 학자금을 주선하다가 지난달에는 속수무책이라 자기의 의복, 시계, 신발 등을 일체 담보로 잡혀 약간의 금전을 얻어 오늘까지 근근이 버티고 있다 하니 동씨의 교육상 혈성은 참으로 감복할 만하다.

○ 상호 씨의 유별사(留別辭) : 한 텅 빈 창공 속 한 외딴 지구 위에 인생은 복잡하나 나는 여러분과 태어난 때도 같고 사는 나라도 같고 떠나와 유학한 곳도 같아서, 날마다 어울림에 형체처럼 우애가 깊고 봄처럼 화락하여 해외 만 리 멀리 와서 고국처럼 지냈더니 어느덧 오늘에 이르러 여러분과 이별하고 고국으로 돌아가니 좋기는 좋지는 슬프기도 하다. 그러나 만남이 있으면 이별도 있음이 당연한 이치이니 어찌 많은 말을 하겠는가. 다만 원하고 원하노니 여러분은 국민의 의무를 명심하고 신체를 건강히 하며 공부를 마쳐 어서 바삐 환국하기를 천만 기원하리다.

○ 여사 윤정원(尹貞媛) 씨가 본보에 동감을 표하여 누차 기서(寄書)함

: 윤정원 씨는 본국 자강회 부회장으로 국사에 애쓰는 윤정효(尹孝定) 씨의 따님이다. 광무 2년 9월에 봉새가 날아오르는 듯한 지기(志氣)로 일본에 건너와 도쿄 메이지여학교에 입학하여 광무 6년 4월에 우등으로 보통전과(普通全科)를 졸업하고 또한 해당 학교 고등과에 입학하여 광무 9년 4월에 우등으로 해당 전 학과를 졸업하고 같은 해 10월에 여자학원-영어전문-에 입학하여 현재 영어 및 서양음악과를 전공한다고 한다. 윤정원 씨는 품성이 고상하고 학식이 고명하여 참으로 본국 여자 사회에 큰 모범이 될 만하다. 오호라, 이러한 국민적 좋은 교사가 있는데도 여자교육을 실행하지 못한다면 우리 2천만 동포가 어찌 그 책임을 면하리오.

○ 오호, 유학생 호근명(扈根明)씨의 영면 : 경성 사람 호근명 씨는 나이 17세에 해외 유학의 큰 뜻을 굳히고 올해 4월 초 도쿄에 건너와 광무학교에서 머무는 중 지니고 온 학자금이 바닥나 심대한 곤란을 겪는지라 누차 서신으로 그 부형에게 오늘날 수학(修學)의 필요성을 백방으로 설명하고 학비의 발송을 간청하였으되 학비는 고사하고 회신도 전혀 없어 우수(憂愁) 속에 세월을 보내다가 불행히 하루아침 병마-폐렴-의 습격을 받은 바 되었다. 병세가 심해지고 위중해지므로 유학생 감독 한치유 씨는 그 상황을 측은히 여겨 한편으로 그 사유(事由)를 학부에 사실대로 보고하며 한편으로 위동식(魏東植) 씨를 본국으로 보내어 그 본가에 이를 통지하도록 위임하고 이한경(李漢卿)·이창환(李昌煥)·안종구(安鐘九) 제씨는 동포 구제의 열의로 갖은 방법을 다해 주선하여 환자를 고지마치구(麴町區) 카이세이병원(回生病院)에 입원·치료케 하였다. 안종구 씨는 환자의 편리를 위하여 해당 병원에 같이 머물면서 통역도 하고 환자의 슬프고 쓰라린 심회를 위로하기도 하며 진력한지라, 해당 병원 일동이 외국 소년의 신세를 안쓰럽게 여겨 전심으로 구호하는 가운데 특히 간호부 미야다(宮田) 하루 양은 의협심이 있고 자애로운 부

인이라 요금을 일체 고사(固辭)하고 한 달간 불철주야로 마음을 다해 간호하였으되 약과 치료의 효과가 더는 없고 가공할 병마는 한 걸음 한 걸음 보무(步武)로 나아왔다. 이때에 호씨의 본가에서는 그 자제의 위독함을 비로소 깨닫고 부친이 먼 길을 건너와 병상의 낙일(落日) 속에 부자 상면의 기회는 얻었으나, 병상에서 오래 괴로워한 애달픈 이 청년의 안색이 초췌하고 정신이 혼미하여 한마디의 정담도 나눌 수 없는지라 그 부친이 애절히 통곡하며 식음을 전폐하니 유학생들은 부자가 함께 죽지나 않을까 우려하여 그 부친을 다독여 귀국케 하였는데, 그 다음날 즉 9월 29일 밤에 이르러 애달프게도 이 재능 있는 청년이 무궁한 회한을 머금고 절해만리(絶海萬里)에 불귀의 객이 되었으니 듣는 이 중 누가 동정의 눈물을 쏟지 않으리오.

그 시신은 화장을 하여 유골을 광무학교에 안치하였는데 이달 7일에 대한유학생회에서 감독청 내에 추도회를 열고 추도식을 행한 후에 유골 회송의 방편을 의정하고 이때 이 자리의 비참한 광경을 촬영하여 기념하니 실로 우리 유학생계의 일대 비극이라 하겠다.

• 회사요록(會事要錄)

○ 9월 24일 임원회를 열고 태극학교 규칙을 개정한 후에 전영작(全永爵) 씨를 교감, 박용희(朴容喜) 씨를 간사로 선임하였다.

○ 이달 초 7일 총회에서 문일평(文一平) 씨 발의로 총무원 1인을 신설하고 평의원 6인을 8인으로 개정하였다.

○ 같은 날 최석하(崔錫夏) 씨 발의에 의해 경찰원 6인을 신설하기로 가결하였다.

○ 같은 날 오후에 임원회를 열고 경찰원을 선정하였는데, 최석하, 김지간(金志侃), 김진초(金鎭初), 전영작, 장계택(張啓澤), 오석유(吳錫裕)

씨 6인이 피선되었다.
○ 이달 14일 총회에서 보충 임원을 투표·선정하였는데, 총무원에 김지간 씨, 평의원에 신상호(申相鎬), 김연목(金淵穆), 문일평 씨 3인이 피선되었다.

◎ 신설 임원의 직무 권한

총무원은 회장의 지휘를 받아 학회의 일체 사무를 처리함. ○ 경찰원은 회장의 직접 지휘를 따라 회원의 일체 행동을 감찰[警察]하되 학업을 게을리하거나 품행이 부정한 이가 있으면 충고·권면하여 뉘우치도록 독촉하고, 만일 뉘우치지 않아 타락의 지경에 다다를 때에는 총회에 보고하여 긴급한 수단으로 이를 금지시키되 만약 부득이한 때에는 본국으로 쫓아보낼 것-다만 회원 이외라도 가능한 범위 안에서 감찰할 수 있음-.

△ 문창규(文昌圭), 윤교중(尹教重), 문내욱(文乃郁), 민홍기(閔弘基), 김용근(金容根) 제씨는 이번 10월에 도쿄고등상업학교에 입학하였다.
△ 본 회원 김낙영(金洛泳) 씨는 일본공예학교 전기과에 입학하였다.
△ 본 회원 방원근(方元根) 씨는 근친(覲親) 차 이달 5일 오전 10시에 신바시(新橋) 열차로 출발, 귀국하였다.
△ 본 회원 홍정구(洪正求) 씨는 학교 수학여행 차로 이달 14일 새벽에 신바시로 출발하여 하코네(箱根) 지방에 갔다가 같은 달 16일에 돌아왔다.
△ 경성에 사는 김용중(金溶重) 씨와 의주에 사는 김재건(金載健) 씨는 이달 14일 태극학교에 입학하였다.
△ 오상은(吳尙殷), 이상근(李尙根) 씨 2인은 이달 초 7일에 입회하였다.

• 태극학보 의연금 출연자 명단

한치유(韓致愈) 씨 50원
이 갑(李 甲) 씨 50원
장지태(張志台) 씨 50원
이윤주(李潤柱) 씨 30원
문일평(文一平) 씨 30원
채규병(蔡奎丙) 씨 21원 50전
최석하(崔錫夏) 씨 5원
김형목(金瀅穆) 씨 20원
김재문(金載汶) 씨 10원
박인식(朴仁植) 씨 5원
이도희(李道熙) 씨 5원
강인우(姜麟祐) 씨 5원
백성봉(白成鳳) 씨 5원
신성호(申成鎬) 씨 5원
김종기(金琮基) 씨 5원
김진초(金鎭初) 씨 3원
김낙영(金洛泳) 씨 3원
장응진(張膺震) 씨 3원
김영재(金英哉) 씨 3원
김창대(金昌臺) 씨 3원
박제봉(朴濟鳳) 씨 3원
손영국(孫榮國) 씨 3원
양치중(楊致中) 씨 3원
홍정구(洪正求) 씨 1원

김연목(金淵穆) 씨 10원
류동수(柳東秀) 씨 10원
김지간(金志侃) 씨 5원
김지한(金志僩) 씨 5원
박상락(朴相洛) 씨 5원
전영작(全永爵) 씨 5원
표진모(表振模) 씨 5원
정우식(鄭雨植) 씨 50전
서영순(徐榮淳) 씨 5원
김창수(金昌壽) 씨 3원
강성기(姜聖基) 씨 50전
이인창(李寅彰) 씨 5원
김태진(金台鎭) 씨 5원
김태근(金太垠) 씨 1원
노성학(盧聖鶴) 씨 1원
김홍량(金鴻亮) 씨 30원
신상호(申相鎬) 씨 10원
박용희(朴容喜) 씨 5원
이진하(李珍河) 씨 3원
김진선(金鎭璿) 씨 3원
박영로(朴永魯) 씨 2원
배영숙(裵永淑) 씨 3원
곽용주(郭龍周) 씨 2원

상윤식(尙允植) 씨 1원
이춘섭(李春燮) 씨 2원
전태헌(全台憲) 씨 5원
김상은(金相殷) 씨 1원
홍충현(洪忠鉉) 씨 10원
유 목(劉 睦) 씨 3원
김희행(金希行) 씨 2원
오석유(吳錫裕) 씨 2원
강기태(姜基泰) 씨 50전
김태현(金泰鉉) 씨 50전
방원근(方元根) 씨 30원
김병하(金炳夏) 씨 1원
김 원(金 瑗) 씨 1원
신종활(申宗濶) 씨 1원

광무 10년 10월 24일 발행
메이지 39년 10월 24일 발행

• 대금과 우편료 모두 신화(新貨) 12전

도쿄시 혼고구(本鄉區) 모토마치(元町) 2정목(丁目) 66번지 태극학회 내
편집 겸 발행인 장응진(張膺震)

도쿄시 혼고구 모토마치 2정목 66번지 태극학회 내
인쇄인 김지간(金志侃)

도쿄시 혼고구 모토마치 2정목 66번지
발행소 태극학회

도쿄시 교바시구(京橋區) 긴자(銀座) 4정목 1번지
인쇄소 교문관인쇄소(敎文館印刷所)

메이지 39년 9월 24일 | 광무 10년 9월 24일 | 제3종 우편물 인가

광무 10년 10월 24일 발행

태극학보

제4호

매월 1회 발행

목차

태극학보 제4호

민충정공 영환씨와 절죽(사진)

출처 : 국사편찬위원회한국데이터베이스

학회에 고하는 설 (1) 漢 / 유학생감독 한치유(韓致愈)

학생 장응진(張膺震)이 미국을 거쳐 다시 이 나라에서 배운 지 오랜 세월이 지나서 사범(師範)에 종사하여 교육의 방법을 연구하니, 참으로 장래에 반드시 필요한 그릇이다. 일찍이 그가 나에게 찾아와서 말하기를 "태극학교의 회원들이 근일에 학회를 다시 열었는데, 선생께서 혹 한마디 말씀을 하셔서 가르쳐주시지 않겠습니까."라고 하였다. 그래서 내가 다음과 같이 말하였다.

내가 여러분에게 고한 것이 이미 많아 뜻과 말이 중복되어서 조금도 경발(警拔)할 힘이 없다. 여러분이 그래도 그 진부함을 싫어하지 않는다면 마땅히 다시 상 위에 또 다른 상을 얹어서 그대들이 한번 웃도록 해보겠다.

아! 위대하신 상제(上帝)께서 우리에게 치우침 없는 덕을 내려주심[1]에 곧 오대주의 16,7억이나 되는 사람들을 막론하고 그 부여한 바가 한 사람도 원만(圓滿)하지 못함이 없으니, 바로 이를 일러 "곳곳마다 푸른 버들이 말을 맬 만하고, 집집마다 문밖으로 장안에 통하네."[2]라고 하겠다. 대체로 그 얻은 바의 이치로 말미암아 그 스스로 소유한 본체를 구한다면 오직 하늘이 나에게 있고 오직 상제가 마음에 있다. 근일에 이른바 자유와 인권의 논의가 그 원천이 실로 여기에 근본을 두고 있어서 자식이 된 자는 굳이 아비에게 빌려서 스스로 만족할 필요가 없고, 아내가 된 자는 굳이 지아비에게 빌려서 스스로 강해질 필요가 없으며, 부귀한 자라고 하여 더 풍부함이 있는 것이 아니고, 빈천한 자라고 하여 더 인색함이 있는 것이 아니니, 이는 대체로 고금과 동서

---

1 위대하신……내려주심은 : 원문은 "惟皇上帝降衷于吾人"인데 『서경(書經)』 「탕고(湯誥)」의 구절에서 유래한 것으로 보인다.

2 곳곳의…통하네 : 원문은 "處處綠楊堪繫馬 家家門外通長安可"이다. 중국의 속담이다.

를 관통하여 천지를 떠받치고 있어서 바꿀 수 없는 것이다. 그런즉 사람이 있으면 사람이 마땅히 이치에 따라 자유로워야 하고, 나라가 있으면 나라가 마땅히 자신을 다스려 독립해야 한다. 이것이 바로 하늘로부터 받아서 그 직분을 삼은 것이 그러한 것이다. 그러나 이른바 '독립'이라는 것은 무엇을 이르는가. 타인의 부지(扶持)와 옹호를 기다리지 않고 자기 마음의 지혜와 자기 몸의 힘으로 흘연히 바탕을 확립하고 의연히 굽히지 않는 것이다. 저 영아처럼 근골이 온전치 않고 걸음걸이가 굳건하지 않아 왼편으로 기울어지고 오른편으로 쓰러져 엎어지거나 거꾸러지면 홀로 갈 수 없음이 분명하다. 저 취한 자처럼 보고 들음이 어지럽고 손과 발을 제대로 두지 못하면 스스로 설 수 없음이 분명하다. 맹인이 문을 나서고 절름발이가 길로 갈 적에 부축하고 지도하는 힘이 없다면 어찌 골짜기나 구렁에 빠지는 화가 없으리오!

지금 우리나라를 가지고 말하면, 산야(山野)의 민속이 오래도록 문치(文治)의 폐단을 답습하여 유약하고 피로하며 인순(因循)하고 나태하며 위미(萎靡)해 암담하므로, 경쟁의 기운이 없고 절개와 협기의 풍조도 없으며 비분강개의 마음도 없고 앞으로 나아가는 힘도 없어서 삶을 사랑함이 너무나 지나치고 죽음을 싫어함이 너무나 심하다. 그래서 신분의 밖으로 국토를 방치하고 진척(秦瘠)의 지경[3]으로 정부를 홀대하니, 그 폐단을 불가불 개혁해야 하고 그 악습을 불가불 진작시켜야 하는 것이다. 대체로 그 습속이 이미 이와 같으면 그 형세를 돌아보건대 의뢰함을 좋아할 수밖에 없으니, 부녀는 지아비와 자식에게 의뢰할 줄만 알고, 종은 주인집에 의뢰할 줄만 알며, 뭇 신하들은 임금에게 의뢰할 줄만 알고, 인사(人士)들은 관헌에 의뢰할 줄만 안다. 자식이라면 부형

3 진척(秦瘠)의 처지 : 한유가 「쟁신론(爭臣論)」에서 "그는 일찍이 정사에 대해 한마디도 언급하지 않고 마치 정사의 잘잘못을 보기를 월나라 사람이 진나라 사람의 살찌고 수척한 모습을 보듯이 하였다."라고 하였다.

이 의뢰할 만하다 하고, 가족이라면 부유한 종가가 의뢰할 만하다 하며, 천한 자라면 귀한 친척이 의뢰할 만하다 하여, 의뢰하는 마음이 승하여 스스로 힘쓰는 기운은 더욱 짧아지고, 의뢰하는 마음이 승하여 스스로 확립하는 힘이 더욱 손상되니, 오직 이 '의뢰' 두 자는 몸을 망치는 근본이고, 오직 이 '의뢰' 두 자는 사업을 실추하는 기초이며, 오직 이 '의뢰' 두 자는 하류(下流)가 노예가 되는 시작이다. 진실로 이 폐단을 개혁하지 않고 이 풍속을 떨쳐버리지 않고서 한갓 독립이라는 허명을 영화로 삼을 뿐이라면 끝내 영아의 걸음이나 취인의 보행, 맹인과 절름발이의 비척거림을 벗어나지 못한다.

무릇 국토는 본디 군주의 소유물이다. 그러나 우리가 생명을 편안하게 키우는 곳이 곧 이 땅이며, 우리가 선조를 이어서 후손을 넉넉하게 하는 곳도 이 땅이다. 여기서 노래하고 여기서 곡하고, 형제가 여기에 있으며 종족·붕우·인척이 여기에 있어서 이것을 의지하여 세상을 살아가지 아니함이 없으니, 그렇다면 계책을 내고 생각을 발하여 군주를 도와 이 땅을 보존해 지키는 것이 바로 우리의 책임이고, 합체해 힘을 다하여 군주를 도와 이 땅을 보존해 지키는 것이 바로 우리의 의리이다. 우리가 먹는 것이 비록 전국의 몇십만분의 일에 불과하겠으나 군주를 도와 이 땅을 보존해 지키는 것이 비록 우리 한 사람의 전적인 책임이라고 하는 것이 옳으니, 어째서인가.

비유하자면 바다 속 물고기와 같다. 온 바닷물은 참으로 물고기 하나가 다 소유한 것은 아니지만, 이 바다가 말라버리면 반드시 모든 물고기와 함께 죽는 것이다. 저 물고기 한 마리의 처지가 된 자라면 반드시 시행할 수 있는 계책을 시행함을 바다가 마르지 않는 방도로 삼아야 하지, 다른 모든 물고기의 역량까지 따져서는 안 된다. 하물며 대심(大心)[4]을 지닌 자가 중생을 바라볼 적에 마땅히 중국을 한 사람으로 여겨야만 하는 경우[5]라면 더 말해 무엇하겠는가. 가령 집안도 생업도 없는 사람이 부평초나 막대처럼 이리저리 표류하여 사해에 매인 바가 없더라도 계통의 근원과 본적의 땅을 돌아보면 진실로 부조(父祖)의 옛 자리이니, 타방(他邦)에 흘러들어서도 오히려 스스로 지키려는 명의(名義)가 있고 각각 본적(本籍)을 따라 또한 응당 누려야 할 권리가 있다. 하물며 나는 새는 옛날의 숲을 아끼는 마음이 있고 달리는 여우는 수구초심으로 죽으니, 그렇다면 함께 더불어 노닐던 곳을 즐거워하고 말미암아 태어난 곳에 돌아가는 것은 사람이나 동물이나 정(情)을 달리함이 없으니, 국토를 사랑할 수밖에 없는 것이 대체로 이와 같다.

아아! 오직 그 민속이 의뢰함을 좋아하기 때문에 그 의뢰한 바를 얻으면 반드시 의탁하고 빙자하여 위엄을 짓고 복을 짓는[6] 마음이 생겨나게 되니, 자손이 된 자는 조상의 훈업을 빙자하여 그 교만함을 부리고, 식객이 된 자는 주인집의 권위를 빙자하여 그 세력을 과시한다. 신하, 아내, 종족, 노예가 서로 의탁하고 빙자하여서 그 힘을 행사하니, 압제의 습속이 이로 말미암아 자라나고 잔폭(殘暴)한 행위가 이로 말미암아 발전하여 심한 경우에는 '러시아의 위력이 빙자할 만하고, 프랑스의 힘이 빌릴 만하다.'라고 말하며, 지금에는 또 한 번 전환하여 동쪽 이웃의 위력에 의지하여서 사사로운 이익을 도모하여 함정에 빠뜨리는 모략이 암암리에 향당(鄕黨)에 유전하고, 서로 다투는 기미가 벼슬길에 잠복해 있다. 이는 그 근원으로 말하자면 '의뢰'라는 두 글자가 실로 그 화(禍)가 된 것이다. 민속이 유약하여 진작되지 못함이 저와 같고 인심이 인순(因循)하여 의뢰함이 이와 같으니, 그렇다면 국가가 아무리 독립이라

4 대심(大心) : 대심은 큰 깨달음으로 이를 가진 자는 보살을 의미할 수 있다.

5 중국을……경우 : 성인이 천하를 한 집안으로 만들고 중국을 한 사람처럼 만들 수 있다는 취지로 『예기(禮記)』「예운(禮運)」에 나오는 구절이다.

6 위엄을 짓고 복을 짓는 : 『서경(書經)』「홍범(洪範)」에 나오는 구절이다. 임금만이 복과 위엄을 만드는 권한이 있으니 신하로서 이 권한을 침해해서는 안 된다는 구절이다.

는 명칭을 끼고 있더라도 인민에게 어찌 독립의 힘이 있겠는가.

의업・농업・공업・상업 등 백 가지 기예로 말하자면, 한 가지 일도 언급할 만한 것이 없다. 지금 다만 상업을 가지고 말하자면, 마치 당랑(螳螂)이 알을 실어 나르고 누의(螻蟻)가 저자에 연이은 것과 같아서 소와 말이 짐을 져서 온갖 고생을 다하기에, 비록 천혜의 산물이라도 교역의 이익을 다하기가 어려운데, 하물며 물품을 제조하여 해양을 건너 교역하는 것은 의론할 수 있는 바가 아니니, 그렇다면 세계의 상업 상황에서 살펴보건대 우리나라는 영아이다. 이른바 공업이라는 것에서는 구미에 유학한 것이 아직 이르지 못한 상황에서 신라와 고려 적의 엉성함이 여전히 행해지고 있어서 궁실과 배와 수레와 기용(器用)의 제작이 열등하고 비루하여 다른 나라 사람들에게 비웃음거리가 되는데, 번개처럼 치달리고 불처럼 빠르며 구름을 뚫고 오르고 바다를 타고 넘는 도구들은 의론할 수 있는 바가 아니니, 그렇다면 세계의 공업 상황에서 살펴보건대 우리나라는 맹인이다.

요새 특진관 조병세(趙秉世)[7]가 올린 소본(疏本)을 보니, 그 내용은 다음과 같았다.

"크고 작은 조치와 많고 적은 이익이 전부 외국인에게 돌아가서 점차 이 땅에서 숨조차 쉴 수 없게 되었으니, 이는 진실로 우리가 진작하지 못하여 그 스스로 지은 것을 취한 것인데, 화폐가 언제나 막혀서 물가가 널뛰고 공사(公私)가 다 곤궁하니, 국세(國勢)의 위태로움이 이때보다 심한 적은 아직 없었습니다. 수령이 수탈하고 하급 군관들이 어로를 침해하고 기근이 멸망의 재앙을 내려서 택홍(澤鴻)은 모이기가 어렵고

7 조병세(趙秉世) : 1827-1905. 좌의정과 우의정을 역임하고 1893년 은퇴하였다 다시 복귀하여 중추원의장과 국왕 고문인 특진관이 되었다. 1896년 시무(時務) 19조를 올렸고 1905년 을사5적의 처형과 조약폐기를 주장하는 상소를 계속하다 음독하여 자결하였다.

학철부어(涸轍鮒魚)[8]는 마르기가 쉬워서 자생(資生)의 도리가 만무한데, 혹 의병이라 칭하며 여러모로 협박하여 약탈한 다음 며칠이 안 되어 다시 어떤 무뢰배가 와서 이르기를 '의병과 화응한다' 하며 겁박하고 후려쳐 남은 재산도 모두 빼앗기니, 민생의 신음이 이때보다 심한 적은 아직 없었습니다. 이성이 무너지고 습속이 무너져서 교회라는 명목으로 각자 당파를 세워서 패역을 자행하고 이목을 놀라게 하니 사방의 기이한 소문이 이때보다 심한 적은 아직 없었습니다. 삼삼오오 당을 만들고 열이나 백이 무리를 이루어 밤에 겁탈하고 낮에 노략하니, 도적이 횡행함이 이때보다 심한 적은 아직 없었습니다."

내가 해외에 오래 있어서 비록 미처 목격하지 못했으나 조 특진관이 임금에게 고하는 말이 이와 같다면 그 말이 거짓이 아님을 알 수 있다. 이것을 가지고서 각국의 '사람으로 사람을 사랑하는 다스림'과 '인권발달의 정치'에 대해 살펴보면 우리나라가 행하는 정치와 법률과 군사와 경찰의 따위는 마음으로는 맹인이고 지혜로는 절름발이라고 이를 만하다. 이는 국가가 비록 독립의 명칭을 가지고 있다 한들 인민이 어찌 독립의 효과에 그 혜택을 보겠는가.

아아! 사해의 조민(兆民)이 진실로 하늘의 적자(赤子)이고 나의 형제가 아님이 없으니, 그렇다면 동포의 의리와 친애의 정은 진실로 원근과 피차에 다름이 없다. 그러나 땅의 구역에 나뉨이 있어서 동과 서가 이미 펼쳐짐에 황인·백인·동인(銅人)·흑인의 부류가 색이 다르니, 그렇다면 동양에 있어서는 먼저 황색을 사랑하여 동양으로 말미암아 미루어 서주(西洲)에 미쳐야 하는 것으로, 마땅히 선후의 구분과 완급의

8 택홍(澤鴻)……학철부어(涸轍鮒魚) : 택홍은 『시경(詩經)』 「소아(小雅)」에 있는 "홍안(鴻鴈)"이란 시를 이르는데 유민들의 노래라고 한다. 여기서는 곧 유민을 이른다. 학철부어는 『장자(莊子)』에 나오는 표현으로 수레바퀴 자국에 고인 물에서 헐떡이는 물고기이다.

차례가 있어야 한다. 이는 마땅히 우리나라로 말미암고 일본으로 말미암아 청나라와 태국에 나아가서 연합하고 동정하며 어깨를 나란히 하고 함께 서서 서주의 형제들만 부를 독점하고 강함을 독점하고 귀함을 독점하고 즐거움을 독점하지 못하게 하여 사해의 평등한 권리를 지키고 천하의 균일한 이익을 누리면 하늘로부터 보건대 반드시 "나의 아들들이 모두 어질다."라고 할 것이며, 선조로부터 보건대 반드시 "나의 손자가 잘 계승하였다."라고 할 것이다.

근자에 서양의 세력과 열강이 동쪽으로 점점 밀려와 동양을 지배하여 아시아가 피폐해져서 베트남은 프랑스가 되고 홍콩은 영국이 되었으며 웨이하이(威海)와 자오저우(膠州)의 환난[9]과 만저우 북부와 랴오둥반도(遼東半島) 남부의 앙화[10]가 발생하여 현재 호시탐탐 잠식하는 기세로 아시아의 형제 된 자들을 삭탈하니, 돌아보건대 마땅하지 못하다. 스스로 분발하고 스스로 권면하여 연합과 협력으로 서구에 의해 분열됨을 모면할 방도를 생각하는 것이 어찌 이치상 편안한 바이며 의리상 당연한 바가 아닌가. 우리나라가 아시아에 처함이 정족(鼎足)의 형세인데, 도리어 지나에게 절제를 받아 오랫동안 자유의 명의를 상실한 것은 형제가 어깨를 나란히 하는 정(情)을 보존하고 인권 평등의 체(體)를 보호하는 것이 아니다. 매우 다행스러운 점은, 우리 황제께서는 성덕(聖德)이 융성하신 바이고 신무(神武)가 미치는 바이셔서 우리의 군대를 수고롭게 하고 우리의 칼에 피를 묻히기를 기다리지 않고 동쪽 이웃과 화목함을 이루어 서방(西邦)을 꺾고서 독립·자주의 영광을 이루고자 하시니, 그렇다면 이는 상제가 아름답게 여겨 기뻐하는 바이고 신민

9 웨이하이와……환난 : 청일전쟁 중 산둥반도의 웨이하이와 자오저우에서 청군이 일본에게 대패하였다.

10 만저우북부와……앙화 : 만저우 북부는 아편전쟁의 결과로 러시아에게 침탈당했고 랴오둥반도는 청일전쟁에서 일본에 완전 점령당했다.

이 경하하여 다행으로 여기는 바이다. 다만 신하들의 식견이 원대하지 못하고 인민의 습속이 고질이 되어서 인순에 편안하고 의뢰에 익숙하여 정법(政法)에 교주고슬(膠柱鼓瑟)의 실책이 있고 교육에 경장(更張)의 효과가 없다. 의업·농업·공업·상업 등 백 가지 기예는 비록 대략적인 대체를 갖춘 명칭이 있지만 결국 진보의 보탬이 없다. 그런데 근자에 북쪽 이웃 나라가 기회를 틈타 밖으로 친목의 뜻을 보이나 안으로는 병탄의 마음을 품고서 만저우와 랴오둥을 경유하여 그 발을 더욱 뻗쳤으니, 일본이 일어나 싸워서 수만의 생명을 희생하고 몇억의 재화를 소비한 것은 순망치한(脣亡齒寒)을 근심해서 힘에 부치는 일을 하려[11] 한 것만이 아니라, 형제의 평등한 권리를 세우고 천하가 함께 누리는 이익을 공평하게 하려 함이었다.

그렇다면 오늘날 우리나라를 위한 계책은 한마디로 말해 남녀와 귀천을 막론하고 벗을 부르고 무리를 끌어서 어깨를 나란히 하고 함께 일어나 인순의 습관을 불가불 제거하는 것이고, 의뢰하는 마음을 불가불 고치는 것이고, 나태한 기운을 불가불 떨쳐버리는 것이고, 유약한 형세를 불가불 변화시키는 것이다. 철학을 통해서 사람을 사랑하는 의리를 강구하고, 정치학을 통해서 사람을 다스리는 묘리를 추구하여 법률·경찰·해군·육군·의업·농업·공업·상업에 이르러서 모두 서로 권면하고 경계하여 앞다퉈 전진하고 앞다퉈 면려하여 한밤중의 혼몽을 깨뜨리고 청신(清晨)의 혜안을 뜨게 되면 사람마다 이에 자립의 힘을 가지게 될 것이다. 사람마다 자립하면 군현(郡縣)이 이에 서게 되고, 군현이 모두 서게 되면 국가 독립의 실제와 자유의 효과가 있어 이에 천하에 할 말이 있게 될 것이다. 동쪽으로 일본과 연맹하고 서쪽

---

11 힘에……하려 : '절족복속(折足覆餗)' 즉 '솥의 다리가 부러져 엎어진다'는 뜻으로 재능이 부족한 이가 과중한 책임을 맡는다는 뜻이다. 러시아에 의한 한국의 위태로움을 일본이 순망치한의 뜻으로 국력이 더 강한 러시아에 맞섰다는 의미이다.

으로 지나와 연합하여 동서의 대세를 균일하게 하고서 유럽에 굴복되지 않고 미국에 굴복되지 않아서 서해에서 공생하는 형제들과 함께 천하를 공유하는 권리를 누린다면, 어찌 유쾌하지 않겠으며 어찌 즐겁지 않겠는가! 우리 학생으로서 13도로부터 온 수십 수백 명의 사람이 이미 이 땅에서 날마다 각 학교에서 종사하고 있으니, 그렇다면 응당 나의 이 자질구레한 말을 굳이 듣지 않아도 스스로 힘쓸 바를 알 것이다. 내가 비록 늙었지만 그래도 여러분의 성취력에 힘입어서 훗날 운무를 걷어내는 상쾌함을 도모할 수 있을 것이다. 여러분이 만약 "의뢰하는 습관을 제거할 수밖에 없는데, 그대가 도리어 우리에게 의뢰하고자 하니, 이는 잘못이다."라고 말한다면 삼가 마땅히 부형(負荊)[12]하고서 사죄하겠노라.

태극학보 발간을 축하하다 : 기서 / 이갑(李甲)

위대하구나! 태극학회의 설립이여. 아름답구나! 『태극학보』의 발간이여. 국내에서 발간되는 신문과 잡지가 많지 않은 것은 아니건만, 귀학보 제1호를 받아서 접하니 첫 면에 태극기가 엄연히 가로놓여 있어 우리 대한제국(大韓帝國)의 권위를 대표하고 있습니다. 펼쳐서 보니 목차(目次) · 강단(講壇) · 학원(學園) 등인데, 총설(總說)의 강론은 필자의 논평이 강경(剛勁)하고 사리(事理)가 투철하여 일반 동포가 충군애국(忠君愛國)의 정신과 떨쳐 일어날 계기를 흥기하도록 할 만하니, 반도 채 읽지 않아 끓는 피가 뇌로 치솟고 감격의 눈물이 옷을 가득 적셨습니다

생존경쟁을 하는 때에 즈음하여 국가를 사랑하고 자손을 보호하는

---

12 부형(負荊) : 가시나무를 진다는 것은 잘못을 인정한다는 의미인데 여기서는 유학생들이 큰 책임을 졌다는 의미이다.

것을 자신의 임무로 삼지 않는 사람이 없거늘, 생각건대 우리 한국은 비록 제국(帝國)이라는 명칭을 존속하고는 있으나 정치권력이 모두 남의 손에 귀속되어 일 하나 계획 하나를 자유롭게 행할 수 없습니다. 이러니 "국가가 있고, 인민이 있다."고 할 수 있겠습니까? 비유하여 말하자면 한 집안에 수십 명의 식구가 있되 몇 사람은 집 밖에 있고 몇 사람은 안에 있는데, 천만뜻밖에 어떤 도적이 밖에서 들어와 먼저 처마와 마룻대에 불을 질러 붉은 화염이 하늘에 가득하고 이어서 재산 약탈하기를 마치 아무도 없는 장소인 것처럼 하였습니다. 그런데 집 안에 있는 이들은 졸음에 몽롱하여 자각하지 못하는 자도 있으며, 간혹 겨우 선잠에서 깨어 사기(事機)가 몹시 두려운 것을 맹렬하게 깨닫고 웃통을 벗고 힘을 다 써서 도적을 막고 불을 끄려고 하는 이도 있습니다. 이러한 때에 밖에 있는 식구들은 그 집에 일어난 화재의 환란과 약탈의 변고를 보고 한편으로는 큰 소리로 급하게 부르짖어 혼미한 잠을 깨우고 또 한편으로는 아주 많은 물을 급하게 가져다가 거세게 번지는 화염을 박멸하며 안에 있는 목숨을 건져내고자 힘쓰고 애태우며 허둥지둥하여 기어가며 구원하는 것은 형세상 당연한 것입니다. 우리 한국의 현상이 이것과 다를 바 없건만 옛날에 얽매여 고금에 통달하지 않고 현재를 살피지도 않으며 앉아서 상고시대를 담론하고 예의(禮義)의 민족이라 스스로 말하면서 그 자제로 하여금 신학문에 나아갈 수 없게 하는 이도 있으며, 시골구석의 농사꾼은 그저 해가 뜨면 일어나고 해가 지면 쉬며 봄에는 땅을 갈고 가을에는 추수할 줄만 알 뿐 오늘날이 어떠한 세계인지는 알지 못하다가 군용지(軍用地)와 목축장(牧畜場)의 표지를 꽂는 날에 이르러서야 가슴을 쓸고 한숨 쉬며 "이 또한 천명이니 사람의 힘으로 어찌할 도리가 없다."라고 하여 자포자기하는 이도 있으며, 대대로 벼슬하며 명문 높은 교목세가(喬木世家)의 집안은 부귀영화에 마음을 빼앗기고 작록(爵祿)과 재물에 뜻을 내달려 비록 불에 타고 노략질당하는 가운데 처하여도 요행히 내 몸을 보존하는 것을 가장 좋은 계책이라 하며 이 모퉁이를 피하여 저 구역에 숨으며 만만하게 구는 자도 있습니다. 그중에 큰 꿈을 먼저 깬 이는 머리와 이마를 태워가며 온몸이 모자라도록 바삐 움직이며 몹시 애쓰지만 그것이 어찌 되겠습니까.

바라건대 귀 학회는 잠 깨우는 종을 맹렬히 쳐서 꿈에 취해 흐리멍덩한 이를 흔들어 일으키며 문명의 물을 길어다가 하늘에 가득한 불을 박멸하여 안에 있는 일반 동포가 다행히 재산을 보호하게 하십시오. 안에 있거나 밖에 있는 이가 한마디 고함을 쳐서 "불은 끌 수 있고, 도적은 쫓을 수 있고, 목숨과 산업은 보전할 수 있다."라고 하고 기운을 떨치고 힘을 다한다면 대한의 국가는 그 처음을 회복할 것이요. 독립할 기구도 손실되지 않을 것이니 온 힘을 다해 분발하십시오. 나라 안에 있는 형제와 나라 밖에 있는 형제여. 동쪽으로 부상(扶桑)을 바라봄에 마음이 치달리고 정신이 상쾌하지만, 종이에 말을 부치자니 근심을 금할 수 없습니다.

| 강단 · 학원 |

진화학상 생존경쟁의 법칙 / 편집인 장응진(張膺震)

금일 지구상에 생존한 생물-동물과 식물-의 종류는 무려 수십만 종에 달하는데 생물 번식의 정도는 대대로 근소한 증가에 불과한 듯하나 실은 무한의 증식을 이루어 그 생겨난 자손의 전부가 모두 생존함은 도저히 사정이 허락하지 않는 바다. 가령 여기에 한 그루의 수목이 있어서 초년에는 겨우 두 가지 종자를 맺고 그다음 해에는 이 두 가지 종자에서 두 그루의 수목이 생겨나 다시 각 두 개 종자를 맺어 해마다 이와 같이 등비급수의 정도로 증식하면 10년에는 1,000개 이상, 20년에는 100만 개 이상, 30년에는 10억만 개 이상에 달하여 불과 100년간에 한 그루의 수목이 무한한 다수에 달하리니 그런즉 어떠한 동식물이든지 생산하는 자손이 다 생존하려면 도저히 여지가 없고, 이 중에 특히 동물은 생활상 가장 필요한 것이 먹이이므로 동물 또한 이상의 추세로 증식하면 먹이의 산출은 한계가 있는 까닭에 문득 부족을 고하고 먹이를 필요로 하는 것은 다수의 과잉이 생기니, 이에 일부분이 사멸하지 아니하면 전부가 생존할 수 없음은 자연의 형세이다. 그러나 일반 생물의 호생염사(好生厭死)는 하늘이 정한 성질이므로 어떠한 부류가 남의 생존을 위하여 자기의 생명을 스스로 즐겨 사멸할 리가 결코 없은즉 이에 부득불 각자의 생존을 위하는 경쟁이 일어나매 승자는 생존하여 그 자손을 후세에 유전하고 패자는 사멸하여 종적을 감추리니 이때에 승지(勝地)를 점한 자는 물론 주위 사정에 적합한 자, 즉 생존에 적합한 성질을 구비한 자가 유존(遺存)하고 부적합한 자가 패멸함은 천연의 이세(理勢)이다. 그런즉 우승열패하여 적자(適者)가 생존하고 부적자(不適者)가 멸망하는 자연도태는 생물 진화의 일대 원인이니 만일 이와 같은 자연도태의 법칙이 없어서 우자와 열자가 모두 생존, 번식하면 그 결과는 반드시 진화의 반대로 퇴화를 낳을 것이다. 인류 간에도 신체가 허약하고 정신이 우둔하며 꺼려지는 질병이 있는 자를 인공으로 보호하여 건전한 자와 함께 생존·번식하게 하면 그 결과가 인종 전체에 퇴화를 생기게 할 것은 의심할 바 없는 사실이다. 그러나 이와 같은 이유로써 어떤 학자는 인류의 상태를 전적으로 자연도태에 일임하여 진화의 열매를 더욱 거두자 하는데 이는 일견 다소의 진리가 있는 듯하나 금일의 정도에 있는 우리의 입으로는 주창하지 못할 것이다.

무릇 동식물이 존재·번식하는 것은 일시라도 우열경쟁의 법칙을 벗어나지 못하나 그때 경쟁의 단위는 생물의 종류를 따라서 서로 다르니 동물 중에는 한 개체로 생존경쟁의 단위가 되어 우승하는 개체는 생존하고 열패하는 개체는 멸망하여 각 개체가 독립의 생활을 영위하는 것도 있으나 또는 약간의 개체가 집합단체를 조직하여 항상 공동협력으로 단체의 유지, 번영을 꾀하는 것도 있으니 이와 같은 종류는 단체가 생존경쟁의 단위가 되어 우승열패도 단체와 단체 간에 행함에 개체로 약한 것도 단체로는 강장함이 있고 개체로 강한 것도 단체로는 약한 것이 있으니 벌과 개미의 무리는 개체로 보면 미약하나 단체로는 우세를 지녀 곤충계에서 패권을 잡고 있다.

인류는 원래 단체생활을 영위하는 동물이므로 생존경쟁도 또한 상호 단체 간에 행하나니 만일 그 단체의 분자 되는 각 개인이 다 강장하면 이 개인으로 조직된 단체도 따라서 강장하여 생존경쟁에 우승한 지위를 차지할 것이니 각 개인이 위생에 주의하여 신체의 건강을 보전하고 정신의 활발을 촉발함은 일개 자신의 행복뿐 아니라 그 국가와 단체의 행복이 되나니, 개인이 위생에 부주의한 결과로 생기는 악질 혹은 전염병 등에 관한 위생상 규칙이 국가와 단체에 필요, 중대함은 말할 필요도 없이 자명하다. 그러나 인간사회의 실상을 보면 강장한 단체 중에도 그 분자 되는 개인은 신체가 허약하고 정신이 우열(愚劣)하여 개체로 분리하면 도저히 생존경쟁의 장에 서지 못할 자가 심히 적지 않다. 이와 같은 자를 인공으로 보호하여 생존・번식하게 하면 후일 그 자손과 단체상에는 혹 불행의 결과를 유전하지 않게 되기가 어려우니 단체 전체의 이해로 논하면 자연도태에 일임하여 부적자로 종적을 멸하게 하고 적자로 하여금 생존, 번식하게 함이 득책일 듯하나, 우리 인류는 다른 동물과 달라서 고상한 정신이 있는 자이므로 만일 이와 같이 사람의 도리를 유린하고 인권을 멸시하며 박애의 정신을 잃어버리면 금수초목과 하등의 차이가 없을 것이다. 그러므로 국가와 사회의 문명이 진보할수록 지력의 발달과 겸하여 도덕과 위생의 관념이 진보하고 의학의 정수를 연구하여 약자와 병자라도 모두 인공으로 돕고 보호하여 일반 인류의 행복, 쾌락을 구하여 얻는 것을 목표하는데, 이는 금일 문명국의 개인이 미개국 개인에 비하면 비교적 육체의 발달이 열등한 한 원인이다.

인류의 부인은 한 대에 출산하는 자손이 1인에 대하여 대략 평균 4인 혹은 5인에 달하나니 만일 이 출산하는 자손이 모두 생존하면 세계의 인구는 제1대에는 2배, 2대에는 4배, 3대에는 8배, 차차 16배, 32배, 64배 이와 같이 등비급수로 증식하여 100대를 지나지 못해 지구상에는 입추의 여지가 없을 것이다. 그러나 실제를 관찰하면 출산한 자손 중에 다수는 사멸하고 그 일부분이 살아남아 이와 같은 격증이 없는 것을 보면 인류 사회의 진화하는 상태도 또한 우승열패의 대규칙을 벗어나지 못한다. 그러나 진화의 정도가 극에 다다른 금일에는 그 경쟁의 단위는 단체, 즉 국가니 이 단위가 생존에 적합한 성질이 있으면 우승의 지위로 생존자보(生存自保)할 것이요, 적합한 성질이 없는 단체는 패망・쇠멸함은 고금 역사상에 분명한 사실이다. 일국으로써 금일 세계상에 생존하기에 필요한 성질은 즉 국민이 사회도덕을 실행하고 금일 정도에 적당한 인생생활에 필요한 범백사위(凡百事爲), 즉 정치, 법률, 도덕, 군사, 교육, 농공상 등 일체를 연구하고 발달시키는 것이다. 그래서 다른 국가와 경쟁 상대할 실력이 있는 연후에 생존 자립하리니, 약자를 돕고 보호하며 우자(愚者)를 일으켜서 자동적(自働的) 정력(精力)으로 강장한 국체를 규합하여 생존에 필요한 성질을 연구, 자득하여 자기 생존의 활로를 스스로 열고 나가는 것이 우리 인류가 수동적으로만 자연도태의 법을 따르는 동물사회에 비하면 고상한 사상과 특수한 정신이 있는 증거이다.

공채론(公債論) / 최석하(崔錫夏)

제1절 총론

금일 세계열강의 정책 중에 가장 중요한 부분은 외교와 경제에 있다. 왜 그런가? 외교가 아니면 자국의 세력을 해외에 발전할 수 없고 경제가 아니면 안으로 국민의 생활을 완전히 하며 밖으로 열강과 실력으로 경쟁할 수 없기 때문이다. 그러므로 현재 어느 국가의 정부를 막론하고 주야로 노심초사하는 정책이 이 두 가지에서 벗어나지 않을 뿐 아니라 그 국가의 내각의 운명 또한 이에 관련이 있다. 외교와 경제에 성공하면 국민이 혈성으로 협조하고 찬성하여 언제라도 그 내각이 영원히 계속되기를 희망하고 만일 외교와 경제에 실책을 보이면 아무리 선정(善政)이 있더라도 국민이 그 내각을 반대하므로, 이로 말미암아 보건대 이 두 가지가 금일 문명국에 정치 중심점이 되었다.

현재 우리 한국의 현세를 평심으로 관찰하고 무슨 문제가 가장 시급하냐고 묻는다면 각자 자기의 관점을 기준으로 삼아서 혹은 정치라 하며 혹은 법률이라 하며 혹은 교육이라 하여 반드시 답안이 같지 않을 것이다. 하지만 온갖 사업에서 필요하지 않은 것은 없지만 그 사업이 계속되는 여부와 성패가 일어나는 분기점은 재정에 귀결된다고 할 수 있다. 그러니 우리 한국 인민은 가장 먼저 경제정책에 착안하여 날마다 진행함이 국가의 원기를 소생하게 하는 순서라 할 것이다. 대개 개인생활에서 독립적이지 못한 국민은 그 국가의 독립을 유지하지 못한다. 왜 그러한가? 국가는 개인으로 성립한 것이므로 그 분자가 독립, 자영하는 정신이 없으면 그 분자로 조성한 단체가 어찌 독립을 바라리오. 그러므로 국가의 독립을 경영하려면 우선 국민의 개인생활을 독립하게 하고 개인의 생활을 독립하게 하려면 우선 국가경제정책을 강구하는 것보다 나은 것이 없다.

어리석게나마 생각하건대 지금 우리 한국 정책에서 가장 시급한 것이 경제에 있다고 한다. 이에 지금부터 실용경제에 관한 각국 제도와 학설을 우리 동포에게 소개하고자 하여 우선 공채론을 역술한다.

제2절 확정공채(確定公債)

확정공채는 법률로써 채액 모집액 및 상환금액을 확정할 수 있는 공채를 말하는데 정리공채(整理公債) 및 사업공채 등이 바로 그것이다. 그 종류의 명칭을 열거하면, 첫째 일시상환공채(一時償還公債), 둘째 유기정액상환공채(有期定額償還公債), 셋째 유기수시상환공채(有期隨時償還公債), 넷째 영원공채(永遠公債) 등이다. 그 공채의 특질, 이동(異同)과 장단의 유무를 논하고자 한다.

제1항 일시상환공채

일시상환공채는 가장 단순한 성질을 가진 것인데 그 기한에 이르면 일시에 그 원금을 상환하는 것을 말한다. 원래 일시상환법은 거액을 모집하는 데 부당하다. 왜 그런가? 대개 재정은 굴신(屈伸)할 여지가 없으면 곤란을 면하기가 어려움은 당연한 이치이다. 지금의 일시상환법을 보면 거대한 금액을 일시에 상환하여야 채무자의 의무를 면할 것인데 금융은 시시각각으로 변동하는 것이므로 그 상환 시기가 되어 재정이 졸지에 핍박해져 채무를 이행할 수 없는 우려도 있을뿐더러 가령 이 폐단이 없더라도 채권자도 다소 불편을 느끼므로 이 상환법은 각 당사자에게 불편하여 소액에는 적용할 수 있으나 거액에는 도저히 적용할 수 없다.

제2항 유기정액상환공채

유기정액상환법도 역시 재정상에 굴신할 여지가 없는데 그 방법을 예로써 말하면 공채를 약간 모집하여 수 개년을 경과한 후-거치(据置)-그 다음해에 약간 액, 그 다다음 해에 약간 액으로 하되 이하 순서는 이 계산법에 의하여 그 상환하는 방법을 모집 당시에 약정하는 것이다. 그러므로 이 방법에 의거하면 가령 재정에 여유력이 있어도 상환할 수 없고 여유력이 없어도 상환하지 않을 수가 없기 때문에 어떤 때에는 고리(高利) 공채를 모집하여 구채(舊債)를 반환하여야 될 궁지에 빠지는 것을 면하기 어렵다. 그리고 이 방법은 대개 상환 기간 제1년에 반환한 원금의 이자를 차년도 원금 상환액에 첨가하여 만기에 이르도록 이 방법으로써 실행하는 것인데 재정의 완급을 불문하고 그 규약을 시행하지 않을 수 없다. 만약 그렇지 않으면 국가의 신용이 떨어지므로 어쩔 수 없이 원금 상환을 위하여 불량한 조세를 인민에게 징수하거나 혹은 신채(新債)를 모집하는 수단이 필요하므로 이와 같은 경우에는 신채의 이자가 구채의 이자보다 훨씬 높은 사태가 생길지는 측량하기 어려울 뿐 아니라 재정 당국자가 수족을 놀릴 여지가 없다. 또 이 방법은 차환(借換)의 편리를 얻기 어렵다. 차환법은 무엇인가? 이를테면 구채를 발행할 때에는 연 6푼의 이자로 정하였는데 그 후에 금융이 융통하여 5푼의 이자로 신채를 모집할 수 있으면 저리의 채금을 가지고 고리의 채금을 갚는 것이 국가경제에 이익이 있는데 이 정액상환법은 약정시에 이미 확정이 된 고로 그 후에는 추호라도 변경할 수 없는즉 이 방법에 의거할 때에는 차환할 수 없다.

요컨대, 이 상환법은 국가재정상에 대단히 위험이 있어서 일보를 그르치면 경제계의 질서를 문란하게 할 우려가 있다. 매우 주의할 것이 있으니 재징 신용이 없는 나라에서 일시의 곤란을 미봉하기 위하여 이 방법으로 외채를 모집하였다가 그 정해진 시기가 되어 그 약정을 이행하지 못하면 국가 신용에 관해서뿐 아니라 뜻밖의 큰 화를 면치 못할 것이다.

제3항 유기수시상환공채

유기수시상환공채는 이를테면 수 개년을 경과한 후-거치-에 그 다음 해부터 그 만기까지 수시로 그 채금을 상환함을 말하는데, 정부의 편의를 따라서 언제든지 그 만기까지는 수차로 나누어 상환하여도 무방하고 그 만기에 이르러 일시에 상환하여도 약정이 위반되지 않는다. 이 방법은 일시상환 및 유기정액상환에 비하면 재정에 굴신할 여지가 있다. 왜 그런가? 가령 국가 재정이 곤란하더라도 만기까지 상환하면 그 채무를 면할 수 있기 때문이다. 또 일시에 금융이 핍박하더라도 다소의 연월을 지나면 융통할 기회가 없지 않으므로 이 방법은 채무자에게 적지 않은 편의가 있다. 현재 일본에서 채용하는 공채모집법은 대개 이 방법에 의거하여 내외 공채를 발행한다. 그러나 이 방법도 또한 다소의 결점이 있으니 이는 다름 아니라 만기까지 채무자가 임의로 상환법을 정하는 그 기한에 이르러 만일 불행하여 재정 당국자가 상환하는 데 태만하다가 역병, 기근, 전쟁 등 뜻밖의 사변이 그 기간에 갑자기 일어나면 한층 곤란을 당하므로 어찌 주의하지 아니하리오.

제4항 영원공채

확정공채 중에 가장 발달된 것을 영원공채라 한다. 이 방법은 이를테면 수 개년을 경과한-거치- 후에 그 다음해부터 마음대로 상환하되 일정한 만기가 없다. 그러므로 이 법은 채권자에게 기한의 이익을 주지 않아 일견 심히 의아스러우나 자세히 생각하면 그렇지 않은 이법을 발견할 것이다. 원래 공중이 국채 모집에 응하는 것은 그 목적이 원금 상환에 있지 않고 그 이자를 취득함에 있다. 그러므로 공채증서 소유자는 원금 상환을 필요로 하지 아니하나니 만약 그 소유자가 사업을 기도하여 금융을 수요하고자 하는데 그 공채로 담보를 삼아 채금을 얻거나 혹은 매각하거나 하여 그 자금을 융통할 방략이 어렵지 않고 또 공채를 저장하면 현금을 저축한 것보다 완전하므로 신용을 존중하는 여러 문명국에서는 이 방법을 다용한다. 동양의 여러 국가에는 아직 재정 신용이 발달하지 못하여 이 방법을 채용하는 나라가 없으나 언젠가 다액의 공채를 모집하여 국가 재정을 선리(善理)하고 또 차환법을 실행하고자 하면 이 방법밖에는 없다. 대개 공채는 국가의 부채이므로 그것이 어떤 종류에 속했는지를 불문하고 마침내는 상환해야 그 의무를 면하리니 정부가 이 방법에 대하여 정한 기간이 없음을 요행으로 알고 그 상환을 게을리하면 이 또한 폐단을 면키 어렵다.

공채 중에 가장 양호한 것은 영원공채이다. 그러므로 만약 이 방법으로 공채를 모집하면 국가경제상에 안전할 뿐 아니라 또 금융이 비상한 변동을 받지 않아 양자가 서로 밀착하여 굴신 자유의 도를 얻을 것이다. 우리 한국 재정계를 관찰하면 정신이 아찔하고 마음이 찢어져 갈 바를 알 수 없다. 왕년에 적지 않은 외채를 모집하였는데 그 상세한 조건은 알 수 없으나 전하는 이야기를 들은즉 유기정액상환법으로 약정하였다 하니 이것이 사실이라면 우리나라 재정 당국자는 마땅히 조심하고 자세히 살펴 상당한 방법을 미리 강구하여 국가 백년계를 그르치지 않기를 진정으로 바란다.

국가의 현상을 본 나의 소감 : 기서 / 양대경(梁大卿)

물(物)의 성패(盛敗)는 우연이 아니다. 융성함에 이르러서는 융성의 원인이 있고 실패함에 이르러서는 반드시 실패의 원인이 있다. 고로 천하의 일에 주목하는 사람은 좋은 원인을 만들어야 좋은 결과를 얻을 수 있다.

지금 우리나라의 진흥을 기약하고 민복(民福)을 증진하게 하는 데 있어서 가장 먼저 힘쓸 것은 이 국가 조성의 요소가 되는 우리 청년을 교육하고 양성하는 것이다. 그러니 어떤 풍(風)으로 우리를 교육해야 좋다 할까. 이때 시절의 산물〔節物〕이 우려를 낳게 함에 얕은 견해를 약술한다.

옛날 지나(支那)의 문중자(文中子)가 "시서(詩書)가 융성해서 진(秦)나라가 망한 것은 공자의 죄가 아니요, 청담(淸談)이 발달해 진(晉)나라가 망한 것은 노장의 죄가 아니요, 불교가 흥해 양(梁)나라가 망한 것은 석가의 죄가 아니다."라고 말했지만, 대개 물(物)이라는 것은 이해(利害)가 서로 짝을 이루어 흥기한다. 불교의 안심(安心)[13]의 가르침이 고원한 인생관을 연구하는 활동의 종교지만 뒤를 이어 계속 소원(疎遠)해지는 폐단에 빠지고 고목사회(枯木死灰)[14]처럼 되어 일체 활동을 중지하게 되었다. 시서도 역시 사상의 문학이지만 이 역시 폐단에 빠져 시문만을 가지고 놀고 인생의 긴요한 일에는 힘쓰지 않고 등한시하는 것이

13 안심(安心): 마음이 흔들리지 않은 경지에 이른 상태이다.

14 고목사회(枯木死灰): 말라 죽은 나무와 불이 꺼진 재라는 뜻으로 사람이 욕심이 없거나 생기가 없는 모습을 형용하는 말로 유학자가 불가의 참선을 비판적으로 표현할 때 사용하기도 한다.

많았다. 슬프다! 지나의 주(周)나라 시대의 문명은 당시에 자랑할 만한 문명이지만 결국 주나라의 멸망을 구하지 못했다. 그리스 문명도 유명해 인도(人道)를 교준(教遵)한 그 철학의 학예가 그 시절에 특출났지만 그리스를 멸망에서 구하지 못했다. 로마는 그리스문명으로 나라를 경영하지 못한다 하여 오로지 무력과 법률을 숭상했다. 그 말년에 기독교가 일어나 역시 한층 로마의 문명을 찬연(燦然)하게 했지만 무력 · 법률 · 종교라도 로마의 멸망을 막지 못했다. 이에 만약 문중자의 말을 빌려와 평가하면 그리스에서 학예가 성하여 그리스가 망한 것은 학문의 죄가 아니요, 로마에 무력 · 법률 · 종교가 성하여 로마가 망한 것은 무력 · 법률 · 종교의 죄가 아니라고 할 수 있다. 이를 요약하면 국가의 흥망과 영속은 그 나라에서 행하는 종교가 존속되느냐 그렇지 않으냐를 불문하고 그 교의 진정한 정신을 존속하느냐 못하느냐에 있다. 고로 세상을 다스리려는 선비들은 이 점에 주목해야 할 것이다. 이상 법률 · 종교 · 문학이 결코 망국의 성질이 아니다. 단지 그 시대를 거쳐 그 형해만 존속하고 그 진정한 정신 · 진정한 사상을 잃어버린 까닭이다. 고로 국민 중에서 선각자가 급선무로 해야 할 것은 그 시대의 시대사상 중 가장 좋은 사상을 국민에게 주입해 그 좋은 부분의 진정한 정신을 잃지 않게 하는 것임을 깊게 유의해야 한다.

과거 로마 철학자가 사람을 사회적 동물이라 한 것은 로마 시대의 국가 관념이 오늘처럼 국민의 뇌 속에 충만하지 못해서였다. 오늘날의 현상을 맞아서는 사람을 사회적 동물이라 하기보다 국가적 동물이라 하는 것이 적당하다.

슬프다! 오늘날 우리나라의 현상은 어떤 지위에 있으며 또 어떤 상태인가. 지금 땅을 둘러싼 열국이 세계에 웅치(雄峙)해 국제상 외면으로는 교린(交隣)의 도리가 있는 듯하지만 틈을 엿보아 이웃 나라의 불행을 기화(奇貨)로 알아 자국의 이익만을 취하니 가위 야심의 시대라 할 것이다.

우승열패는 고금의 정해진 이치인지 모르겠거니와 우리 국민의 뇌 속에 누가 국가 정신이 있으며, 누가 교육을 확장하며 누가 법률을 명확히 하며, 누가 내정을 다스리며, 누가 외교를 좋게 하는가. 국비를 누가 우수하게 하며 실업을 누가 말하며 경제를 누가 행하고 있는가. 이와 같은 현상으로 어찌 생존경쟁에서 승리할 것인가. 이로써 국가의 승패가 결정된 것이겠다. 그러나 한 방울의 물이 천 리를 가 반드시 하나의 대하(大河)를 이루고, 티끌 하나가 서로 합하여 반드시 태산을 이루는 것은 물의 본질적 이치이다. 이에 우리 청년 사회가 예리한 기운을 힘써 권하고 희생의 정신을 열성적으로 근면하게 행하여 국가 관념과 진화 사상을 뇌 속에 주입해 먼저 나간 사람이 뒤에 오는 사람을 가르치는 것이 국가 부흥의 일대 근본이라 하겠다.

학술적 관찰로 상업경제의 공황 상태를 논하다 (전호 속)

/ 전영작(全永爵)

전호에서 경제공황의 일반상태를 논하였거니와 이번에는 공황의 구치책(救治策)을 약술하고자 한다. 공황은 근대 경제사회의 가장 격렬한 병환의 하나이니, 그 구치책을 우리가 연구하지 않을 수 없다. 그 구치책은 다음과 같은 두 가지 방침이 있다.

1. 어떤 병을 뿌리째 뽑아버리고자 하면 그 원인을 없애지 않으면 안 된다. 그 원인인 지폐 남발과 은행자금의 남용 등에 따라 생긴 공황은 지폐 및 은행제도의 정리를 통해 공황을 미연에 방비할 수 있으나 판매 공황의 보통 원인이 되는 생산, 소비의 부적합은 현금 경제사회의 근저가 되는 자본주의와 분업법에 관하여 자본가와 노동자 간에 충돌을 만드

는 한 현상인데 그 예방법에 있어서는 경제학자 간 정론이 없다. 현금 경제사회에 실행될 만한 방법은 아래에 열거한 여러 가지가 있다. 공황 예방책으로는 효력이 많지 않지만 가장 행하기 쉬운 법이 될 것이다.

(갑) 각 생산자 및 상인의 수요·공급의 양과 영업 현황의 정밀한 통계를 만들어 재외 영사(領事)의 수를 늘리고 그 사업에 숙달한 자를 채용하며 기타 공업 감사관을 설치하고 또 통계국, 농업협회 및 상업회의소 등을 확실히 설립할 것.

(을) 국가는 특종의 영업을 보호하여 함부로 유도하지 말아야 한다. 이는 국가가 생산과 소비를 광대히 관찰하여 보호책을 시행하고자 하여도 도저히 할 수 없기 때문이다.

(병) 국가는 생산물을 수요(需要)하는 최유력자 중 하나이다. 그러므로 함부로 급격한 소비의 변동을 일으키는 것은 힘써 피할 것.

2. 공황 완화책

공황을 아예 제거하는 정책이 불완전함으로 현금 경제사회도 다소의 공황을 면하기는 어렵다. 공황이 파열하였거나 또 파열의 징후가 나타날 때에는 그 기세가 극렬하기 전에 가급적 이를 완화하는 방법으로 구치하지 않으면 안 된다. 그 방책을 열거하면 다음과 같다.

(마) 공황은 신경병과 같아서 그 흥분할 때가 이른 후에는 무해한 완화제가 필요하다. 기업자가 넉넉한 자산을 가지고 있어도 그 수중에 유통력이 있는 지불 방편이 없으므로 어쩔 수 없이 그 상품 혹은 유가증권을 투매하여 대단한 손실을 입고 파산의 불행을 당함으로써 공황의 파란으로 인한 동요를 받는 것이 적지 않은 국가 혹은 중앙은행은 그 소유한바 재산과 신용으로 원조하여 일시의 곤란을 구제하는 것이 필요하고, 수요·공급의 부적합으로 인해 생산이 초과한 때는 상인이 다소 실지의 손해를

입어도 자금력이 넉넉한 자가 이를 원조하여 손실을 수년에 나누어 그 부담을 가볍게 해야 할 것이다. 예를 들어 말하면, 공황으로 인하여 사회의 구매력이 반감되므로 상품은 창고에 적체되어 판로가 없을 때에 중앙은행은 일시 유지할 자금력을 공급하여 상인의 신용이 회복되어 소비액이 통상과 같을 때에 이를 발매하면 손실은 수년에 분배가 될 것이요, 고통의 정도는 근소해질 수 있다. 혹은 은행업자가 동맹하고 상술한 편의를 급여하여도 무방하다. 1873년 뉴욕 공황에 은행가가 서로 연합하여 동맹을 조직하고 신용을 회복하는 데 큰 효과를 봤다. 영국에서 잉글랜드은행은 누누이 공황을 조우하여 1857년까지는 수축주의를 통하여 공황이 일어나면 대출을 수축하고 준비를 강고하게 하는 것을 힘썼으나 항상 실패를 면치 못하였다. 이는 공황이 이미 일어나려는 조짐이 있을 때에 대출을 수축하므로 예금 환추(還推)는 더욱 격렬해져 은행 준비금은 점점 박약하게 되는 고로 비록 중앙은행이라도 지불을 정지하지 않을 수 없는데 이른 것이다. 대저 준비금을 공고하게 하는 것은 평상시 신용이 충분할 때에 가능하고, 만일 신용이 떨어지려는 조짐이 있을 때는 이 준비금으로 금융을 조리하는 것이라 잉글랜드은행이 1866년 공황에는 오로지 개방주의로 완화의 방책을 민첩하게 사용했다. 같은 해 5월 10일에 런던 여러 은행에서 임치금 환추 청구가 폭주하여 6시간에 200만 파운드를 지불하는 등의 일은 그 일반을 알게 한다. 다음날에는 여러 은행이 거의 지불을 정지하게 되었다. 그날 밤 잉글랜드은행이 정부에 부탁하여 1844년의 조례를 일시 정지하고 1할 이상의 할인료로 제한의 지폐를 발행하는 허가를 얻어 이후 5일간에 1,225만 5천 파운드의 거액을 대출하니 공황은 극렬을 다하지 못하고 거두어지는 모습에 이르렀다. 이 잉글랜드은행이 개방주의로 자산이 확실한 상인을 구제하였다. 세인은 중앙은행이 개방주의로 확실하게 상인을 구제한다는 풍문을 듣고 안심을 얻으므로 신용의 괴란은 쉽게 회복되었다. 그러나 중앙은행이 대출을 남발하면 그 영향은 오히려 한층 두려운 상태에 빠질 테니 상인의 자산 확실 여부를 조사하여 이를 감별하는 것이 가장 중대한 일이다. 한 번 이를 그르치면 중앙은행도 신용을 잃어버리고 공황 완화의 방법이 없는 데 이르게 된다.

(바) 공황이 파열하는 데 이르러 흉작과 기타 원인으로 거액의 정화(正貨)를 수출하여 지폐의 준비를 박약하게 하고 통화의 결핍으로 인해 신용이 괴란할 때를 당해서는 적당히 통화를 증가하는 상업적 수단을 사용해야 한다. 영국에서 누누이 1844년의 은행조례를 정지하고 지폐를 증가하였고, 독일과 일본에도 제한굴신법(制限屈伸法)에 따라 세부태환권(稅付兌換券)을 발행하게 하는 방법이 있다. 이와 같은 방법에 따라 발행한 통화는 가급적 그 액수를 적게 하며 또 신속히 회수하는 것이 필요하다. 만일 통화를 부당히 팽창하게 하고 오랫동안 회수하지 않으면 재차 정화를 구축(驅逐)하여 다시 공황을 유발할 염려가 있다. 그러므로 발행 지폐는 단기할인 혹은 대부에 사용하여 공황이 진정되면 즉시 회수하여 국가 평일의 상태를 회복하게 해야 한다.

(사) 국가는 공황이 파열하거든 경제상 자유를 검속하는 법률을 폐지 혹은 일시 정지해야 한다. 이자제한법, 수출입의 금지, 방해, 노동력 이전에 관한 제한법 등이다.

(아) 공황의 원인이 지폐 하락에 있어서 신용이 문란할 때는 특히 지폐를 정리해야 한다. 그 방법이 세 가지가 있으니 다음과 같다.

(A) 지폐를 회수하고 유통력을 감소하는 방법. 이 방법이 매우 선량하나 회수의 속도가 지연될 때에는 그 방책이 그림의 떡이 되어버리고 또 지나치게 급격하면 거래재산의 관계를 동요케 하므로 주의함이 마땅하다.

(B) 하락 지폐를 점점 더 하락하게 하여 자멸케 하는 방법. 이 법은 A법에 반하여 지폐의 신용을 점점 더 추락하게 하여 자멸에 이르게 하는 것인데 1863년에 북미합중국에서 남부 제주(諸州)가 발행한 지폐에 대하여 이 방법을 사용하였다.

(C) 법률상 지폐의 하락을 인정하는 방법. 이 방법은 지폐의 하락을 인정하여 하락한 지폐대로 유통하게 하는 것이다. 경제상의 변동을 생기게 할 염려는 없으나 영구히 이 방법에 따라 액면가격 이하로 유통하게 하면 국가신용의 관계가 적지 않다. (완)

이상에 경제공황의 일부분을 열거하여 대략 우견(愚見)을 진술하였거니와 현금 우리나라 경제상태는 어떠한 지위에 있는지. 대개 일국의 경제는 그 중요함이 비유컨대 우리의 혈액과 어류의 물과 같아서 잠시라도 떨어져 있지 못하는 밀접한 관계가 있다. 이로써 경제상에 주의하시는 동포를 위하여 일념의 밑천을 제공한다.

역사담 제2회 : 콜럼버스전 (속) / 박용희(朴容喜)

콜럼버스가 여왕 이사벨라에게 찬조를 이미 얻고 재능 있고 든든한 사람 120인과 원정선 3척을 구비하고 서력 1492년 9월에 팔로스항을 출발하였다. 당시에 유럽의 이름난 사회에서 콜럼버스의 몽상적 기도와 이사벨라의 공상적 야심을 조매(嘲罵)하지 않는 자가 없었다. 콜럼버스의 원정선이 이미 당시 유럽 항해자들이 최극단으로 인정하던 카나리 아제도를 경과하여 테네리페(Tenerife) 곶도 지평선 아래로 떨어지고 선박은 아득한 해양에 인적이 미치지 않던 서방으로만 직향함에 일행이 혹은 의심과 두려움에 휩싸이기도 하고 우울해하기도 하였다. 콜럼버스가 일일이 그 땅에 금성옥야(金城沃野)와 명산대천이 풍부하여 처음 도달하는 때에는 다 당신들의 소유가 되리라고 은근히 타일러 안정하게 했다. 원정선이 무역풍을 타고 적도 아래에 접근할 때 나침반의 경사는 더욱 심하고 지금까지 유럽인이 발견하지 못했던 현상이 많이 나타나서 의심하며 두려워하던 자는 낙담하고 우울하던 자는 허둥거림이 더욱 심해졌다. 콜럼버스가 한 가지 계책을 찾아내서 안심시키되 이는 적도를 비추는 혹성의 영향이라는 거짓말로 타이르고 또 떠다니는 해초와 날아가는 날짐승을 지시하면서 상상국에 도달하는 것이 멀지 않았음을 설교했다. 이와 같이 콜럼버스가 불세출의 포부에 대한 무한한 반동을 타파하는데 천행만고의 결과가 어찌 공상에 그칠 것인가.

10월 11일에 콜럼버스가 동행을 갑판 위에 소집하고, 도끼 자국이 있는 떠다니는 나뭇조각과 조각한 나무그릇을 지시하니 일행이 환희를 감추지 못하고 아라곤 왕국의 월계관과 카스티야 왕국의 벨벳 의복을-이 두 가지는 남다른 공적이 있는 자에게 국왕이 하사하는 상품이다-반드시 받을 것을 기대하지 않는 자가 없었고, 콜럼버스도 18년간의 큰 포부와 상상국이 정말 나타날 것 같은 기쁨을 감추지 못하고 밤새도록 승선한 산타마리아호 선두에 서서 최신의 보고만 초조히 기다리던 중 홀연히 원거리에서 등화가 깜박였다. 평소 신뢰하던 페드로 구티에레즈・로드리고 산체스 데 세고비아 두 사람에게 이 소식을 진술함에 두 사람 역시 동의했다. 12일 일찍이 동이 틀 무렵에 앞서가던 핀타호에서 포성이 나면서 해양의 비밀과 신세계의 발견을 공연하게 우주에 발포하였다.

이때 콜럼버스가 처음 발견한 땅에 상륙하여 스페인 국기를 높이 걸고 동행 120명을 깃발 아래 소집하고 하나님의 은혜에 감사한 후에 그 땅을 산살바도르라고 명명했다. 동행 등이 울창한 산림을 통과하여 중앙에 이르렀을 때 동면철부(銅面鐵膚)의 한 무리의 원주민이 몹시 놀라 이상히 여기며 우왕좌왕하고 스페인인을 천사가 강림할 줄로 믿었다. 원주민은 미개한 야만인이므로 스페인인의 찬란한 물품과 번쩍이는 칼과 창을 좋아하여 몸에 지닌 보물을 전부 내놓고 스페인인과 교환했는데, 그중 스페인인의 불타는 야심을 야기하여 후일 홍인종이 잔학한 유럽인의 손에 유린된 것은 원주민의 소지물품이 다 은기금식(銀器金飾)이었기 때문이었다. 일행이 원주민에게 그 출처를 탐문한즉 원주민이 그 섬의 남방을 지시했다. 이때 일행이 그 섬을 출발하여 황금국으로 항해하여 10월 27일에 어떤 땅에 도착하여-어떤 땅은 지금의 쿠바섬이다- 그 땅에서 황금국의 소재지를 다시 물으니 원주민이 동방을 지시할 따름이었다. 당시 동쪽으로 항해하여 큰 섬 하나를 발견했는데 그 섬 이름은 아이티였다. 콜럼버스가 발견의 명예를 무궁히 전하고자 하여 히스파니올라라고 명명하니 지금의 산토도밍고섬이다. 콜럼버스가 다시 쿠바에 도착하여 친절하고 자애하고 우의적인 그 섬 추장 강아낭아리[15]와 회견하고 황금국의 소재를 탐문한즉 추장이 시바오국에 황금굴이 있다고 했다. 콜럼버스가 강아낭아리에게 청원하여 쿠바에 목책을 건축하고 40명을 남겨두어 지키게 하고, 1493년 1월 4일에 남아 있는 니나호에 승선하고 스페인을 향하여 출발했다.

돌아가는 길에 풍파가 크게 일어나 구사일생(十死一生)이 비일비재할뿐더러 콜럼버스도 절대적으로 팔로스항에 도착하지 못할 줄로 여기고 신세계 발견에 대한 기록을 저술하여 바닷속에 던져 만일 침몰하는

---

15 강아낭아리: 미상이다.

때에는 기록이라도 유럽에 흘러가게 해서 자기의 필생 대사업을 영원히 잊히지 않게 하려고 하여 이와 같이 바닷속에 간추린 기록을 던진 것이 10여 차례요, 또 일행이 상상하되 콜럼버스가 신비를 지나치게 찾으므로 하나님이 진노하였다 하고 콜럼버스를 바닷속에 던져 넣으려는 자도 없지 않았으나 콜럼버스의 위풍과 쾌활에 경복(敬服)하여 착수하는 자는 없었다. 이와 같이 콜럼버스가 아조레스 제도의 산타마리아섬에 간신히 도착했을 때 승선한 니나호는 폭풍과 거대한 파도에 떠내려갔으니 때는 3월 4일이었다. 당시에 포르투갈 국왕 주앙 2세가 콜럼버스가 산타마리아섬에 도착했다는 소식을 듣고 초대하여 그 원정의 유래를 자세히 물은 후에 쾌재, 쾌재라 연호하고 선박을 준비하여 스페인으로 편안히 보냈다. 콜럼버스가 팔로스항에 도착하자 환영의 깃발과 갈채의 소리가 이베리아반도에 울려 퍼지고 페르난도 왕과 이사벨라 여왕의 환대는 종이와 붓으로 다 기록하기가 어려웠다.

1493년에 콜럼버스가 다시 스페인 국왕의 명령을 받들고 신발견으로 총독이 되어 이주민 1,500여 명과 17척의 선박을 영솔하고 9월 28일에 신세계를 향하여 팔로스항을 출발하였는데, 역시 무역풍을 타고 11월 상순에 쿠바섬에 안착하여 이전에 설치한 목책에 가본즉 목책은 파괴되었고 목책 내에는 백골만 쌓여 있었다. 콜럼버스가 그 섬 추장을 재차 면회하고 그 까닭을 심문한즉 머물러있던 스페인인의 원주민 학대가 너무 심해서 심지어 부녀를 약탈하며 주민을 학살하므로 원주민이 모두 격앙하여 스페인인을 습격해서 죽이고 목책을 불살라 무너뜨렸다고 자세히 설명하는 것이었다. 콜럼버스가 다시 목책을 건축하고 거주의 지경을 개척했다. 당시에 콜럼버스를 시기하는 자가 스페인에 편만(遍滿)하여 훼방이 많았고 콜럼버스도 수구우려(愁懼憂慮)한 결과 중병에 걸려 반사반생(半死半生)의 상태에 빠졌다.

콜럼버스가 그 두 번째 항해의 목적을 이루지 못하고 어쩔 수 없이 스페인으로 돌아갔다. 그러나 여왕 이사벨라는 그 훼방의 이면을 각파(覺破)하고 콜럼버스를 극력 원조하여 이 때문에 콜럼버스가 중상을 면했다. 그 후에 스페인 왕 페르난도도 콜럼버스에 대한 거짓 참소를 깨닫고 물리쳤으나 인심을 안정시키기 위해 잠시 원항을 유예하게 했다. 세월이 유수 같아 4,5년이 지나매 콜럼버스의 나이가 60세가 되었고 머리 주변의 백발이 불세출의 천재가 노장(老壯)의 회포를 감추기 어려웠다. 여왕 이사벨라가 부왕 페르난도에게 누차 콜럼버스가 입은 누명을 설명하고 3차 원정을 명령할 것을 주장하여 1498년 4월에 콜럼버스가 세 번째로 신세계로 떠났다. 콜럼버스가 신세계에 도착하여 과반은 히스파니올라섬에 상륙하게 하고 몇 척은 친히 이끌고 적도 아래로 질주하니 무더위로 녹을 것만 같았고 땀은 비 오듯 했다. 이와 같이 탐색한 지 수개월 후에 남아메리카 북단 오리노코강 하구에 이르러 남아메리카 북방을 찾아냈다.

콜럼버스의 인물됨이 타고난 재주는 뛰어나나 통어(統御)의 재략이 없으므로 번번이 훼방을 입는 것일까? 식민지에 원한이 무성하여 뜻하지 않게 히스파니올라섬에 반란이 일어났다. 스페인 왕 페르난도가 이 소식을 듣고 유력한 보바딜라를 보내 다스리게 했는데, 보바딜라는 가혹함이 매우 심하고 잔인무도한 자였다. 신세계에 도착한 즉시 콜럼버스와 그 동생 바르톨로메오와 그 아들 디에고를 체포하여 이사벨라성에 잡아가두니, 슬프다, 개세(蓋世)의 천재가 풍전등화의 격이었다. 언제 단두대의 이슬로 사라질지 참담한 운명을 예측하기 어려웠다. 당시에 콜럼버스에게 구세주가 된 여왕 이사벨라가 아라곤에 원행하였다가 이 소식을 듣고 서둘러 사절을 보바딜라에게 보내서 콜럼버스를 사면하고 금 2천 파운드를 하사하여 귀국하게 하고 면전에 초대하여 보바딜라의 정태를 물은 후에 그 폭거에 진노하여 바로 그날에 소환령을 내렸다.

콜럼버스가 네 번째로 여왕 이사벨라의 원조를 얻어 1502년에 신세계로 출발하니 이때의 나이가 66세였다. 콜럼버스가 신세계에 도착하여 히스파니올라섬에는 체류하지 않고 즉시 신세계를 탐색하여 지금까지 유럽인의 야심을 부추겨 호시탐탐하게 하던 멕시코 일부의 황금국의 신비를 발견하게 되었다. 오호라, 하늘의 도우심이 없구나! 콜럼버스의 원정선이 난파되어 신임 총독 오반드의 원조를 요청했지만 불응하는 것이었다. 콜럼버스가 진퇴유곡에 빠져 작은 배 한 척에 탑승하고 어룡의 눈과 풍랑의 틈을 비집고 혈혈단신으로 고국강산에 다시 돌아오니 여왕 이사벨라는 세상을 영원히 떠났고 다시 자기를 돌봐줄 자는 없었다. 이때에 콜럼버스가 그 권리, 작위, 특권을 그 아들 디에고에게 전해주고 자기는 은퇴하여 현세의 여왕 이사벨라의 은덕에 감읍하고 내세의 하나님 슬하에서의 안식을 기도하다가 갑자기 영면하니 오호, 천지여! 개세의 천재가 이제 평안해졌다. (완)

재정 정리의 문란은 부기법(簿記法)이 없음을 증명함이다 / 장홍식(張弘植)

경제학자의 설명에 의하면, 무릇 재(財)라는 것은 한 인격에 이익이 될 화물의 총체로 우리가 이를 배타적 집념을 갖고 자기 목적물로 삼으려는 외계 유형물을 말하고 재정이라 하는 것은 이를 처분하기 위해 행하는 행정을 말한다. 그러나 나는 이 의미를 말함이 아니라, 즉 어떠한 물건이라도 한 사람의 소유에 속해서 이를 소비하는 것은 말할 필요도 없음이요, 이것의 매각・증여・기타 일체의 처분 방법이 그 사람의 권한 내에 있는 것과 타인에 대한 그 사람의 대금, 즉 채권을 말하려는 것으로서, 이를 정리하는 방법을 재정이라 한다. 그런데 재산의 종류는 항목이 많아 일일이 지금 열거하기 어려우나 보통 우리가 소유한 것은 동산(動産)으로는 현금・지필묵・음식・유탄(油炭) 등 소모품 및 일용품이요, 부동산으로는 산림・가옥・전답 등이 있다. 이것들을 처분, 소비하는 데 있어서 며칠 몇 시에 얼마가 나가고 들어오며 또 어떤 원인으로 나가고 들어오는지와 손 안에 얼마가 있고 없음을 모르면 서기 등에게 농간을 당하고 타인에게 권리・의무가 있음을 모르게 된다. 이와 같은 경우에 이르면 가히 재정 정리 문란이라 말할 수 있다. 무릇 부기(簿記)라 하는 것은 무엇인가 하면, 부(簿)는 문서와 장부를 의미하고 기(記)는 기록을 의미한다. 부기의 정의는 감히 정언하기 어려우나 한마디로 말하면 재산 정황을 정정명료(精正明瞭)히 기재하며 누구나 언제든지 이를 일목요연하게 알게 하는 것이라고 말할 수 있다. 이를 자세히 말하면 재산 정황을 정정명료하게 기재한다 함은 즉 며칠 몇 시에 어떤 원인으로 나가고 들어오는지를 기재함이요, 누구나 언제든지 이를 일목요연하게 안다 함은 즉 손 안에 얼마가 있고 없는지를 말한다. 그런즉 이들 원리를 필설이 허락하기까지 설명하고자 하나 시간이 불허함으로써 다만 차변과 대변의 연구자(聯球字)를 사용하는 복식부기의 원리에 기초되는 설명을 소개한다. 이 원리를 따라서 계산할 때는 비록 백난지중(百難之中)이라도 결코 서기 등의 농간과 타인에 대한 권리・의무를 명확히 알게 될 것이라고 말할 수 있다.

이상에 논한 것과 같이 재정이 문란한데 이를 정리하려고 노력하지 아니하면 즉 우리 경제상에 중대한 관계를 야기할 것이다. 그런데 이상은 다만 일개 개인사와 하나의 학설에 불과하나, 이를 광의로 해석하면 우리 경제상 영향은 국가 단체에 미친다. 왜 그런가. 개인적 경제는 국가적 경제와 서로 분리되지 못하는 관계가 존재하는 까닭이다. 그런데 이를 정리하는 기관, 즉 부기의 범위는 없으면 모르겠거니와 계산에 기초하는 곳에는 관계치 아니하는 것이 없다. 그 종류를 대략 열거하면 관청부기, 공업부기, 철도부기, 농・은행부기 등이 있다. 그런즉 개인,

단체를 불문하고 사회가 있으면 반드시 재산 관계가 자연히 따라 일어나는 것은 더 말할 필요도 없다. 이러한 부기는 그 업무의 성질에 따라서 다르나 그 원리는 동일하므로 당사자는 그 업무의 번한(繁閒)에 따라서 임의로 절정(折定)해야 할 것이다. 그런데 이에 덧붙는 것이 원래 많으므로 즉 경제의 개념 · 산술 · 도량형 및 습자(習字) 등의 연습이 필요하다. 만약 우리가 이 원리를 응용하지 아니하고 재산에 행정을 시행할 때는 또 다른 소양이 있더라도 능히 정리하지 못하고 따라서 문란의 경우에 이르면 그 당사자의 부기법 소양이 없음을 알게 될 것이다.

경찰의 목적 / 장계택(張啓澤)

제1장 행정경찰의 의의

항해를 하는 사람은 반드시 방침(方針)을 정한 후에야 그 방향을 잃지 않고, 사격하는 사람은 반드시 과녁을 결정한 후에야 발사를 헛되이 하지 않으며, 배우는 사람은 반드시 그 대의를 명료하게 한 후에야 그 뜻을 그르치지 않을 것이다. 그러므로 오늘날 경찰의 목표를 연구하고자 할 경우 당연히 먼저 경찰의 의의를 연구해야 한다. 경찰이라는 것은 국가 행정의 요소요, 사회의 안녕을 보전하고 간직하는 것이요, 인민의 공공의 위해를 예방하는 것이니 그 법은 행정에 속하며 행정법은 또 법학총부(法學總部)에 속하니, 즉 공법(公法)의 일부이다. 고로 그 능력은 국가권력의 작용이고 명령 · 강제하는 작용이며, 직접적으로 일반 신민의 안녕을 유지하는 것이다. 이 세 가지는 행정경찰에 있어 상호보완적이며 하나라도 결여되어서는 안 된다. 만약 하나라도 결여되면 그 목적을 이룰 수 없다.

제1절 국가권력의 작용

국가권력이라는 것은 무엇인가. 헌법에서의 통치권을 말하는 것이니 즉 군주권력(君主權力)을 말함이다. 경찰은 본래 권력이 없고 국가의 권력을 빌려 행정을 행하니 국가권력이 미치는 범위 안에 경찰의 권력도 미칠 수 있으나 민회(民會)의 경우 경찰이 금지할 수 없다. 이는 헌법으로 정해진 바의 허락된 자유이기 때문이다. 그러나 정부를 전복하려는 행위가 있고 다투고 위험한 일을 하려고 하면 경찰이 역시 간섭할 수 있다. 그러므로 이를 보면 경찰의 권력이 유한하다는 것을 알 수 있다.

국가권력은 일반 신민에 대하여 독립된 무한한 능력과 자격을 지닌 까닭에 그 성질은 사권(私權)과는 다르다. 사권이라고 말하는 것은 사법상 사람들 사이에서 개인이 갖는 권리에서 나온 것이다. 몇 가지의 단초를 들어 말하면 부모 된 자가 그 자식을 꾸짖을 권리가 있고, 주인 된 자가 고용된 사람을 사용할 권리를 가지나 그 친자와 고용인 외에는 그 권리를 가질 수 없으니 이는 사권이 유한하기 때문이다.

국가권력은 그 성질이 가장 높고 그 능력이 무한하여 나라 안 일반 신민이 모두 복종의 의무가 있고 그 범위의 밖으로 나갈 수 없다. 고로 경찰이 역시 무한의 능격(能格)을 가지므로 다양한 단속의 능력이 있고 포박하고 금지하는 권리가 있다.

제2절 명령·강제의 작용

무엇을 명령・강제하는가. 어떤 행위를 말할 것도 없이 불량(不良)・불선(不善)한 행위이다. 경찰은 인민에 대해 안녕과 보호의 의무가 있다. 고로 사람이 불선한 악행을 하고 또 풍속에 거리끼는 바가 있는 경우 당연히 강제 수단으로 이를 금지하고 제어할 수 있어야 사회의 질서를 예방할 수 있다. 그러므로 절도, 강간, 매음, 잡기 등의 일은 경찰이 가장 주목하여 엄금하는 것이다.

제3절 직접적으로 일반 신민의 안녕을 유지하는 작용

안녕과 질서는 사회 생계(生計)의 평화요, 사회 유지의 방침이다. 사회가 문란하면 안녕을 지키기 어렵고 안녕을 지키지 못하면 사람이 생존하기 어렵다. 이에 약육강식하고 상호 경쟁하여 위해(危害)가 반드시 일어나고 사회가 파괴된다. 이에 경찰이 마음을 다해 사람의 자유를 보호하며 힘을 다해 사회의 질서를 떠받치는 것이니 이것이 경찰의 요소이다.

직접이라는 것은 무엇인가. 간접의 반대를 말함인데, 민(民)에 대해 군(君)은 상하의 간격이 있어서 서로 교제할 수 없으나 경찰은 국민과 더불어 어떤 간극도 없이 직접 상통하니 만약 그렇지 않으면 일을 풀어나갈 수 없고 또 공공의 위해를 막기 어렵다.

이상의 세 가지 설을 합하여 논하면 행정경찰의 의의가 위해를 예방한다는 한마디를 벗어나지 않으며 그 목적이 또 공공의 질서와 안녕을 유지하는 것을 벗어나지 않는다. (미완)

농업은 만사의 근본이요 행복의 원인이다 / 하정생(荷汀生) 김만규(金晩圭)

대저 인생에는 기갈・한서(寒暑)의 우려가 있으니 의식주로써 이를 방어해야 한다. 의식주가 없으면 어찌 배고픔을 면하고 추위를 막으리오. 그러므로 의식주 세 가지는 인생에서 모름지기 잠시라도 떼어놓지 못할 것이므로 이것이 없으면 우리의 행복을 향유할 수 없고 생명을 유지하기 어렵다. 또한 우리의 생활상에 직업의 종류가 수다하나 직접으로 긴요한 원료를 공급하는 것은 농업 이외에는 없으니 진실로 농업은 이 의식주 세 가지를 세계 인류에게 공급함으로써 인류의 행복을 증진하여 일가를 이루고 일국을 건설하게 하는 근본이 된다.

ㅇ 몽매한 시대에는 농업이 없었으니 이를 수렵시대[漁獵時代]라 칭한다.

상고 몽매시대에는 인구가 적고 토지가 넓어 초목이 임의로 무성하여 자연의 생산이 도처에 넉넉하여 풍성하였으나 인민이 다만 배고픔을 면하고 추위를 막는 것을 족히 여겨 다시 기호(嗜好)가 없고 산야의 과실을 주워 가지며 초옥에서 취침하는 것에 만족해했다. 이 까닭에 신체를 수고하여 생산에 종사한 자가 없었으나 이후에는 인구가 점점 증가하고 때를 따라서 장마와 홍수와 한발(旱魃)이 있어서 초목이 말라 죽고 천재지변을 당하여 조수(鳥獸)가 감소하니 옛날같이 배고프면 곧 자연의 음식이 있고 추우면 자연의 의복이 있던 것이 꿈속에서도 볼 수 없게 되므로 스스로 안락을 탐하며 타면(惰眠)을 족히 여기지 못하고 식물을 재배하고 동물을 길러서 천연 산물의 부족을 보충함으로써 의식주에 자본을 얻었다. 그러나 이는 전 시대에 비하여 일보를 나아간 것이요, 아직 농업이 발달한 지경에 이른 것은 아니다. 경제학자가 전 시대는 어업시대요, 이 시대는 유목시대라고 말한다.

ㅇ 유목시대의 농업

유목시대의 사람은 아직 후일의 경영을 꾀할 지식이 없어서 짧은 시간과 적은 노력으로 의식(衣食)의 욕구를 만족하려 하므로 그 편리한 땅을 택해서 이주하여 생산의 업을 경영하되 그 산물은 각기 동일하여 저쪽의 산물과 이쪽의 산물을 교환할 필요가 없어서 자기의 산물은 다 자기 집안 살림에 공급하였다. 그러함으로 순연한 농업은 아직 성립하지 못하였으니, 농업에서 가장 유치한 시대이다. 그러나 이 시대에 이르러 유치한 농업이라도 그들의 직업 중 하나가 되었고 또 그 생존의 필요 중 하나가 되었음은 더 말할 필요가 없을 것이다.

ㅇ 농경시대의 농업

미래의 농업은 소위 농경시대에 있다. 인민이 다 방랑생활을 그치고 일정한 장소에 거주하여 목축을 번성하게 하고 과일과 곡식을 심어 먹을 것이 증가함에 돌아다닐 필요가 없다. 따라서 인구가 모여들어 국민단체를 성립하고 정치단체를 조직하여 날로 더욱 진보함에 사람이 사는 가택이 미려한 상태를 드러내고 재산이 다 사유(私有)에 속하게 되었다. 이에 이르러 농업의 확립이 전대에 비하면 일단의 진보가 되었으나, 교통이 성하지 못하여 상업의 무역이 부진하며 분업의 발생이 일어나지 못했다. 그러므로 이 시대에 생산자는 곧 농업에 있고 농업 이외에는 생산자가 없었다. (미완)

음료수 (제2호 속) / 유전(劉銓)

하수의 오물

음료수에 오물이 섞여드는 원인은 수다하니 첫째는 정호(井戶) 부근에 있는 오물탱크〔汚物溜〕로부터 누설하는 것과 하수 근방의 토양으로부터 급수관에 오물이 스며드는 것과 하수에서 발생하는 가스가 물탱크〔水溜〕에 들어가는 것 등이다. 이상 수다한 결과는 설사증〔下痢疾〕, 즉 적리병(赤痢病) 등을 생기게 함이요, 이와 같은 오물의 3분의 2는 수중에 용해하는 공기 때문에 산화하여 이산화탄소 및 질산 등으로 변하여 무해하게 되지만 그러나 협애한 정호나 물탱크에 이르러서는 그 용적의 크기가 일정하여 산화작용이 미약한 고로 앞에서처럼 산화하여 병독을 제거하지 못하니 이에 이르러서는 청정법을 시행하여 다소의 병독을 제거해야 한다.

급수법은 대략 두 가지로 분별하는데, 첫째는 부단급수법(不斷給水

法), 둘째는 단속급수법(斷續給水法)이다. 부단급수법은 물을 항상 관 안에 충만하게 하여 언제라도 수구(水口)를 열면 뿜어져 나오게 하므로 특별히 물탱크를 설치할 필요가 없으며 오물의 혼입이 적고 관 안에 물이 충만하므로 외부 공기 및 기타 물질과 만나 부패할 시간이 없으므로 그 물의 성질이 건전함이요, 또 누설하는 관을 사용하지 않기 때문에 하수 침입의 기회가 적으나 그러나 경제 때문에 납관을 사용하는 것은 불가하다. 단속급수법은 만 하루 동안 물을 급수하여 특별히 물탱크를 설치하여 오물 혼입과 먼지와 미생물, 독가스 등의 혼입에 주의하여 물탱크를 완전히 설비하는 것이다. 물을 청정케 하는 방법은 물을 100도 이상으로 끓여 가스체 및 미생물을 없애는 것이고 기타 세밀한 시험은 화학적 연구와 현미경이 아니면 시험할 수 없다.

혼탁한 물과 오물을 다량으로 함유한 물을 두세 가지의 물질을 통하게 하여 여과해서 맑고 깨끗하게 할 수 있으니, 마시는 데 사용하는 물을 위한 대규모 여과장치는 기계적・반화학적 두 가지 방법이 있다. 기계적 여과법은 거대한 입적(立積)을 가진 침전지라고 불리는 물탱크에 물을 가득 채워 체적이 거대한 오물은 침전하게 하고 그 후에 자갈과 모래를 쌓아 여러 개의 여과층을 투과하게 하는데, 여과층 하나에 대략 한 시간에 400석 내지 700석의 속도로 여과한다. 여과법을 시행할 때에는 유기질 오물은 산화하는 일이 없고 오물은 침전하거나 자갈에 흡수되고 무기물이 다량으로 흡수, 침전한다. 여기에 사용하는 모래는 순수한 물품을 사용하고 고운 모래면 여과층의 물의 흐름을 막기 때문에 적당한 모래알을 사용해야 한다.

무릇 마시는 물속의 협잡물(夾雜物)을 조잡하게 검정(檢定)하면 10분의 4・5는 헛되니 동일의 협잡물도 혼입하는 근원이 어떠한지에 따라 혹은 유해한 것도 있으며 혹은 무해한 것도 있은즉 그 물의 급수원 경과의 역사 및 구역과 협잡물의 성질 등을 명백히 한 후에야 그 물의 좋고 나쁨을 판정할 것이다.

구급치료법 (제2호 속) / 박제봉(朴濟鳳)[16]

ㅇ 독가스[毒氣] 중독

독가스 중독은 대개 탄산 중독이 많다. 불량한 공기가 충만한 굴 혹은 버려진 오래된 우물 혹은 양주장의 술저장고[酒室] 등에 주의하지 못하고 들어가든지 혹은 밀폐된 실내에 다수인이 집회하여 호흡 시에 그 내뿜는 탄산가스가 실내에 충만하든지 혹은 화로의 숯불에서 발생에서 탄산가스가 방안에 충만하든지 혹은 어떠한 부주의로 탄산가스를 다량으로 흡입하는 등의 일로 인하여 질식되는 것이니 갑작스럽게 인사불성이 되어 호흡이 끊어지고 안색이 창백해져 또 부어오르고 피부가 냉각하여 죽음에 이르는 것이다. 이때에는 먼저 환자를 즉시 공기 유통이 잘 되는 장소에 옮겨 눕힌 후에 의복의 띠를 풀어 전신의 의복이 조이지 않게 하고 냉수를 여러 차례 머리에 부으며 한편으로는 인공호흡법을 행하며 또는 사지를 천 같은 것으로 마찰-부비는 것-하고 흉부와 복부에도 냉수를 부어야 한다. 이와 같이 하여 정신을 차리게 되거든 적당량의 술 같은 것을 복용케 하여 보살핌을 게을리하지 않고 이때 환자가 신체가 피곤하여 수면하고자 하거든 이를 방해하여 수면하지 못하게 해야 한다.

이 독가스 중독의 재해가 실내에서 일어날 때에는 즉시 창문을 개방하여 신선한 공기를 유통케 할 것이요, 버려진 우물 혹은 굴 등의 곳에서 일어날 때에는 이를 구조하는 자에게도 해가 미쳐 중독될 우려가 없지 않으니 먼저 그곳에 냉수 혹은 석탄수 등을 살포하며 공기를 날려

16 박제봉(朴濟鳳) : '毒氣中毒'이라고 부기되어 있으나 오기로 보여 삭제하였다.

보내고 수건을 냉수에 적셔서 코와 입을 가린 후에 신속히 뛰어들어 구출하여 앞에서 말한 방법을 시행해 소생케 해야 한다.

버려진 우물, 굴 혹은 장시간 폐쇄하여 막혀 있었던 실내에 탄산가스의 유무를 검사하려면 먼저 밀랍으로 만든 초에 불을 붙여 이를 장대 혹은 노끈 끝에 붙여 내부에 들이밀면 탄산가스가 다량으로 있을 때에는 불꽃이 바로 꺼지므로 이때에는 냉수 혹은 석탄수 등을 먼저 살포하여 소독한 후에 들어가면 위험을 면할 수 있다.

ㅇ 액사(縊死)

액사는 기도가 폐쇄함에 호흡이 끊어져 죽음에 이르는 것이니, 매우 신속히 구조하지 않으면 생명을 잃는다. 그러므로 환자의 신체를 안고 목을 조른 끈을 절단하여 가로 눕힌 후에 의복을 이완하고 안면에 냉수를 뿌리며 수족과 흉부를 수건으로써 마찰하고 지념자(紙捻子)-종잇조각을 부빈 것-로 콧구멍을 휘저어 분체(噴嚔)-재채기-를 터트리게 하며 끈으로 졸린 자국을 안마하여 그 흔적을 소멸하게 하고 한편으로는 즉시 인공호흡법을 시행해야 한다.

공겸의 정신 [한] / 여사 윤정원(尹貞媛)

외인이 이르기를 조선부인은 실로 교만불공하여 남을 안하무인하게 생각하는 곳이 있다는 말을 때때로 들은 일이 있는 중에 겸하여 근일 『태극학보』에 두 차례 기록한 바를 잠깐 볼 지경이면 실로 여자가 아니면 사람이 아니요, 여자가 아니면 일시라도 생활할 수가 없는 듯이 생각하시는 이도 없지 아니할 듯하나, 이에서 깊이 생각하여야 할 바는 비록 여자는 사회의 꽃이라는 말을 천 번 만 번 하기로 실로 여자의 심신이 꽃과 같이 아름답게 되기 전에야 누가 이 소리에 귀를 돌려 듣는 자 있으며 또 여자는 천생으로 아름다운 성질이 있노라고 천인 만인이 말만 하기로 실지로 이를 표현하기 전에야 어찌 참으로 아름답고 귀하게 여기며 사회에 무슨 효험이 있으리오. 이러한 고로 실로 바라는 바는 비록 이 같은 말을 아니하더라도 자연히 그 형용은 인류의 꽃이 되고 그 사업은 가뭄에 비와 이슬같이 되는 데 있으나, 지금 본국 정세로 말하면 여자가 자기의 직분을 적당히 깨닫지 못하고 그 실력이 있기만 하면 얼마쯤 쓸 곳이 있는 줄 알지 못하는 고로 부득불 하고 싶지 않은 말까지 한 바이다. 대저 나라의 동서와 사람의 남녀를 불문하고 이 사회에 처하며 일개 국민이 되어 안온무사하게 세월을 보내고자 하며 가정을 화락하게 하고 붕우·친척과 교제를 깊이 하고자 하면 부득불 지키지 않으면 안 될 바는 국민적 도덕이다. 이 국민적 도덕을 남자의 편으로 보면 남자의 도덕이요, 여자의 편으로 관찰하면 여자의 도덕이 될 것이다. 대저 부인의 도덕이라 하는 것은 어떠한 도덕인가 하는 의심이 있을 듯하나, 이는 결단코 남자에게는 쓸데없으나 여자에게만 필요한 특별한 도덕이라 하는 것이 아니라 남자에게도 필요는 있으나 특별히 여자는 불가불 깊은 소양이 있어야 할 도덕을 말하는 것이다. 지금 이를 일일이 말할 지경이면 실로 한두 가지가 아니라 부지기수일 듯하다. 기자(記者) 역시 천학협식(淺學狹識)하여 그 십분의 일도 알지 못하나 다만 평일 연구하던 중 가장 우리 여자들에게 필요하다고 생각되는 바는 공겸(恭謙)의 정신일 듯 하다. 공겸이라 함은 그 글자와 같이 공경ᄒᆞ고 겸근하라는 말인즉 자기의 재주·학식·문벌·재산을 염두에 두지 아니하고 타인을 혈심으로 공경하고 자기를 겸손히 하라는 뜻이다.

대저 여자가 여자같이 아름답게 보이는 바는 이 정신이 있음을 인함이다. 동서고금을 불문하고 여자의 도덕 중에 '공겸' 두 자를 말하지 않는 곳이 없으니, 잠깐 생각하면 공겸과 절조(節操)는 여자의 전문 도덕 같으나 이는 재차 말하거니와 결단코 그런 것이 아니라 다만 특별히 이 두 가지가 남자보단 여자에게 중대함으로 인연함이다. 만일 행동거지와 언어 응답을 어디까지나 요조숙녀처럼 양성하고자 하면 다만 표면 형식의 예의·예식 뿐으로는 일평생을 공부하여도 무익할 것이요, 반드시 마음속에 티끌 하나 없는 구슬같이 찬란영롱한 공경지덕을 감추어둔 연후에 그 지휘를 응하여 진퇴하며 응답하여야 비로소 그 언어가 화려하고 그 행동이 요조할 것이다. 백만사가 다 마음이 근원이요, 행하는 일은 이를 좇아 일어나기 때문이다.

공경의 반대는 말할 것 없이 교만이니, 교만이라 함은 자기의 재주, 학식과 위치, 부귀를 자랑스럽게 생각하여 타인을 티끌같이 가볍게 보고 천하에 자기 이외에는 높은 자 없는 듯이 생각하여 무슨 일에 관계하든지 자기를 먼저 앞에 세우고자 하는 것을 이름이나 이와 같은 것은 비록 남자라도 용서할 수 없는 품행이다. 하물며 여자가 교만지심이 추호만큼이라도 심중에 맹동(萌動)하여서는 원만무결한 가정과 화기만만한 사회에 일시라도 용납될 수 없을 뿐 아니라 마침내는 남에게 싫어지는 바가 되고 웃음거리가 되어 일평생을 불행 중에 보내는 운명이 될 것이다. 그러나 또 여자가 삼가야 할 바는 은인(隱忍)이라 하는 것일 듯. 은인이라 함은 즉 겉으로 겸손한 듯하게 보이고 속으로는 교만하다는 뜻이다. 그 심중으로 자기는 높은 문벌과 수만금 재산을 가진 것에 더해 출중한 용모와 천하무쌍한 학식이 있다는 생각을 실상은 몽매에도 잊지 아니하면서 외면으로만 겸손한 듯하게 보이는 이가 특별히 여자사회에 많다 한다. 이는 실로 적지 않은 도덕상의 죄인이라 하여도 과한 말이 아닌 고로 깊이깊이 주의하여야 할 바이나, 또 그렇다고 아무 분별도 없이 전후좌우를 돌아보지 아니하고 누구에게든지 머리를 숙이라는 말은 결단코 아니다. 이는 겸손을 넘어서 비굴한 정신이다.

오직 공경할 만한 자를 어디까지나 공경하고 자기를 겸손히 하는 중에라도 능히 범할 수 없는 품격을 잃지 말고 자기의 위엄을 보전하여 사람으로 하여금 스스로 가히 높일 만하고 친할 만한 사람이라는 감탄의 소리를 지르도록 심신을 닦기에 그 목적은 있다. 이는 말로 하면 대단히 쉬운 듯하여도 실행하기 지극히 어려운 바이다. 오직 다 각각 마음을 놓지 말고 이 세상을 버리는 날까지 일시라도 잊지 아니하도록 힘써야 할 일일 듯. 만일 무슨 꽃이든지 참 아름답게 피기만 하면 "내 꽃은 이같이 곱다."고 자랑하지 않아도 스스로 보는 이마다 듣기 싫도록 칭찬함을 마지아니할 터이요, 또 그 향기가 실로 황홀무쌍할 지경이면 가만히 앉아 있더라도 바람을 인연하여 사방에 흩어질 것이다. 그런고로 없는 꽃빛과 향기를 있는 체하다가 도리어 수 배의 수치를 받지 말고 다만 힘쓰는 바는 실로 자기의 꽃을 아무쪼록 곱게 피도록 하고 그 향기를 조금이라도 더하게 하는 데 있게 해야 할 것이다.

-서양 속담 한 구절-

잘 영근 보리-대맥(大麥)-일수록 그 머리를 숙인다.

면면(面面) 그리스도 / 정빈(鄭彬)

ㅇ 그리스도는 구속(救贖)의 주

"우리 죄를 인하여서 예수께서 상하며 우리 허물 인하여서 매를 맞으셨도다. 예수 책망 받은 고로 우리가 편하고 예수의 매질에 상함으로 우리 병이 나았네." (이사야 53장 5절)

어떠한 촌농부의 집에서 닭을 기르는데 하루는 암탉이 병아리를 많이 데리고 그 집 뜰에서 놀더니 마침 솔개 한 놈이 지나다가 보고 살같이 날아들어 병아리 한 마리를 움켜 갔다. 암탉이 처음은 그 새끼들을 자기 날개 아래로 덮어 보호하며 자기 몸으로는 그 사나운 솔개를 막으려 달아나다가 솔개가 그 새끼를 탈취하는 경우에는 그 새끼를 사랑하는 정이 불 일 듯하여 평일에 솔개 무서워하던 마음도 다 잊어버리고 두 날개를 벌리고 소리를 크게 지르며 솔개를 쫓아 공중으로 따라 올라가니 솔개가 먼저 움켰던 병아리는 놓아주고 암탉을 움켜가지고 갔다는 이야기가 있다. 이와 같이 예수께서 이 세상에 오신 목적은 죄에 빠진 이 세상을 구속하여 살 길로 인도하고 각기 자기 길로 달아나는 허락된 백성을 당신의 전능하신 날개 아래로 모으고자 하시기를 저 암탉이 자기 새끼를 보호함 같이 하셔서 마침내는 이 세상 죄를 대신하시고 자기를 십자가에 못 박는 지경까지 이르시고 그 귀하신 피로 약속을 세우시기 위함이다. 이로써 영원한 구속의 주인이 되셨으니 그 사랑과 은혜가 어떻게 크고 넓은 것을 알 수 있을 것이다. 그런 고로 성경에 이르시되 "하나님이 세상을 이처럼 사랑하사 독생자를 주셨으니 누구든지 저를 믿으면 멸망하지 않고 영생을 얻으리라 하나님이 그 아들을 세상에 보내신 것은 세상을 죄 정하려 하심이 아니요 그 아들로 세상을 구원하시려 하는 것이라 저를 믿는 사람은 죄를 정하지 아니하고 믿지 아니하는 사람은 벌써 죄를 정하였으니 이는 하나님의 독생자의 이름을 믿지 아니함이라."(요한복음 3장16-19절) 이 같이 예수를 하나님과 사람 사이에 중개로 삼으시어 아무리 큰 죄인이라도 다 용납하고 구속하기로 작정하였으니 이것은 곧 사람의 의뢰할 만한 약속이다.

ㅇ 그리스도는 참자유

"예수 저들에게 일러 이르시되 진실로 너희에게 이르노니 죄를 범하는 자는 죄의 종이라 종은 영원히 집에 있지 못하나 아들은 영원히 있나니 아들이 너희에게 자유를 주면 너희가 참자유를 얻으리라." (요한복음 8장 34,36절)

자유의 근본은 하나밖에 없으나 자유의 바람이 전 세계 통행함으로부터 두 길로 나뉘어 속 자유와 겉 자유가 되었다. 그런데 지금은 이 '자유' 두 글자를 모르는 사람이 없고 그 중에라도 이 두 글자를 목마른 듯이 사모하는 나라는 대개 러시아와 청국과 우리 한국이다. 이러므로 러시아 노동자는 자유의 꿈을 꾸고 청국 처녀들은 자유의 노래를 부르고 한국은 오척동자라도 자유를 바라는 사상이 간절하므로 사람 사람이 날마다 머리를 동편으로 돌리고 태평양에서 건너오는 배만 기다리며 금번에는 혹 자유 실은 배가 올까 하고 이같이 갈망을 품었다. 그런즉 이 세상에서 자유가 얼마큼 귀한 것인지는 알 수 있을 것이다.

그런고로 전 세계에 왕래하며 이 자유를 구하러 하는 손님이 하늘의 구름과 바다의 물결 같다. 그러나 전 세계 형편을 볼진대 겉 자유가 속 자유의 힘을 빌려 가지고 그 나타난 세력이 여러 배가 확장되었던 고로, 저 손님들의 육안에는 법률·정치와 문학·기예의 허락된 자유만 보고 그 발자취가 그곳에 그쳐서 배회, 주저하며 혹 어떤 사람은 자유를 만나기는 하였으나 그 자유를 쓸 곳이 없음을 탄식하며 다만 자기의 나라에서 자유의 문 열기만 기다리는 사람도 있다.

그러나 만일 그 나라에서 자유를 허락하더라도 그것이 온전한 자유라고 하지 못하리니 이는 다른 까닭이 아니라 사람들이 다 죄가 있기 때문이다. 죄인에게는 자유가 없나니 성경 말씀에 "내가 원하는 선은 행치 아니하고 원치 아니하는 악은 행하는도다."(로마서 7장 19절) 하셨으니 이것이 죄인의 사진이요, 이것이 참자유를 얻지 못한 증거이다.

몇 해 전에 청국에 한 그리스도 신자가 있었으니 처음으로 믿기 시작한 자였다. 하루는 다른 사람을 향하여 담배를 청구한즉 그 사람이 자기 쌈지에 손을 넣어 한 줌 집어주는 것이었다. 신자가 받아 가지고 집으로 돌아와서 대통에 담아 피우려고 할 때에 자세히 본즉 그 속에 작은 은전 한 푼이 있는 것이었다. 스스로 생각하기를 '저 사람이 미처 살피지 못함으로 내가 말하지 아니한 돈이 묻어 왔으나 내일 도로 갖다 주리라' 하였더니 그 마음에 또 생각나기를 '그렇지 않다. 네가 그 돈을 도적하여 온 바도 아니요, 또 그 사람이 네게 온 줄은 정녕히 알지 못할 것이다. 그 사람이 혹 너더러 묻더라도 모른다 하면 너를 틀리게 알 길도 없고 너를 의심 내어 송사하더라도 증거가 없는 일이니 네가 먹어도 관계치 않다' 하는 것이다. 이 사람의 흉중에 두 가지 의론이 일어나서 한편에서는 도로 주자거니 한편에서는 먹어도 관계치 않다거니 밤새도록 양심과 죄가 그 가슴에 왕래, 충돌하여 한잠도 자지 못하고 날이 밝았다. 아침에 일어나 성경 말씀을 보고 양심 쪽으로 마음을 기울여 돈을 도로 갖다 주기로 작정하고 돈을 가지고 가서 임자에게 돌린즉 그 사람의 말이 "왜 그대가 쓰지 아니하고 가져왔느냐"고 묻는 것이었다. 신자의 대답이 "이것이 내 수중에 있을 때에는 내 마음이 편치 못하여 내 영혼이 거의 죽게 되었더니 이 돈을 그대에게 돌리기로 작정한 후에야 마음이 편하여 밥을 먹었고 또 지금 그대를 만사서 돌린 후에는 나의 마음이 이같이 시원하고 무거운 짐을 벗은 듯하니 어찌 그 돈을 스스로 쓸 길이 있으며 하나님의 의로우신 심판이 어찌 나를 용서하리요." 하였다고 한다. 이러한 일을 두고 보면 이것이 과연 자유로 놓임을 얻었다 할 것이다.

그런즉 참자유가 별다른 곳에 있는 것이 아니요, 곧 하나님 말씀 속에 있으니 구하고자 할진대 곧 사람 사람의 발 앞에 있는 것이다. 어찌 먼 곳까지 가리요. 이는 세상이 어리석게 여기고 낮게 보는 십자가에서 흘린 예수의 피가 사람 마음 가운데 비상한 능력을 행하여 죽은 자를 살리고 병든 자를 고치고 마귀의 결박 받은 자들을 자유롭게 해방하는 것이니, 이것이 세상 사람의 사상에서 벗어나는 초자연적 사역이다. 그런고로 성경 말씀에 "하나님의 성신이 계신 곳에 자유가 있느니라." 하였다(고후 3장 17절).

실행주의 / 오석유(吳錫裕)

근래에 물질상 문명이 진보함에 도덕상 문명이 나날이 더 부패하여 세인이 명예와 권리를 논하면서 외식주의(外飾主義)를 전주(專主)하고 실행주의를 홀시한다. 말로는 인의를 주창하되 그 실지 소행을 보면 불인불의(不仁不義)를 행하며 말로는 박애주의를 주창하되 그 실지 행위를 보면 잔인과 포학을 행하며 말로는 국가주의를 주창하되 그 실지 행위를 보면 매국적 행위를 행하며 말로는 동등주의를 주창하되 그 실지적 행위를 보면 교만과 질투를 행하며 말로는 정직주의를 주창하되 그 실지 행위를 보면 곡사(曲私)와 아함(阿陷)을 행하며 말로는 교육주의를 주창하되 그 실지 소행을 보면 자식을 해치는 짓을 행하며 말로는 단체주의를 주창하되 그 실지 소행을 보면 사당(私黨)과 사도(邪徒)의 일을 행하는 자가 왕왕 있으니 오호라, 이 외식주의여! 그것을 작게 말하면 자기 일신을 망하게 하고 그것을 크게 말하면 한 국가를 망하게 할 것이다.

시험하여 묻노니 우리 한국에 윤리・도덕이 없어서 오늘날 저와 같은 지경에 이르렀는가? 아니다. 단기(檀箕) 이래로 윤강(倫綱)이 엄정하여 군(君)은 군답고 문(文)은 문답고 자식은 자식다움의 교훈은 사람들이 숙지하는 바이다. 세인이 우리 한국을 가리켜 예의지국이라 칭하였으되 오늘날에 이르러 국민의 덕성이 날이 갈수록 퇴보하여 관리 된 자가 탐욕을 부리고 불법을 자행하는 것을 사업으로 삼고 국민 된 자가 아부・복종으로 천칙(天則)을 삼아 조금도 부끄러워하지 않는 것은 고유 도덕을 실행하지 못한 까닭이다. 우리 한국에 교육제도가 없어서 오늘날 저와 같은 지경에 이르렀는가? 아니다. 처음 선왕이 법을 세울 때에 상서학교(庠序學校)[17]를 설립하여 삼강오륜을 가르쳐 덕육을 주장

---

17 상서학교(庠序學校): 상(庠), 서(序), 교(校)는 모두 향교를 말하는데, 이 중 상(庠)

하며 육예의 도, 즉 예(禮)·악(樂)·사(射)·어(御)·서(書)·수(數)를 가르쳐 지육·덕육을 실천하였으니 현재 문명국 교육제도에 비하면 다소 개량할 조건이 있으나 이는 시세의 변천 때문이지 선왕의 교육주의가 잘못된 것이 아니다. 하지만 후대의 사람이 선왕의 유훈을 지키지 않고 그 본(本)을 버리고 그 말(末)을 취하여 마침내 일반 인사가 심장적구(尋章摘句)[18]로 능사를 삼아 송경작시(誦經作詩)의 무리가 계속 나오니, 교육이 왕성하고도 국가가 쇠잔한 것은 그 교육주의를 실행하지 못한 까닭이다. 우리 한국에 통상제도가 없어서 오늘날 저와 같은 지경에 이르렀는가? 아니다. 영국도 우리 한국의 통상조약국이요, 북미합중국도 우리 한국의 통상조약국이요, 일본·중국도 우리 한국의 통상조약국이다. 세계열강 중에 통상조약국이 아닌 곳이 없는데 오늘날 우리 한국의 상업이 맥없이 부진한 것은 상업정책을 실행하지 못한 까닭이다.

요컨대 우리 한국 사회의 천만사의 폐해 원인을 한마디로 말하면 외식주의에 귀일한다. 이미 실패한 것의 반복을 앞으로는 경계하라 하였으니 장래의 방책을 잘 강구하고자 하면 과거의 실패를 은감(殷鑑)[19]으로 삼는 것이 일하는 자의 주의할 바이다. 우리 청년은 장래 대한제국의 상속자이다. 고명한 학식이 국민의 본보기가 되지 않으면 안 될 것이요, 고상한 인격이 동포의 표본이 되지 않으면 안 될 것이다. 비루한 풍조를 격퇴하며 야비한 병속(病俗)을 타파하고 우주 같은 드넓은 기운과 일월 같은 밝은 마음으로 이 천지간에 서서 오직 공평·정직으로 만사를 실행하여 백 번 패해도 꺾이지 않는 정신으로 진보하면 세간

은 주나라에서, 서(序)는 은나라에서 향교를 뜻하는 말이었다.

18 심장적구(尋章摘句) : 옛사람의 글귀를 여기저기서 뽑아서 시문을 짓는 일을 뜻한다.

19 은감(殷鑑) : 은나라는 전대의 하나라가 멸망한 것을 거울로 삼으라는 말로 남이 실패한 것을 자신의 거울로 삼는 일을 뜻한다.

만사에 이루지 못할 일이 없을 것이다.

무하향만필(無何鄕漫筆) / 최석하

한밤중 외로운 책상에 희미한 등불을 돋우고 말없이 홀로 앉았더니 홀연 바람소리가 나더니 누런 잎사귀 하나가 객창을 두드리니 무정한 세월이 나에게 가을을 알려주었다. 오호라, 인생도 역시 이와 같구나. 청춘이 한 번 떠나간 후에는 가을빛이 반드시 이르는 것이다. 천지간에 태어나 낙락뇌뢰(落落磊磊) 장부의 뜻으로 일월과 함께 나란히 설 대사업을 성취하여 사회상에 모범을 남기지 않으면 초목동부(草木同腐)와 무엇이 다르겠는가.

우리 청년의 전도(前途)를 헤아리니 만 리 길에 한 걸음이다. 4천 년 조국의 장래 운명을 두 어깨에 부담하니 책임이 가볍겠는가. 청구(靑邱) 강산 너른 천지 중흥공신(中興功臣) 누가 될까? 예부터 지금까지 사업가는 모두가 이르기를 영웅이라고 한다. 영웅은 어떠한 사람인가? 그 진상을 탐구하고자 만고 영웅 심방하러 허심낭(虛心囊)을 꿰어 차고 5대주를 돌아다닐 때 가까운 데서부터 먼 데까지 갈 마음으로 지나(支那) 대륙 찾아들어 한고조를 심방하니, 그때는 즉 천하를 평정하고 여러 공신을 모아 공로를 따져 상을 주던 날이었다. 폐하를 뵙기를 간청함에 거만한 유생 관습으로 세족(洗足)하고 뵙고자 할 때 역생(酈生)[20]의 논법으로 무례를 감언하니 고조가 끊임없이 사례했다. 한동안 예의를 갖춘 후에 내가 질문 하나를 던졌다. "폐하가 용도호략(龍韜虎略)[21]으로

20 역이기(酈食其): ? -BC204. 중국 진(秦) 말기의 인물로서 유방(劉邦)의 참모(參謀)이자 세객(說客)으로서 한(漢)이 천하를 평정하는 데 크게 기여하였다.

21 용도호략(龍韜虎略) : 비범한 비결과 뛰어난 지략을 뜻한다.

써 초야 중에 분기(奮起)하여 사나운 진(秦)과 강한 초(楚)를 쳐서 평정하고 황제의 자리를 얻을 수 있었습니까?" 고조가 무릎을 치고 크게 웃으며 이르기를 "기특하구나, 그대의 말이여! 하나의 질문이라고 할 수 있구나. 짐이 패중(沛中)에서 3척 검을 들고 일어나 팔년풍진장(八年風塵場)[22]에 축록(逐鹿)을 다툰 것[23]은 오로지 대우(大愚)에 따른 것이었다. 어찌 성공을 예상하였겠는가. 짐은 '대우(大愚)' 두 자 외에는 다른 방책이 결코 없다."

이 말을 들음에 심신이 쾌활하여 지당한 말씀이라 하며 나서니 대업을 처음으로 시작한 한(漢) 고조(高祖)는 명불허전이다. 가는 길이 다급해 위성조우(渭城朝雨) 이별가로 여구곡(驪駒曲)을 일창하고 낙양성을 찾아 들어 한(漢) 광무제를 심방하니 애인하사(愛人下士)한 광무제는 시위(侍衛)를 물리치고 중흥공신 마원(馬援)[24]을 영접하던 의식으로 모자를 반쯤 기울여 인견(引見)하고 웃으며 "자네는 천 리를 마다하고 짐을 내방하니 필시 세객(說客)[25]일 것이다." 했다. 내가 "외신(外臣)은 한 가지 큰 의문이 있어서 질문 차 폐하를 찾아뵈었으니 세객이 아니고 문객(問客)입니다."라고 했다. 황제가 "어떤 질문이 있는가?"라고 물었다. 내가 "폐하가 한나라 왕실의 종친으로 남양(南陽) 백수향(白水鄕)에서 빈손에 맨주먹으로 분기하여 왕적(王賊)을 쳐서 평정하고 이미 잃어버린 한나라를 부흥하였으니 무슨 경천위지(經天緯地)의 재주가 있어서 이렇게 평정할 수 있었습니까?"라고 답했다. 황제가 정색하며 "짐이 빈손에 맨주먹으로 의기(義旗)를 들고 백만 대중을 가진 왕적을 징벌하고자 한

---

22 팔년풍진장(八年風塵場) : 8년간의 바람과 먼지라는 말로 여러 해에 걸쳐 고생함을 뜻한다.

23 축록을 다툼: 사슴을 쫓는다는 의미로 정권이나 지위, 인기를 위해 다투는 것을 뜻한다.

24 마원(馬援) : BC14-49. 중국 후한의 장군.

25 세객(說客): 능란한 말솜씨로 각지를 유세하고 다니는 사람을 뜻한다.

것이 어찌 자기의 영예를 위함이었겠는가. 다만 한나라 왕실의 혈손이 되어 조국을 사랑하는 성심(誠心)에 따른 것이고, 또 중흥사업으로 논하면 짐의 지략으로써 금일에 이른 것이 아니다. 짐의 공신들이 짐을 위하여 충심과 선의로 도모한 결과이다. 짐은 다만 성심을 여러 신하의 마음속에 옮겨두었을 뿐이니 '성심' 두 자 외에 다른 방책이 별로 없다."고 하였다. 일편성심으로 한나라 왕실을 중흥한 한 광무제의 말이여, 말과 행실이 서로 같았다.

지나 대륙의 두 영웅을 심방하고 행로를 유럽으로 향하는데 한 조각 작은 배가 대양에 떠다니니 연잎의 선인(仙人)이 연잎 배를 타고 영주(瀛洲)에 만유하는 것 같았다. 인도양과 홍해를 항해하여 지중해로 들어가니 파도가 잔잔하여 비단 무늬를 만들었다. 프랑스 마르세유에 상륙하여 파리성을 향해 가니 단청화각(丹青畫閣)은 반공(半空)에 솟아 있고 금수강산은 좌우를 에워싸고 있으니 참으로 세계 중에 가장 이름난 지역이었다. 개세의 영웅 나폴레옹을 심방하니 때는 나폴레옹의 전성시대였다. 유럽 열국 군왕이 그 무릎 아래 굴복하여 신하 되기를 애걸하였다. 내가 "명공(明公)이 무슨 웅도(雄圖)를 가지고 있어서 당초에 한 독정관(督政官)의 지위로 대황제라는 영명(榮名)을 얻고 유럽을 평정하여 위세가 천하에 진동하는 것입니까?"라고 물었다. "내게는 다른 방책이 별로 없다. '불능(不能)' 두 자는 평생에 사용한 곳이 없으니 나의 비결은 불능을 말하지 않는 데 있다."라고 답했다. 인류 역사 5천 년에 마력(魔力)·신술(神術)로 인생의 원동력이 되어 세계를 경동(驚動)하던 나폴레옹의 격언이여! 약자가 강하고 겁 많은 자가 서게 되었다.

이 말을 외우고 노래하면서 대서양을 항해하여 북미합중국에 다다르니 때는 합중국이 영국과 전쟁을 시작해 대승리를 얻어 독립을 천하에 공포하고 대통령 워싱턴이 즉위하던 날이었다. 워싱턴을 방문하니 해외의 외로운 나그네를 환영, 영접했다. 알현의 예를 마치고 내가 축하하며 "금일은 귀국(貴國)의 독립일입니다. 한 외국인의 심중에도 희열을 말하기 어려운데 하물며 귀국의 사람들은 어떻겠습니까."라고 말했다. 또 말을 이어 "전하가 다년간의 혈전에 세인이 모두 귀국의 실패를 우려하더니 사실은 반대로 되어 이와 같이 만고 대사업을 성취하였으니 무슨 경륜을 가지고 있어서 여기에까지 이른 것입니까?"라고 물었다. 워싱턴이 "내가 빈손 맨주먹으로 일어나 노약한 병사와 부인 군사를 거느리고 세계 만국에서 가장 강하고 용맹한 영국군과 교전하였으니 어찌 성공을 예상하였겠는가. 한 번 패하고 열 번 패하고 백 번 패하며 목적을 이루었으니 나의 주의는 '열심' 두 자뿐이다."라고 천천히 답했다. 아메리카를 대표하여 합중국의 독립 기초를 만고에 확립한 워싱턴의 말이여, 우리에게 백절불굴의 진리를 가르쳐주었다. 천하를 돌아다니며 만고 영웅을 일일이 찾아가서 만나보고 성공의 비결을 물으니 영웅에게는 별다른 방책이 없었고, 대우(大愚)라거나 성심(誠心)이라거나 무불능(無不能)이라거나 열심(熱心)이라는 것이었다. 시원하고 기묘한 이 훌륭한 비결을 허심낭(虛心囊)에 담아 한반도에 돌아오니, 각성하자, 남가일몽(南柯一夢).

사조적적(思潮滴滴) / 회원 신상호(申相鎬)

○ 천하만국에 산재한 무기를 한 곳에 수합하여 일대 불상을 주조해 구만리장천에 높이 세우고 억만 년 평화를 유지하면 장쾌하고 위대하나, 안타깝도다, 지금 세상에 이들 대사업을 성취할 대인물이 없구나.

○ 실행으로 주의를 삼고 정의로 수단을 삼아 활발하게 천하를 활보하니 향하는 곳마다 적이 없고 이루지 못할 일이 없다.

○ 내가 이 세상에서 재천입지(載天立地)하고 공명정대한 마음으로 만

사를 행하면 소진(蘇秦)·장의(張儀)의 웅변이 쓸 데 없고 장량(張良)·진평(陳平)의 지략이 무효할 것이다.

○ 우리나라의 2천만 국민은 무릉도원 춘시절의 따뜻한 기운에 절로 눈이 감겨 남가일몽 어렴풋하더니 부의철로(釜義鐵路)[26] 기적 소리에 홀연 놀라 깨니 양상군자(樑上君子) 한 대대가 담장을 파쇄하고 가정에 침입하여 부모 처자 협박하며 생명 재산 횡탈할 때 이제야 분노하여 애국 철퇴를 높이 들어 그 군자의 머리 위에 세차게 때리니 두골 분쇄.

○ 세간에 어떤 학생은 공부가 제일이라 하여 주야로 문을 닫고 독서하더니 여위고 쇠약해져 마침내 공부를 그만두는 지경에 이르렀고, 어떤 학생은 체육이 제일이라 하여 여기저기서 운동을 사업으로 삼아 '서자서아자아(書自書我自我)'[27]로 허송세월하다가 마침내 추락하는 지경에 이르니 참으로 딱한 일이다. 중용의 도를 행해야 할 것이다.

갑을(甲乙)의 대화 : 기서 / 방청인 우고생(右古生) 최린(崔麟)

갑(甲)이 말하였다. "도리춘광(桃李春光)이 어제 같은데 가을바람에 물든 국화와 단풍이 별안간에 울긋불긋, 허허 세월이여."

을(乙)이 말하였다. "천도가 사사로움이 없어서 인사를 기다리지 않네. 청춘이 쉽게 늙으니 백일(白日)을 헛되이 보내지 말게."

을이 말하였다. "최근 미국에서 황인 학동을 배척한다 하니 아마도 황·백인종 싸움의 첫소리지."

갑이 말하였다. "그런즉 황인이 상호 잔멸함은 형제 상쟁이 아닌가."

---

26 부의철로(釜義鐵路) : 1905년에 개통된 경부선과 경의선을 뜻한다.

27 서자서아자아(書自書我自我) : '글은 글대로 나는 나대로'라는 뜻으로, 글을 읽되 정신은 딴 곳에 있음을 뜻한다.

을이 말하였다. "가정은 반드시 스스로 무너뜨린 후에 남이 무너뜨린다고 하니, 형제 상쟁은 망하는 가정의 근본."

갑이 말하였다. "가화만사성(家和萬事成)이라 하니 화목하면 그만이지."

갑이 말하였다. "세계에 빈국은 한국이라지."

을이 말하였다. "재원인 농산물, 광산물은 한국이 가장 풍부하다 하니 어찌 가난하다 하겠는가."

갑이 말하였다. "허허 이 사람, 소반 속의 밥도 먹어야 배부르지."

을이 말하였다. "그러게. 한국 경성에 광산학교 있고 일본유학생 중 농과생이 많다네. 청년들이 차차 활동, 흥업하면 세계의 부국은 한국일걸."

을이 말하였다. "세계의 약국(弱國)은 한국일 듯."

갑이 말하였다. "인자무적(仁者無敵)이라 하니 한국인보다 더 어진 자가 없는데 어찌 약하다 하겠는가."

을이 말하였다. "허허 이 사람, 그것은 옛말일세. 금일은 강자무적이라네. 군병 없이 되겠나."

갑이 말하였다. "진시황이 무기를 수입하여 종거금인(鍾鐻金人) 열둘을 만든 후에도 초한이 주먹싸움 하였단 말 못 들었고 미국 독립 전에 양군연병(養軍鍊兵)하였단 말 못 들었네. 한국도 국민이 일심단체만 되면 세계의 강국 되지."

갑이 말하였다. "우리 생활상에 비록 1초간이라도 없어서는 안 될 것이 무엇인고."

을이 말하였다. "법."

갑이 말하였다. "흔히 말하기를 요순(堯舜)은 도덕으로 다스렸다 하나 이는 농업시대 인민이라 욕망이 먹고 마시는 것뿐인 고로 논밭을 갈아 먹고 물을 길어 마심으로 태평가를 화창(和唱)하였으나, 금일은 이상세계라 인지(人智)가 발달되고 사물의 형태가 변천하여 온갖 사물이 인욕(人欲)을 야기하는 고로 국가와 사회를 유지하려면 법률."

을이 말하였다. "지나의 진시황은 가혹한 법으로 망하였고, 유럽 전체 로마국은 법률 없어 망하였으나 금일의 생존경쟁점은 경제."

을이 말하였다. "동서 만고에 가장 큰 역사(役事)는 진시황의 만리장성."

갑이 말하였다. "그다음은 러시아의 시베리아 횡단철도."

갑이 말하였다. "중국 전국시대에 양주(楊朱)는 자애(自愛)를 주장하고 인의(仁義)는 거짓이라 하여 터럭 하나를 뽑아 천하가 이롭더라도 하지 말라 하였다니 참 독립가(獨立家)."

을이 말하였다. "묵적(墨翟)은 차별 없는 사랑〔兼愛〕을 주장하여 어버이도 없고 임금도 없다고 하고 검약을 지키고 예악을 배척하였다 하니 참 사회가(社會家)."

을이 말하였다. "동서 해군 명장은 아마 영국의 넬슨과 일본의 도고 헤이하치로(東鄕平八郎)[28]이지."

갑이 말하였다. "참말 해전 선생님은 조선의 이순신이라네."

갑이 말하였다. "가을바람에 놀란 기러기 멀리 떠나며 나그네의 꿈의 불러 깨우니 떠나온 나라와 부모에 대한 회한으로 몸과 마음 다 상하네."

을이 말하였다. "남아(男兒) 뜻을 세우고 외국에 나가 공부하여 졸업한 후 언젠가 귀국하여 사업하면 나라를 위하고 부모를 위하는 것 아닌가. 여보게, 쓸데없이 슬퍼 말고 아주 부지런히 공부하게."

---

28 도고 헤이하치로(東鄕平八郎) : 1848-1934. 일본 메이지시대에 '동양의 넬슨'으로 불린 해군 대장이다.

매미 소리를 듣고 쓴 시[29]에 화답하다 漢 / 만생(晩生) 한희수(韓熙洙)

기후가 사물과 함께 변천함은 고국과 다르지 않아	氣候不殊與物遷
천지 가에 한 소리를 힘차게 울리네	乾坤快夾一聲邊
맑은 이슬 머금은 뜻은 처량하고	凄涼意思含淸露
옅은 안개 부리는 정신은 끊겼다 이어지네	斷續精神幻細煙
객지의 회포 수국에 많아 듣는 이 감동시키고	感聽覊懷多水國
시의 부채 가을 하늘에 닿아 울음 빌린다오	假鳴詩債近秋天
귀국일에 초선관 쓰니 흰머리 가득하고	貂蟬滿鬢還鄕日
태극 앞에 구구절절 사롱[30]이라.	句句紗籠太極前

달빛 아래에서 기러기 소리를 듣다 漢 / 장지태(張志台)

고국의 가을에 흰 갈대로 서리 내리고	蘆白霜華故國秋
물살의 흐름에 찬 기러기 남으로 내려가네	寒鴻南下水中流
추위에 놀라 밝은 달빛 아래서 머물고	驚寒捿宿明月夜
햇볕 따라 흰 모래섬 위를 날다 내려앉네	隨陽飛落白沙洲
너나 나나 해외에서 똑같이 나그네 되어	一般海外同爲客
만 리 밖 하늘가에서 수심이 끝없구나	萬里天涯無限愁
웅웅거리며 어디에서 날고 있는가?	飛去嗈嗈聲何處
홀로 서서 고향 바라보며 머리 긁적이네	望鄕獨立自搔頭

---

29 매미 소리를 듣고 쓴 시 : 『태극학보』 1호에 실린 「매미 소리를 듣다〔聞蟬〕」를 이른다.

30 사롱(紗籠) : 장래에 재상이 된다는 뜻이다.

| 잡보(雜報) |

○ 대한자강회(大韓自强會) 회장 윤치호(尹致昊) 씨가 부친 편지

삼가 아뢰오. 차마 말할 수 있습니까. 우리 태극기가 세계에 빛난 지 이제 거의 1주년이지만 국세(國勢)는 지금 어떤 상황에 있으며 인민은 지금 어디에 있습니까. 하지만 우리 동포 중에 이를 아는 이는 과연 몇 사람이나 되며, 이를 알지만 또 이것을 슬퍼할 줄 아는 이는 과연 몇 사람이나 되며, 이를 슬퍼하지만 또 회복하고자 하는 이는 과연 몇 사람이나 됩니까. 이것이 저희 대한자강회가 밤낮으로 열중하여 사람마다 이를 알리고자 하며 사람마다 이를 슬퍼하도록 하고 회복을 도모하도록 하려는 까닭이니, 태극이라는 이름이 다시 귀 학회에서 드러나며 태극의 모습이『태극학보』지면에 다시 보일 줄을 어찌 생각이나 하였겠습니까.

학보 가운데 실린 여러 글을 읽는데 말마다 차가운 눈물과 편마다 뜨거운 혈기가 국기(國旗)를 회복하려는 정신에서 발로하지 않음이 없으니, 한 번 읽고 감개하고 두 번 읽고 비분하고 세 번 네 번 읽고 저도 모르게 책을 안고 통곡하여 감정을 추스를 수 없는 것은 지금 태극 모양이 해외에 자취를 남긴 것이 이 뿐이요, 둘도 없는 까닭입니다. 그러니 이것이 저희 자강회의 대한판도(大韓版圖)[31]와 역시 형태가 다르지만 그 의미는 같다고 할 수 있습니다. 국기가 옛 광채를 빛내며 판도가 진면목을 보존함은 이른바 "둘이면서 하나이고 하나면서 둘이라"는 것이니, 어찌 산하가 아주 멀고 학회 이름이 다르다고 하여 조금의 차이가 있겠습니까! 국가 앞길의 큰 임무는 국민 된 자가 함께 지고 가야 할 바이되

---

31 대한판도(大韓版圖) :『대한자강회월보(大韓自强會月報)』표지의 한반도 형태를 이른다.

특히 해외에서 유학하는 청년들께 후히 바랍니다. 비단 저희 자강회만 목마르게 동경하는 것이 아니라, 또한 여러분이 자임한 것이 여기서 벗어나지 않습니다. 그리고 오늘에 학문하는 본의가, 전문적인 하나의 기술과 사업은 오히려 지류(支流)에 속하고, 여러분 개개인의 두뇌 속에 각기 4,249년이 된 조국 대한을 가져 죽어도 변치 않을 의지를 지닌다면 태극을 다시 빛내고 판도를 지킬 것을 어찌 근심하겠습니까!

이에 모든 회원의 동일한 심정을 지니고서 축하하는 작은 정성을 우러러 표합니다. 시절은 가을이 깊어가니 바라건대 여러분은 나라를 위해 스스로를 중히 여기십시오.

○ 북미 샌프란시스코 공립협회(共立協會) 총회장 송석준(宋錫峻) 씨가 부친 편지

삼가 아뢰오. 여러분이 이 존망이 달린 시기에 특별한 혈성(血誠)과 활발한 사상(思想)으로 동쪽으로 바다를 건너서 유학하심에 늘 강개함이 많아서 나라에 대한 보답과 종족에 대한 보호를 불변의 방침으로 삼고서 학예를 연구하며 지식을 강연하신다는 소식을 이미 듣고서 흠앙(欽仰)하지만 무엇 때문인지 축하 편지 하나도 보내지 못하였는데, 이번에 먼저 은혜를 베풀어주시니 송구함을 다 표하기 어렵습니다. 귀학회가 나라를 사랑하고 학문을 권장하는 열성에서 나왔으니 또한 날마다 새로워질 것임은 점치지 않아도 알겠습니다. 지난 일 년 동안[32] 지난 일에 위험을 겪고 고난을 만난 유감이 반드시 없지 않을 터이나, 꺾이지도 휘어지지도 않고 서로 이끌고 인도하여 한 걸음 두 걸음에 열심을 배로 더한 결과 50명 단체를 단단히 결성하고 300원의 기부금

---

32 일 년 동안 : 태극학회가 1905년 9월에 설립되었으니 이때로부터 1년 전의 일이다.

을 사용하여『태극학보』를 매월 간행하기에 이르렀습니다. 은혜로이 세 번 보내신 학보를 재삼 열독하니 문채가 빛나고 문의가 생생하니 아름답고 장합니다. 한 줄기 태극의 광선이 2천만 동포를 춘몽(春夢)에서 깨워냅니다. 때가 늦었다고 한탄하지 마시고 더욱 정신을 가다듬어 유시유종(有始有終)하기를 저희가 열렬히 바랍니다.

미국에서 더부살이하는 동포는 그 다수가 하와이섬에서 이주하여 왔는데 학생의 자격은 많지 않고 노동자가 다수를 차지하여 마치 별들이 나열된 것처럼 사방에 산재하니 종족과 언어가 다른 터에 더구나 우두머리도 없으니 몇 명 되지 않는 종족이 어떻겠습니까. 그러므로 저희 공립협회를 설립하고 단체를 성립하여 동족을 보호하며 충군애국을 권면하며 학업을 장려하며 환난을 구제하며 과실을 경계할 목적을 세우고 1주년의 세월을 이미 지냈는데, 곤경도 다소 겪었으나 지금은 회원이 400여 명에 달하고 저희 협회의 신보(新報)도 점차 확장되며 활자를 주문하는 운수에 이르렀습니다. 귀 학회와 저희 협회는 이름은 다르지만 의의는 하나요, 귀 학보와 저희 신보는 이름은 다르지만 의의는 하나이니, 피차 대양(大洋)을 두고 떨어져 있어 소식을 빈번히 통하기 어려운 서운함이 있더라도 연락할 방도를 힘써 지키기를 말씀대로 받들어 행하고자 합니다. 국가에 대한 책임이 귀 학회와 저희 협회에 있기에 서로 통보하여 국민의 본분을 함께 다하기를 성심으로 바라는 바입니다. 이것을 헤아려 주십시오.

○ 양씨(兩氏)의 의거

유학생 류승흠(柳承欽), 이우진(李雨珎) 양씨는 학생계에 명성이 있는데, 지난 10월 27일에 산보 차로 혼고구(本鄕區) 단고자카(團子坂) 근처에 배회하며 돌아다니다가 한 인형 제조점에 들어가 괴이한 인형 하나를 발견했다. 즉 일본의 옛 막부 도쿠가와 9대 시대에 우리나라 선왕이 공납, 내조(來朝)하여 뜰 아래에서 몸을 숙여 예를 표하는 형상으로 제조한 인형이 있었다. 양씨가 충분히 격발하여 그 인형을 분쇄하고자 하다가 그 가게 측에 출장한 순사를 보고 그 상점의 행위가 국제상 교의에 위반이 되니 경찰권으로써 속히 선처함을 청구했는데 그 순사가 칭탄(稱嘆)만 하고 곧 경찰서로 인도하였다. 양씨가 그 경찰서장에게 "도쿠가와 시대에 우리나라 선왕이 내조한 것은 역사상에도 전무하거늘 한 인형공장이 근거 없는 괴괴한 모양을 망령되이 만들어 이웃나라 황실의 존엄을 더럽히되 관청에서 보고도 알지 못하니 어찌 참을 수 있겠습니까. 양국의 돈의(敦誼)를 생각하여 그 인형을 속히 처분하시오."라고 진언한즉 그 서장이 양씨의 충절을 흠모하고 그 인형의 매매를 금지하고 또 나중에는 이들 괴물을 제조하지 못하게 엄령하였다 한다. 아아, 양씨의 의거여! 참 신민의 도리를 지켰도다. 만약 우리 국민 전체가 이와 같은 의기로 충군애국하면 어찌 외인에게 권리를 빼앗기며 외인에게 모욕을 받겠는가.

○ 본회 여러 회원이 기독교를 연구하기 위하여 성서학원에서 성서 전공하시는 정빈(鄭彬) 씨께 매 일요총회일에 30분씩 설교하기를 촉탁했다.

○ 본 회원 이상근(李尙根) 씨가 갑자기 병이 나서 10월 18일에 시바구(芝區) 도쿄병원에서 치료하는데 전신에 옴이 올라서 신음하는 중 겸하여 병원비가 넉넉지 못해 곤란함이 매우 심하더니 본 회원 김홍량(金鴻亮), 김진초(金鎭初) 제씨의 간절한 도움으로 무사히 치료, 완쾌하고 이달 15일에 퇴원했다.

○ 본 회원 강인우(姜麟祐) 씨는 지난 9월분에 환국하였다가 10월 19일

에 도쿄에 건너왔다.

○ 평양사람 정인하(鄭寅河) 씨는 해외 유학장(留學壯)의 뜻을 결단하고 한 달 전 일본 나가사키(長崎)에 건너와 수 개월간 어학을 연구하다가 이달 초에 도쿄에 올라와서 태극학교에 입학하고 또 본회를 열심히 찬성하여 20원을 의연하였는데, 씨의 영제(令弟) 정인동(鄭寅洞) 씨도 그 맏형이 태극학교에 입학함을 듣고 본회에 대하여 감사의 뜻과 찬조의 마음을 표하기 위하여 5원을 의연하였으니, 그 두 형제의 열심은 사람들을 감복케 하였다.

○ 박천사람 류동진(柳東振), 류동훈(柳東勳), 류갑길(柳甲吉), 류정탁(柳正鐸), 태천사람 이기방(李基枋), 안주사람 김용진(金龍鎭), 영변사람 지희경(池熙鏡), 숙천사람 이태희(李泰熙) 제씨가 일전에 유학차로 도쿄에 건너와 태극학교에 입학했다.

○ 숙천사람 김찬성(金燦星) 씨는 본회에 대하여 동정을 표하고 학보 구독자를 진력 주선한다 하니 참 감사할 뿐이다.

○ 신입회원은 다음과 같으니

김만규(金晩圭), 최창렬(崔昌烈), 박인희(朴寅喜), 강전(姜荃), 고의환(高宜煥), 이희철(李熙澈), 정인하(鄭寅河), 김용진(金龍鎭), 홍승일(洪承逸), 문내욱(文乃郁), 이보경(李寶鏡), 원훈상(元勛常), 류동진(柳東振), 류동훈(柳東勳), 류정탁(柳正鐸), 유갑길(柳甲吉), 이희철(李憙喆), 김재건(金載健), 이기방(李基枋), 이태희(李泰熙), 지희경(池熙鏡), 이윤찬(李允燦), 양병호(楊炳鎬), 정세윤(鄭世胤) 제씨다.

○ 사무원 한 사람이 부족해 강인우(姜麟祐) 씨가 피임되었다.

• 태극학회 찬성원(贊成員)

한치유(韓致愈) 씨, 윤효정(尹孝定) 씨, 박은식(朴殷植) 씨, 상호(尙灝)

씨, 이갑(李甲) 씨, 홍응섭(洪應燮) 씨, 김희인(金希仁) 씨, 강기태(姜基泰) 씨, 김태현(金泰鉉) 씨, 김병하(金炳夏) 씨, 홍충현(洪忠鉉) 씨, 김원(金瑗) 씨, 신종활(申宗濶) 씨, 김창수(金昌壽) 씨

• **태극학회 임원록**

회장 장응진(張膺震)

부회장 최석하(崔錫夏)

총무원 김지간(金志侃)

평의원 전영작(全永爵), 신상호(申相鎬), 김진초(金鎭初), 김연목(金淵穆), 김낙영(金洛泳), 이윤주(李潤柱), 박용희(朴容喜), 문일평(文一平)

사무원 강인우(姜麟祐), 김재문(金載汶), 장계택(張啓澤), 홍정구(洪正求), 채규병(蔡奎丙)

회계원 김연목(金淵穆)

서기원 박상락(朴相洛), 김낙영(金洛泳)

사찰원 이도희(李道凞), 장지태(張志台), 김종기(金琮基)

○ 이달 18일 총회에 부회장 최석하(崔錫夏) 씨가 본회 재정 전도(前途)에 대하여 선후(善後) 방침을 설명함에 회원 이희철씨가 기립하여 만강혈심(滿腔血心)으로 "본회 창립하신 여러분의 혈성(血誠)이 저와 같이 장렬하여 본회가 금일의 융성에 달한 것은 비할 데 없이 감사하거니와 우리 여럿의 신입도 이에 대하여 얼마간의 조력이 없으면 어찌 의무를 부담한 자라 하리요."라고 연설하고 의연금 3원을 자기 손으로 특서(特書)함에 방 안을 가득 채운 회원 전체의 열성이 어찌나 들끓던지 앞다투어 낸 의연금이 불과 순식간에 140여 원에 달했다. 이와 같은 성사(盛

事)는 우리나라 학생계에 드문 일이었다.

• 태극학보 제2회 의연금 출연자 명단

정윤교(鄭潤僑)	씨	5원	현희운(玄僖運)	씨	5원
홍응섭(洪應燮)	씨	2원	홍승일(洪承逸)	씨	5원
이정환(李正煥)	씨	2원	이항렬(李恒烈)	씨	3원
양재하(楊在河)	씨	3원	이윤찬(李允燦)	씨	2원
추영순(秋永淳)	씨	20원	변봉현(邊鳳現)	씨	5원
김욱제(金旭濟)	씨	1원	이희인(李希仁)	씨	2원
장계택(張啓澤)	씨	2원	오상은(吳尙殷)	씨	3원
정인하(鄭寅河)	씨	20원	오상근(吳尙根)	씨	5원
정인동(鄭寅洞)	씨	5원	홍정구(洪正求)	씨	5원
이희철(李熙澈)	씨	3원	최석하(崔錫夏)	씨	10원
김상준(金相濬)	씨	25전	김진초(金鎭初)	씨	10원
신상호(申相鎬)	씨	11원	문일평(文一平)	씨	10원
신성호(申成鎬)	씨	6원	장응진(張膺震)	씨	3원
강인우(姜麟祐)	씨	6원	김종기(金琮基)	씨	3원
오석유(吳錫裕)	씨	3원	김용진(金龍鎭)	씨	5원
김진식(金鎭植)	씨	5원	김지간(金志侃)	씨	10원
지희경(池熙鏡)	씨	5원	김지한(金志僩)	씨	10원
전태헌(全台憲)	씨	5원	최창렬(崔昌烈)	씨	3원
주한영(朱翰榮)	씨	10원	김재문(金載汶)	씨	5원
고의환(高宜煥)	씨	3원	정세윤(鄭世胤)	씨	1원
류동진(柳東振)	씨	5원	이희철(李憙喆)	씨	10원
이도희(李道熙)	씨	15원	문일평(文一平)	씨	10원

이정환(李正煥) 씨 10원 이진하(李珍河) 씨 20원
전영작(全永爵) 씨 10원 김양환(金錫桓) 씨 10원
류동수(柳東秀) 씨 2원

• 태극학회 회원명부록

통상회원

장응진(張膺震), 김재문(金載汶), 이도희(李道熙), 최석하(崔錫夏), 김지간(金志侃), 전영작(全永爵), 김진초(金鎭初), 이윤주(李潤柱), 김낙영(金洛泳), 박용희(朴容喜), 류용탁(柳容鐸), 백성봉(白成鳳), 신성호(申成鎬), 문일평(文一平), 정우식(鄭雨植), 신상호(申相鎬), 오석유(吳錫裕), 이인창(李寅彰), 김진준(金鎭濬), 손영국(孫榮國), 장계택(張啓澤), 홍정구(洪正求), 채규병(蔡奎丙), 김연목(金淵穆), 박상락(朴相洛), 박제봉(朴濟鳳), 이진하(李珍河), 양치중(楊致中), 김태진(金台鎭), 정윤교(鄭潤僑), 배영숙(裵永淑), 장세규(張世奎), 변봉현(邊鳳現), 현희운(玄僖運), 이항렬(李恒烈), 김중식(金中植), 김진식(金鎭植), 김종기(金琮基), 장지태(張志台), 김창대(金昌臺), 류동수(柳東秀), 김지한(金志僩), 박인식(朴仁植), 김형목(金瀅穆), 최창렬(崔昌烈), 박인희(朴寅喜), 김용중(金溶重), 김만규(金晩圭), 강전(姜荃), 고의환(高宜煥), 이희철(李熙瞮), 이희철(李憙喆), 김용진(金龍鎭), 류동훈(柳東勛), 김홍량(金鴻亮), 박영로(朴永魯), 노성학(盧聖鶴), 강인우(姜麟祐), 김인수(金仁壽), 유목(劉睦), 상윤식(尙允植), 류갑길(柳甲吉), 이태희(李泰凞), 지희경(池凞鏡), 정세윤(鄭世胤), 양병호(楊炳鎬), 이윤찬(李允燦), 원훈상(元勛常), 이보경(李寶鏡), 전태헌(全台憲), 홍성욱(洪性郁), 곽용주(郭龍周), 이정환(李正煥), 추영순(秋永淳), 오상은(吳尙殷), 이상근(李尙根), 문내욱(文乃郁).

특별회원

최광옥(崔光玉), 서영순(徐榮淳), 표진모(表振模), 방원근(方元根), 김영재(金英哉), 김광진(金光鎭), 정인하(鄭寅河), 홍승일(洪承逸), 김재건(金載健), 김도성(金道成), 이기방(李基枋), 류동진(柳東振), 류정탁(柳正鐸), 김상은(金相殷), 정인호(鄭寅濠), 임영기(林永基), 김동원(金東元), 한순기(韓淳琪), 김정주(金楨周).

광무 10년 11월 24일 발행
메이지 39년 11월 24일 발행

• 대금과 우편료 모두 신화(新貨) 12전

도쿄시 혼고쿠 모토마치 2정목 66번지 태극학보 학회 내
편집 겸 발행인 장응진(張膺震)

도쿄시 혼고쿠 모토마치 2정목 66번지 태극학보 학회 내
인쇄인 김지간(金志侃)

도쿄시 혼고쿠 모토마치 2정목 66번지
발행소 태극학회

도쿄시 교바시구 긴자 4정목 1번지
인쇄소 교문관 인쇄소

메이지 39년 9월 24일 | 광무 10년 9월 24일 | 제3종 우편물 인가

광무 10년 12월 24일 발행

태극학보

제5호

매월 1회 발행

목차

태극학보 제5호

학회에 고하는 설 (2) 漢

내가 여러분과 열흘 동안 보지 못한 까닭은 객(客)과 상대하여 자못 입술과 혀를 놀리는 노고가 있었기 때문이다. 객은 곧 우리나라의 호고(好古)하는 선비이다. 그러니 지금 그 변론한 바를 들어서 여러분께 알리는 것도 적당하지 않겠는가.

객은 나에게 따졌다. "도포가 아니면 입지 않고 요순과 공맹의 책이 아니면 읽지 않던 것이 그대의 과거 아닌가. 그런데 지금 도리어 단발을 일삼고 소매를 좁히고 외국어에 능통해 서구의 일을 담론함을 좋아한다. 이는 전후의 절개를 고친 것이 아닌가?"

나는 답하였다. "그렇다. 그러나 우물 안 개구리가 작은 곳에 잡혀 있고 여름 벌레가 시절에 매여 있는 꼴이 과거의 나이다. 고금을 참작하고 동서를 관통하여 주공과 공자를 근본으로 삼고서 구미를 작용으로 삼으니 흡사 칼을 든 채 주저하며 눈에 온전한 소가 보이지 않는 이가[1] 오늘의 나이다. 지금 그대가 나에게 절개를 고쳤다고 따진다면 지뢰(地籟)만 듣고 천뢰(天籟)를[2] 듣지 못한 격이 아닌가."

객은 말하였다. "그 지위에 있지 않으면 그 정사를 도모하지 말라 함이 선비와 군자가 몸과 말을 삼가고 다스리는 도이다. 지금 그대가 떠들썩하고 매끄러운 구설로 조정을 헐뜯어 민간에까지 미침은 왜인가?"

나는 답하였다. "그렇다. 그러나 그 지위에 있지 않으면 정사를 도모하지 말란 것은 주관이 있어서 말씀한 것이지 여왕(厲王)이 비판을 막고[3] 진나라 정(政)이 우어(偶語)를 죽였던[4] 데 앞장서라는 것이겠는가?

---

1 칼을……이가 : 『장자(莊子)』 「양생주(養生主)」에 나오는 말이다. 소 잡는 기술자 포정(庖丁)이 기술을 익힌 지 3년이 지나자 온전한 소는 보이지 않고 칼이 들어갈 정확한 자리만 보이게 되었다고 한다.

2 지뢰……천뢰(天籟)를 : 『장자(莊子)』 「제물론(齊物論)」에 나오는 말이다. 지뢰는 땅의 여러 구멍에서 나오는 소리이고 천뢰는 하늘에서 나는 소리라고 한다.

성문을 열고 언로(言路)를 닫음이 송나라가 망한 이유이다. 그러므로 성왕(聖王)이 정사를 행함에 반드시 인민을 인도하여 말하도록 하고 열사(列士)[5]는 바치는 시가 있고 서민은 전하는 말이 있어서 사관의 글, 악관(樂官)의 경계, 맹인 악공의 암송, 백관의 간(諫)[6] 등이 반드시 이치에 맞는 안정된 행정과 백성에 이로운 사업을 추구하게 된다."

"근래 구미의 의회가 시행됨에 비록 그 제도가 같지는 않지만 그 의리를 돌아보면 지금의 계책에 은근히 부합한다. 우리나라 3백 6십 주에서 각각 현량(賢良)하고 방정하며 시의(時義)에 통달하는 3백 6십 인이나 7백 2십 인을 뽑아, 서울에 모아 별도로 하나의 기관을 세우고 조정의 정사에 참여하게 하여 그 가부(可否)를 결정하게 한다면 막중한 종묘사직을 보전하지 못하겠는가. 생민의 목숨을 구하지 못하겠는가. 정치의 기강과 군대의 사업이 정리되지 않겠는가. 의업·농업·공업·상업이 일어나지 않겠는가. 이러하면 독립의 실질이 생기지 않을 수 없다. 하늘이 송나라를 돕는다면[7] 내가 말한 의원(議院)의 법제가 제왕의 도읍에서 반드시 시행될 것이고 종사와 생령도 억만년 무한한 태평을 누릴 것이다."

"아아! 우리나라에 가난과 약함이 거듭 쌓여 금일의 위태함에 이르게 됨은 정사의 기강과 법률·군사·농업·공업·상업에서 직분을 잃은

---

3 주나라……막고 : 주나라의 여왕은 정치가 어지러워 비판이 나오자, 비판자들을 감시하여 처벌하고서 참소가 그치게 했다고 자랑하였다 한다.

4 진나라……죽였던 : 진시황이라 하지 않고 이름인 정(政)을 불러 임금으로 인정하지 않는 태도를 밝혔다. 우어(偶語)는 대화를 나누는 상황으로 진시황은 두 사람 이상이 사적으로 대화를 나누는 것까지 사형에 처했다고 한다.

5 열사(列士) : 사(士)를 지위와 역량에 따라 상사(上士), 중사(中士), 하사(下士)로 나누는데 이를 싸잡아 이르는 말이다.

6 사관의……간(諫) : 출전은 『국어(國語)』 「주어(周語)」로 사관, 악관(樂官), 맹인 악공 등의 백관이 다양한 방식으로 간한다는 의미이다.

7 송나라를 돕는다면 : 원문은 조송(祚宋)으로 금나라와 원나라 등의 이민족에게서 시달리던 남송에서 하늘이 도와 국운을 회복하자는 소망을 담아 기원하던 말이다.

허물에서 비롯되었으니, 풀숲 우거진 늪지와 한적한 오지의 선비들까지 부문(浮文)과 말절(末節)[8]을 습관으로 삼아 어지럽게 얽매인 자들이 적지 않다. 게다가 이른바 여자는 규중에서 날을 마치고[9] 밖에 나가면 반드시 그 얼굴을 가려야 함과 같은 것에 대해서는, 나는 이것이 옳은지 모르겠다."

객은 말하였다. "아아 그대의 망령됨이 심하도다! 구미의 여자처럼 반드시 남녀가 동등하다고 힘써 주장한다면 어디서나 암탉이 울어 새벽을 알릴 것이다.[10] 이것이 옳단 말인가?"

나는 답하였다. "아아! 근본에 따라 논하겠다. 우마의 네 다리는 천연이 아니며, 말 머리에 굴레를 씌우고 소에 코뚜레를 뚫는 것은 인위가 아닌가?[11] 하늘이 사람을 낳을 때 오장(五臟)과 백해(百骸)는 애초에 남녀의 다름이 없으니 그 받은 바의 리(理)도 다름이 없으며 리를 말미암아 용(用)이 되는 것이라, 여자도 측은・수오・사양・시비의 마음이 있고 이목의 시청(視聽)과 수족의 동정(動靜)에 이로움이 있으며, 영지・영각과 생산・작업의 기틀이 있고 임금에 충성하고 어른을 모시고 효성・우애・믿음・구휼의 체(體)가 있다. 이로서 말이면 같은 말이고 소라면 같은 소임을 알 수 있으니 같이 굴레를 씌우고 코뚜레를 똑같이 끼우지 않고, 규중에 몸을 가두고 얼굴을 가리면서 주식(酒食)과 재봉의 사소함에만 용(用)을 제한하는가! 하늘이 부여한 바를 숨기고 가두어 이루지 못하게 하고 사람의 생업을 치우치게 하여 나아가지 못하게 만드는가. 이러니 우리나라 사람이 많아서 비록 대략 2천만이나 된다

8 부문(浮文)과 말절(末節) : '부문'은 겉치레 문장을, '말절'은 말단의 범절을 뜻한다.

9 여자는……마치고 : 『소학(小學)』 「내편(內篇)」에 나오는 말로 여자가 지켜야 할 삶의 규정이다.

10 암탉이……것이다 : 암탉이 새벽에 울면 집안이 삭막해진다는 말은 『서경』 「목서(牧誓)」에 나온다.

11 우마의……아니겠는가? : 이 말은 『장자』 「추수(秋水)」에 나오는 말이다.

하나 그 중 여자가 수백만이기에 한갓 빈 호적을 안고서[12] 끝내 실용이 없는 것이다. 이것이 또 백성이 가난하고 나라가 약해 쇠퇴하고 부패한 금일을 초래한 일단이다."

객은 말하였다. "여자는 태어날 때 기질이 무르고 열한 까닭에 남자와 함께 일할 수 없고 음탕하게 다투는 화를 일으키는 까닭에 남자와 함께 일할 수 없다. 이는 신발 삼는 자라면 그 발에 맞춰야 하고 물길을 막으려면 그 근원을 막아야 하는 이치를 아는 것이다."

나는 답하였다. "그대의 말은 그럴듯하다. 하지만 이 역시 고루한 습관의 여사에서 나온 것이다. 황천(皇天)이 만물을 생성한 본의와 성인이 교화를 세운 작용으로 말하자면 실제로 통하지 않는 바가 있다. 한 번 다스려지면 한 번 어지러워지고 한 번 융성하면 한 번 쇠약해지는 것은 기수(氣數)의 변하는 바가 그러하기 때문이다. 다스려져 혼란이 없고 융성해져 쇠약이 없기를 바라는 것이 황천의 본의이다. 혹 약하고 혹 강하며 혹은 어리석고 혹은 지혜로움은 음양의 구애되는 바가 그러함인데, 지혜로워 어리석지 않고 강하여 약하지 않게 하는 것이 성인 가르침의 활용이다. 하물며 부인이 같이 제사를 지내던 것이 융성한 주나라의 예법에 기록되었고 낭자(娘子)의 행군이 수나라와 당나라의 세상에 나타나지 않았는가! 만약 세상이 쇠퇴하고 도(道)가 미약하여 가르침의 방법이 불명하기에 공맹이 불운한 때에 태어나 어쩔 수 없이 시대에 말미암아 의리를 세우고 습속을 따라 예를 만드셨다고 말한다면 옳다 하겠다. 그러나 통발은 물고기를 잡기 위한 것이고 올무는 토끼를 잡기 위한 것인데,[13] 그저 통발과 올무를 지키고 앉아서 물고기와

12 한갓……안고서 : 『통감절요(通鑑節要)』「주기(周紀)」에 나오는 "徒擁虛器"를 바꿔 쓴 것이다. 주나라가 실질적 국력은 없이 왕권을 상징하는 제기(祭器)를 헛되이 지킴을 비꼬는 표현인데 여자의 호적이 국력의 실질에 연결되지 못함을 말한다.

13 통발은……것인데 : 『장자』「외물(外物)」에 나오는 구절이다. 통발과 올무는 본질을 얻기 위한 방편인데 여기에 집착해서는 안 된다는 의미이다.

토끼를 놓침이 옳겠는가?"

"단지 가르치지 않았기 때문이다. 가르친다면 비록 우둔해도 꼭 명철해지고 유약해도 꼭 강성해진다. 가르치면 정나라의 음란과 위나라의 혼잡도[14] 반드시 변하여 주남·소남〔周台〕과 대아(大雅)[15]의 바름이 된다. 더구나 우리나라는 개가의 수치를 제도로 만들고 적서(嫡庶)의 차별을 세워서 행하니 생물의 본원이 이로부터 펼쳐지지 못하고 사람을 쓰는 경로가 이로부터 넓어지지 못하니, 이 또한 어찌 주공과 공맹의 본의겠는가! 또한 일찍부터 지아비가 죽으면 개가하지 말라고 하는데 마땅히 그 자유에 따라야 하지 강제로 설행(設行)함은 부당하다."

객은 말하였다. "그대는 변론을 좋아하는 사람이라 하겠다. 그런데 내가 보기로는 노끈과 새끼줄 밖에 몸을 두고서 미친 짓 속으로 사람들을 인도하니 끝내 예의의 도(道)에 들어 갈 수 없겠다. 그대가 장차 정자(程子)와 주자(朱子)께서 정하시고 율곡과 우암께서 가르치신 관혼상제의 예를 다시 습관과 부문(浮文)으로 돌리려는가?"

나는 답하였다. "도대체 이 무슨 말인가! 지금 그대가 예의를 강설하기 좋아하지만 실은 예의의 체(體)를 모르는 것이다. 왜인가? 하늘이 명하신 바가 나에게 머무르는 것을 일러서 성(性)이라 하며, 나에게 있는 성을 말미암아 천지의 사이에 서서 집안과 국가를 말미암고 내외(內外)를 말미암아서 천 갈래의 만변(萬變)하는 일에 응하는 것을 도(道)라 이른다. 일에 만변이 있으나 하나의 일마다 조리와 절차가 없을 수 없으니 그 조리를 따라 절차를 행함을 일러 예(禮)라 한다. 이로써 일에는 길흉이 있는데 그 가운데 조리와 절차가 있고 보면 길례(吉禮)와 흉례

---

14 정나라의……혼란도 : 춘추시대 정(鄭)나라와 위(衛)나라는 남녀와 상하의 질서가 어지러워 그 시와 노래도 음란했다고 한다.

15 주남(周南)·소남(召南)과 대아(大雅) : 『시경』의 편명으로 여기에 수록된 시들은 정나라와 위나라의 시와 달리 바른 덕성이 나타난다고 한다.

(凶禮)가 있다. 사무에 군무와 접빈이 있는데 그 가운데 조리와 절차가 있고 보면 군례(軍禮)와 빈례(賓禮)가 있다. 아! 여기 어떤 나무가 있다. 천지를 뿌리로 삼고 음양을 줄기로 삼고서 그 가지가 사시(四時)가 되고 그 꽃과 잎이 풍우와 상설(霜雪)이 되며 그 춘추(春秋)가 12만 년[16]이 되는데, 선천(先天)해도 천명과 어긋나지 않고 후천(後天)하면 천시(天時)를 받든다.[17] 이를 일러 예의생명의 나무라 한다. 이렇듯 고금과 동서와 사해의 조민(兆民)이 두 이치가 아닌 것이다. 그런데 그대는 여름 벌레의 견해로 습관 속에 늙었다. 비록 주공이 예(禮)를 제정한 의(義)라 하더라도 오히려 격화소양의 한탄이 있을 것이니, 시험 삼아 그대를 위해 한 차례 상연을 할 수 있겠는가."

"요순의 시대에는 도덕으로 행정의 기본을 삼으며 윤리가 정사를 세우는 기강이 되니 강한추양(江漢秋陽)[18]처럼 더할 나위 없었다. 그런데 행정의 도구와 통치의 범절은 천 가지 가르침과 만 가지 명목이므로 미비한 것이 많기에 무왕(武王)의 시대에 이르러 주공의 성(聖)을 얻어 사겸(思兼)의 뜻을 지니고 삼토(三吐)[19]의 부지런함이 있었지만, 도덕과 윤리는 본디 요순의 옛것이었다. 행정과 통치의 갖춤을 말하자면 인습과 개혁을 가감하고 힘써 확장을 도모하여 제정한 의례(儀禮)가 비록 진나라의 참화를 겪고서 백과 천에 겨우 십과 일만 남았지만, 정치・법률・의학・농업・공업・상업・군사・역학(譯學)・궁실・주거(舟車)・

16 12만년 : 일원(一元)이라 하며 세상이 시작되어 소멸하는 주기라 하는데 소옹(邵雍)의 『황극경세(皇極經世)』에 나온다.

17 선천(先天)……받든다 : 『주역(周易)』 「건괘(乾卦)」에 나오는 말이다.

18 강한추양(江漢秋陽) : 공자의 도덕이 큰 강으로 씻어낸 것 같고 가을볕처럼 밝다는 의미로 『맹자』 「등문공(滕文公)」 上에 나오는 구절이다.

19 사겸(思兼)……삼토(三吐) : 사겸은 "思兼三王"을 줄인 말로 주공이 문왕・무왕・성왕 삼대의 왕을 모셔서 주나라의 기틀을 세우는 데 힘썼던 것을 기리는 말로 『맹자』 「이루(離婁)」 下에 나온다. 삼토 역시 주공의 일로 한 번의 식사에서 현인을 맞이하기 위해 세 번이나 음식을 토했다는 고사가 있다.

도로 · 원유(園囿)에서 의복 · 음식과 기거동작까지 세세하게 구비된 것을 볼 수 있다. 주나라가 쇠퇴함에 이르러서는 아무리 공맹 같은 성인이 계셨어도 궁하여 지위가 낮았기에 다만 외우고 전함을 일삼았다. 진나라와 한나라에서 당나라와 송나라에 이르기까지 제왕의 자리는 단지 부귀의 밑천이 되어서, 간혹 어진 임금과 좋은 신하가 있더라도 찌꺼기와 나머지라 일컬을 만한 것이 없다. 그중 포학(暴虐)한 자는 야만스런 마음과 행위로 금수가 되었으니 애초에 따질만한 도덕도 없고 단지 잔혹한 말법(末法)만 있었다. 정자(程子)와 주자(朱子) 등의 여러 현자들이 역시 궁하여 지위가 낮았기에 다만 주공의 유산을 수습하여 연역하고 강명(講明)하여 후세인들을 풍족하게 하였다. 이것이 우리나라에서 존중하여 신복하는 바이며 내가 자나 깨나 갱장(羹墻)[20] 하여 늙어도 그치지 못한다."

"그런데 주공이 쇄국의 시대에 태어나고 공맹이 폐관(閉關)의 나날에 늙고 있어서 인문(人文)의 통상과 변천이 그저 국토 안에 매이고 풍속의 인습과 개혁은 삼대(三代)의 나머지를 벗어나지 못한다. 이 때문에 길례 · 흉례 · 군사 · 외교의 드물고 잦으며 번성하고 간소한 만사가 예전에는 마땅했지만 지금에는 마땅하지 않은 바가 있고 내부에는 맞으나 외부에는 맞지 않는 바가 있다. 오늘의 선박과 차량의 이익이 펼쳐져 구미의 길이 매우 가깝고 사해가 교류해 만 가지 변화가 서로 어우러지니, 이러한 시대에 이르러 절충해야 한다. 첫째로 시의(時義)는 불가불 참작해야 하고, 둘째로 습관은 불가불 고핵(考覈)해야 하며, 셋째로 피아의 장단과 우열을 불가불 비교해야 한다. 비록 주공과 공자가 금세에 태어나셨다 해도 반드시 더하거나 깎아내고 지키거나 바꾸어서 일대(一代)의 다스림을 제정할 것이니, 교주고슬과 각주구검이 되지 말아야 할 것이다."

---

20 갱장(羹墻) : 순임금이 요임금이 붕어한 뒤에, 그를 사모하여 갱(羹: 국)과 장(墻: 담장)에서도 그를 보았다는 고사가 있다.

객은 말하였다. "근래 우리나라에서 예수의 주장을 펴는 자들은 그 부모와 조상에게 제사 드리지 않으니 이 어찌 천리(天理)에 마땅한 바이며 인정(人情)에 맞는 것인가!"

나는 답하였다. "그렇다. 이는 주공과 공자의 입교(立教)와 활용을 알지 못하기 때문이다. 내가 미국에 있었을 때, 교회의 여러 사람과 교유하기 3년에 제사를 말하여 변론한 것이 여러 차례였다. 교회의 뜻은 대개 다음과 같다."

사해(四海)의 조민(兆民)이 많다 해도 사람이 태어나 살아가는 것은 바로 하늘이 만드신 바로 사람이 할 수 있는 바가 아니다. 사람이 진실로 후사(後嗣)가 없다면 원하고 한스러운 생각이 가득해 차라리 이 몸을 희생으로 삼아서 후사를 이룰 방도를 사양하지 않을 것이다. 그러나 끝내 이룰 수 없는 것은 사람이 태어나 사는 것은 사람이 할 수 있는 바가 아니기 때문이다. 부귀・빈천・요절・장수・앙화・행복에 미쳐서도 하늘이 명하신 바가 아닌 것이 없으니, 이는 나에게 다만 지극한 하나로 짝이 없는 하늘이 있을 뿐임을 아는 것이다. 그러므로 시종 생과 사에 대해서 오직 마땅히 하늘의 은혜를 기리고 하늘의 명을 기다리며 하늘에 기도해야 하니, "죽어서 그 혼령이 오르고 내림에 아마도 상제의 좌우를 얻음이 있을 것이다."[21] 혹 죽은 사람의 귀신에 제사 드리고 이매(螭魅)의 사악함에 기도하여 굴복하고 숭배하며 복택을 구한다면 이는 근본을 두 가지로 함이다. 더구나 귀신과 사악함에 굴복하고 의지하여 복을 구하면 내가 가진 지일무대한 나의 권능을 잃는 것인데, 이를 사람에게 비유하자면 노비가 되어 속박을 받는 것이고 나라에 비유하자면 속국이 되어 제재를 받음이다.

---

21 '죽어서……것이다.' : 『시경』 「문왕(文王)」의 구절로 선왕이 된 문왕의 혼령이 상제의 곁에서 복록을 준다는 의미이다. 여기서는 기독교적인 맥락으로 변형한 것으로 보인다.

내가 더불어 변론한 자는 교회의 목사로 이름이 쇄익(灑益)[22]이다. 나는 쇄익에게 말하였다. "우리나라에서 믿는 것은 주공과 공자의 예이다. '음사(淫祀)에 복이 없다'[23] 함은 『예기(禮記)』에 분명한 문구가 있으니, 서낭당에서 복을 구함은 어리석은 백성이 아니면 하지 않는다. 다만 조상에 대한 제사라면 음사와 견줄 수 없으니 그 세운 뜻을 돌아보면 또한 복을 구하기 위해 나온 것이 아니다. 사람의 삶은 본디 하늘에서 비롯되었으니 사람이 할 수 있는 바가 아니다. 그러나 애초에 부모가 없다면 하늘은 어디를 빌어서 나의 삶을 명할 수 있으리오! 이는 곧 내가 주인으로 삼고 섬기는 바는 상제이나 사랑하고 친(親)한 바는 부모인 것이다. 이 몸을 얻기 어려우니 이 몸은 지극히 귀한 것으로 하늘이 이 몸에 명을 주심은 이미 부모를 말미암았기에 창해(滄海)가 쉬이 다한다 해도 부모의 사랑은 망극하다. 불행하게 부모가 돌아가시면 사랑의 정이 슬픔의 고통으로 바뀌니 돌아가신 지 사흘째가 될 때까지 대렴을 하지 않고 집안에 두는 것은 행여나 다시 살아나시기를 바라서인데, 사흘이 되어도 살아나지 않으시면 살아나시지 못하는 것이다.[24] 부모의 영(靈)이 가까이 있는지 멀리 있는지, 하늘로 올라서 상제의 좌우에 있는지, 사계절의 변동과 한서(寒暑)의 교체와 함께 하여 스러지고 녹아 없어져 다시 상제의 좌우에 방불할 수 없는지 찾을 수 있겠는가. 부모가 비록 돌아가셨어도 부모를 말미암아 몸을 이룬 그 자손이 여기 있으니 피차의 정신이 혹시라도 서로 은미하게 느낌이 있을 것이다. 이것이 부모와 조상에게 제사하는 예가 만들어진 소이로 효자(孝

---

22 쇄익(灑益) : 서구인 목사의 이름을 음차한 것으로 추정되는데 "Saich" 등으로 추정할 수 있으나 미상이다.

23 음사……없다 : "제사 지낼 바가 아닌데 제사 지내는 것이 음사(淫祀)라 하니, 음사는 복이 없다"는 구절이 『예기』 「곡례(曲禮)」에 나온다.

24 사흘이……것이다. : 『예기(禮記)』 「문상(問喪)」에 상을 당하면 그 주검을 3일 만에 염한다고 하였다.

慈)한 자손의 무궁한 사랑에서 나온 것이다."

쇄익은 답하였다. "진정 이와 같다면 하느님을 섬기는 것이라 애초에 근본을 두 가지로 하여 공경의 등급을 감쇄할 우려가 없으므로 비록 교회에 다닌다 해도 또한 당연히 제사를 드릴 수 있다."

아! 우리나라에서 예수의 학문을 하는 자들이 조상이 제사를 세운 뜻을 알지 못하고 다만 음사(淫祀)를 지내 복을 구하여 근본이 두 가지가 되고 공경의 등급을 감쇄하는 사례라고만 하니 이 역시 우매하여 배우지 못한 과오이다. 국가가 있으면 종묘와 교사(郊祀)의 예가 있어 당연히 지켜야 할 바이고 인민이 있으면 부조(父祖)와 선사(先師)에 대한 제사가 있어 당연히 지킬 바이다. 문호의 신과 토신과 서낭당에 대한 제사와 기우제와 여제(厲祭)와 마조와 산천에 대한 제사들로서 무릇 예와 의에서 파생되어 쓸모없는 것들로 말하자면, 주공과 공자의 제도에서 나왔다 해도 마땅히 참작하고 인혁(因革)하여 간략하게 해야 하나, 오직 상제를 대하듯[25] 수신(修身)하고 천명을 기다리는 것이 군신상하의 정법안장이다.

아! 우리나라의 어리석은 남녀들은 성명(性命)이 말미암아 시작된 바와 제사가 말미암아 설행된 바를 모르고 서낭당이나 불단에서 음사로 복을 구함에 익숙해져, 이것이 풍속을 이루어 따르니 일상이 되었다. 질병이 있으면 의사를 찾지 않고 먼저 초서(椒糈)[26]에게 묻고 바라는 바가 있으면 일에서 구하지 않고 먼저 기도를 한다. 요사한 무당과 점쟁이가 신을 섬기고 재액을 인도하여 귀신을 부리고 영(靈)과 통하며 사교가 대중을 미혹하는 언설 등이 여항의 사이에만 행해지는 것이 아니라, 수도의 안에서도 독을 퍼뜨리니 반복되어 고질이 되었고 예속이 무너지

25 상제를 대하듯 : 주자의 「경재잠(敬齋箴)」에 나오는 말이다. 하느님을 대하듯 몸가짐을 공경하게 하라는 의미이다.

26 초서(椒糈) : 무당에게 바치는 산초(山椒)와 흰쌀이다. 여기서는 무당 자체를 가리키고 있다.

기에 이르렀다. 심지어 국고와 인민의 고혈도 신을 섬김에 소모되니 이는 주공과 공자의 도를 행하는 밝은 천리(天理)와 바른 인심이 아니다.

객은 말하였다. "그대의 말한 바가 모두 시속을 고민하는 뜻에서 나왔으니 나는 여기에 크게 흠잡을 것이 없다. 다만 고금을 참작하여 일대의 다스림을 제정함은 어찌 쉬운 말이겠는가!"

나는 답하였다. "그러하다. 그러나 천지는 고금의 변화가 없고 음양은 순환의 이치가 있어 사해의 넓이가 저처럼 원대하고 사람이 저와 같이 많다. 어찌 알겠는가? 고금을 절충하여 일대의 치세를 이룰 박학다식한 인사와 경천위지의 인재가 우리와 함께 이 시대를 노닐고 있는지! 만약 당대에 이 사람이 없다면 다시 조금 내세를 기다릴 것이니 틀림없이 그 사람이 나타나리라, 틀림없이 그 사람이 나타나리라."

태극학회 창립을 삼가 축하하다 : 기서 / 김보현(金普鉉)

즐겁구나! 태극학회의 창설이여. 기쁘구나! 태극학보의 출간이여. 도쿄 유학생 여러분들이 한마음으로 힘을 합해 이같이 방대한 사업을 이루어냄으로써 어리석고 무지한 우리까지 감동시켜 작은 정성을 발하게 하였다. 그리하여 몹시 기뻐 날뛴 나머지 가만있지 못하고 손으로 춤추고 발로 구르며 보잘것없는 학식에 구애됨 없이 감히 여기 먼 곳에 꿇어앉아 축하한다.

대개 태극학회는 일본 도쿄에 설립한 것이요 유학생 여러분들이 단결하여 발기한 것이다. 그 취지의 장대함이여! 한편으로는 온 마음을 다 쏟아 사회교육에 목적을 두고서 월보(月報)를 간행, 배포함으로써 일반 동포들에게 보급해 깨우치게 하여 새로운 지식을 더 늘리고 학문에 힘쓰게 하며, 한편으로는 충심과 능력을 다해 국가의 앞날을 계획하여 저술을 하고 연단에서 강의함으로써 우리 국민들로 하여금 애국심을 더 굳건하게 하여 나라를 내 집처럼 사랑하고 내 몸처럼 사랑하게 하고, 그리하여 나라를 위해 앞장서서 나아가기를 마치 짐승이 넓은 들판을 달리듯 하여 죽어서야 웃음을 머금고 수시로 발분하기를 마치 바람 만난 기러기 털처럼 여겨 제 몸 죽기를 달게 여기면 여섯 대륙 위에 국기를 날릴 수 있으며 온 세상에 국가의 권위를 떨칠 수 있으리니 누가 감히 두려워하지 않을 것이며 누가 감히 흠모하지 않으리오. 이는 곧 황실의 광영이다. 그러므로 태극학회의 창립을 기리며 대황제폐하만세를 외치노라.

대개 태극학회는 대한국 신민의 우국지정으로 인해 창립되어 발기한 것이다. 누군들 3천리 강토에서 대대로 전해진 일가(一家)의 사람이 아니겠으며, 누군들 5백년 성조(聖朝)의 은택에 흠뻑 젖어 생육(生育)된 자가 아니겠는가. 우리 선조 이래로 대대로 전해진 근거를 우러러 생각해보고 우리 종족과 친척이 생육의 은택에 흠뻑 젖었음을 굽어 생각해보면 어찌 만분의 일이라도 삼가 보답하지 않을 수 있겠는가마는 아! 애통하구나. 우리의 기상이 흡사 밤에 횃불 없이 다니고 깊은 잠 속에 어렴풋이 있는 것 같다. 그러하니 여러분들이 광채를 발하고 종소리를 울려 새벽을 알리는 행위는 한편으로는 교육의 일을 장려하여 백성들과 더불어 날로 문명을 진보시키며 한편으로는 애국의 충심을 격발시켜 국가의 기초를 거의 공고하게 한다. 그렇게 하여 본분을 극히 다하고 책임을 극히 다한다면 이로 말미암아 우리나라의 기초가 반석처럼 공고해질 것이니 누가 감히 훼손할 것이며 누가 감히 빼앗겠는가. 이는 곧 우리 대한의 태평한 운이다. 그러므로 태극학회의 창설을 기리며 대한제국만세를 외친다.

대개 태극학회는 친척을 떠나고 분묘를 버려두고 만 리 바다를 건너 이역 풍토에 우거하여 나랏일을 돌이켜 생각하며 가슴에 큰 뜻을 품고 문명의 학술을 흔쾌히 흡수한 뜻있는 군자들이 굳센 마음으로 결성한 조직체이다. 착실한 공부를 갈고 닦는 여가에 고귀한 담론을 강의하고 저술하니 한편으로는 지식 교환을 통해 남의 재주를 배우고 자신이 아는 바를 전파하여 공동의 일을 영위하며 한편으로는 정의(情誼)를 돈독하고 친밀하게 하여 남이 아끼는 것을 사랑하고 남의 근심을 근심한다. 그렇게 하여 서로 의지하고 마음을 모아 단합하여 만인(萬人)이 한 마음을 가지고 있음을 표시할 수 있으니 무릇 우리 2천만 동포가 모두 능히 이와 같다면 국권이 땅에 떨어질 것을 어찌 근심하겠는가. 몇 년 지나지 않아 만회될 것을 가만히 서서 기다릴 수 있으니 이는 곧 동포 형제의 큰 복이다. 그러므로 태극학회의 창설을 축하하며 우리 2천만 동포 만세를 제창한다.

대개 태극학회는 오직 우리 2천만 동포 중 여러 선각자분들의 고명한 식견이 이룩한 큰 공로이자 업적이다. 청춘의 젊은 나이로 선창의 포부를 지닌 것은 한편으로는 4천 년간 부패한 국민의 뇌수(腦髓)를 잘게 찢어 부수고 현세기에 새로 이해한 문화 조류를 가르쳐서 천명(闡明)의 영역으로 인도하며, 한편으로는 경쟁할 때와 기회를 잘 살펴 우리가 강한 이웃으로부터 받은 치욕을 씻고 외국을 상대로 어깨를 나란히 하여 점차 진보하고 후퇴는 없게 하려는 주의 사상이다. 원대하며 기이하구나! 지나의 한(漢)나라 때 등우(鄧禹)[27]가 볼 만했음을 장차 다시 오늘날에 볼 수 있을 것이다. 훌륭하고 큰 공훈으로 이름을 역사에 남기고 그것이 만세에 전해져 찬란히 썩지 않으리니 어찌 축하하지 않을 일이며 어찌 기도하지 않을 일이겠는가. 저는 감히 여러분들의 앞날을 위하여 삼가 축하하니 백 번 꺾여도 굽히지 말아야 하며 전진할 뿐 후퇴하지 말아야 한다. 그렇게 하여 이 대한의 국민들을 영원히 무궁한 안락의 경계에서 누리게 하고 우리나라의 권위와 광영을 세상에 드러내기를 눈을 씻고 기다릴 것이다. 그러므로 태극학회의 흥기를 축하하며 유학생 여러분의 안전에 백번 천번 배알하노라.

---

27 등우(鄧禹) : 2-58. 중국 동한(東漢) 광무제(光武帝) 때 사람으로, 24세에 공을 세워 대사도(大司徒)가 되었다.

| 강단 · 학원 |

과학론 / 편집인 장응진(張膺震)

우리 인류가 살고 있는 지구가 비록 광대하다 말하지만 저 무궁히 광활한 우주에 대비하면 창해의 좁쌀 하나만 못하고 우리의 일평생 생활하는 시간이 비록 백 년이라 말하지만 저 무한히 영원한 시간에 비하면 일순 만 년의 비할 바가 아니다. 비록 우리 인류가 지구상에 서식한 이래로 금일까지의 연대로 세도 저 무한히 영원한 시간에 비하면 1초로 수억만 년에 비할 바가 아니다. 이와 같이 광활한 우주에, 이와 같이 영원한 시간 중에 천태만상으로 변화하는 기기묘묘한 무한의 자연적 현상을 우리의 유한한 두뇌와 지식으로써 하나하나의 진상을 규파(窺破)하고자 함은 도저히 기대하기 어려울 뿐이다. 우리가 비록 어떠한 뇌력으로써, 어떠한 정력을 다하더라도 그 수억만 분의 일을 엿보지 못할 것이다. 그러나 인류는 지구상에 영물이요, 생물계의 패왕이다. 정신이 특출하고 지력이 발달하여 지구상 만물을 통어하며 자연계의 현상을 할 수 있는 정도까지는 연구, 이용하여 자기의 생활을 조진(助進)하며 갖가지의 편리한 규범을 제정하여 인류 공동의 행복을 유지, 향상하게 한다.

앞에서 말한 자연적 현상이라 함은 어떠한 것을 가리키는 것인가. 이는 우주간 만물이 천연적으로 상호간에 일으키는 사실을 말함이니 일월성신은 하늘에 매달려 쉬지 않고 운행하며 낮이 가면 밤이 오고 춘하추동은 일정한 규칙으로 상호 교대하니 봄철에 풀이 나고 꽃이 피면 새끼 새와 나비는 이 사이로 지저귀며 날아다니고, 여름철에 천둥소리가 나면 음우(陰雨)가 내리고, 가을철에 서릿바람이 불면 나뭇잎이 누렇게 되어 떨어지고 겨울철에 북풍이 매서우면 흰눈이 빛나고 맑은 샘이 얼고 짐승 떼는 들판에서 달리며 조류는 공중에서 날고, 사과는 땅 위에 떨어지며 풍선은 하늘로 날아오르고 물은 높은 곳에서부터 낮은 곳으로 향하여 이와 같은 자연적 현상-사실-은 일일이 들어서 말하기 어려우나 이들 현상에 대해서는 우리의 지식이 경험상 대개 일정한 법칙에 따라 나타나는 것을 추상하니 이들 갖가지의 현상을 우리가 사실로 연구하여 이 사이에 일정한 공통의 법칙을 발견하는 것을 자연과학 혹은 사실과학이라 칭하니 천문학·지리학·박물학·물리학·화학·심리학·기타 갖가지 구별이 있다. 또 우리 인류가 사회생활상에 필요한 갖가지의 규칙-규범-을 제정하고 표준을 세운 후에 갖가지의 사실을 이들 표준에 대조하여 선악·옳고 그름·좋고 나쁨 등의 구별을 정신상으로 판단함에 이러한 학문을 규범적 과학이라 칭하니 윤리학, 정치학, 미학, 논리학 등은 다 규범적 과학이다. 윤리학은 자식이 그 부모에게 대하여 효도를 다하지 않으면 안 될 이유를 우리에게 가르쳐 보여주며 국민이 되어서는 그 국가를 사랑하고 인류는 인류를 서로 사랑하며 사람을 살해하고 물건을 도적함은 악이라 하고 약자를 돕고 보호하며 병자를 불쌍히 여겨 도와주어 박애의 도를 행함은 선이라 하여 이와 같이 한 개인이 세상에 처할 때에 가족에 대하여 어떠한 행위를 어떻게 행하며 국가와 사회에 대해서는 어떻게 행위할 것인지를 규범적으로 연구하는 것이요, 정치학은 인류의 단체행동에 대하여 규범적으로 연구하는 것이니, 즉 인류는 정치적 단체를 만드는 자로 이와 같은 단체가 어떻게 조직될는지, 이와 같은 단체가 어떻게 행동할 것인지를 규범적으로 연구하는 것이요, 미학은 사물의 미추를 연구하고 논리학은 사실의 진위를 확정하는 학문이니 과학을 대별하면 이상 두 이름 아래에 대략 포함될 것이다. 그러나 과학이라 하는 것은 어떠한 성질을 구비한 연후에 이름인지, 환언하면 어떠한 요건을 갖춘 연후에 과학의 요건을 만족할까 하면 다음의 세 조건을 구비한 연후에야 실로 과학의 성질을 다 갖추었다 할 것이다.

1. 관찰
2. 분류
3. 설명

이 예를 천문학을 들어 말하면 우리가 천문학을 연구할 때에는 먼저 일월성신의 여러 천체가 어떻게 상호의 위치가 변화하는가를 정밀히 관찰하고 다음에는 이들 여러 천체를 그 운행하는 속도와 기타 성질에 따라 분류함이니 태양계와 타 항성의 여러 계통을 구별하며 유성과 위성을 구별함에 태양의 주위를 운행하는 것은 유성이니 지구 등이 이것이요, 지구의 주위를 운행하는 것은 위성이니 달 등이 이것이다. 이와 같은 사실을 정밀히 관찰하고 이와 같은 사실을 그 특성에 따라 구분한 후에도 다시 자세한 설명을 한 연후에야 비로소 과학의 의를 다한 것이니 대저 어떤 현상을 설명한다 함은 이 현상을 일어나게 하는 모든 조건의 구성상 이와 같은 현상이 일어나지 않을 수 없는 이유를 명시하는 것이다. 우리가 경험하는 온갖 현상은 각기 전체가 한 체계를 이루는데 체계적 전체를 조성한 각 부분의 상호 관계를 분명하게 안 연후에야 비로소 전체의 조건을 다 알았다고 말할 것이다. 가령 우리가 우리의 손을 설명할 때에는 먼저 손이 신체 전체에서의 위치를 고찰하며 신체 전체의 관능상(官能上)에서 사고하고 손 이외의 여러 기관과의 온갖 관계를 명확히 하여 신체 전체에 대한 손의 의의를 설명하는 것이요, 결코 신체 이외의 손 하나를 독립적으로 연구할 것이 아니다. 만일 손을 신체 이외와 분리시켜 연구하면 결국 의미가 없다는 데 이를 것이다. 이와 같이 천체의 현상을 설명함에도 먼저 태양계의 조직을 관찰하고 또 태양계 중 여러 부분의 상호 관계와 그 운행의 법칙을 명확히 헤아려 일정한 시간 내에 우리가 거주하는 지구의 부분이 태양의 주위를 회전하여 찾아오는 것을 설명하지 않으면 일출·일몰의 현상은 충분히 설명하지 못할 것이다. 또 일식, 월식하는 현상은 상고 미개시대에는 다만 재변(災變)의 징조라 하여 이를 신비하게 여겼으나 금일은 태양·달·지구 등의 위치와 그 운행이 노정된 관계로 있지 않을 수 없는 이유를 설명하나니 대저 사실의 관찰 혹은 분류는 우리의 상식으로도 인정할 수 있는 것이 적지 않으나 하나하나의 현상을 설명하는 데 있어서는 과학적 지식을 가진 연후에야 기대할 수 있다.

이상 설명한 다수의 과학으로 연구하는 각종의 현상은 개개 특수한 의의를 가진 것이 아니라 그 상호 간의 심밀(深密)한 관계가 있어서 결국 이들 현상계의 전체 범위를 다 포함하여 하나의 대체계, 즉 우주 전체가 조성된 것이니 이 우주 전체를 체계적으로 설명함은 실로 철학의 목적이다. 각 과학이 연구하는 체계는 일정한 범위가 있으나 철학이 연구하는 체계는 전 우주를 포용하여 각 과학에 궁극적 설명을 공급하는 것이니 이로써 보면 철학은 과학 이상의 과학이라 말할 수 있다. 그러나 철학의 연구가 철학의 영역에 이르면 그 이치가 현묘하고 그 뜻이 심원, 무궁하여 예부터 수다한 철인·명사의 뇌를 끊임없이 쥐어짜내게 하지만 설명하는 바가 도무지 주관적 사상에 불과하고 그 깊고 깊은 비밀은 전과 다름없이 암흑 속에 숨겨져 있으니 우리의 불완전한 두뇌와 불완전한 감관(感官)은 도저히 우주의 비밀스런 진상을 규파할 능력이 없는 것인가!

조세론(租稅論) / 최석하(崔錫夏)

제1절 총론

국가가 온갖 정무를 행하는 데 매우 큰 비용을 필요로 함은 이치에 맞는 바이거니와 그 비용을 지탱하고자 하면 수입이 필요하지 않을 수 없다. 수입 중의 대부분을 점령하는 것은 조세다. 그러므로 조세가 국가경제에 중대한 영향을 가져 그 징수하는 방법의 적합 여부를 따라 국부의 발전이 달려 있나니 위정자는 이 조세 문제에 대하여 항상 주의를 게을리하지 않아야 국가 백 년 계획의 실수를 조금이나마 줄일 수 있다. 그런데 우리 한국 정부의 수세법(收稅法)을 관찰하니 그 방법이 균형을 이루지 못하고 그 납기가 편리하지 못하여 국고에 여유가 없고 민부(民富)의 장애를 일으키니 한심할 뿐이다. 그러므로 나는 얕은 학식을 돌아보지 않고 조세에 관한 여러 학설을 우리 동포에게 소개하고자 한다.

제2절 내지세(內地稅)에 관한 일반원칙

조세에 대하여 영국인 배스테불[28] 씨가 논의한 원리를 살펴보면, 첫째 효력-나라의 사용에 충당할 만한 실수(實收)를 요함-이요, 둘째 경제적-징수비가 적고 또 경제상 발달을 방해하지 아니할 것을 택함-이요, 셋째 공평한 분배-인민의 부력 계급을 따라 평균적으로 징수함을 말함-요, 넷째 탄력-징세할 때에는 경제상 발달에 방해가 되니 속히 복구함을 말함-이요, 다섯째, 확실이요, 여섯째 편의다. 이러한 조건에 주의하여 조세를 징수하자면 가급적으로 기성자본(旣成資本)-완성화물(完成貨物)-에 대해 과세하고, 구성 중에 있는 자본-미성자본(未成資本) 및 반성자본(半成資本)-에 대해서는 징세를 피하는 것이 만전(萬全)의 방책이다. 만약 어쩔 수 없이 부과하고자 하면 최경최징(最輕最徵)한 한도에 그치는 것이 옳다. 요컨대 자본의 증식을 방해하는 조세는 일체 징수하지 않는 것이 국부의 발달과 금융의 원활에 가장 필요하다. 기성의 자본이나 또는 해마다 일정한 수입을 만드는 자본을 가진 자는 조세

---

28 배스테불: 미상이다.

를 부담함에 항상 용이하나 구성 중에 있는 자본을 가진 자는 그 부담이 곤란하여 만약 불행히 그 부담이 태중해지면 그 자본의 증식과 신사업의 발달을 방해함이 매우 많을 것은 당연하다. 기성자본은 대개 이미 사업자본으로 변하여 상당한 수입을 생산할 기초가 화고하여 그 수입의 일부는 신사업에 투하하고 그 나머지의 얼마는 조세의 납부에 충당할 수 있으나 구성 중에 있는 자본은 그렇지 않아서 그 기초가 확실하지 못함으로써 크게 이를 보호할 필요가 있기 때문이다.

제3절 각종 조세의 득실

제1 지조

지조는 토지에 대하여 부과하는 세명(稅名)을 말하는데, 대개 숙지(熟地)에 부과하는 것은 그 실질이 양호한 조세 종류에 속한다. 토지가 숙지가 된 것은 농사에 제공하거나 가옥, 건축 등에 사용이 되어 갖가지 수익을 만드니 이와 같은 경우에는 상당한 조세를 부과하여도 토지 이익을 방해함이 없을 것이다. 그러나 만일 개간 중에 있는 토지에 대하여 과세하면 그 수익의 기초가 확고하지 못함으로써 납세자가 매우 곤란을 느끼니 어찌 주의하지 않겠는가. 그러므로 문명 각국에서는 상당한 법제로써 개간을 장려하고 또 황지 면세를 행하여 구성 중에 있는 자본을 극력 보호한다.

제2 등록세

등록세는 법률행위를 행하는 자가 있어 그 권리의 설정, 이전-부동산 매매, 양도 등의 일- 등의 효력을 공시할 목적으로써 그 등록을 청구할 때에 관청에서 그 권리의 가치를 표준하여 부과하는 세를 말한다. 대개 문명사회에서는 등록은 법률상 행위에 필요한 조건이 될 뿐 아니라 등록하는 권리는 이미 성립된 것이니 이에 대하여 과세하는 것은 기성자본에 대하여 과세함과 동일하니 등록세가 양세(良稅)의 하나에 참여함은 더 말할 필요가 없다.

제3 인지세

인지세는 우리가 사용하는 인지에 대하여 부과하는 세를 말한다. 그 성질은 등록세와 매우 비슷해서 양세의 하나 됨을 잃지 아니하나 등록세와 비교하면 조세의 성질이 한층 명확하다. 왜 그런가? 우리가 무슨 행위를 행할 때에 인지를 반드시 사용하나 등록은 그렇지 않아서 설령 등록세를 내고 등기를 하지 아니하여도 다만 제삼자에게 대하여 효력을 미치지 못할 뿐이요, 당사자 간에는 완전히 효력을 낸다. 이상의 두 세금에 이와 같은 차이가 있으나 질권, 저당권의 취득이나 또는 어음 발행 같은 행위에 대하여 과세하는 데 있어서는 즉 일반이다. 그래서 그 부과가 과중할 때에는 우리의 행위활동을 방해하고 또 자본의 증식을 저지한다.

인지세는 규약서·영수증·장부 등에 붙여서 사용하는 것이 정해진 규칙이다. 그 세율이 무겁거나 또는 인지의 계급을 많이 만들어 사용방법을 번잡하게 하면 상업상 행동에 마찰을 일으키므로 부과의 방법을 편의하게 하고 세율을 낮게 하며 계급을 간단하게 하는 것이 국가의 양책(良策)이다. (미완)

거교설(去驕說) / 김정식 연설, 김낙영 필기

무릇 교오자(驕傲者)는 자기의 마음을 해치며 이름을 떨어뜨릴 뿐 아니라 남의 마음을 상하게 하며 이름을 잃게 하므로 옛사람이 말하되 교오는 기름과 같고 불과 같다 하였으니 어째서 기름에 비유하였는가?

대개 기름은 각종 유질(流質) 중에 그 성질이 더욱 가벼워 만일 기름과 물을 화합하면 단시간에 물을 아래로 누르고 스스로 위에 뜨니 사람이 볼 때에 그 기름만 보고 그 물은 보지 못하니 교오한 사람도 이와 같아서 때때로 사람을 아래로 누르고 자기를 위에 드러낼 테니 시험하여 보라. 누군가 남에게 말하되 "너를 아무개에게 비교하면 아무개의 자격과 덕성이 너보다 높고 또 선하다" 하면 그는 반드시 답하되 "내가 어찌 아무개에게 미치리오" 한다. 입으로는 비록 이 같으나 그 속을 보면 거북한 모습이 반드시 드러날 테니 이는 사람이 자기보다 뛰어나다 함을 기꺼워 아니하는 증거다. 대저 사람마다 스스로 선한 줄로 생각하여 남에게 사양함을 허락하지 아니하니 이로부터 따져보면 교오한 성품은 남을 아래로 누르며 자기를 위에 높이기를 좋아하니 이를 교오가 남을 상하게 하는 일단(一端)이다.

어째서 불에 비유하였는가? 대개 불은 그 성질이 맹렬하여 온갖 사물이 그것과 가까우면 불타고 그것과 멀어지면 차가워져 땔나무를 가하면 그 불사름을 더하고 박멸하면 그 해를 당하니 교오한 사람도 이와 같아서 가까이 하면 그 경홀함을 당하고 멀리하면 그 방산(謗訕)[29]함을 당하고 귀히 대하면 그 오만을 더하고 복종하게 하면 그 해를 받으니 이러한 종류의 사람은 그야말로 친해지기도 어렵고 멀리하기도 어려운 자니 교오가 결코 남을 이롭게 할 수 없고 오직 남을 상하게 하는 이단(二端)이다.

대개 교오는 마귀의 종교다. 사람의 시조로 하여금 교오의 마음을 처음 생기게 한 고로 어떤 사람이고 이 꾀에 빠지기 쉽다. 생각해보면 이 꾀에 더 빠지기 쉬운 자가 둘 있으니 즉 부가 많은 자와 위치가 높은 자이다. 여러분이 이 국가가 힘들고 근심스런 때를 맞이하여 눈물로 부모를 떠나 이역의 풍로를 감수하며 학문에 근로함은 언젠가 단심(丹

29 방산(謗訕) : 남을 비웃고 헐뜯는 것을 뜻한다.

心)으로 보국하고 부귀를 기도함이다. 만약 이 두 가지를 얻은 가운데 겸손함으로 지키지 않으면 마귀가 반드시 교오로 꾀어 들일 테니 부가 있는 자는 더욱 겸손하여 항상 빈궁한 자 같이 하고 위치가 높은 자도 역시 스스로 자신을 낮추는 수양을 해야 한다. 이와 같이 하면 부가 앞으로 더 많아지고 위치가 앞으로 더 높아지려니와 만약 스스로 부유하면 곧 빈궁의 시작이요, 스스로 위치를 높이면 곧 떨어질 징조니 교만하면 손해를 보고 겸손하면 이익을 본다는 것이 바로 이 이치다. 그러므로 가득 차 있어도 텅 빈 것처럼 보이는 것을 항상 어김없이 행한 연후에야 마귀의 꾀에 빠지지 않을 것이다.

항상 행하는 법이 어디에 있는가? 사람의 영병(靈病)을 고치는 데 있다. 무릇 사람이 신체의 병이 있으면 약과 침으로 치료하고 행위의 병이 있으면 율법으로 치료하되 오직 심령의 교오병은 약으로 고칠 수 없고 율법으로 치료할 수 없으니 대개 약과 침은 몸을 고치는 약이 될 뿐이요, 영을 고치는 약은 되지 못하고 율법은 행위를 치료하는 법이 될 뿐이요, 영을 치료하는 법은 되지 못한다. 또 사람이 이야기하는바 도는 다만 사람을 권하여 선하라 명령할 뿐이요, 능히 사람을 바꾸어 선을 이루게 하지 못한다. 오직 우리 구주의 도는 사람의 영병을 능히 치료하니 살펴보면 신도가 도로써 변화하는 것을 한 번 경험하면 비록 교오한 자라도 겸손으로 중생(重生)한 사람이 되니 그런즉 이 도야말로 도라고 할 수 있다. 그러므로 천부가 세상을 구하는 법을 특사(特賜)하셔서 독생자 예수로 하여금 하늘과 사람 사이에 중보(中保)된 유일한 우리 구주의 도이다. 무릇 사람이 구주의 행위를 따르고자 하면 허다한 할 일이 어려움에 갑자기 빠지며 또한 어렵다고도 급히 말하되 다만 겸손으로써 말하면 요한복음 13장 14절을 보라 말하였으되 "내가 주와 선생이 되어 오히려 너희 발을 씻었으니 너희도 서로 발을 씻어주는 것이 옳으니라" 하였으니 모름지기 여러분은 항상 이 구절을 염두에 두고 서로 겸손하여 교오의 병이 저절로 마멸(磨滅)되기를 진실로 바랄 뿐이다.

애국의 의무 / 이윤주(李潤柱)

우리가 이 세상에 태어나 해야 할 의무가 아주 많지만 그 중에서 가장 중요한 것은 애국의 의무이다. 관계가 가장 친밀하고 계합(契合)[30]이 가장 강고한 것은 우리와 국가의 관계이니 왜일까? 국가는 우리의 생명을 보호하고 가족과 재산을 보호하며 사회와 자유를 유지하기 위해 성립한 것이다. 우리가 만일 애국의 정신이 없으면 국가를 보전하기 어렵고, 만일 국가를 보전하지 못하면 우리가 어찌 이 세상에서 생활하여 행복과 화락(和樂)이 성취되기를 바랄 수 있을까. 그러므로 이 세상에서 행복한 생활을 성취하기를 바라는 우리는 절대적으로 국가를 위하여 성심으로 헌신할 의무와 충군애족(忠君愛族)의 의무가 있다 하겠다.

부모와 자식, 남편과 아내, 형제, 친척, 친구를 친애하고 경신(敬信)하지 않을 수 없을 것이니 이는 다 애국심 한마디에 포함된 것이다. 이를 미루어 말하면 어떤 사람을 물론하고 그 몸을 스스로 닦은 후에야 그 집안을 가지런히 할 수 있으며, 한 집안을 가지런히 한 후에야 나라를 다스리기를 기약할 수 있다. 그 한 몸을 닦지 못한 사람이 어찌 그 가(家)를 가지런히 할 방책이 있으며, 한 집안을 닦지 못하는 사람이 어찌 나라를 다스릴 방책이 있겠는가. 일의 대소는 비록 다르지만 그 이치는 일반이요, 말의 선후는 순서가 없으나 그 결말은 하나로 돌아가는데 즉 진실한 애국성을 가진 사람에게서 불효를 보지 못했고 부모에게 진실한 효도를 다하는 사람 중 충군하지 않은 사람이 없으니 고로 고어(古語)에 충신은 효자의 가문에서 구하라 함이 실로 천년이 지나도

30 계합(契合): 틀림없이 꼭 들어맞는다는 의미이다.

남을 불후의 명잠(銘箴)이다.

애국의 정의(情誼)는 인생의 자연스런 이치이다. 상고의 미개 시대에도 사람의 지혜는 비록 몽매했으나 애국성은 없지 않았다. 지금의 아프리카 흑인 노예는 우리가 목도하는 바이다. 미개한 지역에 주거하며 황막한 사막에 생활해 어떤 고등한 사상이 없지만 이들이 항상 고국을 잊지 않고 가향(家鄕)을 사모하는 정이 매우 커서 때때로 뜨거운 눈물이 잇달아 흘러내려 병을 야기한다 하니 어찌 일반 인류의 감심(感心)이 없겠는가.

인류사회에 질투와 원망과 괴리, 반목등 상서롭지 못한 풍조가 유행한다. 사람들은 각각 자리자욕(自利自慾)에 분주히 뛰어다닌다. 이렇게 귀중한 공익을 돌아보고 헤아릴 여지가 없으면 이는 실로 국가의 해독이요, 그 영향은 전쟁패멸보다 더 심할 것이다. 이는 애국의 진정한 뜻을 잘못 이해한 것에서 나온 것이다. 고로 나는 국가의 최대 재앙은 정치, 법률의 부진이 아니오, 농공상업의 쇠약해짐이 아니요, 인족(人族)의 작고 약함이 아니요, 단지 그 국민의 애국심이 결여됨에 있다고 말하고자 한다.

조선혼(朝鮮魂) / 최석하(崔錫夏)

음빙실주인(飮氷室主人) 량치차오(梁啓超)는 청나라의 유명한 지사(志士)이다. 일찍 청나라 사람에게 자국혼(自國魂)이 없음을 개탄하고 『중국혼(中國魂)』이라는 책 하나를 저작하여 새로 청국혼(淸國魂)을 만들자고 급한 소리를 크게 질렀으니, 그는 참으로 열성이 있는 우국지사라고 할 수 있겠다. 지금 한국의 현상을 관찰하니 청나라 사람보다 수백 배나 더 자국혼을 요구하는 시대를 맞이하였다. 그러니 나는 스스로 말한다. 사람에게 사람의 혼이 있는 것과 같이 국가에 국혼(國魂)이 있어 국가가 생기면 혼이 생기고 국가가 죽으면 혼이 죽어, 이 두 가지는 잠깐이라도 분리되지 못할 것이다. 그러므로 1분 동안 국가가 존재하면 1분 동안 그 국혼이 존재하고, 1년 동안 국가가 존재하면 1년 동안 그 국혼이 존재하고, 1백 년 동안 국가가 존재하면 1백 년 동안 그 국혼이 존재한다. 반대로 말하면 1분 동안 국혼이 존재하면 1분 동안 그 국가가 존재하고, 1년 동안 국혼이 존재하면 1년 동안 그 국가가 존재하고, 1백 년 동안 국혼이 존재하면 1백 년 동안 그 국가가 존재한다. 국가와 국혼이 명목은 비록 두 사물이나 실질은 한 몸이니, 국가가 성립한 뒤에 인위적으로 그 국혼을 만들 이유가 어찌 있겠는가. 이러한 까닭에 나는 고유한 국혼을 발휘한다고 하는 인사에게는 항복의 깃발을 세우겠지만 원래 없는 국혼을 창조한다고 하는 인사에게는 항거의 창을 휘두르고자 하노라.

보아라. 동양이든 서양이든 옛날이든 지금이든 막론하고 이른바 국가단체를 조성하여 유지하는 민족은 고유한 국혼을 가졌다. 그 실례를 거론하면 무사도(武士道)를 숭상하여 국가를 위하여 자기의 생명을 초개같이 보는 것은 일본인의 야마토혼(大和魂)이요, 하늘에는 두 개의 태양이 없고 땅에는 두 사람의 군주가 없다고 하여 세계를 통일하여 한 국가를 건설하고자 하는 것은 러시아인의 러시아혼이요, 오주(五洲)에 자국의 문화를 전파하여 자국의 국력을 해외에 발전하고자 하는 것은 프랑스인의 프랑스혼이요, 사해(四海)의 해상권(海上權)을 장악하여 해외에 식민지를 많이 세우고 상업권(商業權)으로써 천하에 웅비하고자 하는 것은 영국인의 영국혼이요, 부유함으로써 무력(武力)을 대적하며 황금으로써 탄환을 압도하여 온건한 제국주의를 행하고자 하는 것은 미국인의 미국혼이다. 만일 일본인으로서 야마토혼을 가지지 않았다면 어찌 동아시아 작은 나라로서 오늘날 저와 같은 지위를 얻었을 것이며, 러시아인으로서 러시아혼이 없었다면 어찌 북방 오랑캐로서 오늘날 저와 같은 광대한 제국을 건설하였을 것이며, 프랑스인으로서 프랑스혼이 없었다면 어찌 오늘날 저와 같은 문명의 발달을 보였을 것이며, 영국인으로서 영국혼이 없었다면 어찌 작은 섬나라로서 저와 같은 융성에 이르렀을 것이며, 미국인으로서 미국혼이 없었다면 어찌 오늘날 저와 같은 천하에 더없이 부유한 국가가 되었겠는가. 이것으로 말미암아 보건대 세계 만국 가운데 그 국혼을 가지지 않은 나라가 하나도 없고, 또 그 국혼을 발휘하여 그 나라를 발전시키지 못한 자도 하나도 없다.

누군가 한국의 쇠약함을 보고 위연(喟然)히 탄식을 하며 "조선인은 조선혼이 없다." 하는데, 이 말은 정말 잘못되었구나! 만일 나라를 걱정하는 울적한 마음을 이기지 못하여 무의식중에 이와 같은 말을 발설하였다면 용서할 여지가 있겠거니와, 만약 진심으로 이와 같은 말을 발설하였다면 이것은 우리가 북을 울려 그 죄를 성토하지 않을 수 없을 것이다. 어째서인가? 이것은 우리 조상 단군과 기자 이래로 전하는 애국의 성품을 모멸하는 행위가 되는 까닭이다. 생각해보라. 우리 대한은 4천 3백여 년 독립의 아름다운 역사를 가지지 않았던가. 나라가 되어서는 1분간이라도 그 혼을 가지지 않을 수 없거늘 어찌 4천 3백여 년간에 그 혼이 없으면서 그 나라가 독립하였을 것인가. 내 말이 믿기지 않거든 그 예를 보라. 고구려 때 을지문덕 장군이 병졸 수만 명으로 백만 대군을 거느리고 왔던 수 양제(隋煬帝)를 격퇴하였으니 이것이 조선혼이 아니고 무엇이며, 고려조에 윤관 장군이 단기필마로 만저우 영고탑(寧古塔)에 들어가 막대한 영토를 개척하였으니 이것이 조선혼이 아니고 무엇이며, 임진왜란에 수군 제독 이순신이 철갑선을 창조하여 살기등등하던 적국의 함대를 분쇄하였으니 이것이 조선혼이 아니고 무엇이며, 어느 해 어느 달에 대한이 격렬한 풍조에 습격을 받아 국위가 땅에 떨어졌을 때 민영환(閔泳煥), 조병세(趙秉世) 등 여러 분이 해와 달 같이 높은 절개를 지켜 나라를 위해 자결하였으니 이것이 조선혼이 아니고 무엇인가.

아아! 대한 민족이 이처럼 장렬한 조선혼을 가졌거늘 무슨 까닭으로 오늘날 이와 같은 처지를 맞이하였는가. 속담에 말하지 않았던가, 형산(荊山)의 백옥(白玉)도 진흙탕에 빠져 묻히면 그 빛을 펴지 못한다고. 이와 같이 우리 한국이 100여 년 이래로 외침(外侵)이 미치지 않고 내홍(內訌)은 자취가 끊어져 정치가 문약(文弱)에 흐르며 민심이 고식(姑息)에 안주하며 덕교(德敎)가 헛된 장식으로 돌아가며 교육이 장구(章句)에 그쳐, 국가의 원기(元氣)가 날로 삭아 없어지며 인민의 신경이 때때로 쇠약해져 하늘에 뻗치고 땅을 꿰뚫던 조선혼이 어둡고 어두운 구름 낀 하늘 속으로 빛을 감추어 세상 사람으로 하여금 그 정채(精彩)를 보지 못하게 하였구나. 눈 비비고 보니 누가 구만리 창공에 큰 바람을 불러일으켜 저 청구(靑邱)의 강산에서 어둑어둑한 뜬구름을 일소하고 은폐되었던 조선혼을 피워 일으켜 2천만 동포로 하여금 활발한 자유로운 천지와 광명한 독립된 일월을 보게 할 것인가. 큰소리로 외치기를 "이것은 우리 청년의 두 어깨에 지워진 책임이다."라고 할 것이다.

피워 일으켜라. 조선혼을 피워 일으켜라. 이 조선혼을 동포마다 피워 일으키면 이미 잃어버린 정치권도 회복할 수가 있고, 이미 잃어버린 재정권(財政權)도 회복할 수가 있고, 이미 잃어버린 국제권(國際權)도 회복할 수가 있다고 하겠다.

한국 국민의 생활을 논하다 / 채규병(蔡奎丙)

한국의 현상을 조용히 살피고 앞날을 우려하는 사람들이 각각 교육을,

병력을, 독립을, 정치를, 법률을 말한다. 의론들이 나누어져 하나로 돌아가지 못하고 있다. 이러한 일이 긴급한 문제가 아닌 것이 없고 흥망의 정책이 아닌 것이 없다. 저 중 하나도 홀시할 수 없으나 수많은 사업의 성패점은 경제실력에 있고 경제 실력의 기초는 국민생활에 있다. 서양 사람들의 말에 개인생활에서 독립하지 못하는 국민은 그 나라를 독립하게 할 수 없다 하였으니, 지극하다! 이 말이여! 참으로 가슴에 품을만한 격언이다. 왜일까. 대개 국가는 인민으로 조성된 단체다. 그 단체의 분자되는 인민이 독립정신이 없으면 그 분자로 조성한 단체가 어찌 독립할 수 있겠는가. 고로 국가의 자유를 견고하게 하고자 하면 우선 인민의 자유정신을 양성하는 것만 같은 것이 없고, 국가의 독립을 확고하게 하고자 하면 인민의 독립사상을 발기하는 것만 같은 것이 없다. 영국인들은 "영국인은 어떤 곳에 가든지 그 수가 100명만 차면 영국 정부의 보호를 의지하지 않고 독립 자영할 능력이 있다."고 하니, 이 몇 마디 말이 영국인의 자활 정신이 세계에서 뛰어남을 증명하는 것이다. 이 정신을 연구하여 본즉 영국인이 오늘날 세계의 문명 각국 인종 중에 가장 위대한 국민의 지위를 점령한 것은 그 원인이 깊이 뻗어있다.

그런데 우리 한국 국민의 생활 상태를 관찰하니 자활 정신이 핍절되어 유의유식(遊衣遊食)을 인생의 행복으로 알고 독립·자영이 인생의 원리됨을 알지 못하니 슬프다! 우리가 이 경쟁 풍조 속에 처해 이러한 정신으로 어찌 자기의 생활을 만들 수 있으며 자국의 발전을 기약할 수 있겠는가. 주의해야 할 것이다. 이 세계는 튼튼한 남자의 생존을 허용하되 약한 남자의 생존을 허용하지 않으며 생기있는 아이의 발달을 허용하되 약한 아이의 발달을 허용하지 않는다. 활발한 정신과 건전한 능력으로 자활하는 방책을 강구해 20세기 신무대에 올라 활기차고 재능 있는 기예로써 최후 승리를 기도(期圖)해 국제상 도태의 그물에 걸리지 말지어다. 우리 한국의 국권을 회복하려면 먼저 개인의 자활을 도모할 것이오, 개인의 자활을 도모하려면 먼저 개인의 두뇌에 노동신성주의를 주입할 필요가 있다고 하겠다.

역사담 제3회 : 비스마르크전

천하의 대세가 무궁히 순환하여 인생의 기회 또한 이를 따라 변천하므로, 때를 타서 활동하는 자는 무궁히 그 향기를 남길 것이고 기회를 타서 망라하는 자는 만대에 그 악취를 남길 것이니, 세태의 무정함이 어찌 이토록 심한가. 저자가 이에 세상 개탄의 눈물 한 방울을 금치 못하여 소맷자락을 적시며 잃은 것이 있는 듯 방황하다가 19세기 유럽의 손꼽히는 철혈(鐵血) 정략가인 비스마르크 공(公)의 사업을 떠올리고는 분연히 일어나 춤추며 긴 휘파람 불고 짧은 탄식 뱉었으니, 때는 깊어 사위가 적막하고 달빛은 몽롱한데 객사(客思)는 깜박깜박 빛나고 추풍은 소슬하여 등불을 돋우고 무릎 꿇고 앉아 비스마르크 공의 전기를 열람하였다. 당시 프로이센국의 국세가 현재 동아시아의 형편과 비슷하여 내가 이에 한층 더 느끼는 바가 있어 공의 전기를 직역하여 우리 동포로 하여금 이에 주의하도록 하려 하노라.

공은 서력 1805년 4월 11일에 프로이센의 포츠담에서 탄생하였다. 아버지는 이 나라 근위대 사관 쇤하우젠[31]이고 어머니는 빌헬미네이며 어릴 때의 이름은 오토 폰 비스마르크이다. 공이 2·3세 때에 하루는 세속을 초월한 듯한 한 부인이 공의 가정을 내방하여 빌헬미네에게 "오토는 희대의 인걸(人傑)이니 말세에는 그 영예를 비할 데가 없을 것이다."라 단단히 일러 말하고는 홀연 눈앞에서 사라졌다. 공의 사람됨이

31 쇤하우젠 : 쇤하우젠(Schönhausen)은 지명으로 비스마르크의 출생지이며 그의 아버지 이름은 페르디난트 폰 비스마르크이다. 오역으로 보인다.

호방하고 얽매임이 없어 자벌레처럼 웅크렸다가 호랑이처럼 도약하고, 걸출하고 장대하여 기개가 억눌리지 않았다. 공이 17세에 베를린대학교에 입학하여 얼마간 역사와 지리 및 당시의 세태소설〔世情小說〕을 밤새워 열독하며 기개를 장려하여 정의에 어긋나는 자에게는 충고도 하고 이를 따르지 않는 자는 주먹질로 혼을 내기도 하였다. 또 주색을 탐하여 반생을 결투로 소비하였다. 22・3세에 동 대학교를 졸업하고 베를린 재판소와 포츠담 공소원(控訴院)으로 출근하다가 1835년경에 1년 지원병으로 근위대에 편입되었다. 공이 평소에 끽연을 즐겨 입대한 후에도 손에서 궐련을 놓지 않으니 장관이 군기 문란을 우려하여 도로 보행시에 금연령을 내길자, 공이 동료를 소집하여 길 위의 공용의자에 걸터앉아 보행 때는 끽연하지 않았다고 핑계를 대어 끽연이 한층 심해졌다는 일화는 지금까지도 베를린 시민에게 파다하다. 복무기한을 완료한 후에 고향 포메른으로 돌아가 술과 사격으로 소일하다가 이윽고 영국과 프랑스를 두루 다니며 안팎 대세의 변천을 관찰하고 의기를 더욱 일깨웠다. 다시 고향마을로 귀성하다가 때때로 작센, 바이에른 등의 나라를 유람하여 세태인정의 경향과 변동만 전심으로 궁구하더니 1847년경에 공이 포메른 대의원으로 프로이센 국회에 참석하여 중의(衆議)를 압도하고 군권주의(君權主義)를 열심히 주장하였다. 공이 군권주의를 주장함은 지난날 프로이센이 나폴레옹 1세의 말발굽에 유린되고 프로이센 국민이 나폴레옹 1세의 명령을 받들다 못해 도탄에 빠져버렸기에 이러한 상태의 프로이센의 국권을 회복하고 황실의 실력을 실현케 하여 파리 성하(城下)의 맹약을 체결코자 하는 피 끓는 마음이 가슴 가득하여 잠시라도 잊지 않았기 때문이다.

1850년에 프로이센, 하노버, 작센 3국이 에르푸르트(Erfurt)에서 연방의회를 개시하여 이때에 공도 동 의회에 참석하였다. 그러나 오스트리아 배척을 주장함에 이르러 회의 결과는 공포(空砲)로 돌아갔는데,

쾨니히그레츠 혈전은 이 때문에 도출된 것이었다.

당시에 프랑크푸르트는 게르만 연방의 정치적 중심지라 매년 1회씩 통상 회의를 열고 여러 나라가 각기 공사(公使)를 파견하여 독일 연방에 관한 외교와 군사를 상의하였는데, 공은 폰 로하우 장군의 비서관으로 1851년에 이곳에 부임한 후로 외교에 열중하였다. 하루는 여관주인에게 호종(呼鍾)-설렁줄-의 설비를 요청하였는데 여관주인이 호종 설비 비용을 여객(旅客)이 스스로 부담하라 하고 설치하려 하지 않으니, 공이 잠시 후 단총(短銃)을 들고 가 공이치기를 끌어당기니 총소리 한 발이 벼락같이 울렸다. 여관주인이 크게 놀라 공의 침실에 와보고 사고가 있었는지 물으니 공은 태연자약하게 문서를 정리하면서 조용히 주인에게 타이르기를 "내가 호종 대신 이 공포탄을 쏜 것이며 금후로도 이렇게 시행할 것이니 과히 경악하지 말라."고 하는지라 여관주인이 기겁하여 부득이 여관 비용으로 호종을 설치하였다. 독자 여러분, 공의 이러한 강박적 유희 수단을 멸시하지 마시오. 공의 외교 정략의 꽃봉오리가 이미 젊어서부터 열린 것으로 막힘 없는 쾌활함과 임기응변이 대개 이러하였다. 로하우 장군이 사임하고 베를린으로 귀환할 때에 공을 추천하여 프랑크푸르트 주재 공사로 일약(一躍)하니, 철혈에 민완(敏腕)하여 연방 사절들을 조종하고 의장을 번롱(翻弄)하는 것이 아동을 데리고 노는 것 같았다. 공이 여러 해를 이곳에 주재하며 오스트리아의 허다한 약점을 간파하고 오스트리아의 첫째 손가락으로 꼽히는 정치가 메테르니히(Klemens von Metternich)의 무능을 관찰하여 훗날 프로이센 왕에게 권유하여 루비콘 이남에 파병케 한 것도 역시 오스트리아의 허실을 환히 알아차린 결과였다.

동물의 사회생활 / 한상기(韓相琦)

지구상 생물계의 생존경쟁이 몹시 치열함은 우리가 익히 아는 바이니 굳이 더 말할 필요가 없다. 자기의 생명과 이익을 보전하고 다른 생물의 침해와 공격으로부터 안전하게 벗어나기 위하여 온 지식과 온 힘을 다 쏟아 방어하지만 자기 일신은 우주 간에 비하면 작은 티끌과 먼지보다 더 작아 무한한 외계를 감당하기 어렵다. 그렇다면 다른 생물에 박멸되는 바가 될 것인가. 아니다. 어쩔 수 없이 자못 강한 힘을 준비하는 것이 필요하다. 어떻게 하면 자못 강한 힘을 얻을 수 있는가. 곧 사회적 생활이 이것이다.

동일 종속(種屬)이 한마음 한뜻으로 서로 아끼고 도우며 공동으로 협력하여 이익과 손해를 같이 하면 하늘을 이길 힘도 나오는데 하물며 외물은 말해 무엇하겠는가. 이 세계에서 우리가 만물의 영장이 되어 만물을 주재하는 힘을 지닌 것도 우리 선조들의 공동 사회생활이 남긴 은택이다. 만일 동종 간에 서로 공격하면 외물을 방어하기는커녕 동종도 멸하고 자기도 멸망함을 서서 보게 될 것이니 가히 두려운 일이다. 개미와 벌은 미물이지만 다수가 한 곳에 서식하여 이익을 공동으로 향유하고 서로 아끼고 도와 한마음 한 힘으로 각기 자신의 의무를 다하며 생사를 같이 하는 신령한 벌레이다. 우리의 이목을 놀라게 하며 생물계에 광채를 발생시켜 곳곳에서 증식하니 누군들 놀라지 않겠는가.

1. 꿀벌의 이야기

꿀벌은 여러분들이 익히 아는 바와 같이 밀랍을 얻기 위하여 우리나라 각처에서 많이 사육한다. 꿀벌에는 세 종류가 있으니 여왕벌, 수벌, 일벌이 이것이다. 여왕벌은 한 무리 안에 한 마리만 있다. 골격이 튼튼하고 신체도 똥똥하고 크다. 벌 무리 내의 제반 사무를 통할하며 세 종류의 애기벌을 생산하는 직무를 맡는다. 수벌은 평상시에는 맡은 일이 없고 여왕벌이 교미할 때에 보좌하는 직무만 수행한다. 일벌은 암컷도 아니요 수컷도 아니요 생식기가 퇴화하여 생식력이 없고 그 수가 가장 많으며 그 직업은 벌집을 짓고 음식물을 찾고 모아 운반하며 애기벌을 양육하는 등의 고역을 맡고 동분서주하느라 쉴 틈이 없다고 한다.

봄날이 화창할 때에 곳곳에서 날아오며 정밀히 조사하여 합당한 장소가 있으면 중론을 거친 뒤에 맨 앞장 선 벌이 새집 안에 들어가 확실히 관찰하고 일벌을 인솔해 와서 새집을 건축한다. 그때 각 일벌들이 복부 환절(環節) 사이에서 밀랍의 작은 판을 벗겨내고 침을 혼합하여 위편으로부터 점차 육각형의 집을 짓는데, 출구는 아래쪽을 향하게 하고 그 안쪽은 점차 가늘고 좁게 하며 다수의 방들은 처소가 넓고 좁은 대로 사방으로 몇 층이든지 나란히 늘어서게 지으니 작은 형체의 벌에게는 이와 같이 무거운 고역이 없으며 그 구조의 굉장함이 대단하다. 이 일이 다 끝나면 여왕벌이 수천 무리를 이끌고 들어가서 중간의 넓은 방에 거주하고 각각 맡은 일에 따라 차례대로 방을 정한 뒤에 제반 일을 수행하는데 규모가 일정하고 법령을 준수하는 양상을 보면 신령한 벌레라고 칭할 만하다.

그 후에 일벌이 여왕벌의 명령을 받들어 음식물을 수집하러 여행을 떠나는데, 먼저 비상한 주의를 기울여 집안을 자세히 보고 밖에 나가 집 입구를 상세히 보며 지근거리의 지리를 상세히 탐색한다. 만일 새집 근방의 지리를 모르면 우활하게 외출하지 않는다. 신체를 살짝 들어 집 입구를 살펴보고 2·3보를 날다가 바라보고 4·5보를 날다가 또 바라보며 충분히 알게 된 뒤에야 비로소 날아 멀리 떠나니 한번 숙지하면 기억력이 대단하여 결코 잊어버리지 않는다. 외출했다가 집에 돌아왔는데 집 입구가 5분(分) 쯤 기울었을 때에는 의아해하며 들어가지 않는다. 음식물은 화분(花粉)·화밀(花蜜)·수지(樹脂) 등의 식물이 있다. 향기로운 꽃과 풀 속을 배회하며 꽃 속에 들어가는데 자기가 들어갈 때에 신체 여러 부분에 부착된 화분을 앞다리로 모았다가 뒷다리 첫 번째 축절(蹙節)에 모아 둔다. 그러나 만일 화분 주머니가 열리지 않은 때에는 자기 입으로 그 벽을 쪼개어 열고 화분을 꺼낸다. 그리고 화밀을 핥아 맛본 뒤에 입 안에 놓아두고 잘 간직해 온다. 수지도 취해 오니 이는 집 안 틈새를 막는데 필요한 물건이 된다. 이러한 음식물을 가지고 집으로 돌아와 화밀과 화분을 혼합해 백청(白淸) 꿀을 만들어 자기도 먹고 여러 벌들에게도 공급하며 대부분은 저장고에 쌓아둔다.

날씨가 밝고 맑은 날에 수벌이 집안을 처음 날면서 여왕벌을 부르면 여왕벌이 유쾌하게 삼응하여 수벌과 짝을 이루고 공중으로 날아가 결혼식을 거행하고서 집으로 돌아온다. 수벌이 이 일을 마치면 일벌이 모여들어 음식물도 주지 않고 독침으로 찔러 죽이는 참혹한 광경이 일어난다. 우리 사회에 하는 일 없이 놀고먹는 자가 있으면 독침으로 그를 찌르기 쉬우니 힘써야 할 것이다. 여왕벌이 돌아온 후에 46시간이 지나면 알을 낳기 시작하는데 일벌이 와서 음식물을 공급하며 여러 가지로 특별히 주의한다. 여왕벌이 난방(卵房)에 가서 머리를 끼우고 상세히 본 뒤에 복부를 꽂아 알을 낳으니, 집안이 분주하며 일벌은 잠시도 쉬지 못하고 자충(仔蟲)의 음식물을 만들어 난방에 들여보낸다. 알을 낳은 후 4・5일이 되면 알 껍질에서 흰색의 소충(小蟲)이 나와 그 옆에 쌓여 있는 음식물을 먹는다. 또 6일이 지나면 대단히 장성하여 난방에 가득하니 이때에 일벌이 와서 난방을 밀랍 판으로 밀폐하고 난방 위에 앉아 온기를 공급하면 난방에서 자충이 실을 토해 고치를 짓고 그 후에 허물을 벗어 용충(蛹蟲)이 된다. 알을 낳은 지 대개 20일쯤 지나면 완전한 성충(成蟲)이 되어 난방의 밀랍 덮개를 뚫어 부수고 세상에 비로소 나온다. 새 벌이 나온 후에 빈 껍질은 일벌이 와서 수리하여 본래 모습대로 회복시킨다. 그러므로 곧 여왕으로 하여금 새로운 난자를 생산케 한다고 한다. 새 벌이 자신의 신체를 핥기도 하지만 일벌이 와서 핥고 문질러주며 혹은 음식물도 공급해주다가 잠시 후에 새 벌의 날개가 건조해지면 다른 벌과 같이 유충을 보호하여 기르며 알 덮개도 덮으며 그 외의 일을 보고 익힌다. 그러다가 한두 주가 지난 뒤에 집 근처 지리를 익히면 다른 벌과 마찬가지로 음식물을 수집하는 일을 수행한다. 여왕벌은 일벌을 낳을 뿐만 아니라 수벌 알과 암벌 알을 낳기도 한다. 암벌 알을 낳을 때에는 수출관(輸出管) 옆에 수정낭(受精囊)이 붙어 있고 그 입구에 근육이 있어서 이 입구가 열리면 정충(精蟲)이 수정낭 안에서 나와 난체(卵體)에 들어가 산란한다. 수벌 알을 낳을 때에는 이 기관의 작용이 없다. 나머지는 이전과 같으나 알이 이전 것보다 크고 더 주의를 기울이는데 16일쯤 지나면 여왕 알-암벌 알-이 태어나니 이를 단성생식(單性生殖)이라 칭한다고 한다.

새 집 안에 여왕벌이 태어나면 옛 여왕벌은 무리들을 이끌고 새 집을 찾아 거주지를 옮긴다. 그러나 만일 무리가 적어 거주지를 옮기지 못할 경우에는 옛 여왕벌을 죽인다. 동절기가 되면 저축한 음식물을 먹고 칩거하지만 음식물이 없을 때에는 여왕벌이 벌들을 이끌고 다른 벌집을 찾아가 습격하고 음식물을 노략질해온다고 한다. 여왕벌은 동절기에는 생산의 일을 쉬고 여러 벌들과 함께 칩거할 뿐 완전히 신체 양생만 힘쓴다고 한다. (미완)

경찰의 연혁 / 장계택(張啓澤)

경찰법은 국가 헌법의 일종이오, 일국 정무의 일부이다. 관리된 자가 이 법을 배우지 않으면 인민을 안도(安堵)할 방책을 알지 못하고 또 그 정책을 행할 수 없으며, 그리고 신민 된 자가 이 법을 모르면 탐관의 무리한 압박에 항거할 수 없고 자유도 얻을 수 없다. 그러므로 이는 관민을 물론하고 알아야만 하고 연구하지 않을 수 없는 것이다. 그러므로 전호에 그 목적을 약술하고 이번에 그 연혁을 들어 몇 가지 단초를 논하고자 한다.

근세 우리 한국의 경찰법은 일본에서 행하는 것을 모방했으며, 그 일본의 경찰법은 서양의 제도를 모범으로 삼아 금일의 발달에 이른 것이니 우선 유럽의 내력을 설명해 그 연혁을 설명하겠다.

제1절 야만시대의 경찰

인지(人智)가 몽매하나 인종이 점차 증가하여 산과 들에서 풍요로운 토지를 선택하고 동서의 유력한 단체로 소속을 바꾸니 이 사이에 자연적으로 경쟁이 생겨났다. 서로 싸우고 다투며 좌우로 침략해 뛰어난 자는 즉 이기고 약자는 즉 패배하였다. 그들은 산과 들을 두루 돌아다녀 맹수와 큰 날짐승을 획득해 생활의 자료로 공급하니 이는 나라에 일정한 경계가 없고 또 민을 다스리는 법률이 없었기 때문이다. 고로 일반 인민이 군사적 무력의 설비에 급급하니 이 시대를 맞아 어찌 민을 보호하는 경찰이 있었을까.

제2절 봉건시대의 경찰

옛날 미개시대에는 인민의 목적이 단지 침략주의에 있었다. 고로 무력을 가진 사람이라면 추장이 되는 것을 선택하고 다른 단체를 침략해 큰 단체를 이루었다. 또 전공(戰功)이 다수 있는 사람에게 일정한 토지를 특별히 부여해 그 역내의 모든 일을 모두 통괄해 다스리게 하니 여기서 제후 봉건의 명칭이 나온다.

그 후 누대의 세월이 지나고 소유권의 효력과 그 지배의 위력이 점점 광대해지고 점차 강성해져 군주의 통일권이 제후에 미치지 못하고 명령이 또 제후에게 행해지지 않은 즉 이에 피차 기회를 틈타 상하가 서로 침입해 병역(兵役)이 그치지 않았다. 이 시대를 맞아 비록 경찰의 이름이 있으나 자국의 황실보호에 급급한 고로 군사적 행동과 다르지 않았다.

제3절 군주시대의 경찰

12세기 이후로 군주의 세력이 다시 또 증대하고 제후의 권위가 점차 깎이고 사라져 14세기에 이르러서는 군주권력의 위세가 거의 절정에 도달했다. 이때에 프랑스 루이14세가 자칭 "짐은 곧 국가다, 국가는 곧 짐이다"라고 했으니 이는 군주권력이 절대무한이라는 말을 표명한 것이다. 이러한 군주 압박의 아래에서 비록 경찰이 있더라도 일체 명령이 모두 군주의 입 하나에서 나오고, 그 일신의 이익을 취하는 것을 목적으로 하므로 즉 어찌 오늘날과 같은 경찰이 있었겠는가.

제4절 문명 과도(過度) 시대의 경찰-15세기부터 17세기 전반-

일국의 주권의 세력이 이와 같이 왕성하고 통일의 전횡이 이처럼 극심한 까닭에 일반 인민이 그 제멋대로 함부로 하는 것을 싫어하여 굴레를 벗어나고자 하는 자가 곳곳에서 발기했다. 이때 지중해 연안에 다수 정부가 동서로 호응하고 군주의 전횡에 반항하니 이에 장 자크 루소 씨, 몽테스키외 씨 등이 민권설을 고취하며 곳곳에서 당을 모아서 인민의 분심(憤心)을 격동한즉 이 설이 한 번에 환영받았다. 각처의 민심이 한층 격앙되어 프랑스 혁명에 이르렀으니, 이로부터 각국 인민이 자국 혁명 운동에 광분하여 인민의 자유론을 소리 높여 외쳤다.

이때 군주는 민당의 진압에 급급해 형벌을 엄하게 하고 정사를 무겁게 한 즉 이 때 경찰은 사람의 죄의 유무를 묻지 않고 조금이라도 혁명의 사상을 가진 사람이면 수색・체포하여 이들을 가두고 죽이니 경찰의 목적이 사법과 혼동되었다.

제5절 문명시대의 경찰-17세기부터 지금의 세기까지-

민권설이 점점 강성해져 군주의 권력으로써 방지할 수 없게 되었다. 이에 정무(政務)가 군주의 일신을 위하는 것만이 아니게 되었다. 일반 신민을 위하여 그 생존 발달을 도모함에 각국과 자연히 교통이 빈번하고 외교 사무와 무력 방비와 국고 저장이 이전에 비해 갑절이나 늘었다. 17세기부터 18세기에 이르기까지 소위 국가 사무가 사법, 외교, 군무, 재무, 내무 5종으로 나뉘어졌고 경찰은 내무정(內務政)에 속한 즉 이 시대에 내무행정을 경찰의 명칭으로 삼았다.

그 후 슈타인, 파울 라반트(Paul Laband) 등의 학자가 배출되어 각종의 학설을 주장하며 경찰의 방법을 연구하여 내무행정의 2개의 목적을 발견했다. (1) 공공의 질서를 유지하며 (2) 인민의 행복을 증진하는 것이다. 현재 동서 열국의 경찰의 목적이 이 양자에서 나오지 않은 것이 없으며 그 제한 역시 일정한 범위가 있어서 개개인으로 하여금 각각 그 일을 얻게 하고 사회진보가 이와 같이 이르게 하니 이는 진실로 이 학자들이 부여해 준 바이다.

제6절 일본 유신 이후의 경찰

일본의 경찰제도가 서양의 법칙에 의거한즉 그 연혁도 서양의 국가들과 다르지 않다. 무진년에 도쿠가와 요시노부(德川慶喜) 씨가 정권을 주장하여 유신의 실마리를 열었는데 당시 국내에 대란이 일어나 폭도가 각처에 산재하고 불온한 상황이었기에 정부는 자연스럽게 이를 진멸하기 위해 병역과 관련 설비에 힘을 다했다. 경찰도 역시 군무(軍務)와 혼동된 행정이었다.

그 후 제후의 봉건을 철폐하고 군현제도를 반포하며 공민(公民)과 국가의 구별이 정해졌으나 기초가 아직 정해지지 않아서 정부가 명령한 것의 태반이 지켜지지 않았다. 이에 위협과 압박으로써 형벌에 의존하고 경찰을 설치해 사법(司法)을 무겁게 했다. 이때 경찰은 사법 보조와 다르지 않았고 실질상 효력이 달리 없었다.

메이지 5년에 비로소 경찰요(警察僚)를 사법성(司法省) 내에 설치하고 그 후 카와지 토시요시(川路利良) 대경시(大警視)가 조정의 명령으로 유럽에 유학해 열국의 제도를 조사한 후에 일본 정부로 돌아온다. 이때 정부는 그 의견을 수용하여 경시청을 도쿄에 특설하고 부(府)의 경찰사무를 모두 관할하게 했다. 경찰과 사법이 비록 분리되었다고 말했지만 아직 사법의 아래에 속해 있었다. 메이지 8년에 다시 행정경찰 규칙을 정하고 각 지방 부(府)・현(縣)에 경부(警部)를 설치하고 순사(巡査)를 둔다. 이즈음에 경찰요(警察僚)가 내무성에 속하지 않고 사법에서 분리되어 오늘날의 경보국(警保局)에 이르게 되었다.

그러므로 이를 말해보면 즉 유신 이후 일본의 경찰은 군사(軍事)와 사법(司法)과 섞여 있었다. 내무행정의 일부가 되어 인민의 안녕과 보호를 실행했고 그때의 진보가 이루어졌다. 이것은 모두 카와지 대경시의 다년간의 공적의 효력이다.

농업은 만사의 근본 (전호 속) / 하정생(荷汀生) 김만규(金晩圭)

○ 상업시대의 농업

그러므로 점점 인가가 빽빽해지고 사람의 지식이 개화하니 전자와 같이 단순한 생산조직으로는 그 쓰임을 충족시킬 수 없어 사람의 능력 여부와 땅의 편리함 여부와 기타 사정으로 말미암아 각종 분업이 행해지니 각 사람들이 경쟁심을 가지고 생산하고 교환한다. 그러나 그 사이에 상하 계급이 생기고 항만과 하천 부근은 교환 운송의 편리에 따라 도시가 생겨나니 도시는 경제의 중심과 개화의 중심이 된다. 수공업은 생산의 중요한 수단이 되나 광산을 채굴하여 교환의 매개로 화폐를 만들고 무형물도 매매하여 저술자·교사·기술자가 생기게 되었으니 이를 일컬어 상업시대라 한다. 이 시대가 되어 아직 정치한 공예품이 적고 혹 있더라도 집안의 부녀자들이 직접 손으로 제조한 것에 불과하니 소수에 그칠 뿐이요 하나의 큰 기계로 일시에 동일 종류의 물품을 수백만 개씩 제조해내는 일은 없었다. 대개 상인의 일반 매매는 현저하게 농업으로 제한되고 농업 또한 제반 직업 중의 기초 역할을 잃지 않는다.

ㅇ 공업시대의 농업

최후의 시대에는 구미 문명국의 오늘날과 같이 분업이 극히 미세한 데까지 미치게 되어 증기기계와 기타 각종 발명품을 다수 이용하게 되었는데 큰 장치 사용을 통해 각종 산업이 사방에서 번성하여 물가가 점점 하락하니 이를 공업시대라고 일컫는다. 그러므로 이 시대에는 농업 또한 진보하여 그 조직이 점점 집약되고 분업도 각 방면에 시행되었다. 토지의 개량이 성행하여 그 면적이 이전과 달라졌을 뿐만 아니라 생산력이 가장 증가하여 토지 값이 뛰어오르니 토지세도 이에 따라 크게 높아졌다. 그리하여 땅주인은 농업경제에 주의하고 소작인은 노동력을 힘써 제공하는 데에 그쳤으니 빈부 차이가 매우 현격해지는 상황에 이르게 되었다. 사회문제가 발생하는 경우를 왕왕 보게 되었으나 농업은 오히려 다른 직업의 기본에 해당하여 옛날과 달라진 것이 없다. 농산물의 풍흉은 곧 상공업의 성쇠와 관련되고 상공업의 성쇠는 농업과 관련된다. 그러므로 농업은 시대 여하를 막론하고 백업의 근본이라고 말할 수 있다.

ㅇ 농업의 요소

농업은 토지를 경작하여 작물-곡식-을 기르고 동물을 기르니 사람의 의식주에 필요한 물품을 공급한다. 또 이익을 만들기 때문에 이를 경영하는 데에 토지 · 물 · 공기의 자연도 인간의 노동력이 없어서는 안 되니 그 필요함은 명백한 것이다. 이러한 생업을 도모하는 데에 의복 · 음식 · 기구 · 기계를 갖추는 것이 필요하기 때문에 이러한 물건을 자본이라고 칭하니 노동력 · 자연 · 자본은 농업의 긴요한 요소요, 그 수가 셋이기 때문에 3요소라고 일컫는다.

제1절 자연

자연은 인간생활 이외에 있는 우주의 일부분으로, 농업과 기타 생산을 돕는 것을 말하니 공기 · 일광 · 논밭과 들 · 늪과 못 · 산림 등이다. 자연을 구분해 말하면 자연물 · 자연력 · 토지가 있다.

자연물은 지구상에 있는 유형물체이니 자연히 존재하여 발생하고 생장한다. 이를 취하여 인류의 쓰임에 제공하니 이는 어패류, 새와 짐승, 공기, 물 등이다.

자연력은 사람의 힘을 기다리지 않고 작위함 없이 발생하는 자연적인 힘이니 곧 풍력 · 수력 · 인력(引力) · 지열(地熱) · 자석력 등이다.

토지는 논밭과 들 · 산림 · 늪과 못 · 강과 바다의 일정한 면적과 고유한 자연력의 물체를 발생시키는 것이니 위의 두 종류에 비하면 더욱 필요하다. 그 때문에 농업의 3요소로 언급되는 것은 대부분 토지 · 노동력 · 자본에 있다.

이상 세 가지는 농업상에 가장 필요한 것이니 아무리 자본이 있고 인구가 많더라도 경작하고 개간할 농지가 없고 채벌할 삼림이 없으면 그 자본을 투척하고 그 노동력을 펼 곳이 없다. 만일 애당초 논밭과 들, 산림이 없으면 인구의 번식과 자본의 축적을 도모하지 못할 것이요, 또 사람의 지식이 어떠한 발달을 이루더라도 태양 광선과 열선을 믿지 않으면 결국 농산물의 번식과 생장을 이루지 못할 것이다. 이러한 자연력이 부족한 지방에는 만족스런 경작과 파종을 해내지 못한다. 또 토지 면적의 적재력이 없으면 물건을 둘 곳과 우리가 살 곳이 없을 뿐 아니라 결단코 농업이 제대로 이루어지지 못할 것이다.

위생 문답 / 박상낙(朴相洛) 역술

(문) 근래 위생법이 비상하게 발달하여 가히 절정에 이르렀다고 말할 수 있다. 비록 2·3세인 아동들이 달리고 노는 것에 대해서도 위생을 언급하니 대저 위생이라고 하는 것이 어떠한 것을 말함인지 원컨대 그대는 한마디 말로 그 진정한 의미를 가르쳐주어 나의 의문점을 얼음 녹듯 풀리게 해주십시오.

(답) 고서(古書)에 이르기를 "병이 발생한 뒤에 약을 복용하고 혼란이 생긴 뒤에 다스림을 도모함은 비유컨대 목이 마를 때 우물을 파는 것이요 전장에서 훈련을 가르치는 것이다."라고 하였으니 이는 실로 천고의 명언이다. 대저 위생법이라고 하는 것은 굳이 많은 말을 하지 않아도 알 수 있는 것이니 한마디로 말하면 즉 병이 발생하기 전에 예방하는 것이다. 보통 우리 신체의 구조는 외력에 저항할 기력이 많이 있으며 외부 피해를 방어하는 기능이 갖추어져 있어 병기(病氣)의 침입과 습격·외부 공기의 차갑고 뜨거움·건조함과 습함의 부조화 등 각종 외력을 방어하여 그 피해를 모면한다. 완력이 있어서 맹수·곤충·독물(毒物)의 침해를 물리칠 수 있고, 시각 능력과 후각 기관이 있어서 음식물의 부패와 행보의 위험을 분별할 수 있으니 이는 자연적인 위생이라고 할 수 있다. 그 외에 거처·수면·음식·의복 등 각종 생활 상태에 주의하여 체력 소모가 일어나지 않도록 보호하며 원기(元氣)의 부족을

보충해야 하니 즉 운동을 적당히 하고 음식은 자양분이 많은 것을 섭취하고 거처를 청결하게 하며 계절의 변화에 따라 적당한 의복을 입는 등의 일은 곧 인위적인 위생이라고 말할 수 있다.

현재 소위 위생을 행할 줄 안다고 하는 사람 중에 여러 가지 오해를 가지고 있는 자가 적지 않으니 이는 상등사회에 가장 많이 일어나는 병폐이다. 일신의 위생이 다만 음식 절차에만 관련된 줄로 알아서 먹을 수 있는 음식이 있는데도 잘 먹지 못하며 또 잘 먹은 뒤에는 운동을 하지 않아 체증(滯症)이 발생한다. 또한 추위를 견디지 못해 의복을 많이 껴입다보니 자연히 피부가 연약해져 자잘한 외압도 이기지 못해 질병 발생의 원인을 스스로 만드니 이는 전부 위생의 진정한 의미를 오해한 것이다. 우리의 신체는 먹을 수 있는 것을 잘 먹고 운동을 활발하게 한 뒤에야 건강을 지킬 수 있다. 건강을 지킨 뒤에 움직일 힘이 있게 되어 사회상에 능히 경쟁 생활을 영위할 능력이 생기며 이렇게 한 뒤에 능히 병기(病氣)와 기타 침입과 습격에 대한 항거력이 생길 것이다.

독일 베를린의 유명한 의사가 위생잡지에 게재한 위생 10조목은 다음과 같다.

(1) 밤낮으로 맑고 신선한 공기를 마시는 것은 건강을 잘 유지하는 근원이다.

(2) 운동은 사람의 귀중한 생식(生食)이요, 또 건강하고 온전하지 못한 신체를 회복하는 명약이다.

(3) 여름과 겨울철에 냉수욕을 하는 것은 사람의 피부를 청결히 할 뿐만 아니라 피부를 능히 굳세고 튼튼하게 하며 또 일주일에 3회 목욕하는 것은 건강에 크게 도움이 된다.

(4) 의복을 따뜻하게 입고 넓게 입는 것은 피부를 지키는 데 가장 필요하다.

(5) 거주하는 집안 정원이 넓게 트여 있어 화초와 수목이 많고 햇빛

방향이 좋은 것은 심신을 유쾌하고 즐겁게 하는 데 제일이다.

(6) 우리가 호흡하는 공기와 음식물・물・피부・의복・침구・거처・변소・토지 등을 청결히 하는 것은 각종 전염병을 예방하는 가장 좋은 방법이다.

(7) 일정한 시간에 맞게 규율을 정하고 업무에 종사하는 것은 신체와 정신을 완전히 안정되게 하는 가장 좋은 약이다.

(8) 휴식과 수면을 적당하게 하며 일요일은 가족과 함께 사원(寺院)이나 교회 설교 장소에 가서 유익한 담화를 많이 듣는 것이 덕성(德性)을 보호해 기르고 정신을 고상하게 하는 가장 요긴한 방법이다.

(9) 밤중에 침상에 들어가서는 온갖 상념을 모두 잊고 편안히 잠드는 것이 평화로운 휴식이다.

(10) 필요한 사업을 성취하고 유쾌한 심사를 품고서 생활의 진미(眞味)를 깨닫고 국가의 의무를 다하여 충실한 국민이 되고자 한다면 신체가 건강하지 않고서는 불가능하니 이 때문에 반드시 위생이 필요한 것이다.

삼림의 조성에 있어 입지(立地)의 관계 (제3호 속) / 김진초(金鎭初)

다섯. 사토(砂土)는 그 대부분이 석영이 분쇄되어 이루어진 것인데, 점토를 함유한 양이 적으니 대개의 사지(砂地)는 1푼 이하의 점토를 함유하고 기타 성분은 모두 모래알이다. 그러나 양토질사지(壤土質砂地)라 일컫는 땅은 1-2푼의 점토를 함유하고 사질양토(砂質壤土)라 하는 땅은 2-3푼의 점토를 함유하고 있다. 그러나 토지에 함유된 모래 양이 많으면 많은 쪽을 따라서 그 토지가 점점 열악해져 그 성질이 지나치게 거칠어지며 건조해지기 쉽고 빗물이 너무 급히 침강하는 해(害)가 있으며, 또 광물질의 양분이 적어 습기만 부족할 뿐 아니라 지온(地溫)이 급변함으로써 임목(林木)이 한서(寒暑)의 해에 걸리기 쉽다. 일반 사지가 석영으로만 이루어진 것은 가장 열등하나 장석(長石)과 운모(雲母)로 이루어진 것은 토성(土性)이 양호하며 입자가 큰 사지는 입자가 작은 사지보다 열악한데 고운 가루 형태의 사지에 운모의 작은 조각을 섞으면 능히 수분을 간직하여 비옥한 토양이 된다.

여섯. 노토(壚土)는 썩은 흙으로 이루어진 것인데, 그 성질에 관해 논하면 대개 노토는 100분의 2 내지 3의 썩은 흙을 함유한다. 만약 썩은 흙의 양이 정도를 지나치면 반대로 부적합하고 아직 분해되지 못한 썩은 흙은 수목의 생장에 부적합하나 이 토지에 석회나 목회(木灰)를 섞으면 보통 썩은 흙이 된다.

일곱. 역토(礫土)는 흔히 자갈로 이루어진 토지인데, 그 혼합된 세토(細土)가 소량이면 작은 쪽을 따라 더욱 더 메마르게 된다.

ㅇ 임목이 필요로 하는 광물질 양분의 양

일반 임목은 농작물-벼나 콩 같은-에 비하면 화학적 양분을 필요로 하는 정도는 적다. 그러나 학자의 학설에 근거하여 임목이 필요로 하는 광물질 양분의 양에 의하여 수종(樹種)을 구별하면 아래와 같다.

가장 다량의 광물질 양분을 필요로 하는 것은 느티나무〔欅〕와 종가시나무〔櫧〕와 느릅나무〔楡〕와 단풍나무〔楓〕와 물푸레나무〔梣〕와 너도밤나무〔山毛欅〕 등이요, 가장 소량의 양분을 견디는 것은 흑송(黑松)과 적송(赤松)과 벚나무〔樺木〕 류와 노간주나무〔桎〕와 쥐엄나무〔皀莢〕와 자귀나무〔合歡木〕와 노괴(奴槐)와 버드나무와 적양(赤楊) 등이다.

△토지의 습기

대체로 수목은 적절히 윤택한 땅에 잘 자라며 과도한 건조함이나 습함은 수목의 성장에 마땅하지 않으니, 조림(造林) 상에 항상 주의할 것은 그 토지가 적당히 수분을 보존하게 하는 것이다. 그 수분과의 관계는 각 수종에 따라 같지 않으니 습지에서 가장 잘 견디는 것은 버드나무와 적양과 벚나무와 고송(高松)과 백양(白楊)과 산돌배나무〔山梨〕 등이며 그 다음은 흑송과 전나무〔樅〕와 상수리나무〔櫟〕와 솔송나무〔栂〕와 신나무〔榊〕 등이요, 건조한 땅에서 견디는 것은 적송과 노송나무〔檜〕와 낙엽송과 벚나무와 산돌배나무와 물오리나무〔山赤楊〕와 버드나무의 종류이다. 그러나 벚나무는 건조한 사지(砂地) 상에도 잘 생장하고 혹시는 소택(沼澤) 중에도 적양과 공생하는 것을 볼 수 있고, 또 그 다음은 버드나무와 산돌배나무 등이니 과도한 건조함 또는 습함을 불구하고 능히 생장하여 그 성질이 강하다. 그러나 다수는 묵은 것과 새것이 교체되는 수습지(水濕地)에서야 견디고 정체된 수습지에서는 피해를 면하지 못한다. 벚나무·적양·고송 등은 가장 그 성질이 강하여 정체된 수습지에서도 견디어 살 수가 있다.

임학(林學) 상에서 토지의 습기를 논하기 편하게 하기 위해 다음의 등급을 사용한다. 첫째 강습지(强濕地), 둘째 습지, 셋째 적윤지(適潤地), 넷째 건조지(乾燥地), 다섯째 강건조지(强乾燥地) 등이다.

강습지라고 하는 것은 토지의 간극을 물로 가득 채운 것으로, 곧 수전(水田) 같은 것이다. 습지라고 하는 것은 그 흙을 손으로 힘껏 쥐면 물방울이 흘러나오는 것이다. 적윤지라고 하는 것은 그 흙을 손으로 힘껏 쥐어도 물방울이 흘러나오지 않는 것이다. 건조지라고 하는 것은 비온 뒤라도 도리어 수분을 잃는 것이다. 강건조지라고 하는 것은 비록 비가 많이 온 뒤라도 도리어 토지 하층까지 수분을 잃는 것이다. 무릇 적윤지에는 각종 수목이 생장할 수 있으나, 건조지에는 소나무, 자작나무, 물오리나무, 낙엽송, 노송나무 따위로만 임업을 경영할 수 있고, 강건조지에서는 아직 가치 있는 임목(林木)을 산출하지 못하였다.

△토지의 깊이

임업상에 토지의 깊이를 논하기 위해 다음과 같은 등급을 사용한다. 첫째 극천지(極淺地)-0치~5치-, 둘째 천지(淺地)-5치~1자-, 셋째 적천지(適淺地)-1자~1자 5치-, 넷째 심지(深地)-1자 5치~2자-, 다섯째 극심지(極深地)-2자~3자- 등이다. 평지 및 경사지는 급히 건조되는 해가 있으나 평지에는 더러 심한 습지가 되는 데도 있으니, 이것은 곧 지하에 수분의 소통을 방해하는 지층이 남아 있는 경우라 이와 같은 지면에는 조림 상 좋은 결과를 얻을 수가 없다.

△토지의 밀도

토지의 밀도는 흔히 미세한 근모(根毛)를 내는 것과 수목을 굳게 세우는 것과 습기를 보존하여 가지는 것과 아울러 땅속 공기유통의 좋고 나쁜 정도와 관계되어 삼림의 성립에 관련되는 바가 많으니, 극히 조밀한 땅과 극히 경송(輕鬆)한 땅은 모두 수목의 생장에 적합하지 않으나, 그 경송한 토지에는 느릅나무와 물푸레나무와 적양과 적송과 흑송 등이 잘 생장하고 가장 조밀한 토지에는 전나무, 낙엽송과 느티나무와 상수리나무와 떡갈나무〔枹〕 등이 잘 성장한다.

송화(松花)와 바람 / 홍정구(洪正求) 역술

소나무는 우리나라 산야에 자생하는 보통의 상록수다. 눈서리의 시기를 넘기면서도 색이 변치 아니하고 또 능히 수명을 오래 보전하는 까닭에 예로부터 수목 중에 가장 진중(珍重)한 식물이었다. 소나무의 잎은 세장(細長)이 침과 흡사하고 선단(先端)이 뾰족하며 그 성질은 강건하여 겨울눈을 이겨내고 그 잎은 항상 한 잎이 붙어서 2개의 잎사귀로 된 복엽(複葉)처럼 보이나 실은 발육치 못한 작은 가지 위에 두 잎이 밀착한 것이다. 그 싹이 생장할 때에 잎만 자라고 가지가 완전히 발육치 못함으로 이렇게 보이는 것이다.

소나무는 봄철에 여러 개의 새순을 가지 끝에 만들고 꽃을 피우는데 암꽃 수꽃의 구별이 있으니 이 암수 양 꽃이 한 그루에 동시에 피어 이를 자웅동주(雌雄同株)라 칭하고, 버드나무, 은행나무 등과 같이 암수 꽃이 각각 다른 그루에 피는 것을 자웅이주(雌雄異株)라 칭한다.

소나무의 암꽃은 새순의 맨 끝에 피며 자홍색을 띤다. 다수의 암수가 한데 모여 구형을 이루니 각기 암꽃 안쪽에는 두 개의 배주(胚珠)가 노출되어 있고 수꽃은 황색을 띠며 여러 개가 모여서 새순 아래쪽에 붙으니 각 암꽃에는 다수의 수꽃술이 집합하여 솔방울을 만든다.[32] 5월 경에 이 수꽃이 극히 성하여 무수한 꽃가루를 만들면 바람에 팔방으로 흩날려 암꽃에 닿아 수분(受粉) 작용을 완전케 하니, 이렇게 바람을 매개로 하여 수분하는 것을 풍매화(風媒花)라 칭한다. 수꽃의 꽃가루는 입자 1개 당 2개의 기낭(氣囊)을 지니고 있으니 그 내부에 공기를 함유하여 그 가벼움이 경기구(輕氣球)와 같아 공중으로 비상하면 풍력을 따라 멀리 떨어진 지방에 닿을 수 있게 된다.

송화가 만개할 때 그 가지를 흔들면 황색의 꽃가루가 재처럼 흩어져 공중에 날아가는 것을 볼 수 있으며, 비 온 후에 송림(松林) 사이를 다니면 땅 위의 빗물이 고인 자리에 유황 분말을 산포한 것처럼 노란 꽃가루가 와문(渦紋)을 만든 것을 볼 수 있다. 이는 꽃가루가 풍력을 따라 흩날렸다가 낙하한 것이니 이로써 살피건대 꽃가루가 생기는 양이 아주 많음을 알 수 있다.

---

32 원문에는 '各雄花ㄴ數多의雌蕊가集合ㅎ야穗를作ㅎ는지라'로 되어 있으나 문맥상 어구의 위치를 조정하여 번역하였다.

소나무 이외에 삼화(杉花)・은행화(銀杏花)・도화(稻花)・맥화(麥花)・옥촉서(玉蜀黍)-옥수수, 속어로 강냉이- 등은 다 풍매화이다. 풍매화는 미려한 채색이 없고 감미로운 꽃꿀이 없고 또한 꽃향기도 별로 없으니, 이는 풍매화의 수분 작용이 전적으로 바람을 매개로 하여 곤충을 유인할 필요가 없기 때문이다.

소나무의 암꽃은 꽃부리와 꽃받침이 따로 없어 수분한 후라도 시들지 않고 점차 생장하여 이듬해 가을에 이르면 성숙하여 과실을 이루니 이를 구과(毬果)라 하고 속어로는 솔방울이라 칭한다.

고별사 / 김창대(金昌臺)

회원 김창대는 이별에 임하여 나의 친애하는 태극학회 회원 여러 형들께 일언을 고하려 하노라. 불초(不肖)한 김창대는 가운(家運)이 불행하여 가형(家兄)이 별세함으로써 부득이 학업을 마치지 못하고 귀국하니, 첫째는 부모에게 죄인이 되고 둘째는 국가에 죄인이 되나이다. 그러나 백절불굴(百折不屈)은 우리 청년에게 교훈이 되는 잠언이니 어찌 일시의 변고로 평생의 소지(素志)를 포기하리오. 권토중래(捲土重來)를 신인(神人)에게 맹세하고 잠시 애형(愛兄)들과 이별하나이다. 내가 들으니 용두사미(龍頭蛇尾)는 대장부의 사업이 아니요 유시무종(有始無終)은 쾌남아〔活男兒〕의 의기가 아니라 하니 원컨대

애형들은 태극학회를 확장하여 한편으로 새로 오는 학생을 잘 지도하고 한편으로는 본국 동포를 잘 계발하여 훗날 독립선고장에 태극기를 높이 들고 펄펄 뛰어다니는 혈성아(血性兒)를 많이 많이 양성하소서. 이것이 애형들이 두 어깨에 짊어진 천명의 의무로소이다.

연말 소감 / 김지간(金志侃)

세월이 흐르는 물과 같아 이역에서의 광음(光陰)이 어언간 또 1년이니, 음(陰)이 극에 달하여 양(陽)이 생기는 것은 만물의 발원이요 가을이 가고 봄이 오는 것은 사시의 질서로다. 자연계의 순환은 이러한 정칙(定則)으로 운행을 그치지 않는데 인간계의 변천은 측량키 어렵구나. 지난 일을 소구(溯究)하고 다가올 일을 추측함은 우리가 항상 준용(準用)하며 게을리하지 않는 것이나 티끌 가득한 세상의 인사를 돌이켜 생각하면 지척이 암흑이요 문 앞이 만 리로다.

아아, 무지한 동물!

아아, 무뢰(無賴)한 인생!

작년 이때에 내가 어떤 감상을 품었던고. 여창(旅窓) 삼경(三更) 깊은 밤에 청등(青燈)으로 벗을 삼고 책상을 의지하여 과거 1년간의 혈역사(血歷史)를 역력히 상기하니 모골이 송연하고 만감이 교차하는구나. 무엇무엇…… 허다한 조건이 지사의 눈물의 원천이요 동포의 혈흔이지.

우리 동포

우리 청년

한 번 두 번 세 번 생각하라. 이러한 혈역사가 국운의 진보를 표하는 것인가 퇴보를 표하는 것인가. 이를 깊이 깊이 연구치 아니하면 장래 어떠한 관계가 우리 머리 위에 떨어질지 예측키 어려우리로다. 천지간 긴 밤에 단꿈만 꾸지 말고 밝은 눈을 부릅뜨고 중천에 솟아오른 붉은 해를 보아라. 묵은해도 다 가고 새해가 다가오는구나. 내년으로 금년을 짓지 말고 새 정신을 분발하여 새 사업을 경영하며 새 지식을 연구하여 새 국민을 조성하세. 새해는 무궁하나 새 사업을 이루지 못하면 어찌 새해가 귀할 바 있으리오. 오직 우리 동포 형제는 새해에 새 사상으로 위대한 사업을 성취하여 국권을 회복하며 자유를 잃지 말아 장래 무궁한 새해에 무궁한 행복을 증진케 하기를 천만 번 축원하노라.

축사 세 곡조 : 기서 / 이승현(李承鉉)

(1) 약함이 극에 달해 강해지고 강함이 극에 달해 약해짐은 사심 없는 하늘의 이치로서 곧 태극이니 태극은 본래 무극(無極)이요,
(2) 즐거움이 극에 달해 괴로워지고 괴로움이 극에 달해 즐거워짐은 태극의 진리로서 원래 무극이니 무극이 곧 태극이다.
(3) 태극을 국기로 삼고 태극을 배워 약자가 다시 강해지고 괴로움이 다시 즐거워져야 비로소 명실이 상부하리라.

찬가(贊歌) : 기서 / 이규영(李奎瀅)

태극학회여. 동방에 만년토록 영원하리. 큰 곳간의 쌀 같은 이 몸들이 극락세계 보려거든 학문에 힘써 개인의 힘이 모여 합한 단체를 이루어보세. 동양 대한 국권 회복의 기초가 반듯반듯 좋을시고. 천신만고할지어다. 나이 젊고 기력 강한 우리 동포여.

벗을 그리다[思故人] 漢 / 오카야마(岡山)의 지성연(池成沇)

서늘한 바닷바람에 벌써 가을 달 찾아드니,	海氣吹凉月已秋
아득한 심사를 동쪽 물줄기에 부친다오.	悠悠心事付東流
비에 젖은 뜰 파초에서 벌레가 흐느껴 울고,	庭蕉雨濕虫聲咽
연기에 잠긴 거리 숲에서 새는 그윽이 꿈꾸네.	巷樹煙沉鳥夢幽
3년을 관새에서 부질없이 나그네로 떠돌다가	關塞三年空作客

만 리 밖 오카야마에서 홀로 누각을 오르네. 岡山萬里獨登樓
함께 공부하던 옛 벗들은 지금 편안한가. 同窓故友今安否
이슬 젖은 갈대만 짙푸르게 먼 물가를 둘러쌌네. 葭露蒼蒼繞遠洲

우리가 평생 입지(立志)할 원론 / 유목(劉睦)

아방궁(阿房宮)의 대들보와 미앙궁(未央宮)의 마룻대를 수평기와 먹줄로 마름질하고 단청을 칠하여 화려한 옥 주춧돌 위에 얹으니, 사람마다 그 장엄하고 화려하고 크고 아름다운 체재를 칭송하지 않을 이가 없다. 그러나 바야흐로 그 큰 재목이 되려는 처음에는 깊은 산 큰 덤불 속에 난 작은 싹에 지나지 않으므로 도끼 들고 찾아오는 위험과 소와 양이 밟는 액화를 겪으며 쑥대나 덩굴 사이에서도 곤란을 적잖이 겪었다. 그러하되 오직 중심이 단단하고 바깥은 곧은 바탕과 일취월장하는 성품이 있는 까닭에 비바람에서도 잘 견디며 눈서리도 잘 견뎌내어 점점 하늘을 찌르고 구름에 닿을 형세를 배양하여 끝내 크고 높은 집을 짓는 재목이 되었다.

사람과 사물의 이치가 또한 다른 점이 없다. 대개 세상에 드문 큰 공로를 세우고 불후의 영광된 이름을 세워 작은 영토라도 봉해지며 자손이 대대로 작록을 얻으며 인민에게 덕의(德義)가 칭송됨은 현우(賢愚)와 고금(古今)을 물론하고 모두 하고자 하는 바이지만 잘하는 이가 매우 드무니 어찌 쉬울 것이며 어찌 어렵지 않겠는가. 하지만 자고로 충신재덕(忠信才德)한 선비가 온 세상이 어지러운 시대를 맞이하면 폐허가 된 종묘사직과 도탄에 빠진 생령을 걱정하여 개연(慨然)히 광구(匡救)할 뜻을 나타내고 천하의 일을 자임하여 앞장서서 세상에 나아가는 날에는 그 무한한 고초와 무한한 궁액과 무한한 위험과 무한한 결핍을 스스로 짊어져, 화염이 타고 피가 비처럼 흐르는 곳과 칼을 심어놓은 산과 물이라도 향리에 누워 있는 것과 같이 보며 호랑이와 용이 사는 굴과 귀신과 물여우가 숨어 있는 곳이라도 궤안(几案)에서 노는 것과 같이 여겨, 일에 임해서는 죽을 고비를 수없이 넘겨도 좋다는 의지를 떨어뜨리지 말며 담벼락을 마주하여도 백절불굴의 기백을 가지고 다른 사람이 참지 못하는 바를 잘 참으며 남이 견디지 못할 바를 잘 견뎌 백척간두에서 한 걸음을 다시 나아가야 바야흐로 공적과 이름을 세울 지위를 얻게 된다. 고대에 월나라 구천(句踐)의 와신상담과 한나라 소열황제(昭烈皇帝)가 넓적다리 때문에 운 일[33]은 얼마나 곤란한 형상이었으며, 진(晉)나라 중이(重耳)가 흙덩이를 받은 일[34]과 당 태종(太宗)이 식사를 폐한 일은 얼마나 쓰라린 마음이었으며, 프랑스 나폴레옹의 온 유럽과의 싸움은 얼마나 위험한 시기였으며, 북미 워싱턴의 8년 동안의 혈전[35]은 얼마나 험한 꼴이었는가. 게다가 또한 오늘날 여러 일들을 당면한 우리 동포는 힘 있는 이에게 의지하여 공을 세울 영광된 뜻을 결정하고 화살이 쏟아지는 듯한 어지러운 세상 속에 종사하는 자이니, 어찌 위험과 고초와 결핍과 궁액으로 그 의지를 꺾으며 그 발자취를 돌리겠는가.

지금 우리 뜻있는 청년이 종묘사직과 생령을 두 어깨 위에 짊어지고 위대한 공직과 성대한 명성을 장래에 기약하였으니 일이 어찌 중대하지 않으며 뜻이 어찌 고상하지 않으랴! 그러나 비바람과 눈서리를 잘

---

33 한나라……일 : 유비(劉備)가 조조(曹操)에게서 달아나 형주(荊州)의 유표(劉表)에게 의탁하고 있을 때, 공을 세우지 못하고 넓적다리에 살이 찌는 것을 서글퍼한 일을 가리킨다.

34 진(晉)나라……일 : 중이는 진 헌공(獻公)의 둘째아들로서 계모 여희(麗姬)의 계략에 빠져 망명하였다. 도중에 농부에게 먹을 것을 부탁하자 흙 한 덩이를 주기에 분노를 참고 흙을 받아 가지고 갔다. 결국 진나라의 왕에 즉위하여 춘추오패(春秋五霸)의 한 사람이 되었고, 문공(文公)이라는 시호를 받았다.

35 워싱턴의……혈전 : 1775년부터 1783년까지 벌어진 미국 독립전쟁을 이른다.

견뎌내지 못하면 마룻대와 들보가 될 큰 재목을 이루기 어렵고, 매우 곤란한 때를 맞이하지 못하면 지사와 열사를 변별하지 못하니, 바라건대 우리 2천만 동포는 내가 말하는 바를 별 것 없다고 여기지 말고 심장과 폐에 새겨 힘쓰고 힘쓸지어다.

인생의 큰 죄악은 자유를 버림에 있다 / 이진하(李珍河)

음빙실주인(飮氷室主人) 량치차오(梁啓超)가 말하기를 "서양인의 말에 '사람의 죄악이 두 가지 있으니, 하나는 남의 자유를 침해하는 죄악이요, 하나는 자신의 자유를 버리는 죄악이다.'고 하였으나, 내 생각에 남의 자유를 침해하는 죄악보다 자신의 자유를 버리는 죄악이 한층 더 심하다." 하였으니, 지극하구나, 이 말은! 참으로 정문일침이로다. 대개 생존경쟁이 극렬한 시대에는 약육강식은 형세 상 벗어날 수 없다. 자신의 생존을 유지하기 위해 남의 자유를 침해하지 않을 수 없는 경우가 있으니 이것은 간혹 그럴 수 있기에 괴이할 것이 없거니와, 하늘이 부여한 자유를 타인에게 양여(讓與)하고 달갑게 노예가 되어 타인의 명령에 머리 숙여 복종하는 것은 멸망을 스스로 재촉하는 일이다. 나는 세간에 남의 자유를 침해한 자가 왕성하다는 것은 간혹 들었거니와 자신의 자유를 버리고 멸망하지 않은 자가 있다는 것을 듣지 못하였다.

내 말이 믿기지 않거든 실제 예를 보라. 저 영국인의 말에 영국 영토 내에는 해가 질 때가 없다고 하니, 이와 같이 광대한 땅을 개척하였을 때에 남의 자유를 침해하지 않고 정복하였을 이치가 어찌 있으랴. 그러니 나로서는 괴이하게 여길 만한 것이 없다. 이 경쟁세계에는 하느님이 강자의 생존을 허락하고 약자의 생존을 허락하지 않는다고 한다. 저 인도는 2억만 국민의 단체가 있는데도 수만 명 영국인 군문(軍門)에 머리 숙이고 와서 항복하여 수천 년 조종(祖宗)의 기업(基業)을 하루아침에 타인에게 양여하여 활발하고 자유로운 이 세계에서 천한 노예가 되어 남의 발 아래에서 잔명(殘命)을 겨우 보전한다. 아아! 이 누구의 죄인가. 인도인이 자신의 자유를 포기한 죄악이다.

물어보겠다. 우리 한국 동포 중에 자신의 자유를 버리지 않는 자가 과연 몇 사람이 있는가. 관리에게 뇌물을 바치고 위협을 면하는 것은 국내 관리에게 자신의 자유를 버리는 것이요, 외국인에게 복종하여 그 명령을 천명(天命)같이 시행하는 것은 자국의 자유를 버려 망국을 자초하는 것이다. 아아! 자유는 인생의 생명이다. 만일 자유를 잃지 않으면 죽은 자도 오히려 살 것이요 자유를 방기하면 산 자도 오히려 죽을 것이거늘, 우리 2천만 동포가 이 커다란 문제를 등한시하여 간과하니 머리가 아프다! 심장이 아프다! 혈맥이 아프다! 긴급한 소리로 크게 부르짖기를 "국민이 비록 2천만 명이라 하나 사실은 한 사람도 없다."고 하겠다.

수감만필(隨感謾筆) / 김재문(金載汶)

슬프다! 2천만 동포여! 우리 한국이 동아시아의 한 귀퉁이에 처해 경쟁의 법칙을 전혀 알지 못하고 무릉도원 구름 깊은 동네에서 격양가(擊壤歌)[36]를 부르고 낙천주의로 세월을 한가하게 보내더니 천도(天道)가 속뜻이 있어 이 망망총총(茫茫悤悤)한 세계에서 한가한 사람의 생존을 허용하지 않으셔 천애만리(天涯萬里)에 어부를 보내시니 누가 무릉을 신세계(神世界), 별천지(別天地)라 말하는가. 속세의 티끌이 엄습해오고 속세의 풍조가 침투해 옴에 초가집에서 봄잠을 잘 수 없고 고침사

36 격양가(擊壤歌): 옛날 중국 요임금 때 늙은 농부가 땅을 치면서 천하가 태평한 것을 노래한 데서 온 말로 태평한 세월을 즐기는 노래를 말한다.

지(高枕肆志)[37]도 기약할 수 없다. 눈을 들어 사해를 관망하니 약육강식이 국제상 도덕이고, 우승열패가 인생의 천칙이다.

아아! 우리가 이 세상에 처해 압제정치만을 위주로 하면 문명이 발달할 수 없고, 진부한 문장과 옛 학설만을 위주로 하면 민지가 발달할 수 없으며, 복종만을 위주로 하면 독립자주 할 수 없고, 문벌만을 위주로 하면 인재를 등용할 수 없으며, 인도(仁道)만을 위주로 하면 국제경쟁을 할 수 없고, 사환(仕宦)만을 위주로 하면 실력을 배양할 수 없고, 강의목눌(剛毅木訥)[38]만을 위주로 하면 국제 담판을 할 수 없네. 금후로 정치 좀 잘 하고 교육 좀 잘 하며, 자유 좀 잘하고, 평등 좀 잘 하며, 양병 좀 잘 하고, 실업 좀 잘 하고, 연설 좀 잘 해서 국가 독립을 해보세.

체육을 권고하다 / 최창열(崔昌烈)

못나고 어리석은 최창열이 단도직입적으로 한마디를 우리 2천만 동포에게 권고한다. 서양 철학에서 "건전한 신체 속에 건전한 정신이 깃들어 있다" 하였으니 간단한 이 말 속에 무한히 지극한 이치(至理)가 포함되어 있다. 어째서 그러한가. 이 20세기는 우승열패하는 경쟁시대이다. 상당한 완력을 갖지 않으면 개인생활에 낙제할 뿐만 아니라 국가생존 또한 도태를 면할 수 없을 것이니 우리가 어찌 완력 양성의 주의하지 않겠는가. 고로 세계의 문명 각국의 교육은 3육 중에 체육을 넣어 활발한 기력을 양성함에 근근자자(勤勤孜孜)[39]한다. 그럼으로써 문명국

37 고침사지(高枕肆志): 높은 베게를 베고 마음대로 한다는 뜻으로 아무 일도 없이 편하고 즐겁게 지낸다는 뜻이다.

38 강의목눌(剛毅木訥): 강직하고 의연하며 질박하고 어눌한 것을 말한다. 『논어(論語)』 「자로(子路)」에 "공자가 이르기를 '강하고 굳세고 질박하고 어눌함이 인에 가깝다.' 하였다.

사람은 지덕만 있을 뿐만 아니라 체력을 겸비하여 평시에는 건전한 신체로써 사회적 사업에 종사하면 전시에는 활약하는 신체로써 국가의 의무에 헌신하여 자국을 발전하게 하니 이는 모두 체육의 공과라 할 수 있다.

우리 한국은 그렇지 않아서 백여 년 이래로 교육의 대방침이 문예에 귀일하여 체육을 전혀 알지 못함으로써 국민의 신체가 날로 잔약하고 활발한 정신과 건강한 기력이 나날이 점점 쇠약해져 다만 퇴보를 알고 진취를 알지 못하여 오늘날 이러한 지위를 당하였으니 나는 우리 한국 독립의 기초는 국민에게 체육을 장려하고 권고함에 있다고 말하겠다.

세계잡관(世界雜觀) / 윤정하(尹定夏) 편

ㅇ 영국 우편 통계

영국 내지(內地)에서 작년 중에 분전(分傳)한 우편물 수는 27억 720만 건-동국(同國) 국민 평균 1인에 180여 건-이요 전하지 못한 등기 및 통상 우편물은 32만 41건인데, 이중 환금(換金) 및 유가권(有價券)이 672만 9천여 원이요 우편 저금 총액이 4,330만 원-평균 1인에 150원의 저금액-이다. 전보 수는 8947만 8천 장이며 또 바르코니 전보는 11,994장이요 우편국원은 총 86,078인 중 12,055인이 부인이라 한다.

ㅇ 영국민의 계란 소비금

영국의 계란 소비액이 해마다 증가하는데 작년은 러시아에서 2천만 원, 덴마크에서 1,500만 원, 독일에서 1천만 원, 벨기에에서 800만 원, 프랑스에서 700만 원, 캐나다에서 129만 원, 합계 6,129만 원을 계란

---

39 근근자자(勤勤孜孜): 매우 부지런하고 정성스러움을 가리킨다.

수입으로 지출하였다 하니 참으로 놀라운 일이다.

ㅇ 영국 연초점(煙草店)과 그 소비액

영국에서 연초 판매상에게 매년 5실링 3펜스-우리나라 신화(新貨) 약 2환 60전-의 감찰세(鑑札稅)를 징수하는 규정이 있는데 작년 이 세금을 납부한 사람 수가 30만 7,712인에 달하였다. 재작년에 비하면 1만 2천 인, 재재작년에 비하면 2만 5천 인이 증가되었으며, 또한 작년 동국 내 수요를 위하여 저장한 제조 연초는 8,008만 7,485봉인데 매년 연초액은 2억 원 이상이라 한다.

ㅇ 세계 제일의 동광(銅鑛)

미국 신싼갈메트, 헤쑤라[40] 동광(銅鑛)은 35년 전부터 회사 조직으로 채굴에 착수하여 올해 6월까지 9,535만 불의 이익 분배가 되었고 그 주식권은 액면 금액이 1주에 25불 되던 것이 625불 이상의 가치가 있게 되었으나 주주(株主)는 겨우 150여 인으로 1인도 전매(轉賣)하려는 자가 없다고 하니 이 광산은 실로 세계 제일의 이익이 있는 동광이라 이를 만하다.

ㅇ 세계 제일의 상사회사(商事會社)

미국 강철회사의 작년 영업 보고에 그 자산이 32억 7,500만 원, 이익 총액이 11억 7천만 원, 순익금이 2억 3,900만 원, 사용인(使用人)이 18만여 명이며, 동 회사에 의하여 먹고 사는 이들이 80만 명이라 한다.

ㅇ 유럽 각국 정부의 복권 수입

매년 복권 수입이 프로이센은 총 4,250만 원, 이탈리아는 총 2,500

---

40 신싼갈메트,헤쑤라: 미상이다.

만 원, 포르투칼은 총 70만 원, 덴마크는 총 58만 원, 네덜란드는 총 50만 원이라 한다.

ㅇ 세계 철도 길이

남북 아메리카 철도는 28만 1,500마일-그중 합중국은 21만 8천 마일-, 유럽은 18만 7천 마일, 아시아는 4만 8천 마일-그중 일본이 5천 마일-, 아프리카는 1만 6,200마일, 오스트레일리아는 1만 6,825마일이다. 그러나 토지 면적에 비하면 매 100평방마일 당 영국은 11.7킬로미터, 그다음으로 독일은 10.3킬로미터이며 미국은 겨우 4.4킬로미터에 불과하다.

ㅇ 이탈리아 만유자(漫遊者)의 소비액

각국 여행객이 매년 이탈리아에 만유(漫遊)하며 소비한 금액이 총 1억 3천만 원, 즉 하루 평균 40만 원이다. 비교적 빈궁한 이 나라의 수입으로 실로 최대라 이를 만하다.

ㅇ 한국 금(金) 생산액

광무 4년부터 동 8년까지 5개년간 금 생산액이 아래와 같다.

4년 3,633,050원

5년 4,993,351원

6년 5,064,106원

7년 5,456,397원

8년 5,009,596원

ㅇ 철도 사상자(死傷者)

작년간 미국 여러 철도에서 사상한 총수가 16만여 인이라 한다.

ㅇ 청나라 아편 수입액

아편전쟁 이래로 영국이 인도로부터 청나라에 수입한 아편량은 1880년에는 30만 근(斤)인데 1838년부터 1900년에 이른 수입 총액이 28만 4,582톤-1톤은 1,693・4근-이니 그간 밤낮없이 매 시간 1,120근을 수입한 셈이다. 영국 정부가 이로 인하여 얻은 수입이 총 26억 5,827만 1,260원 가량이다.

ㅇ 유럽 여러 나라의 신문 수

유럽 여러 나라 중 신문이 가장 많은 곳은 독일로 5,500종 이내-일간(日刊)이 800종-, 영국은 3,000종 이내-일간이 809종-, 프랑스는 2,800종 이내-일간이 530종-, 이탈리아는 1,200종이 있고 그 다음이 오스트리아, 스페인, 러시아, 그리스 등의 순서이다.

| 잡보(雜報) |

ㅇ 놀랍다 회원 김창대씨

회원 김창대 씨는 본시 평안북도 곽산(郭山) 사람으로 작년 8월에 붕새가 날아오르는 듯한 큰 뜻을 품고 일본 도쿄에 건너와 태극학교에 입학하여 일어를 연구한 후에 케이카중학교(京華中學校)에 입학하여 밤낮을 게을리하지 않고 부지런히 공부하여 일반 유학생이 칭송하였다. 그는 나이 겨우 19세에 지기(志氣)가 강직하고 사상이 고상하고 품성이 단정하여 도리어 노숙한 사람을 뛰어넘는 기개가 있어, 본회 창립 이래로 금일까지 대단한 열심과 비범한 혈성(血誠)으로 회사(會事)에 헌신하여 자기의 지인과 벗들에게 간고(懇告)하여 태극학보 의연금을 모집하기도 하고 본국 동포에게 태극학보를 구독케 하여 지식을 계발하도록 장려하기도 하여 본회에 큰 공효(功效)가 있었다.

그런데 이번 달 그의 가운(家運)이 불행하여 백씨(伯氏)의 부음을 접하니, 만 리 해외에 부모를 멀리하고 친척을 떠나 오직 조국의 국운을 만회하고자 하여 고된 환경을 낙원으로 여기며 용왕매진하는 정신으로 학업을 닦던 그의 심사가 어떠했겠는가. 소식을 건너들은 벗들도 동정의 눈물을 금할 수 없거늘 하물며 형제에 대한 그의 우애심에서야 그 비애와 참담을 어찌 형언할 수 있으리오. 평범한 청년이면 황망함에 갈팡질팡하며 어쩔 줄 몰라 할 것이거늘 그는 그러지 않고 그 흉문을 접함에 자신의 애형을 위하여 두 줄기 눈물을 떨구고 벗들에게 이르기를 "나의 형은 이미 세상을 버렸으니 슬퍼해도 소용이 없거니와 내가 혈성으로 공부하여 우리 한국의 독립 사업에 적은 힘이라도 보태어 애형의 유지(遺志)를 따르지 않으면 무슨 면목으로 훗날 황천 아래서 애형을 대하리오."하여 좌중이 감읍, 경복(驚服)하였다. 그가 떠나는 날은 본회 통상 총회날이라 그가 회원들에게 고별사를 전하고 본회에 100원의 의연금을 내고 귀국하니 회원들이 감탄을 그치지 않았다.

오호라, 본회가 금일 이렇게 발달한 것은 씨와 같이 열중하는 회원들의 성력(誠力)으로 인함이니, 참으로 사회에 널리 퍼트릴 아름다운 일일 것이다. 시험 삼아 묻겠으니, 우리 한국 동포 중에 본 회원 김창대 씨 같은 혈성을 품은 자가 몇이나 있을 것인가. 만일 우리 한국 동포가 김창대 씨의 마음을 제 마음으로 삼아 사회에 헌신하면 이미 잃은 독립권을 불과 몇 년이면 회복할 수 있으리라 하노라.

○ 태극학회 원족회

11월 23일 본회에서 원족회를 거행하였다. 당일 하늘이 쾌청하고 날씨가 자못 온화하여 오전 7시 반에 75명 회원이 일제히 혼고구(本鄕區) 태극학교에 함께 모여 준비를 마무리한 후에 출발하여 스이도바시 정거장(水道橋停車場)에 이르러 두 대의 차에 나눠 타고 오쿠보(大久保)-지명-에 도달하였다. 들판은 평활하고 단풍은 불그스름한데 시야에 가득한 풍경이 쇄락(灑落)하고 상쾌하여, 자욱한 흙먼지 속에서 도회 생활을 하던 인사의 괴로운 두뇌와 때묻은 속을 씻어줄 만하였다. 풀을 헤치고 자리를 잡은 후에 회장이 본일 개회의 취지를 설명하고 유희와 경주 등 각종 운동으로 인해 유흥이 무르익을 즈음 유학생 감독 한치유(韓致愈) 씨가 또한 찾아와 여러 가지 흥미로운 재주로 주객의 환락을 다하니 때는 이미 정오였다. 소바(蕎麥)-메밀면(麥麵)-, 과자 등으로 오찬을 먹고 잠깐 쉰 후 한치유 씨가 충천의 의기로 근학가(勤學歌)를 부르니 다수 회원이 서로 화응(和應)하며 다음에는 애국가, 군가, 시조, 잡가, 무도(舞蹈) 등 각자의 장기를 돌아가며 펼쳐 십분 흥을 다하고 다음으로 각희(脚戲)-씨름-의 승부로 여흥을 보태었다. 한치유 씨는 5원을 특별 출연하여 각 우승자에게 상품을 나눠주고 여흥을 마친 후에,

대황제폐하 만세를 각각 삼창하고 대한제국 만세, 2천만 동포 만세, 태극학회 만세를 각각 삼창하고 애국가를 합창하며 귀로에 드니, 타향 만 리 해지는 성(城)에 똘똘 뭉친 대한정신 기세 당당 개선의 소리가 석양의 하늘에 울렸다.

○ 후지이(藤井) 교사의 열심

태극학교 교사 후지이 코키치(藤井孝吉) 씨는 태극학교 창립 이후로 금일까지 교편을 잡고 일어와 보통학을 열심으로 교수하고 있다. 그는 어학 재능이 특출하여 영어·한국어·기타 수개의 국어를 능통히 하며 생도를 열심과 친애로 장려·권도(勸導)하여 헌신적 사업을 실행하니 그는 참으로 태극학교의 은인이라 하겠다.

• 신입회원

김기정(金基珽), 김기곤(金基琨), 김치동(金致錬), 이훈영(李勳榮), 길경승(吉敬承), 김응률(金應律) 씨가 입회하였다.

○ 본 회원 장지태(張志台), 전태헌(全台憲) 씨는 근친(覲親) 차로 지난달 26일 밤 10시 반에 귀국하였다.

○ 본 회원 문일평(文一平) 씨는 근친 차로 지난달 29일 밤 10시 반에 귀국하였다.

○ 본 회원 김창대 씨는 이달 3일 밤 10시 반에 귀국하였다.

○ 본 회원 이상근(李尙根) 씨는 피부병이 재발하여 이달 12일에 혼고구(本鄕區) 순천병원(順天病院)에 입원하였다.

○ 본 회원 현희운(玄僖運) 씨는 부모 병환의 급보로 인하여 이달 15일 밤 10시 반에 귀국하였다.

○ 본회 총무 김지간(金志侃) 씨는 회중 용무를 지니고 이달 21일 밤 10시 반에 출발, 귀국하였다.
○ 본 회원 채규병(蔡奎丙) 씨는 근친 차로 이달 27일 밤 10시 반에 출발, 귀국하였다.

• 태극학보 제3회 의연금 출연자 명단

김명준(金明濬) 씨 1원
변용각(邊龍玨) 씨 10원
김창대(金昌臺) 씨 100원
양치중(楊致中) 씨 2원
오주학회(吳州學會) 2원
김재건(金載健) 씨 3원
김기정(金基珽) 씨 5원
홍성섭(洪性燮) 씨 3원
이상구(李相龜) 씨 10원
손영국(孫榮國) 씨 10원
정인호(鄭寅濠) 씨 3원
김태진(金台鎭) 씨 2원
이태희(李泰熙) 씨 10원
최 린(崔 麟) 씨 5원
김진근(金鎭根) 씨 5원

• 정오(正誤)

전호(前號) '오상근(吳尙根) 씨 5원'은 '이상근(李尙根) 씨'로 정정함.
본보 제4호 55면 하단 11행 의연금 출연자 명부에 '김욱제(金旭濟) 씨'는 '김창제(金昶濟) 씨'의 오식임.

• 투서주의

1. 학술(學術), 문예(文藝), 사조(詞藻) 등에 관한 온갖 투서를 다 환영합니다.

1. 직접 정치에 관한 기사(記事)는 접수하지 않습니다.
1. 투서는 반드시 원고지에 정서함을 요합니다.
1. 투서의 게재 여부는 편집인이 선정합니다.
1. 일차 투서는 반려하지 않습니다.
1. 투서에 당선되신 분께는 본 태극학보의 해당호 한 부를 무상으로 증정합니다.
1. 투서는 완결함을 요합니다.

• 광고

본 태극학보가 1호부터 4호까지 이미 전 수량이 다 발매되어 뜻 있으신 군자들의 청구에 부득이 응하여 드리지 못하여서, 5호부터는 권수를 더 늘리겠으니 밝게 헤아려 주시기 바랍니다.

광무 10년 12월 31일 발행
메이지 39년 12월 31일 발행

- 대금과 우편료 모두 신화(新貨) 12전

도쿄시 혼고구(本鄕區) 모토마치(元町) 2정목(丁目) 66번지 태극학회 내
편집 겸 발행인　장응진(張膺震)

도쿄시 혼고구 모토마치 2정목 66번지 태극학회 내
인쇄인　김지간(金志侃)

도쿄시 혼고구 모토마치 2정목 66번지
발행소　태극학회

도쿄시 교바시구(京橋區) 긴자(銀座) 4정목 1번지
인쇄소　교문관인쇄소(敎文館印刷所)

역자소개

신지연申智姸

부산대 점필재연구소 전임연구원. 한국근현대문학을 전공했다. 주요 저서로 『글쓰기라는 거울-근대적 글쓰기의 형성과 재현성』(2007), 『증상으로서의 내재율』(2014), 편서로 『북한의 시학연구-시』(2013)가 있다.

이남면李南面

고려대 한자한문연구소 연구원. 한국한문학 전공. 조선 중기 한시를 주로 연구해왔고, 최근에는 조선 전후기로 연구 영역을 넓혀가고 있다. 주요 논저로 「17세기 중국회화의 유입과 그 제화시」(2013), 「조선 중기 배율 창작에 대하여」(2016), 「조현명 시에 나타난 '탕평' 관련 의식 연구」(2017), 『국역 치평요람 54』(공역)(2014) 등이 있다.

이태희李泰熙

한국학중앙연구원 연구원. 한국한문학 전공. 조선시대 유기(遊記)를 연구해왔고, 근래에는 근대 기행문으로 관심범위를 넓히고 있다. 주요 논저로 「조선시대 사군(四郡) 산수유기 연구」(2015), 「조선시대 사군 관련 산문 기록에 나타난 도교 문화적 공간인식의 양상과 의미」(2017), 『한국 고전번역자료 편역집 1·2』(공역, 2017), 『완역 조양보 1·2』(공역, 2019)가 있다.

임상석林相錫

부산대 점필재연구소 교수. 한국 근대문학을 전공하여 고려대 대학원을 졸업하였다. 주요 논저로 『식민지 한자권과 한국의 문자 교체 : 국한문 독본과 총독부 조선어급한문독 본 비교 연구』(2018), 『시문독본』(역주,), 『20세기 국한문체의 형성과정』(2008) 등이 있다.

최진호崔珍豪

부산대 점필재연구소 전임연구원. 동아시아학 전공자로 중국의 근대성이 한국에서 갖는 의미를 연구하고 있다. 주요 논저로 『상상된 루쉰과 현대중국』(2019), 「'모랄'과 '의식화'-한국에서 '루쉰의 태도' 번역의 계보」(2019), 「친선과 연대의 정치성」(2019) 등이 있다.

연구진

연구책임자	강명관
공동연구원	손성준
	유석환
	임상석
전임연구원	신지연
	이남면
	이태희
	최진호
연구보조원	이강석
	이영준
	전지원

대한제국기번역총서

완역 태극학보 1

2020년 11월 10일 초판 1쇄 펴냄

역　자 신지연·이남면·이태희·임상석·최진호
발행인 김흥국
발행처 보고사

책임편집 이경민
표지디자인 손정자

등록 1990년 12월 13일 제6-0429호
주소 경기도 파주시 회동길 337-15 보고사 2층
전화 031-955-9797(대표)
02-922-5120~1(편집), 02-922-2246(영업)
팩스 02-922-6990
메일 kanapub3@naver.com / bogosabooks@naver.com
http://www.bogosabooks.co.kr

ISBN 979-11-6587-093-5 94910
979-11-6587-092-8 (세트)

정가 28,000원

이 저서는 2017년 대한민국 교육부와 한국학중앙연구원(한국학진흥사업단)의
한국학분야 토대연구지원사업의 지원을 받아 수행된 연구임(AKS-2017-KFR-1230013)